Qumran
Die Schriftrollen

vom Toten Meer

Philip R. Davies / George J. Brooke / Phillip R. Callaway

Aus dem Englischen übersetzt von Thomas Bertram

THEISS

Inhalt

Die Deutsche Bibliothek – CIP-Einheitsaufnahme
Ein Titeldatensatz für diese Publikation ist bei
Der Deutschen Bibliothek erhältlich.

Umschlaggestaltung:
Neil McBeath, Stuttgart, unter Verwendung von Motiven
aus dem Band (S. 6, 11, 30, 31, 115, 118–19, 164)

Originalausgabe *The Complete World of the Dead Sea Scrolls*
Published by arrangement with Thames & Hudson, London
© 2002 Thames & Hudson Ltd, London
All Rights Reserved

Übersetzung: Thomas Bertram, Gelsenkirchen

© für die deutschsprachige Ausgabe:
Konrad Theiss Verlag GmbH, Stuttgart 2002
Alle Rechte vorbehalten
Lektorat: Cornelia H. Schaller, Fellbach
Satz: DOPPELPUNKT Auch & Grätzbach GbR, Leonberg
Printed in Italy
ISBN 3–8062–1713–0

Schmutztitel: Die ersten Schriftrollen, die entdeckt wurden, fand man
eingewickelt und in großen versiegelten Tonkrügen verstaut, wie hier gezeigt.
Schutzumschlag: Innenansicht der Höhle 4 (Mitte), Levitikus (oben), Jesaja-
Rolle aus der Höhle 1 (unten), John Allegro (unten rechts), Lankester Harding,
Jozef Milik und Roland de Vaux (Rückseite).

Einleitung

Die meisten Leser dieses Buches wissen, dass die Schriftrollen vom Toten Meer Mitte des 20. Jahrhunderts entdeckt wurden, dass der Fund fantastisch und unerwartet war und gewaltige Auswirkungen auf die Bibel hat und dass diese Schriftrollen eine umfangreiche Kontroverse ausgelöst haben.

Aber erst heute, 50 Jahre nach Beginn der Geschichte, sind die Schriftrollen allen zugänglich gemacht und auch größtenteils auf Deutsch veröffentlicht worden. Doch eine Übersetzung ist nicht genug. Inmitten von Spekulation, Sensation und echter Uneinigkeit stellt sich die Frage: Was *bedeuten* diese Texte? Das vorliegende Buch möchte nicht nur den Inhalt der Schriftrollen präsentieren, sondern auch dahinter blicken. Es möchte die antike Welt, in der sie geschaffen wurden, ihre möglichen Verfasser und ihr Versteck in der Wüste von Juda beschreiben. Ferner erzählt es die Geschichte, was wir wie mit Hilfe nicht bloß historischer Kenntnisse, sondern auch wissenschaftlicher und technischer Methoden aus ihnen erfahren haben. Und vielleicht kann es auch die Faszination und das Geheimnis dieser 2000 Jahre alten Schriften erklären.

Die Entdeckung der Schriftrollen vom Toten Meer im 20. Jahrhundert könnte fast aus einem Drehbuch für einen *Indiana-Jones*-Film stammen, obwohl die Einzelheiten in den zahlreichen Erzählungen variieren. Irgendwann in den Jahren 1946–47 (wann genau, werden wir nie erfahren) hüteten drei junge Beduinen Ziegen (oder waren es Schafe?) auf dem schmalen Streifen, der zwischen dem Westufer des in der Gegend so genannten „Salz-Meeres" und den Felsen liegt, die zu den Bergen der Wüste von Juda und hinauf auf Meereshöhe, 400 m oberhalb, führen. Einer umherstreifenden Ziege zum Fuß der Felsen folgend, kletterte einer der Jungen zum Eingang einer der vielen Höhlen hinauf, mit denen die Felswand übersät ist. Nach seiner eigenen Erzählung warf er einen Stein in die Höhle und hörte von etwas zerbrechen. Als er hineinblickte, sah er mehrere große Krüge. Eine Version der Geschichte behauptet, er sei aus Angst vor Wüsten-*Dschinn* geflüchtet. Aber auf jeden Fall kehrte er mit einem Gefährten (oder zweien) zurück und stöberte in etwas herum, das sich als zehn Krüge herausstellte, bis sie in einem von ihnen drei Bündel fanden, zwei davon in Leinen gewickelt. Dann noch zwei. Der Fund wird allgemein Muhammad edh-Dhib („der Wolf") zugeschrieben, doch ob er der echte Steinwerfer war, werden wir nie erfahren.

Zurück in ihrem Lager, öffneten die Hirten eines der Bündel und entwirrten einen langen, mit fremden Schriftzeichen bedeckten Streifen Leder. Außer als Kuriosität von keinem offenkundigen Nutzen für sie, begleiteten diese Bündel sie mehrere Wochen lang auf ihren Zügen. Zuletzt erreichten sie die Marktstadt Bethlehem und brachten die Bündel ihrem üblichen Händler namens Khalil Iskander Schahin oder „Kando". Dieser nahm die Lederrollen und da er auch eine Schusterwerkstatt betrieb, erwog er vielleicht, sie für Reparaturen zu verwenden. Doch neugierig wegen der Schrift, brachten Kando und sein Mittelsmann, George Isaiah, sie eines Tages zum Sankt-Markus-Kloster, das der syrischen Kirche in Jerusalem gehört.

Kandos Aktivitäten an diesem Punkt bleiben im Dunkeln, aber scheinbar organisierte er einen Raubzug, um in der Höhle weitere Schriftrollen aufzustöbern. Der syrische Metropolit des Klosters, Mar Athanasius Josua Samuel, beteiligte sich vielleicht ebenfalls an der Suche. Daraufhin stieg die Gesamtzahl geborgener Schriftrollen auf sieben, von denen der Metropolit vier für die Summe von 24 Pfund (damals etwa 100 Dollar) kaufte. Doch von der Schrift hatte er nicht mehr Ahnung als Kando. Irgendwann wurde der Kontakt mit einem jüdischen Gelehrten von der Hebräischen Universität hergestellt, was in den letzten Tagen des zerstrittenen britischen Mandats gefährlich für beide Seiten war. Ob dadurch veranlasst oder durch die Nachricht, in Bethlehem seien Schriftrollen zu verkaufen, reiste Professor Eleazar Sukenik im November 1947 nach Bethlehem, wo man ihm die übrigen drei Handschriften zeigte. Er kaufte sie und bot später auch erfolglos für die Schriftrollen Mar Samuels. Denn er erkannte die Schrift und kann wahrscheinlich beanspruchen, sich als erster ihres Alters und Wertes bewusst gewesen zu sein.

Aber Palästina wurde jetzt zwischen dem neuen Staat Israel und dem Rest (einschließlich Bethlehems und des Toten Meeres), der von Jordanien annektiert wurde, aufgeteilt. Mar Samuel wandte sich deshalb an die American Schools of Oriental Research (ASOR) im jordanischen Jerusalem, wo die Schriftrollen von John Trever fotografiert wurden. Zusammen mit William Brownlee und Institutsdirektor Millar Burrows identifizierte Trever diese Texte und vermutete, dass sie extrem alt seien. Es war der von Trever zu Rate gezogene berühmte Archäologe und Inschriftenforscher W. F. Albright in Baltimore, der das ungeheure Ausmaß des Fundes bestätigte; Schriftrollen aus der Zeit des Judas Makkabäus, der Zeit Herodes' des Großen, von Jesus. Weltweit bekannt wurde die Nachricht am 12. April 1948.

In dem andauernden Krieg, der auf die Teilung Palästinas folgte, brachte Mar Samuel seine Schriftrollen in die Vereinigten Staaten, wo er sie zum Verkauf anbot. 1954 erschien im *Wallstreet Journal* eine Anzeige für „Vier Schriftrollen vom Toten Meer", die anonym für 250 000 $ vom Staat Israel erworben und wieder mit den drei Sukeniks vereint wurden. So fanden die Schriftrollen aus der ersten Qumran-Höhle eine jüdische Heimat. Unterdessen veröffentlichten die ASOR ihre vier und Sukenik (mit anderen nach seinem Tod) seine drei. Heute sind die Schriftrollen aus Höhle 1 (oder hervorragende Nachbildungen) im Schrein des Buches, einem eigens beim Jüdischen Museum in West-Jerusalem errichteten Anbau, zu sehen. Die meisten anderen Schriftrollen können, außer auf einer CD-ROM, nicht öffentlich besichtigt werden.

Sobald der auf die Unabhängigkeit Israels folgende Krieg zu Ende war, wurde die Suche nach der Schriftrollenhöhle, nun auf jordanischem Gebiet, wieder aufgenommen. Im Januar 1949 wurde sie identifiziert und der jordanische Direktor für Altertümer, Gerald Lankester Harding, untersuchte sie zusammen mit Roland de Vaux von der Ecole Biblique et archéologique française de Jerusalem. Die Höhle lag einen Kilometer nördlich einer Ruine neben dem Wadi Qumran, die Harding und de Vaux ebenfalls in Augenschein nahmen und als Überreste eines römischen Forts abtaten. Zwei Jahre später, nachdem sie von einer engen Verbindung zwischen den Schriftrollen und dieser Stätte überzeugt worden waren, sahen sie erneut nach und die Ausgrabungen von Qumran begannen. Parallel dazu wurden nun in anderen Höhlen in der Nähe weitere Handschriften gefunden. Insgesamt stieß man auf elf solcher Höhlen und diese Zahl gilt noch heute.

Niemand hätte sich die Revolution in der Erforschung des alten Judentums und des frühen Christentums, die diese Schriftrollen entfachen würden, vorstellen können. Muhammad edh-Dhib hatte gewiss keine Ahnung, dass sich zu den Lederbündeln, die er nach Bethlehem brachte, um sie zu verkaufen, bald Hunderte weiterer Schriftrollen und Fragmente hinzugesellen würden. Binnen weniger als zehn Jahren sollten aus elf Höhlen in der Gegend die Überreste von mehr als 800 Handschriften in Hebräisch, Aramäisch und Griechisch abtransportiert werden.

Diese Höhlen liegen alle im Umkreis von wenigen Kilometern der Ruine einer alten Siedlung, die als Qumran bekannt ist, wo, wie man glaubt, die Besitzer (und vielen Experten zufolge einige Autoren) dieser Schriftrollen einst lebten. Nur eine einzige Höhle (Höhle 4), in der 2000 Jahre lang über 500, mit der Zeit in Tausende von Fragmenten zerfallene Handschriften gelegen hatten, liegt unmittelbar am Rand dieser Stätte. Wer ihre antiken Bewohner waren und warum sie kamen, um an einem solchen Ort zu leben, wird nach wie vor diskutiert und die Antworten, meint man, lägen hauptsächlich in den Schriftrollen selbst.

Doch es ist ziemlich unwahrscheinlich, dass die gesamte Bibliothek aus einer einzigen winzigen Gemeinschaft hätte kommen können, ungeachtet der anfänglichen Auffassung vieler Forscher. Der Inhalt der Schriftrollen spiegelt in der Tat die verschiedensten Fragen wider, denen sich Juden in der Zeit des Zweiten Tempels (6. Jh. v. u.Z.–1. Jh. u. Z.) gegenübersahen: Gottesdienst, private Frömmigkeit, das Problem des Bösen, die Zukunft der Welt, der göttliche Wille, die menschliche Natur, die Bedeutung heiliger Schriften und nicht zuletzt die Identität des wahren „Israel". Beinahe das gesamte Spektrum religiöser Vorstellungen, die die Gemüter späterer jüdischer und christlicher Gläubiger bewegten, sind hier zu finden. In diesen Schriften liegt die Saat von 2000 Jahren westlicher Zivilisation.

WALL STREET J

Copyright, 1954, by Dow Jones & Company, Inc.

NEW YORK, TUESDAY, JUNE 1. 1954

Kalamazoo S

132 W. South

Phone: Kalamaz

MISCELLANEOUS FOR SALE

"The Four Dead Sea Scrolls"

Biblical Manuscripts dating back to at least 200 BC, are for sale. This would be an ideal gift to an educational or religious institution by an individual or group.
Box F 206, The Wall Street Journal.

(Oben) Das Wall Street Journal *vom 1. Juni 1954 brachte eine von Mar Athanasius Samuel aufgegebene Anzeige für seine Schriftrollen. Die Rollen wurden anonym für 250 000 $ vom Staat Israel gekauft.*

(Unten) Der Bethlehemer Antiquitätenhändler Khalil Iskander Schahin, bekannt als „Kando", mit John Allegro.

Die Schriftrollen waren Gegenstand jahrzehntelang tobender Kämpfe um ihren Besitz und die richtige Interpretation. Getrieben von Begeisterung und einem starken Verantwortungsgefühl beeilten sich die Gelehrten, die am Anfang die Schriftrollen aus der ersten Höhle untersuchten, Fotografien, Transkriptionen und Übersetzungen zu veröffentlichen. Es stellte sich heraus, dass diese Schriftrollen aus der ersten Höhle (Höhle 1) – abgesehen von zwei Schriftrollen des biblischen Buches Jesaja – einen Führer für das Gemeinschaftsleben, eine Paraphrase eines Teils der Genesis, einen Kommentar zum Prophetenbuch Habakuk, ein dramatisches Regelbuch für einen Endzeitkampf zwischen den „Kindern des Lichts" und den „Kindern der Finsternis" sowie ein Sammlung individueller und gemeinschaftlicher Loblieder enthielt. Der unverwechselbare Charakter der meisten dieser Schriften vermittelte den Eindruck, dass diese Bibliothek einer radikalen Gruppe gehörte, die sich in der Wüste von Juda niedergelassen hatte, um den Übeln der Welt zu entfliehen und Gottes Gericht über die Menschheit abzuwarten. Aber spätere Funde aus anderen Höhlen brachten auch viele Schriften ohne sektiererische Merkmale zum Vorschein sowie fragmentarische Exemplare aller Bücher der hebräischen Bibel mit Ausnahme von Ester und, vielleicht, Nehemia.

Die für die Veröffentlichung der gewaltigen Zahl von Texten aus Höhle 4 bestellten Herausgeber hielten es nicht für nötig, so schnell zu publizieren, und die aus den Schriftrollen von Höhle 1 gewonnenen Eindrücke wurden erst allmählich modifiziert. Aber Dank des kontinuierlichen Drucks von vielen Seiten (darunter Forscher, die Medien und der Staat Israel) wurden zwischen 1988 und 1991 alle Schriftrollen zugänglich, die heute auch in mehreren deutschen Übersetzungen vorliegen.

Trotz zahlreicher Kontroversen müssen die Schriftrollen vom Toten Meer als die Basis betrachtet werden, auf der wir heute die vielen Versionen des antiken Judentums begreifen, die vor der Entstehung zweier bedeutender Glaubenssysteme, des rabbinischen Judentums und des Christentums, existierten. Die Schriftrollen spiegeln die Welt religiöser Überzeugungen und Praktiken wider, in der Jesus, seine Jünger, seine Zuhörer und Gegner allesamt ebenso aufwuchsen wie der große Rabbi Hillel. Durch die Schriftrollen können wir eine Welt religiöser und politischer Debatten besichtigen, in der Idealismus und Pragmatismus, Hoffnung und Verzweiflung, Nationalismus und Individualismus, heftige Liebe und heftiger Hass dicht gedrängt eine innere Unruhe erzeugten, die in der Zerstörung des Tempels von Jerusalem und der Begründung neuer Religionen enden sollte.

Zur Benutzung dieses Buches

Eine Anzahl in diesem Buch gebrauchter wissenschaftlicher Konventionen bedarf der Erläuterung. Eine – die Verwendung von „v. u. Z." (vor unserer Zeit) für „v. Chr." und „u. Z." („unserer Zeit") für „n. Chr." – ist Standard geworden, wo Juden und Christen zusammenarbeiten.

Die große Anzahl von Schriftrollen und Fragmenten ist im Laufe der Zeit unter verschiedenen Namen bekannt geworden. Wir haben die gebräuchlichsten übernommen, jedoch sichergestellt, dass jede Handschrift auch durch die Nummer identifiziert wird, die ihr offiziell zugewiesen wurde.

Eine „Handschrift" ist definiert als eine physische Schriftrolle und ein „Text" als die Zusammenstellung, die sie enthält. Die Texte können auf dreierlei Art identifiziert werden:

- durch ihre umgangssprachliche Bezeichnung, zum Beispiel die Gemeinschaftsordnung (Gemeinderegel/ Sektenregel).
- durch eine Nummer, die aus der Nummer der Höhle, in der die Handschrift gefunden wurde, dem Ort (in diesem Fall Qumran oder Q) und der Handschriftennummer besteht. Oft enthalten mehrere verschiedene Handschriften denselben Text. In diesem Fall werden sie gewöhnlich mit fortlaufenden Nummern bezeichnet. Beispielsweise sind die zehn Handschriften der Gemeinschaftsordnung aus Höhle 4 bekannt als 4Q255–64 (sie wurden in Höhle 4 in Qumran gefunden und die verschiedenen Handschriften sind mit 255–64 nummeriert). Handschriften desselben Textes wurden oft in verschiedenen Höhlen gefunden.
- Einige der Handschriften sind auch unter einem Kodenamen bekannt; beispielsweise wird die Gemeinschaftsordnung häufig als 1QS erwähnt. Innerhalb dieses Systems werden verschiedene Handschriften desselben Textes durch fortlaufende hochgestellte Buchstaben unterschieden. So wird auf die zehn Handschriften der Gemeinschaftsordnung aus Höhle 4 oder 4Q255–64 auch als 4QS[a–j] verwiesen.

Handschriften werden sogar dann demselben Text zugeordnet, wenn sie eine andere Ausgabe repräsentieren (wie im Fall der Handschriften der Gemeinschaftsordnung aus Höhle 4). Man muss sich klarmachen, dass viele der Qum-

Die künstliche Höhle 4 von dem Vorgebirge aus gesehen, auf dem das Gelände von Qumran liegt.

ran-Schriften aus anderen Schriften zusammengetragen und von Zeit zu Zeit überarbeitet wurden. Manchmal ist zweifelhaft, ob wir von „Revisionen" oder „Ausgaben" eines einzelnen „Dokuments" sprechen können; vielleicht haben wir einfach einen einzigen Text, der in einem anderen als Quelle benutzt wurde. Wo nur ein kleines Handschriftenfragment existierte und die Identifizierung schwierig oder umstritten ist, benutzen Forscher heute im Allgemeinen lieber Nummern statt Namen. So ist 4Q285 der Bezeichnung 4QM^g vorzuziehen, da die Verbindung dieses Fragments mit der Kriegsrolle (M) unsicher ist.

Ein aramäischer Text erhält zusätzlich zu seiner Bezeichnung ein „ar" (die Aramäische Apokalyptik aus Höhle 6 ist z. B. bekannt als 6QApoc ar). Ebenso werden ein *pescher* („Kommentar") durch den Buchstaben „p" und eine Papyrus-Handschrift durch „pap" bezeichnet (die Benediktionen aus Höhle 6 sind z. B. als pap6Q16 bekannt). Aus einer Handschrift zitiert wird normalerweise nach Kolumne und Zeile (z. B. 1QS 3,10), doch wo die Handschrift zerfallen ist und heute aus mehreren Fragmenten besteht, die jeweils ihre eigene Kolumnen- und Zeilennummerierung haben, muss manchmal auch die Fragmentnummer genau angegeben werden, z. B. 4Q225 Frg. 22, Kol. 3, Zeile 16, oftmals abgekürzt als 4Q225 22 iii 16, wobei Fragment- und Zeilennummern durch arabische und die Kolumnennummer durch römische Ziffern angezeigt werden. Doch um der Klarheit in diesem Buch willen haben wir gewöhnlich das erstere System benutzt.

Zitiert wird in der deutschen Ausgabe aus den vorliegenden Übersetzungen von Maier und Wise/Abegg/Cook (siehe S. 78); Auslassungen, Ergänzungen und Neuübersetzungen in den Zitaten werden durch {...} angezeigt.

Trevers große Entdeckung

Der junge John Trever wohnte in der American Schools of Oriental Research, wo er sich mit Pflanzen und Tieren der Bibel befasste, als die Geschichte mit den Schriftrollen vom Toten Meer bekannt wurde. In Abwesenheit des Institutsdirektors hatte er einen Termin mit Angehörigen der syrisch-orthodoxen Kirche, um deren jüngste Erwerbung zu sehen. Kaum hatten sie Trevers Zimmer betreten, wurde eine Schultasche geöffnet, die vier in Zeitungspapier eingewickelte Lederrollen enthielt. Trever entrollte die größte und legte sie aufs Bett. Die hebräische Schrift war fremd und er holte einen Satz Dias, die die Geschichte des biblischen Textes illustrierten. Ein Dia zeigte den auf das 2. oder 1. Jahrhundert v. u. Z. datierten Papyrus Nash, der die Zehn Gebote sowie das *Schema* (Dtn 6,4) enthält. Trevers Augen wanderten vom Diaprojektor zu der Schriftrolle und zurück: „Mein Herz begann zu hämmern. Könnte diese so wunderbar erhaltene Handschrift so alt sein wie der Papyrus Nash?

Ein solcher Gedanke schien zu unglaublich ... Meine Begeisterung zügelnd, fragte ich die Syrer, ob sie mir erlauben würden, von einer Kolumne der größeren Schriftrolle ein Foto zu machen. Sie waren einverstanden, doch dann fiel mir ein, dass die Kamera, die ich benötigte, im Museum war, wo ich sie tags zuvor in der Absicht, an diesem Morgen zurückzukommen, liegen lassen hatte. Alles, was ich tun konnte, war, von einem gut erhaltenen Abschnitt ein paar Zeilen per Hand zu kopieren."

Sobald die Syrer gegangen waren, untersuchten Trever und sein Institutskollege William Brownlee die Transkription. Um Zeit zu sparen, probierten sie es zuerst mit einer wilden Vermutung: Vielleicht handelte es sich um einen biblischen Text? Unter Hinzuziehung eines Hebräisch-Wörterbuches kamen sie rasch zu dieser Passage. Trever hatte soeben von der ältesten Schriftrolle des Buches Jesaja abgeschrieben.

Von links nach rechts: George Isaiah, Mar Samuel und John Trever mit der Jesaja-Rolle.

Zeittafel: Jüdische Geschichte von Babylon bis Bar Kochba

596 u. 586 v. u. Z.	Deportation der judäischen Oberschicht nach Babylonien durch Nebukadnezar II. (siehe 2. Könige 24,1–25,21)
539–538 v. u. Z.	Eroberung Babylons durch Kyrus II. Er erlaubt Juden und anderen Deportierten, heimzukehren und den Tempel zu bauen (siehe 2. Chronik 36,22–23 und Esra 1,1–4)
?520–515 v. u. Z.	Wiederaufbau des Tempels in der Zeit von Haggai und Zacharias (siehe Haggai 1,1–15)
445 v. u. Z.	Unter Artaxerxes II. wird Nehemia nach Jerusalem entsandt, um Jerusalem wiederaufzubauen (siehe Nehemia 2,1–8)
334 v. u. Z.	Alexander der Große (356–323) beginnt mit dem Einfall ins Perserreich
312 v. u. Z.	Annektierung Palästinas durch Ptolemäus I. Lagi, Herrscher von Ägypten
198 v. u. Z.	Antiochus III. der Große, Herrscher von Syrien, erobert Palästina von den Ptolemäern
um 175 v. u. Z.	Streit in Jerusalem um das Hohepriesteramt, der zur Ermordung Onias' III. führt (siehe 2. Makkabäer 4,1–34)
168–167 v. u. Z.	Antiochus IV. Epiphanes verbietet traditionelle jüdische Praktiken und errichtet im Jerusalemer Tempel einen Zeusaltar (siehe Daniel 11,30–35)
164 v. u. Z.	Neuweihe des Tempels unter Judas Makkabäus (siehe 2. Makkabäer 10,1–8)
152 v. u. Z.	Jonatan (Makkabäus) wird erster hasmonäischer Herrscher von Juda und übernimmt das Hohepriesteramt
Mitte des 2. Jahrhunderts v. u. Z.	Mögliche Entstehung von Gruppierungen innerhalb des palästinensischen Judentums, darunter die Essener
142 v. u. Z.	Ermordung Jonatans; ihm folgt sein Bruder Simon nach
134 v. u. Z.	Ermordung Simons; ihm folgt Johannes I. Hyrkan nach
107 v. u. Z.	Zerstörung des samaritischen Tempels auf dem Berg Garizim durch Hyrkan
104 v. u. Z.	Aristobul I. folgt Hyrkan nach
103 v. u. Z.	Alexander Jannäus folgt Aristobul nach. Um diese Zeit wahrscheinlich Anlage und Besiedlung von Qumran
76 v. u. Z.	Salome Alexandra, Witwe von Alexander Jannäus, folgt ihrem Mann nach
68–67 v. u. Z.	Krieg zwischen Salomes Söhnen Hyrkan II. und Ariostobul II.
63 v. u. Z.	Römischer General M. Aemilius Scaurus Statthalter von Syria (siehe 4Q333). Intervention der Römer in Judäa. Pompeius zieht in Jerusalem ein
40 v. u. Z.	Die Römer machen Herodes den Großen zum König in Judäa
31 v. u. Z.	Großer Schaden durch Erdbeben in Qumran (?)
19 v. u. Z.	Herodes beginnt mit dem völligen Um- und Neubau des Tempels
4 v. u. Z.	Tod des Herodes; Aufteilung des Königreiches zwischen Archelaus, Herodes Antipas und Philippus
6 u. Z.	Judäa kommt unter direkte römische Herrschaft
26–36 u. Z.	Pontius Pilatus Statthalter von Judäa (siehe Matthäus 27,2)
41 u. Z.	Herodes Agrippa I. König von Judäa und Samaria
44 u. Z.	Herodes Agrippa II. folgt seinem Vater als König der Juden nach, aber Judäa fällt wieder unter direkte römische Herrschaft (siehe Apostelgeschichte 25–26)
66 u. Z.	Ausbruch des Ersten Jüdischen Aufstands gegen Rom
68 u. Z.	Römische Zerstörung Qumrans
70 u. Z.	Eroberung Jerusalems und Zerstörung des Tempels
73/74 u. Z.	Eroberung Masadas
132–135 u. Z.	Zweiter Jüdischer Aufstand, angeführt von Simon Bar Kochba. Wiederaufbau Jerusalems unter Hadrian als Aelia Capitolina

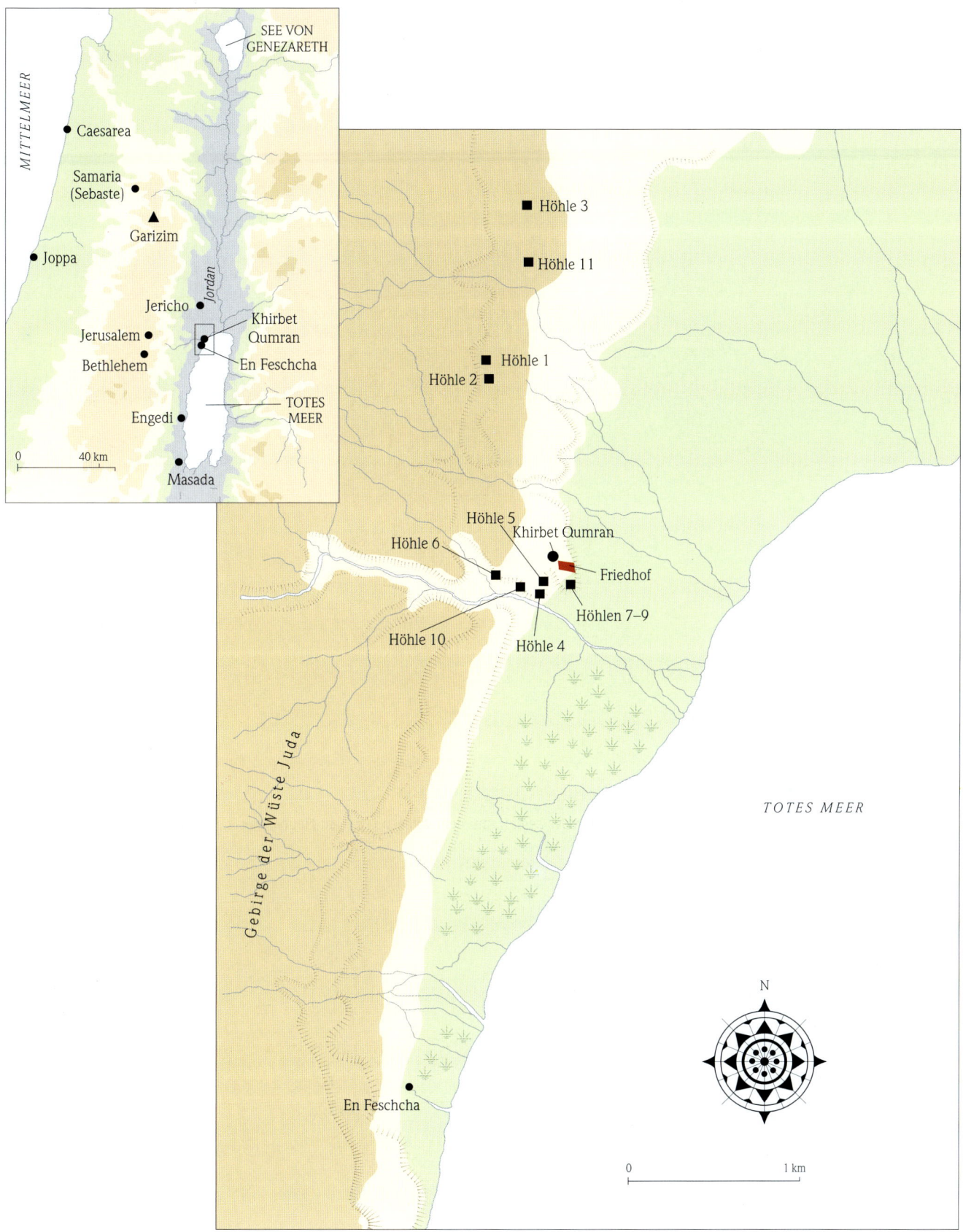

SEE VON
GENEZARETH

MITTELMEER

Caesarea

Samaria
(Sebaste)

Garizim

Joppa

Jericho

Jordan

Jerusalem

Khirbet
Qumran

Bethlehem

En Feschcha

Engedi

TOTES
MEER

0   40 km

Masada

Höhle 3

Höhle 11

Höhle 1

Höhle 2

Höhle 5

Höhle 6

Khirbet Qumran

Friedhof

Höhlen 7–9

Höhle 10

Höhle 4

Gebirge der Wüste Juda

TOTES MEER

N

En Feschcha

0   1 km

Zeittafel der Entdeckungen und Veröffentlichungen

Herbst 1946/ Winter 1947	Muhammad edh-Dhib findet Höhle 1 und ihre Schriftrollen
März 1947	Muhammad bringt die Schriftrollen zu Kando nach Bethlehem
Juli 1947	Kando verkauft vier Schriftrollen an Mar Athanasius Samuel; Feide Salahi bietet E. L. Sukenik von der Hebräischen Universität zwei Schriftrollen an
29. Nov. 1947	Die Vereinten Nationen billigen Teilungsplan für Palästina; Sukenik erwirbt zwei Schriftrollen – die Loblieder (1QH) und die Kriegsrolle (1QM)
Dez. 1947	Sukenik kauft dritte Schriftrolle – die zweite Jesaja-Rolle
1948	Mar Samuel bringt vier Schriftrollen in den Libanon
Jan. 1948	Anton Kiraz zeigt Sukenik vier weitere Schriftrollen
Feb. 1948	Mar Samuel zeigt Mitgliedern der American Schools of Oriental Research in Jerusalem drei Schriftrollen
12. April 1948	Die Londoner *Times* veröffentlicht die ASOR-Bekanntgabe der Entdeckung
26. April 1948	Sukenik gibt seinen Erwerb von Schriftrollen bekannt
14. Mai 1948	Unabhängigkeit Israels
1948–49	Yigael Yadin Generalstabschef der israelischen Armee im Unabhängigkeitskrieg
1949	Ernennung von Pater Roland de Vaux zum Direktor der École Biblique
28. Jan. 1949	Hauptmann Philippe Lippens, belgischer Soldat beim UN-Beobachterkorps des Waffenstillstandsabkommens, und andere entdecken Höhle 1
15. Feb. bis 5. März 1949	G. Lankester Harding, Direktor der jordanischen Behörde für Altertümer, und de Vaux untersuchen Höhle 1
1950–51	C-14-Test an Leinen von Schriftrollen aus Höhle 1; ASOR veröffentlicht Jesaja[a], den Habakuk-Kommentar (1QpHab) und die Gemeinschaftsordnung (1QS)
24. Nov.–Dez. 1951	Beginn der archäologischen Arbeit in Khirbet Qumran
Feb. 1952	Ein Beduine findet Höhle 2
10.–29. März 1952	ASOR-Expedition findet 225 Höhlen, darunter Qumran-Höhle 2
14. März 1952	Höhle 3 gefunden
Aug.–Sept. 1952	Ein Beduine findet die Höhlen 4 und 6
1952	Archäologen finden Höhle 5
22.–29. Sept. 1952	De Vaux und J. T. Milik untersuchen Höhle 4
1953	Professor Karl Georg Kuhn aus Heidelberg identifiziert die Kupferrolle als Verzeichnis der Schatzverstecke
9. Feb.–4. Apr. 1953	Zweite Ausgrabungssaison in Khirbet Qumran
Frühjahr 1953	Bildung eines internationalen Herausgebergremiums: Roland de Vaux, Jozef T. Milik, Jean Starcky, Patrick Skehan, Frank M. Cross Jr., John Strugnell, John Marco Allegro und Claus-Hunno Hunzinger (später ersetzt durch Maurice Baillet)
Herbst 1953	Milik und Cross beginnen mit der Hauptarbeit an Texten aus Höhle 4
1954–59	Verkauf von Handschriften an verschiedene Institutionen
1954	John D. Rockefeller finanziert für sechs Jahre die Veröffentlichung von Schriftrollen
15. Feb.–15. Apr. 1954	Dritte archäologische Unternehmung in Khirbet Qumran
1. Juni 1954	Mar Samuels Anzeige im *Wall Street Journal*
1. Juli 1954	Israel erwirbt Schriftrollen aus Höhle 1; für die Errichtung des Schreins des Buches zu ihrer Unterbringung ist Geld verfügbar
1955	Baden-Württemberg beteiligt sich am Erwerb von Schriftrollen; Sukenik veröffentlicht die Jesaja[b]-Schriftrolle, die Loblieder (1QH[a]) und die Kriegsrolle (1QM); Veröffentlichung von weiterem Material aus Höhle 1; der Vatikan erwirbt einiges Schriftrollen-Material
2. Feb.–6. April 1955	Vierte archäologische Unternehmung in Khirbet Qumran; ein Beduine findet auf einer Mergelterrasse die Höhlen 7–10
13. Feb. 1955	Bekanntgabe des Ankaufs von Schriftrollen für 250 000 $ (von Samuel Gottesman aus New York zur Verfügung gestellt) durch Israels Ministerpräsident Ben Gurion
März 1955	Erste Ausgrabungssaison in Masada
Jan. 1956	Ein Beduine findet Höhle 11
18. Feb.–28. März 1956	Fünfte archäologische Unternehmung in Khirbet Qumran
1956	De Vaux und andere untersuchen En Feschcha
1. Juni 1956	Öffentliche Präsentation der Kupferrolle
Herbst 1956	Yadin und der Paläograph Nahman Avigad veröffentlichen das Genesis-Apokryphon (1QapGen)
Juli 1957	Joseph Fitzmyer und andere beginnen mit der Arbeit an einer Schriftrollen-Konkordanz (fortgeführt bis zum Auslaufen der Rockefeller-Finanzierung 1960)
1958	Pater Jean Carmignac startet die Zeitschrift *Revue de Qumrân* (er bleibt bis zu seinem Tod 1986 Herausgeber)
1958	Cross' paläographische Studie über die Schriftrollen erscheint; offizielle Ausgrabung von En Feschcha
25. Jan.–21. März 1958	Sechste und letzte archäologische Saison in Khirbet Qumran und En Feschcha
Juli 1958	Kando verkauft die letzten Texte aus Höhle 4 an die jordanischen Behörden
1960	Allegro veröffentlicht seine Ausgabe der Kupferrolle
Juni 1960	Ende der Rockefeller-Finanzierung für Höhle 4

27. Juli 1960	Jordanische Regierung entschädigt Institutionen für den Ankauf von Schriftrollen
Juni 1961	Bereits 500 Handschriften aus Höhle 4 identifiziert
1962	Veröffentlichung von Texten aus den Höhlen 2, 3, 5–10
1965	James A. Sanders veröffentlicht die Psalmenrolle aus Höhle 11
Nov. 1966	Jordanische Regierung verstaatlicht das Archäologische Museum Palästinas
1967	Sechstagekrieg; Yadin kauft von Kando die Tempelrolle (vermutlich aus Höhle 11)
1968	Allegro veröffentlicht einen Band mit Handschriften aus Höhle 4
1971	Pierre Benoit folgt de Vaux als Chefherausgeber des internationalen Teams und der Reihe *Discoveries in the Judaean Desert* nach; J. P. M. van der Ploeg, A. S. van der Woude und B. Jongeling veröffentlichen das Targum Ijob aus Höhle 11
1973	*Archaeology and the Dead Sea Scrolls* von de Vaux erscheint auf Englisch
Okt. 1973	Jom-Kippur-Krieg
1976	J. T. Milik veröffentlicht Fragmente der Henoch-Bücher
1977	Yadin veröffentlicht die Tempelrolle; Veröffentlichung von Tefillin und Mezuzot
1980	Cross und Strugnell beginnen mit der Verteilung von Schriftrollen an Graduierte für die Veröffentlichung
1982	Maurice Baillet veröffentlicht einen Stapel Handschriften aus Höhle 4
Frühjahr 1984	Auf einer Konferenz zur biblischen Archäologie in Jerusalem stellt Elisha Qimron vorab die „Weisung des Lehrers an Jonatan" (Halachischer Brief; 4QMMT) vor
Juni 1984	Tod Yigal Yadins
1985	Carol Newsom veröffentlicht die Sabbatopfer-Gesänge aus den Höhlen 4 und 11 und das Masadafragment; David N. Freedman und K. A. Mathews veröffentlichen *The Palaeo-Hebrew Leviticus Scroll*
1986	Tod von Pater Jean Carmignac; Emile Puech von der Ecole Biblique wird Herausgeber der *Revue de Qumrân*; Eileen M. Schuller veröffentlicht *Non-Canonical Psalms* aus Höhle 4
1987	Tod Benoits; seinen Platz hat 1984 John Strugnell von der Harvard University eingenommen
1990	Stephen A. Reed kommt zur Katalogisierung von Schriftrollen nach Jerusalem
Nov. 1990	Ersetzung Strugnells als Chefherausgeber durch Emanuel Tov von der Hebräischen Universität in Jerusalem; Vergrößerung des Herausgebergremiums auf annähernd 60 Mitglieder
1990	Test von 14 Handschriften mittels C-14 (AMS, Accelerator Mass Spectrometry; Beschleuniger-Massenspektrometrie)
1991	Folgekonferenz in Madrid; Verschärfung der Kontroverse über den eingeschränkten Zugang zu unveröffentlichten Schriftrollen
Sept. 1991	Ben Zion Wacholder und Martin Abegg veröffentlichen computergestützte Rekonstruktion von Schriftrollen
22. Sept. 1991	Die Huntington Library in San Marino, Kalifornien, gibt Veröffentlichung fotografischer Negative von Schriftrollen bekannt
15. Okt. 1991	In den USA wird die NOVA-Dokumentation „Secrets of the Dead Sea Scrolls" gezeigt
1992	Robert Eisenmann und Michael Wise veröffentlichen *The Dead Sea Scrolls Uncovered*; Patrick W. Skeham, Eugene Ulrich und Judith E. Sanderson veröffentlichen althebräische und griechische biblische Handschriften aus Höhle 4
1993	Veröffentlichung von Schriftrollen auf Mikrofiches unter Schirmherrschaft der israelischen Behörde für Altertümer
April 1994	Start von *Dead Sea Discoveries*, einer zweiten ausschließlich den Schriftrollen gewidmeten Zeitschrift
1994	Einige Werke des Gesetzes (4QMMT) veröffentlicht; Ulrich, Cross und andere veröffentlichen Genesis-Numeri-Handschriften; zweite C-14-(AMS) Testreihe an 18 Texten und zwei Stücken Leinen
1995	Veröffentlichung von zwei Bänden parabiblischer Texte durch Harold Attridge, Magen Broshi und andere
1996	Veröffentlichung von zwei in Khirbet Qumran entdeckten Ostraka; Ulrich und Cross veröffentlichen Handschriften von Deuteronomium, Josua, Richter und Könige; Joseph M. Baumgarten veröffentlicht Handschriften der Damaskusschrift; George J. Brooke und andere veröffentlichen einen zweiten Band mit parabiblischen Handschriften
1997	Konferenzen u.a. in Jerusalem und San Francisco sowie Veröffentlichung mehrerer wissenschaftlicher Aufsatzsammlungen zur Erinnerung an den 50. Jahrestag der Entdeckung der ersten Schriftrollen
1998	Konferenz an der Hebräischen Universität, Jerusalem, aus Anlass des 100. Jahrestages der Wiederentdeckung der Handschriften der Damaskusschrift in Kairo
1999	Während die offizielle Veröffentlichungsreihe *(DJD)* ihrem Abschluss entgegeneilt, gibt Chefherausgeber Emanuel Tov seinen bevorstehenden Rückzug von dem Posten bekannt
2000	Veröffentlichung der *Encyclopedia of the Dead Sea Scrolls*
2001	Zum Jahresende liegen 28 unter Tovs Herausgeberschaft erschienene Bände der *DJD* vor; nur vier Bände stehen noch aus

Trotz des Dramas beim Fund 1947 beginnt die Geschichte der Schriftrollen vom Toten Meer genaugenommen nicht dort. Nach Ansicht von Forschern wurden Handschriften aus dieser Region mehrmals gefunden und vergessen. In einem der seltsamsten, doch wichtigsten Fälle war eine Zusammenstellung, die eindeutig aus der Qumran-Bibliothek stammte, im 10. und 11. Jahrundert in zwei Handschriften kopiert und in einer Kairoer Synagoge versteckt worden, um Ende des 19. Jahrhunderts gefunden zu werden. Und selbst nach der anfänglichen Entdeckung von Höhle 1 war den Schriftrollen kein leichterer Weg beschieden. Wie in der Einleitung geschildert, hätten sie kaum an einem schlechteren Ort oder zu einer schlechteren Zeitpunkt gefunden werden können – inmitten der jüdisch-arabischen Feinschaft, am Vorabend einer Teilung Palästinas, die die Schriftrollen aus Höhle 1 von ihrer Höhle und die jüdische Forschung vom Zugang zu den Schriftrollen, die man später in den anderen Höhlen fände, trennen sollte.

Die Geschichte auf den folgenden Seiten zeigt, daß das Auffinden von Handschriften bloß der Beginn in ihrer „Entdeckung" ist. Es bleibt ihre sorgfältge Bewahrung, richtige Konservierung sowie zügige Bearbeitung und Veröffentlichung, damit das Wissen, das sie preiszugeben haben, geteilt werden kann. Die Schriftrollen aus Höhle 1 überstanden die Reise mit den Beduinen, das Quartier in dem Bethlehemer Laden und in einigen Fällen den Transport in die Vereinigten Staaten. Auch wurden sie umgehend veröffentlicht und ermöglichten eine breite öffentliche Diskussion über ihre Herkunft und Bedeutung. Den Schriftrollen aus den anderen 10 Höhlen erging es im ganzen weniger gut. Auch sie wurden vielfach den Beduinen abgekauft und hatten folglich nach ihrer Entdeckung möglicherweise Schaden erlitten. Aber die Zahl der Handschriften, die ans Licht kamen, und die Tatsache, daß so viele nur aus kleinen Stücken bestanden, trotzten den verfügbaren Mitteln. Ein kleines Herausgeberteam arbeitete an ihrer Zusammensetzung, Transkription und Übersetzung sowie der Identifizierung ihrer Inhalte. Nach 50 Jahren geht diese oft schon vor Jahrzehnten im wesentlichen vollbrachte Arbeit nun nach Jahren des Streits und Verschwörungsvorwürfen der Vollendung entgegen. Heute können alle Texte in Übersetzung gelesen und auf CD-Rom betrachtet werden.

Höhle 4 mit Aussicht auf das Wadi Qumran.

I. DIE ENTHÜLLTEN SCHRIFTROLLEN

Frühe Entdeckungen am Toten Meer

Schon früher waren in der Nähe des Toten Meeres Schriftrollen entdeckt worden. Im 3. Jahrhundert u. Z. brachte der christliche Theologe und Gelehrte Origenes (185–284), der bei seiner Suche nach den Originaltexten der Bibel hebräische und griechische Handschriften der hebräischen heiligen Schriften sammelte, eine griechische Fassung des Psalters neu heraus, die von einer in der Nähe von Jericho (das ein paar Kilometer nördlich des Toten Meeres liegt) in einem Tonkrug entdeckten Schriftrolle stammte. Nicht lange danach gab der Kirchenhistoriker Eusebios von Caesarea (260–340) eine ähnliche Geschichte über eine Psalmenrolle aus der Gegend von Jericho weiter und ergänzte, dass unter der Herrschaft des römischen Kaisers Caracalla (reg. 211–217) in einem Krug nahe Jericho weitere hebräische und griechische Handschriften entdeckt worden seien.

Im 8. Jahrhundert schrieb Timotheus I., der Patriarch von Seleukeia (im heutigen Irak), einem Kollegen in einem Brief Folgendes:

(Rechts) Die ersten „Schriftrollen vom Toten Meer" wurden vielleicht schon zur Zeit der Herrschaft des Kaisers Caracalla zu Beginn des 3. Jahrhunderts u. Z. entdeckt.

(Unten rechts) Höhle 3, mögliche Stätte einer früheren Entdeckung von Schriftrollen.

(Unten) Eine Fassung von Deuteronomium 19 in einer Bibel aus dem 10. oder 11. Jahrhundert, die der Karäer-Sekte gehörte.

„Wir haben erfahren ... dass vor zehn Jahren in einer Felswohnung nahe Jericho ein paar Bücher gefunden wurden. Es hieß, der Hund eines arabischen Jägers sei bei der Verfolgung von Wild in einer Höhle verschwunden und nicht wieder herausgekommen; sein Besitzer sei ihm gefolgt und habe in dem Fels eine Kammer mit vielen Büchern gefunden. Der Jäger sei nach Jerusalem gegangen und habe seine Geschichte den Juden erzählt, die in großer Zahl erschienen wären und Bücher des Alten Testaments und andere Werke in hebräischer Schrift gefunden hätten."

Qumran liegt nur etwa 12 km von Jericho entfernt, und die Erwähnung von Höhlen und Schriftrollen in Tonkrügen (ganz zu schweigen von dem Araber und seinem Hund!) erinnert an Muhammad edh-Dhibs Entdeckung im Jahr 1947 (siehe S. 6). Hartmut Stegemann von der Universität Göttingen hat behauptet, bei der von Timotheus erwähnten Höhle handle

es sich eigentlich um Qumran-Höhle 3, da es die einzige Qumran-Höhle sei, die groß genug sei, dass ein Hund darin herumlaufen könne. Er spekuliert weiter, dass diese Höhle (die ursprünglich 35 Krüge mit Schriftrollen enthielt) von Karäern entdeckt wurde, einer antirabbinischen jüdischen Sekte des Mittelalters, die 70–140 Schriftrollen mitnahmen. Origines' Psalmenrolle führt Stegemann auf Höhle 7 zurück, die, so sagt er, mehr einem offenen Raum als einer Höhle ähnele.

Die Verbindung zwischen den Karäern und Qumran ist interessant. Die Karäer erlebten ihre Blüte vom 10. bis 13. Jahrhundert u. Z. Einer ihrer führenden Autoren (Al-Qirqisani) erwähnte Menschen, die „Höhlenleute" hießen, und ihre Schriften. In der Tat wurde behauptet, Anan Ben David, der Begründer der Karäer, habe eine Abschrift der später als „Zadok-Fragmente" oder „Damaskusschrift" bekannten Schriftstücke besessen. Zwei Ende des 19. Jahrhunderts im Lagerraum einer alten Karäer-Synagoge gefundene mittelalterliche Handschriften dieses Werkes sind definitiv Abschriften von später in Qumran gefundenen Texten. Während wir hinsichtlich der Qumran-Verbindung zu früheren Schriftrollenfunden nur raten können, scheint zumindest eine Wahrscheinlichkeit zu bestehen, dass die Karäer wirklich einige Qumran-Rollen bargen und von den in ihnen gefundenen Lehren beeinflusst wurden.

Sehr viel jünger ist der Fall des Antiquitätenhändlers Moses William Shapira, der zwischen 1878 und 1884 über sein Geschäft in Jerusalem einige, angeblich wiederum am Toten Meer, diesmal jedoch nahe des Ostufers, entdeckte biblische Fragmente erwarb. Diese Fragmente (in erster Linie das Buch Deuteronomium) wurden unter großem Medienecho nach London gebracht, am Ende jedoch als Fälschungen verworfen. Dadurch blamiert, doch nach wie vor von ihrer Echtheit überzeugt, beging Shapira in Rotterdam Selbstmord. Seine Frag-

mente wurden käuflich erworben, aber ihr gegenwärtiger Verbleib ist unbekannt. John Allegro, ein neuerer Schriftrollenherausgeber, der Shapiras Geschichte erzählte, glaubte, Shapiro könnte eine echte Qumran-Rolle besessen haben.

All diese Ereignisse deuten darauf hin, dass die Qumran-Bibliothek einst vielleicht größer war als gegenwärtig; doch wenn frühere Besucher dieser Höhlen wirklich Schriftrollen entfernten, müssen wir dankbar sein, dass keine systematische Suche stattfand und eine große Anzahl in ihrem ursprünglichen Versteck belassen wurde, um in unserer Zeit entdeckt, konserviert und herausgegeben zu werden.

Die Affäre Shapira

Moses William Shapira war ein Antiquitätenhändler in Jerusalem, der das British Museum zwischen 1878 und 1884 regelmäßig mit hebräischen Handschriften versorgte. 1883 erwarb er ein Stück, beschrieben in einer Schrift, die er als altes „Moabitisch" bezeichnete. Shapira behauptete, die Handschrift stamme von einer Stelle am Ostufer des Jordan.

Scheinbar dachte Shapira, er besäße Stücke der weltweit ältesten Bibel-Handschrift. Die Überreste bestanden aus 15 dunklen Pergamentstreifen, die Abschnitte der Bücher Deuteronomium, Numeri und Exodus enthielten.

Die Zeitungen berichteten ausführlich über den Fund und das British Museum zog Experten zu Rate, um seine Echtheit zu beurteilen. Binnen rekordverdächtiger 90 Minuten fällte Dr. Christian David Ginsburg, der die Echtheit scheinbar von Anfang an bezweifelte, ein Urteil. Es sei eine Fälschung! Nicht nur sei der Gebrauch der „moabitischen" Schrift ungewöhnlich, sondern die Streifen seien auch gefaltet und nicht aufgerollt gewesen, wie wenn sie zu einer Schriftrolle gehört hätten. Ginsburg bemerkte ferner eine glatte Kante an dem Leder, das Ergebnis eines Messers, behauptete er. Er folgerte, dass das Pergament vom unteren Rand von Synagogenrollen, die nicht älter als 200 Jahre seien, abgeschnitten worden war. Einige Mühe sei darauf verwendet worden, das Material zu schwärzen und es älter aussehen zu lassen. Die Schrift wirke auf ihn wie eine Nachahmung der Schrift auf dem Moabiter-Stein. Senkrechte Ränder seien deutlich markiert, aber der Schreiber habe gelegentlich weit darüber hinausgeschrieben.

Auch der Text zeige eine Merkwürdigkeit, enthalte er doch die Anordnung: „Du sollst nicht töten die Person deines Bruders."

In einem Brief an Ginsburg äußerte Shapira seine Beschämung darüber, des Betrugs bezichtigt zu werden. Am 9. März 1884 erschoss er sich in seinem Rotterdamer Hotelzimmer. Die Schande war zu viel gewesen.

Die Shapira-Handschrift ist seitdem verschwunden. Niemandem lag daran, sie – als Imitation – zu erhalten. Aber war es so offensichtlich eine Fälschung? Oder wurde Shapira das Opfer einer wissenschaftlichen Verschwörung oder von Inkompetenz? Vor der Entdeckung der Qumran-Rollen wagten nur wenige Gelehrte zu glauben, dass Handschriften so alt wie diese noch existierten. Aber heute wissen wir, dass es sie gab. Außerdem sind einige biblische Handschriften der Schriftrollen vom Toten Meer in der (vor dem 6. Jh. in Palästina regulär gebrauchten) alten hebräischen/phönizischen Schrift geschrieben. Vor allem aber enthalten die Schriftrollen mehrerer Handschriften, die Passagen aus der mosaischen Thora nebeneinander stellen und unterschiedliche Interpretationen aufrechterhalten, so wie es anscheinend auch die Shapira-Handschriften taten.

„Sie haben einen Narren aus mir gemacht", schrieb Moses Shapira am 23. August 1883 an Ginsburg, kurz bevor er Selbstmord beging.

Die Damaskusschrift

„Und nun hört auf mich, alle Kenner von Recht, und begreift
die Taten Gottes, denn Streit hat Er mit allem Fleisch und Gericht übt Er an all Seinen Verächtern ..." (CD 1,1–2)

„Desgleichen alle die Leute, die eingetreten sind in den Bund,
den neuen, im Lande Damaskus, und die umgekehrt sind und
Verrat übten ... Sie werden nicht mitgerechnet im Volksrat ..."
(CD 19,33–35)

„Und das ist die Ordnung des Aufsehers für das Lager. Er
unterweise die Mitglieder in den Werken Gottes ... Er habe
Erbarmen mit ihnen wie ein Vater mit seinen Kindern ..." (CD
13,7–9)

„Niemand schlafe mit einer Frau in der Stadt des Heiligtums,
um (so) zu verunreinigen die Stadt des Heiligtums ..." (CD
12,1–2)

Im Jahr 1896, ein halbes Jahrhundert vor der Entdeckung
der Schriftrollen vom Toten Meer barg Solomon Schechter von der Cambridge University aus einer Synagoge in
der Kairoer Altstadt, der Geniza, eine Sammlung mittel-
alterlicher Handschriften. Zwei davon beschrieben die
Organisation und Ideologie einer jüdischen Sekte.
Schechter nannte sie „Fragments of a Zadokite Work",
aber später wurden sie als „Damaskusschrift" bekannt.
Beide Titel haben eine gewisse Berechtigung. Die Handschriften erwähnen die Priesterkaste der „Zadokiden"
und nennen Damaskus als Exil der Sekte – einer Sekte,
die mit fast jeder vorstellbaren Gruppierung im jüdischen
Altertum gleichgesetzt worden ist.

Die Kairoer Handschriften stammen aus dem 10. und
11. Jahrhundert u. Z., aber heute ist sicher, dass das Dokument in Qumran existierte, wurden doch in den Höhlen 4, 5 und 6 Fragmente zehn verschiedener Abschriften davon gefunden, womit das Werk mindestens auf das
1. Jahrhundert v. u. Z. zurückverfolgt werden kann. Die
Damaskusschrift (die Geniza- und Qumran-Fassungen
sind sehr ähnlich) wurde aus verschiedenen Quellen zusammengestellt und umfasst Predigten und Interpretationen biblischer Texte und Gesetze.

Inhalt

Die tatsächliche Struktur des Ganzen ist nicht ganz klar,
aber es gibt zwei klar unterschiedene Teile. Zuerst kom-
men die weithin so genannten „Mahnreden" (A S. 1–8;
B S. 19–20). Es handelt sich um eine Art ausgedehnte
Predigt zur Erklärung der „Taten Gottes", als er Israel zur
Zeit der Babylonischen Gefangenschaft (6. Jh. v. u. Z.; sie-

he 2. Könige 25) schmähte und mit einer besonderen
Gruppe in dem (realen oder symbolischen) „Lande Damaskus" einen „Neuen Bund" schuf. Die „Mahnreden"
schildern die Geschichte dieses Neuen Bundes und seiner *raison d'être*, Gottes Gesetzen genau bis zum „Ende
der Tage" zu gehorchen. Sie erinnern den Leser an das
Fundament dieses Neuen Bundes und äußern Drohun-
gen gegen Abtrünnige aus seinen Reihen.

Der zweite Teil, die „Gesetze" (A S. 9–16), umfasst
mehrere Regelsammlungen für die Gemeinschaft bzw.
Gemeinschaften dieses sektiererischen Neuen Bundes in
seinen „Städten" und „Lagern". Sie reflektieren die Überzeugung der Sekte, dass sie nach der korrekten Deutung
des mosaischen Gesetzes lebe, und behandeln Themen
wie den Gebrauch des göttlichen Namens bei der Eidab-
legung (vgl. Mt 5,37), die Erfüllung von Versprechen und
Opfern aus freien Stücken, Aussatz und Ansteckung, erlaubten und verbotenen Geschlechtsverkehr, Beziehungen zu Nichtjuden und die sorgfältige Beachtung des Sabbats. Erwähnenswert ist ferner die Vorschrift für Mitglieder, monatlich einen Zweitageslohn zur Unterstützung
der weniger Glücklichen abzutreten.

Die Damaskusschrift liefert somit die früheste und voll-
ständigste Beschreibung einer durch Anschauungen wie
Lebensstil von anderen Juden getrennten jüdischen Sektengemeinschaft. Viele Forscher lesen sie als Bericht über
Ursprünge und Struktur der Gemeinschaft von Qumran,
aber das ist unwahrscheinlich, da die „Damaskus"-Sekte
zweifellos viele Siedlungen hatte und ihre Organisation
sich von derjenigen der in der Gemeinschaftsordnung ge-
schilderten Gemeinschaft (der „Einung" – hebräisch: *Jahad*) unterscheidet, die eher in Qumran gelebt haben dürfte. Ein weiterer entscheidender Unterschied ist, dass die
„Damaskus"-Gemeinschaften, obschon sie zweifellos die
meisten Kontakte zum Jerusalemer Tempel abgebrochen
hatten, weil sie glaubten, seine Priester irrten, den Tempel selbst hoch schätzten und eine gewisse Teilnahme am
Kult aufrechterhielten. Die *Jahad* hatte alle Verbindungen
zum Tempel aufgegeben und verstand die eigene Organisation und die eigenen Praktiken als Erfüllung vieler kul-
tischer Funktionen des Tempels.

Doch offensichtlich gibt es eine Beziehung zwischen
den beiden Sekten. Ob die Damaskus-Sekte eine Mutter-
bewegung der *Jahad* oder ihre Erweiterung ist, bleibt
umstritten. Die Behauptung in der Damaskusschrift, die
Sekte existiere schon geraume Zeit, ist schwer einzuschätzen. Einerseits ist wahrscheinlich, dass ihre gesetzlichen Überlieferungen, sogar ihr Kalender, lange Zeit zu-
rückreichen. Andererseits setzt ihre Verwandlung in eine
Sekte einen radikalen Bruch mit anderen Formen des Judentums voraus, der wahrscheinlich im 2. oder frühen
1. Jahrhundert v. u. Z. stattfand, als ihre Praktiken unter
dem einen oder anderen König der einheimischen Hasmonäer-Dynastie, die zwischen den 160er und 60er Jahren v. u. Z. von Jerusalem aus herrschte, verboten waren.
Die Damaskusschrift ist voll biblischer Sprache und Anspielungen und teils scheint sie darauf abzuzielen, die
Sekte als wahre Erbin des biblischen Israel darzustellen
und zu zeigen, dass ihr Geschick in biblischen Texten
vorausgeahnt werde.

אל בערתם להשם את כל המנם ומעשיהם נגדיא לפנו
ועתו שמעו אלי כל באו בריות ואמלא אונכם בדרכו
רשעים   אל אהב דעת חכמד זתושייך הצעב לפבן
ערמה זדעת זם ישרתו הן ארך אפום עמו ורוב סליחות
לכפר בעד שבו פשע ובוח וגבורה זחמה בחזא בלהבי אש
בו כל מלאבי חבל על סדרו דרך זמתעבו דק לאין שארית
ופליטה למו כי לא סזר אלבהם מקדם עלם ובטרם נסרך ירע
את מעשיהם ויתעבא את דורות מדם זוסתר אתפנו מהארץ
מי ערתומם ודע את שנו מעמד ומספר ופדו ש קצרה לכל
הזי עולמים ונדיות ער מה יבא בקציהם לכל שך עולם
ובכולו יקום לו קריאו שם למעז החזר פלטה לאדן ולמלא
פנו תבל מזרעם   וזדיעם בד משוחו רותקדשו וחו
אבת ובפדוש שמו שמורניהם ואת אשר שנא זתעד
ועתה כום שמע לו ואבלא עונכם לזאות ולאזבו במעשו
אל ולסחור את אשר דיעד ולמאס באשר שוא להתהלך תמום
בכל דרכיו ולאלתזר במחשבות יצר אשמד ועדיזנת ביתם
זמעו בם וגבורה חזל נשתו בם מלנם ועד זנה בלב בשרירות
לבם נפל עדיו השנים בהד נאזזן אשר לא שמרו מצות אל
וכנחם אשר כרהם ארהם זבהם וסחרו ברותנהם בו נפל
מל כשר איש הוא בהרדב כינבע ויחזו מלאך בעשותם את
רעונם ולא שמרו את מצות עשיהם עד אשר תהד אפגם

Die Herausgabe der Schriftrollen: Die ersten 50 Jahre

Wie zuvor geschildert (S. 7), wurden die Schriftrollen aus Höhle 1 rasch in zwei Partien getrennt, eine im Besitz Professor Sukeniks von der Hebräischen Universität, die andere Eigentum von Mar Samuel, dem syrischen Metropoliten des Sankt-Markus-Klosters, der ihre Veröffentlichung der American Schools of Oriental Research (ASOR) anvertraute. Sukeniks Ausgaben der Kriegsrolle und der Loblieder erschienen zwischen 1948 und 1950 auf Hebräisch; 1950–51 veröffentlichte die ASOR Fotos und Transkriptionen der Jesaja-Rolle, der Gemeinschaftsordnung und des Habakuk-Kommentars. Sukeniks Ausgabe

John Strugnell untersucht im „Schriftrollensaal" des Archäologischen Museums Palästinas Fragmente aus Höhle 4.

der zweiten Jesaja-Rolle, der Kriegsrolle und der Loblieder erschien posthum 1954. Die übrigen Fragmente, die aus Höhle 1 geborgen wurden, als sie von einer offiziellen Gruppe wieder entdeckt wurde, erschienen 1955 im ersten Band der offiziellen Reihe *Discoveries in the Judaean Desert of Jordan* (das „of Jordan" im Reihentitel wurde später weggelassen). Schließlich veröffentlichten dann 1956 Sukeniks Sohn Yigael Yadin und Nahman Avigad das Genesis-Apokryphon. Der Inhalt von Höhle 1 wurde also rasch publiziert und Fachwelt wie Öffentlichkeit reagierten mit ungeheurem Interesse auf diesen „größten Handschriftenfund aller Zeiten", wie man ihn feierte.

Unterdessen war 1949 Höhle 1 erfolgreich lokalisiert und der Rest ihres Bestandes von einer offiziellen Expedition abtransportiert worden. Damals zog die Stätte von

Qumran selbst ihre Aufmerksamkeit auf sich und 1951 begannen unter Gerald Lankester Harding (dem Leiter der jordanischen Behörde für Altertümer) und Pater Roland de Vaux (von der Jerusalemer École Biblique) Ausgrabungen. Von 1952 an tauchten nach und nach meist von den Beduinen entdeckte Handschriften aus anderen Höhlen auf. Die wichtigste war Höhle 4 unmittelbar am Rand der Qumran-Siedlung. Die riesige Zahl winziger Fragmente, die Höhle 4 erbrachte, machte nicht nur eine Kampagne zur Mittelbeschaffung notwendig, um sie ihren Findern abzukaufen, sondern auch ein Team von Herausgebern, um sie zusammenzusetzen und zu veröffentlichen.

Das Herausgeberteam

Von 1953 bis 1954 stellte de Vaux sein Team von Herausgebern zusammen (siehe S. 30). Jedem Mitglied wurde eine spezielle Handschriftengruppe zugeordnet. Jozef Milik wurden nichtbiblische Handschriften, Targume (aramäische Übertragungen biblischer Bücher), Apokryphen, Pseudepigraphen und bekannte sektiererische Schriften übertragen. Dazu gehörten auch Tefillin (Phylakterien) und Mezuzot. (Nach Deuteronomium 6,8–9 sind Tefillin und Mezuzot Lederstreifen, die mit bestimmten Abschnitten der Bibel beschrieben sind – Exodus 12,43–13,16, Deuteronomium 5,1–6,9 und 10,12– 11,21. Tefillin werden in kleine Kapseln gelegt und an Kopf oder linken Arm gebunden, Mezuzot am Türpfosten befestigt.) Frank Cross sollte 61 biblische Handschriften und John Allegro 24 parabiblische Texte, Kommentare und andere exegetische Werke veröffentlichen. Jean Starcky sollte 30 Platten nichtbiblischer aramäischer und zwölf Platten hebräischer Fragmente bearbeiten, und Patrick Skehan wurden 32 biblische Handschriften zugewiesen. John Strugnell übernahm die Verantwortung für 80 nichtbiblische Handschriften und Claus-Hunno Hunzinger nahm sich der Kriegsrollen-Fragmente aus Höhle 4 und liturgischer Texte an. Hunzinger verließ das Team nach kurzer Zeit und wurde 1958 durch Maurice Baillet von der École Biblique ersetzt.

Wie und warum wurden diese Herausgeber ausgewählt? Was qualifizierte sie für die Herausgabe antiker hebräischer, aramäischer und griechischer Handschriften? Wie wurde de Vaux von Harding zum Chefherausgeber ernannt? Welches Programm hatte de Vaux für seinen Bearbeiterstab festgesetzt? Nach welchen Methoden sollten sie vorgehen? Wie sollten sie verantwortlich gemacht werden? Wenn die Antworten auf diese Fragen nicht gänzlich klar sind – und manchmal unbefriedigend, ist daran zu erinnern, dass die Flut von Handschriften und Fragmenten (etwa 15 000) völlig unerwartet war; es gab kaum Mittel und es war keinerlei Technik zur Durchführung einer solchen Aufgabe verfügbar. Die Teammitglieder waren ein bunter Haufen, darunter ein paar sehr talentierte junge Leute. Aber es war irgendwie ein spontanes Team und die Arbeit wurde gewaltig unterschätzt. Dass sie selbst am Ende des 20. Jahrhunderts noch nicht vollendet war, liegt an dem Umstand, dass man diesem kleinen Team erlaubte, so lange weiterzumachen, als klar war, dass es die Arbeit nicht beenden konnte oder würde.

Jedenfalls wurde zunächst einmal im Keller des Archäologischen Museums Palästinas, dem späteren Rockefeller Museum, für die ständige Arbeit an den Fragmenten aus Höhle 4 ein „Schriftrollensaal" eingerichtet. Man arbeitete bei offenen Fenstern, ohne zum besseren Erhalt dieser kostbaren Schätze Temperatur und Luftdruck zu kontrollieren. Um Fragmente zu verbinden und zu reparieren, verwendete man Tesaband und ein paar Bearbeiter wurden mit brennenden Zigaretten zwischen Lippen oder Fingern fotografiert, während sie Schriftrollenfragmente inspizierten. Einiges von dem bereits verrottenden Material dürfte unter den unkontrollierten Bedingungen verloren gegangen oder verdorben worden sein. Aber die Fragmente wurden fotografiert und unter Glas gelegt. Und sie wurden mit überraschender Geschwindigkeit sortiert. Ende der 1950er Jahre war der größte Teil der Fragmente anderen aus derselben Originalhandschrift zugeordnet. Als zusätzliche Helfer wurden zwischen 1957 und 1960 zwei junge Wissenschaftler, die später angesehene Professoren werden sollten (Raymond Brown und Joseph Fitzmyer), eingestellt; sie sollten eine Karteikarten-Konkordanz der Fragmente erarbeiten. Die letzten Fragmente aus Höhle 4 wurden den Beduinen 1958 abgekauft. Bis 1960, als die Rockefeller-Finanzierung auslief, waren etwa 511 Handschriften sortiert und lagen unter 620 Platten.

Wie wurde die herausgeberische Arbeit finanziert? Milik und Starcky wurden vom Centre National de la Recherche Scientifique in Paris, Baillet von der École Biblique bezahlt. Cross, Strugnell und Skehan bekamen von 1954–60 John-D.-Rockefeller-Zuschüsse. Im Verlauf der Arbeit erhielten all diese Männer anderweitige institutionelle Förderungen. Hunzingers Arbeit wurde von der Deutschen Forschungsgemeinschaft getragen. Allegro erhielt Hilfen aus verschiedenen britischen Quellen.

Durch den Verkauf von Schriftrollen aus Höhle 4 kam ebenfalls Geld herein. Mitte und Ende der 1950er Jahre verkauften die jordanischen Behörden Fragmente an die McGill University in Montreal, an den Vatikan, die Universitäten von Manchester und Heidelberg, das McCormick Theological Seminary in Chicago, die Oxford University und die Allerseelenkirche in New York. Natürlich waren viele dieser Institutionen mit den Herausgebern verbunden. Einige jedoch erhielten am Ende nicht die Handschriften, die sie gekauft hatten.

Frühe Kontroversen

Leider arbeiteten die Herausgeber im Schriftrollensaal nicht nur zusammen, sondern entwickelten auch Animositäten, die rasch publik gemacht werden sollten. Allegro war hinsichtlich der Veröffentlichung und Interpretation der Rollen mit den meisten seiner Kollegen uneins und leitete, nachdem er die Öffnung und Transkription der Kupferrolle veranlasst hatte, eine Erkundung in der Wüste von Juda auf der Suche nach dem in der Rolle erwähnten verlorenen Schatz. Obwohl die Veröffentlichung dieses Textes Milik oblag, wurde Allegro des Wartens müde und publizierte ihn 1960. Er glaubte auch als einziger Herausgeber, dass es diesen Schatz wirklich gebe (in den Augen vieler Gelehrter zu Recht). Allegro hielt ferner Vorträge und schrieb über seine Ansichten zu den ihm zugewiesenen Texten, bevor sie publiziert wurden, und einmal veranlassten seine Behauptungen eine öffentliche Widerlegung durch de Vaux und zahlreiche andere Mitglieder des Teams.

Die erste offizielle Publikation von Texten aus Höhle 4 kam 1968 von Allegro. Zwei Jahre später schrieb John Strugnell, statt irgendeinen der ihm übertragenen Texte fertig zu stellen, eine 114-Seiten-Kritik der Arbeit Allegros. Es stimmt, dass Allegros Textedition nicht allerhöchsten Maßstäben genügte, aber anscheinend übte de Vaux einen gewissen Druck aus. An Eifer konnte es kein anderer Herausgeber mit Allegro aufnehmen.

Leading Dead Sea Scroll Scholar Denounces Delay

Dead Sea Scroll Variation on "Show and Tell"— It's Called "Tell, But No Show"

New York Times Endorses BAR's Position

The Dead Sea Scrolls Are Now Available to All!

Who Controls the Scrolls?

(Ganz rechts) Hershel Shanks, Herausgeber der populären Zeitschrift Biblical Archaeology Review *und einer der Protagonisten der Kampagne für einen erweiterten Zugang zu unveröffentlichten Schriftrollen.*

(Oben und rechts) Überschriften und Cartoon aus der Kampagne der Biblical Archaeology Review.

"Let's find a dark place where we can open it."

De Vaux starb im September 1971. Es ist nicht klar, wie viel Kontrolle er tatsächlich über die Mitglieder eines Teams hatte, das sich inzwischen, als die Finanzierung auslief, zerstreut hatte. Ein paar Herausgeber hatten jetzt universitäre Stellen. Einige fühlten sich gegenüber Pater de Vaux oder seinem Nachfolger Pater Pierre Benoit, der ebenfalls von der École Biblique kam, praktisch in keinster Weise verpflichtet.

Die Texte aus den so genannten „kleineren Höhlen" (2–3, 5–10) waren 1962 von Baillet, Milik und de Vaux offiziell publiziert worden. Die Texte aus Höhle 11 wurden durch ein Geschäft mit der ASOR und der Königlichen Niederländischen Akademie der Wissenschaften veräußert, die jeder die Rechte an diesen Rollen erwarben. So gab 1965 der von der ASOR bestellte James Sanders die Psalmenrolle aus Höhle 11 heraus und J. van der Ploeg und A. S. van der Woude publizierten das Aramäische Buch Ijob (Targum Ijob).

Die Tendenz, nicht einfach Platten und Übersetzungen herauszubringen, wie man bei den Texten aus Höhle 1 verfahren war, gab es bereits. In wachsendem Maße zog man es nun vor, maßgebliche, erschöpfende Studien vorzulegen, und das nicht immer in der offiziellen Reihe. Diese Tendenz kulminierte 1976 in Miliks langem Kommentar zu den Henoch-Fragmenten aus Höhle 4. Kritisiert wurde dieses Werk von jenen Forschern, die die Zeugnisse studieren wollten und nicht eine nach fast zweieinhalb Jahrzehnten des Wartens herausgebrachte theoretische Rekonstruktion. Im Gegensatz dazu brachte Yigael Yadin 1977, nur zehn Jahre, nachdem er sie erworben hatte, einen schönen und fast erschöpfenden Kommentar zur Tempelrolle auf Hebräisch heraus.

Die Texte aus Höhle 4 jedoch blieben für die Öffentlichkeit – und die meisten Gelehrten – unsichtbar, da es eine Zugangssperre gab: Die berufenen Herausgeber wahrten nach wie vor ihr Recht auf exklusiven Zugang (obwohl ihre Studenten und bestimmte Kollegen gelegentlich begünstigt wurden). Nach einer Weile (einer vielleicht zu langen Weile) begann die Geduld sich zu erschöpfen und 1977 sprach der hauptsächlich für seine Übersetzungen von Rollen bekannte Geza Vermes vom „wissenschaftlichen Skandal *par excellence* des Jahrhunderts". Im selben Jahr äußerte David Noel Freedman, Professor an der University of Michigan, seinerzeit Herausgeber des *Biblical Archaeologist* und enger Kollege von Frank Cross, die deutlichste Kritik an vergangenen Verfahrensweisen und machte ein paar Vorschläge für die Zukunft. Er zog ein Verfahren in Zweifel, durch das

„ein einzelner Forscher oder eine kleine Gruppe das ausschließliche Recht hat oder haben soll, nach eigenem Gutdünken oder Ermessen Inschriftenmaterialien zu erforschen und zu publizieren und auf diese Weise der wissenschaftlichen Gemeinschaft und letzten Endes der Öffentlichkeit den Zugang zu solchen Materialien zu verwehren". (*Biblical Archaeologist*, 1977)

Obwohl Freedman das Sortieren und Zusammensetzen von Fragmenten lobte, äußerte er die Ansicht, alle Rollen hätten zum Zeitpunkt seiner Kritik veröffentlicht sein müssen. Teils machte er das monopolistische System für die Verzögerung verantwortlich. Er verlangte eine offene Diskussion der Publikationsfrage. Obendrein bemerkend, dass die Herausgeber keinen Anlass hätten, „offizielle" Ausgaben zu liefern, machte er den radikalen Vorschlag, Fotografien oder Faksimiles zu veröffentlichen, weil die Herausgeber selber von gemeinsamer Einsicht profitieren würden. Isoliert zu arbeiten könnte nur einen negativen Effekt haben. In Zukunft sollte man erwarten können, dass Texte binnen eines Jahres nach ihrer Entdeckung „außerhalb" veröffentlicht würden.

Seine eigene Verantwortungslosigkeit als einer der Herausgeber eines in Althebräisch geschriebenen Levitikus-Textes aus Höhle 11 einräumend, gestand Freedman: „Ich hätte die Rolle entweder publizieren oder sie dem Team zwecks Neuzuteilung zurückgeben sollen." Dieses Geständnis erfolgte nach einer Verzögerung von etwa zehn Jahren und seine Hauptentschuldigung war der Druck anderer Verpflichtungen. Seine Publikation erschien schließlich 1985. Andere Herausgeber boten unterdessen ähnliche Erklärungen an, die mit fortschreitender Zeit immer weniger akzeptabel waren. Welche größere Verpflichtung konnte irgendein Forscher haben, als die Schriftrollen vom Toten Meer zu publizieren?

Auch der Tod forderte seinen Tribut. 1980 starb Skehan und hinterließ seine (noch unveröffentlichte) Partie Eugene Ulrich von der Universität Notre Dame, der ein paar Texte an Graduierte weitergab und ein paar selbst behielt. Das herausgeberische Verfahren blieb derweil äußerem Einfluss unzugänglich, während Herausgeber sich gelegentlich Gespräche über die Materialien gestatteten, die ihr Publikum nicht einsehen konnte. 1984 zum Beispiel hielt der kürzlich von Strugnell zur Beendigung der lange überfälligen Arbeit am Halachischen Brief hinzuge-

Jozef Milik bei der Arbeit im „Schriftrollensaal".

zogene Elisha Qimron von der Beersheva-Universität einen Vortrag auf einer Konferenz zur biblischen Archäologie in Jerusalem. Er kitzelte seine Zuhörerschaft mit einigen flüchtigen Texteindrücken und behauptete, nichts weniger zu besitzen als einen Brief des Gründers der „Qumran-Sekte", einer Gestalt, von der mehrere Qumran-Texte als dem „Anweiser der Gerechtigkeit" sprechen. Beide Forscher bereiteten gerade eine große, kommentierte Ausgabe dieses „Briefes" vor. Natürlich beraubten sie die Fachwelt damit einer Chance, die Texte zu prüfen, bevor sie zu ihren eigenen endgültigen Schlüssen gelangt waren. Es gab viel Missfallen unter den Zuhörern.

Die Publikationskampagne

Schwung erhielt die von Vermes gestartete Kampagne Ende der 1980er Jahre durch den Herausgeber der *Biblical Archaeological Review (BAR)*, Hershel Shanks. Seine Kritik am Herausgeberteam kam einem Kreuzzug gleich. 1985 fand an der New York University eine Schriftrollen-Konferenz statt, auf der viele Redner verlangten, die unveröffentlichten Materialien einer größeren Gruppe von Forschern zugänglich zu machen. Als Benoit 1984 vom Posten des Chefherausgebers zurücktrat, kam für das israelische Ministerium für Altertümer (das seit der israeli-

Seit den 1950er Jahren, als dieses Titelbild von Time erschien, haben viele populäre Zeitschriftenartikel Interesse und Aufregung in der Öffentlichkeit erzeugt.

Dass John Strugnell seine Kritiker als „Flöhe" abtat, wurde von Hershel Shanks gegen ihn verwendet.

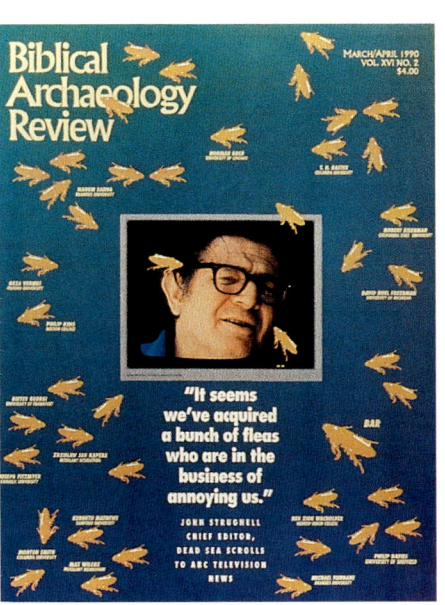

schen Besetzung Ostjerusalems 1967 die Aufsicht über die Rollen innegehabt hatte) die Gelegenheit, Druck auf das Herausgeberteam auszuüben. Es berief John Strugnell, der den größten Auftrag bekommen hatte, aber nichts publizierte, obwohl er kürzlich begonnen hatte, einige seiner Texte anderen Forschern und Doktoranden für ihre Dissertationen zu geben. (Carol A. Newsom veröffentlichte die Engelliturgie, die sie in „Songs of the Sabbath Sacrifice" umbenannte; Eileen Schuller brachte eine Ausgabe nichtkanonischer Psalmen heraus.) Qualifizierten Bibelwissenschaftlern und anderen Graduierten wurde der Zugang unterdessen verwehrt.

Lawrence Schiffman äußerte sich recht unverblümt: „Das Herausgeberteam verweigerte allen anderen den Zugang zu den restlichen unveröffentlichten Dokumenten. Wie Geizhälse horteten sie die Rollen als Währung, um ihre Karrieren und die ihrer Studenten zu veredeln" (Reclaiming the Dead Sea Scrolls, 21). Ironischerweise war Schiffman inzwischen zu einer Art Insider geworden und erhielt die Erlaubnis, bestimmte Texte zu studieren. Er wurde einer der gegenwärtigen Herausgeber und hat seine Kritik seitdem abgeschwächt.

1987 war ein ereignisreiches Jahr. Die Unzufriedenheit hatte sich außerordentlich gesteigert und obwohl Strugnell das Team um Israelis und Juden ergänzt hatte, unterstrich seine eigene Publikationsliste die Vorbehalte vieler Forscher. Zum 40. Jahrestag der Entdeckung der Rollen gab es eine Konferenz in London, auf der Geza Vermes den Skandal beklagte und auf Schritte drängte. „Vorgeschlagene" Fahrpläne wurden erwähnt (1996, 2000, 2004), aber nichts war verbindlich und Verantwortlichkeit war nie in das Projekt eingebaut worden. In der Tat fragte man sich nach Lektüre der BAR-Berichte, ob gewisse Mitglieder des Teams wussten, dass sie sich regelmäßig treffen sollten, um Fortschritte und Fristen zu erörtern.

1989 einigte sich eine von Z. J. Kapera, dem Herausgeber des Qumran Chronicle und der Mogilany Papers, organisierte Konferenz in Polen auf die so genannte „Mogilany Resolution", die im Wesentlichen die Freigabe aller Platten der Rollen-Fragmente forderte. In der Zwischenzeit verlangten Philip R. Davies von der Sheffield University und Robert Eisenman von der California State University formell Einsicht in bestimmte Fragmente, was ihnen verweigert wurde. Davies schickte

die Antwort, die er erhalten hatte, an den BAR, um Strugnells Behauptung zu widerlegen, echten Forschern werde der Zugang nicht verwehrt.

Doch dann änderte sich die Situation rapide. Die israelische Behörde für Altertümer (IAA) feuerte Strugnell und bestellte Emanuel Tov zum Chefherausgeber, mit Emile Puech und Eugene Ulrich als Mitherausgeber. 1991 wurde das Team dann übergangen, aber auf eine Weise, die es selbst ermöglicht hatte. Strugnell hatte einige Jahre zuvor eine kleine Anzahl Exemplare der Konkordanz für die Texte von Höhle 4 verteilt und unter seiner Herausgeberschaft (und mittels externer Förderung) war ein neuer Satz Fotografien der Rollen für die Verteilung und Aufbewahrung durch ein paar Universitäten weltweit angefertigt worden. Die Konkordanz bestand aus Fotokopien von Karten, auf denen jeweils ein Wort, seine Fundstelle (Handschriften- und Fragmentnummer) sowie die voraufgehenden und folgenden Wörter verzeichnet waren. Mit Hilfe eines Computers war es somit möglich, ganze Texte zu rekonstruieren, und genau das machten Ben Zion Wacholder und sein Schüler Martin Abegg in Cincinnati. Die rekonstruierten Texte wurden von der Biblical Archaeology Society (BAS, Verlegerin der BAR) rasch publiziert.

Inzwischen verkündete der Direktor der Huntington Library, William Moffett, als er feststellte, dass man Kopien der jüngst gemachten Fotos besaß, diese würden entsprechend der Bibliothekspolitik der Konsultation durch „qualifizierte" Forscher zugänglich gemacht. Zur selben Zeit veröffentlichte Robert Eisenman zusammen mit James Robinson von der Claremont Graduate School (wieder über die BAS) ebenfalls den kompletten Plattensatz von Höhle 4, wenngleich ohne Transkription oder Übersetzung. Die vereinte Kraft all dieser Entwicklungen durchbrach die Sperre; Herausgeber und IAA räumten die Niederlage ein.

Doch es gab eine gewisse Gegenreaktion. Eisenman und Wise veröffentlichten 1992 eine Ausgabe mit 50 Texten, die auf ihrem nicht genehmigten Satz von Fotografien beruhte. Eine Anzahl Schriftrollenforscher, von denen viele ein Forschungsjahr am Annenberg Research Center in Philadelphia, Pennsylvania, verbrachten, unterzeichnete zusammen mit Mitgliedern des Aufsichtskomitees der IAA in Israel eine Petition, die Eisenman und Wise beschuldigte, die Arbeit anderer Forscher ohne Quellenangabe zu plagiieren. Auf einer Konferenz in New York im Dezember 1992 wurden die beiden ohne Vorwarnung ad hoc vor ein inquisitorisches Ethikgremium gebracht. Wise entschuldigte sich; Eisenman weigerte sich. Das ausgewogenste und versöhnlichste Mitglied des Gremiums, James VanderKam von der Universität Notre Dame, verzieh Wise. Eisenman blieb ein Ausgestoßener. Die Verurteilung wurde formell zurückgezogen, aber die Karriere von Wise litt darunter. Eisenman und seine Ansichten sind weiterhin populär, in erster Linie bei Leuten außerhalb der „Zunft".

Eine andere unerfreuliche Episode betraf Z. J. Kapera aus Polen, der einen Text aus einem überall kursierenden inoffiziellen Exemplar des edierten 4QMMT (Kurzform des hebräischen Miksat Ma'aseh ha-Tora, „Einige Werke des Gesetzes", auch als Halachischer Brief oder „Weisung des Lehrers an Jonatan" bekannt) veröffentlicht hatte. Die für die Edition verantwortlichen Wissenschaftler, Elisha Qimron und John Strugnell, redeten verführerisch über diesen Text und versprachen einen riesigen Kommentar. Bestimmten Forschern erlaubten sie, ihre Arbeitsaufzeichnungen einzusehen und für Tagungsreferate zu verwenden. Aber Kapera hatte die Grenze (ihre Grenze) überschritten. Man befahl ihm (bei Strafe einer unbekannten, aber ernst zu nehmenden Bedrohung), alle Exemplare seiner Ausgabe zu vernichten. In einem weiteren Schritt verklagte Qimron, der das Urheberrecht an dem Text seiner Ausgabe beanspruchte, in Israel die Biblical Archaeology Society und Hershel Shanks, den Herausgeber der *Biblical Archaeology Review*, wegen Urheberrechtsverletzung durch Abdruck einer Seite aus dem Editionsentwurf. Qimron war erfolgreich und erhielt eine große Entschädigungssumme. Shanks und die BAS legten Berufung ein, die jedoch Ende 2000 verworfen wurde.

Strugnells und Qimrons mit Hilfe von Ada Yardeni und Jacob Sussmann fertig gestellte Ausgabe des Halachischen Briefes erschien schließlich 1994. Einschließlich Konkordanz und Register belief sie sich auf 240 Seiten, wobei die Fragmente selbst gerade einmal acht Seiten beanspruchten! Zieht man die zwischen 1954 und 1980 verstrichene Zeit ab, hatten mindestens vier Forscher plus Verlagsmitarbeiter 14 Jahre zur Vollendung dieser Aufgabe ge-

braucht. Selbst als das Werk auf den Markt kam, waren die zwei Herausgeber sich weder über ihre Rekonstruktion noch Interpretation einig. Band 10 der *Discoveries in the Judaean Desert* (wie er war) wird wahrscheinlich als der berüchtigtste der gesamten Reihe in Erinnerung bleiben – und mit Recht.

Nach der anschließenden Periode der Versöhnung ist der Skandal um die Schriftrollen heute weitgehend vergeben (und wird in manchen Fällen sogar geleugnet). VanderKam meinte sogar, die Verzögerung bis Ende der 1980er Jahre und die Entlassung Strugnells hätten scheinbar nur wenigen Forschern etwas ausgemacht. Er selbst hatte in einem moralischen Dilemma gesteckt, nachdem er zunächst zugestimmt hatte, seine Fotos von Fragmenten des Buches der Jubiläen zugänglich zu machen, und das Angebot dann unter Druck zurückzog.

Seit diesen schwierigen Zeiten sind bei Clarendon Press, Oxford, unter der effizienten und respektierten Führung von Emanuel Tov nach und nach Bände biblischer und nichtbiblischer Handschriften aus Höhle 4 erschienen. Zu verdanken ist dies hauptsächlich dem auf 60 mitglieder stark vergrößerten Team, der (manchmal) zögerlichen Abtretung von Texten durch ältere Forscher an jüngere sowie Tovs Engagement für die Aufgabe und seiner Entschlossenheit, gute Ausgaben der übrigen Texte aus Höhle 4 vorzulegen. Nicht zuletzt ist das heutige Herausgeberteam *wirklich* ein Team.

Die geheime Konkordanz der Handschriften aus Höhle 4 und die Rekonstruktion von Dokumenten am Computer

In den späten 1950er und frühen 1960er Jahren, nachdem Roland de Vaux ein Forscherteam für die Herausgabe der in Höhle 4 von Qumran gefundenen Handschriften gebildet hatte, begann ein Assistenten-Quartett – Joseph Fitzmyer, Raymond Brown, William Oxtoby und Javier Teixidor – mit der Erstellung eines alphabetischen Verzeichnisses von Wortkarten für diese Texte. Jede Karte enthielt ein einzelnes Wort mit seinem identifizierten Fragment sowie dem voraufgehenden und dem folgenden Wort (falls lesbar). Diese Karten sollten den Herausgebern bei ihrer Arbeit helfen.

Als der Protest gegen das Schneckentempo bei der Publikation der Materialien aus Höhle 4 in den 1980er Jahren seinen Höhepunkt erreichte, wurden diese Wortkarten geordnet, fotokopiert, gebunden und in etwa 200 Exemplaren an ein paar Bibliotheken und Forscher weltweit verteilt. Im Fall eines von der Sheffield University erworbenen Exemplars wurden einige Vorbehalte geäußert aus Furcht, Philip Davies könnte versuchen, aus diesen Karteikarten vollständige Texte zu rekonstruieren. Davies lachte über die Aussicht dieser scheinbar undankbaren Bemühung.

Doch wer zuletzt lachte, waren der altgediente Gelehrte Ben Zion Wacholder und sein Schüler Mar-

Ben Zion Wacholder vom Hebrew Union College in Cincinnati mit dem ersten Band rekonstruierter Texte.

tin Abegg, die sich mit Hilfe dieser Konkordanz und eines Computers genau an diese Aufgabe machten. Bis Anfang der 1990er Jahre und praktisch zeitgleich mit der Berufung eines neuen Chefherausgebers der Schriftrollen hatten Wacholder und Abegg unter anderem mit der Damaskusschrift, den Mishmerot (Texten über Priesterdienst und -wechsel), mit Weisheit, Visionen und Lobliedern verbundene Texte rekonstruiert. Sie wurden damals von der Biblical Archaeology Society veröffentlicht.

Die Leistung Wacholders und Abeggs stellte zu der Zeit einen großen Fortschritt dar, eröffnete sie doch denen, die Althebräisch und -aramäisch lesen konnten, einen Blick auf zuvor unbekannte Schriftrollen in rekonstruierter Form. Das war weit mehr, als die meisten offiziellen Herausgeber getan hatten. Viele „Insider" charakterisierten das Werk Wacholders und Abeggs als „schwarz hergestellte" oder „abtrünnige" Versionen der Texte. Wacholder gab der Sache einen treffenden persönlichen Dreh: „Ich bin heute ein alter Mann. Etwas so Seltenem so nahe gewesen zu sein, ist schmerzhaft. Aber mir wurde klar, dass ich lange tot wäre, wenn ich wartete."

Die rekonstruierten Texte waren natürlich ebenso zuverlässig wie die Arbeit des Herausgeberteams. Hartmut Stegemann, der (obwohl niemals Herausgeber *per se*) einzelnen Herausgebern mehrere Jahrzehnte bei der Rekonstruktion ihrer Texte half, meinte zur Arbeit von Wacholder und Abegg: „[Es ist] eine glaubhafte Rekonstruktion von etwa 98 Prozent der Textzeugnisse."

Anmerkung zu den Veröffentlichungen

Die bei Clarendon Press, Oxford, erscheinende Reihe *Discoveries in the Judaean Desert (DJD)* dürfte historisch natürlich als die Primärausgabe aller Texte, die sie enthält, betrachtet werden. Allerdings fehlen die wichtigen Texte aus Höhle 1, von denen einige von der ASOR, einige von Eleazar Sukenik und einer von Ygael Yadin und N. Avigad veröffentlicht wurden. Auch Texte aus Höhle 11 wurden zunächst außerhalb dieser Reihe herausgebracht, mit Ausnahme der Psalmenrolle (11QPs[a]), die James Sanders als *DJD* 4 publizierte. Ferner gibt es provisorische Einzelausgaben von Texten durch Studenten von Cross und Strugnell.

Qualität und Konventionen der *DJD*-Reihe sind schwankend und ihre Versionen wurden seitdem oft verbessert ebenso wie die Nebeneinanderstellung von Fragmenten (oft mit entsprechenden Unterschieden bei der Interpretation des Textes). Viele Bände leiden zudem an mangelnder Neutralität bei der Deutung der Texte. Die paläographische Datierung von Cross und die ältere Standard-Deutung über die Herkunft der Schriftrollen wurden häufig als Tatsachen hingenommen. Doch die Reihe ist unentbehrlich und wird bald abgeschlossen sein, obwohl sie nie die vollständigen Rollen enthalten wird.

Eine neue, von James Charlesworth vom Theologischen Seminar der Princeton University herausgegebene und bei Mohr in Tübingen und Westminster John Knox Press in Louisville erscheinende Reihe, *The Dead Sea Scrolls*, bietet kritische Ausgaben einschließlich der hebräischen/aramäischen Texte, Übersetzungen, Einführung und Kommentar in zugänglicherer Aufmachung. Auch ihre Qualität ist recht unterschiedlich, den *DJD*-Ausgaben jedoch häufig überlegen.

Platten der Schriftrollen sind inzwischen ebenfalls in gedruckter Form (durch James Robinson und Robert Eisenman, veröffentlicht von der Biblical Archaeology Society), als Microfiches (bei Brill, Leiden) und in zwei CD-ROM-Ausgaben, erschienen bei Oxford University Press und Brill, Leiden, zur Verfügung gestellt worden.

Das Pendel ist somit, wenngleich verspätet, völlig entgegengesetzt ausgeschlagen, vom beschränkten zum in der Tat sehr offenen Zugang. Der Wissenschaftler hat Zugang zu allen Originaltexten und der Nichtfachmann kann Übersetzungen aller Handschriften und Fragmente lesen, die groß genug für eine zusammenhängende Wiedergabe sind.

Einige Bände aus der Reihe Discoveries in the Judaean Desert.

Inhalt der *Discoveries in the Judaean Desert*

Band		Herausgeber	Titel	Inhalt
1	(1955)	Barthélemy, Milik	Qumran Cave 1	1Q1–72
[2	(1960)	Benoit, Milik, de Vaux	Les grottes de Murabba'at]	
3	(1962)	Baillet, Milik, de Vaux	Les 'petites grottes' de Qumrân	2Q1–33; 3Q1–15; 5Q1–25; 6Q1–31; 7Q1–19; 8Q1–5
4	(1966)	Sanders	The Psalms Scroll of Qumran Cave 11	11QPsª
5	(1968)	Allegro (with Anderson)	Qumran Cave 4: I	4Q158–86
5a	(NYP)	Bernstein, Brooke	Qumran Cave 4: I (revised)	4Q158–86
6	(1977)	de Vaux, Milik	Qumrân grotte 4: II	4Q128–57
7	(1982)	Baillet	Qumrân grotte 4: III	4Q482–520
[8	(1990)	Tov (with Kraft)	The Greek Minor Prophets Scroll from Nahal Hever	8HevXIIgr]
9	(1992)	Skehan, Ulrich, Sanderson	Qumran Cave 4: IV Biblische Handschriften	Althebräisch und Griechisch
10	(1994)	Qimron and Strugnell	Qumran Cave 4: V	4QMMT (Halachischer Brief)
11	(1999)	H. Eshel, E. Eshel, Newsom, Nitzan, Schuller & Yardeni	Qumran Cave 4: VI	Poetische und liturgische Texte, Teil 1
12	(1994)	Ulrich, Cross	Qumran Cave 4: VII	Biblische Handschriften: Genesis-Numeri
13	(1995)	Attridge, Elgvin, Milik, Olyan, Strugnell, Tov, VanderKam & White	Qumran Cave 4: VIII	Parabiblischer Text, Teil 1
14	(1995)	Ulrich, Cross, White, Crawford, Duncan, Skehan, Tov & Barrera	Qumran Cave 4: IX	Biblische Handschriften: Deutero-nomium, Josua, Richter, Könige
15	(1997)	Ulrich, Cross, Fuller, Sanderson, Skehan & Tov	Qumran Cave 4: X	Biblische Handschriften: Prophetenbücher
16	(2000)	Ulrich	Qumran Cave 4: XI	Biblische Handschriften: Hagiographen
17	(NYP)	Cross, Parry	Qumran Cave 4: XII	Biblische Handschriften: Samuel
18	(1996)	Baumgarten	Qumran Cave 4: XIII	Damaskusschrift
19	(1995)	Broshi, E. Eshel, Fitzmyer, Larson, Newsom, Schiffman, Smith, Stone, Strugnell & Yardeni	Qumran Cave 4: XIV	Parabiblische Texte, Teil 2
20	(1997)	Elgvin, Kister, Lim, Nitzan, Pfann, Qimron, Schiffman, Steudel	Qumran Cave 4: XV	Weisheitstexte, Teil 1
21	(2001)	Talmon, Ben-Dov, Glessmer	Qumran Cave 4: XVI	Kalendertexte
22	(1996)	Brooke, Collins, Flint, Greenfield, Larson, Newsom, Puech, Schiffman, Stone & Trebolle Barrera	Qumran Cave 4: XVII	Parabiblische Texte, Teil 2
23	(1996)	García Martínez, Tigchelaar, van der Woude	Qumran Cave 11: II	11Q2–18; 11Q20–30
[24	(1997)	Leith	Wadi Daliyeh I	Siegelprägungen]
25	(1998)	Puech	Qumrân grotte 4: XVIII	4Q521–28, 4Q576–79
26	(1998)	Alexander, Vermes, Brooke	Qumran Cave 4: XIX	Gemeinschaftsordnung
[27	(1997)	Cotton, Yardeni	Aramaic, Hebrew and Greek documentary texts from Nahal Hever and other sites]	
28	(2001)	Gropp, Schuller	Wadi Daliyeh II	Samaria-Papyri; Qumran
29	(1999)	Chazon et al.	Qumran Cave 4: XX	Poetische und liturgische Texte
30	(2001)	Dimant	Qumran Cave 4: XXI	Misz., parabiblische Texte, Teil 4
31	(2001)	Puech	Qumrân grotte 4: XXII	Aramäische Texte 4Q529–49
32	(NYP)	Flint, Ulrich	Qumran Cave 1: II	Die Jesaja-Rollen
33	(2001)	Pike, Skinner	Qumran Cave 4: XXIII	Nicht identifizierte Fragmente
34	(1999)	Strugnell, Harrington, Elgvin	Qumran Cave 4: XXIV	Weisheitstexte, Teil 2
35	(1999)	Baumgarten et al.	Qumran Cave 4: XXV	Halachische Texte
36	(2000)	Pfann et al.	Qumran Cave 4: XXVI	Kryptische Texte und Miszellen
37	(NYP)	Puech	Qumrân grotte 4: XXVII	Aramäische Texte 4Q550–75, 580–82
[38	(2000)	Charlesworth et al.	Miscellaneous Texts from the Judaean Desert]	
39	(2002)	Tov	Indices and Introduction	

Bände in eckigen Klammern enthalten kein Material aus Qumran, sondern von anderen Stätten in der Wüste Juda

Die ersten Herausgeber

Das ursprüngliche Herausgeberteam

Die Mitglieder des ursprünglichen Herausgeberteams wurden zwischen 1952 und 1954 berufen.

Gerald Lankester Harding (1901–79, Brite). Amtierte 20 Jahre lang als Direktor der jordanischen Behörde für Altertümer (1936–56). Begann seine Laufbahn als Mitarbeiter des berühmten Archäologen Sir Flinders Petrie, dann bei J. L. Starckey und Olga Tufnell in Lachisch (Tell edh-Duweir, 1932–36). Zur Zeit der Entdeckung der Schriftrollen vom Toten Meer fiel die „West Bank" als Teil des Königreichs Jordanien in seine Zuständigkeit. Zusammen mit Roland de Vaux untersuchte er Qumran-Höhle 1. Darauf berief er De Vaux zum Leiter des für die Veröffentlichung der Schriftrollen verantwortlichen internationalen Teams. Er trug einiges zu den frühen Bänden der Reihe *Discoveries in the Judaean Desert* bei und half beim Aufbau des Archäologischen Museums in Amman und bei der Gründung des *Annual of the Department of Antiquities of Jordan* (1951) mit. 1956 setzte er sich im Libanon zur Ruhe und schrieb über jordanische Stätten und die arabische Sprache.

Roland de Vaux (1903–71, Franzose, röm.-kath.). Herausgeber der *Revue Biblique* (1938–53) und Leiter der Ecole Biblique der Dominikaner in Jerusalem (1945–65). Als berühmter Bibelwissenschaftler schrieb er *The Institutions of Ancient Israel* und *The Early History of Israel* und als Archäologe führte er in den 1940er Jahren Ausgrabungen in Tell el-Far'ah durch, bevor er die Ausgrabungsstätte in Khirbet Qumran beaufsichtigte. Sein populäres Werk *Archaeology and the Dead Sea Scrolls* dient immer noch als grundlegender Bericht über die Ausgrabungen. Zwischen 1953 und 1971 amtierte er als Chefherausgeber des internationalen Herausgeberteams. Unter seiner Herausgeberschaft erschienen in der offiziellen Reihe *Discoveries in the Judaean Desert of Jordan* die Handschriften aus Höhle 1, die Kupferrolle, die Fragmente aus den „kleineren Höhlen" und die Allegro zugewiesenen Texte aus Höhle 4.

Jozef T. Milik (*1923, Pole, röm.-kath.). Der ehemalige Priester, eines der Schlüsselmitglieder des frühen internationalen Teams, wurde wegen seines Rufs als Entzifferer auch der schwierigsten Texte als „der schnellste Mann bei einer Schriftrolle" karikiert. Verbunden mit der École Biblique in Jerusalem und dem Centre National de la Recherche Scientifique in Paris, hatte er die Aufgabe, die sektiererischen und verwandte Texte aus Höhle 4 wie die Fragmente der Jubiläen, Henochs, die Gemeinschaftsordnung, die Damaskusschrift, Listen von Priesterdiensten und bestimmte kryptische Texte zu publizieren. 1976

Von links nach rechts: Lankester Harding, Jozef Milik und Roland de Vaux untersuchen Töpferware aus Qumran.

erschien seine ausführlichen *Books of Enoch*. Ein Jahrzehnt später begann er auf die Kontrolle einiger Handschriften (Jubiläen, Damaskusschrift) zu verzichten. Von ihm stammt auch eine der besten frühen Darstellungen der Schriftrollen: *Ten Years of Discovery in the Judaean Wilderness*. Er gab seine Priesterschaft später auf, heiratete und ließ sich in Paris nieder.

Frank M. Cross, Jr. (*1921, US-Amerikaner, Presbyterianer). Der außerordentliche Professor für das Alte Testament am McCormick Theological Seminary in Chicago kam als Jahresdozent der American Schools of Oriental Research nach Jerusalem (1953–54). Im Mai 1953 erhielt er die biblischen Texte aus Höhle 4 zur Veröffentlichung. Von 1958 bis 1993 war er Hancock Professor für Hebräisch und andere orientalische Sprachen an der Harvard

University. Wie de Vaux war er Bibelwissenschaftler und benutzte die biblischen Handschriften für den Entwurf einer Textgeschichte der jüdischen Bibel, während er auf der Basis der nichtbiblischen Handschriften die Entwicklung der jüdischen Schreibschrift vom 3. Jahrhundert v. u. Z. bis zum 1. Jahrhundert u. Z. erforschte. Er überließ bestimmte biblische Schriftrollen aus Qumran nach und nach seinen graduierten Studenten, die sie in Form von Doktorarbeiten veröffentlichten. Persönlich ist er mit der Publikation des ihm zugewiesenen Teils erst in den letzten Jahren verbunden. Cross' paläographische Typologie jüdischer Handschriften und die daraus sich ergebenden Datierungen werden bei Schriftrollen-Ausgaben dennoch allgemein befolgt. Sein populärstes, kürzlich überarbeitetes Werk über die Schriftrollen ist *The Ancient Library of Qumran*.

John Mark Allegro (1923–88, Brite, Agnostiker). Später vielleicht der bekannteste aller ursprünglichen Herausgeber, wurde Allegro 1953 von Manchester entsandt und sollte die exegetischen Texte aus Höhle 4 bearbeiten. Bekümmert wegen des mangelnden Fortschritts bei der offiziellen Veröffentlichung, publizierte er seine eigenen Arbeiten regelmäßig in provisorischer Form in Zeitschriften und argwöhnte Verschleierung, weil die Rollen seiner Ansicht nach bewiesen, dass weder das Christentum ursprünglich noch das Neue Testament historisch zuverlässig sei. Allegro, ein sehr produktiver Schreiber, Redner, begeisterter Fotograf und Dokumentarfilmer mit starkem Interesse an Religion, war verantwortlich für die Öffnung der Kupferrolle und unternahm auf eigene Faust Reisen in die Gegend von Qumran. Nachdem er seine eigene Arbeit 1958 in den *DJD* publiziert hatte, gab er seine Stelle an der Manchester University auf, um sich fortan dem Schreiben zu widmen. 1970 erschien sein berühmt-berüchtigtes *The Sacred Mushroom and the Cross*; er verfasste außerdem eine schöne Einführung: *The Dead Sea Scrolls: A Reappraisal*. Seine vielen Fotos von Qumran wurden auch auf Mikrofiche veröffentlicht.

John Strugnell (*1930, Brite, Presbyterianer, trat später zum Katholizismus über). Stieß 1954 aus Oxford zum Team und übernahm die Verantwortung für einen beträchtlichen Teil nichtbiblischer Texte. Von 1966 bis 1994 war er Professor für das Neue Testament an der Divinity School der Harvard University. 1984 folgte er Benoit als Chefherausgeber der Schriftrollen nach und vergrößerte das Herausgeberteam rasch um israelische und andere jüdische Forscher. Publiziert wurde während seiner Zeit wenig und nach einem umstrittenen Interview über Judaismus wurde er 1990 zum Rücktritt vom Herausgeberposten gezwungen Berüchtigt für sein Augenmerk auf Details, griff er 1970 die von seinem Kollegen John M. Allegro herausgegebene offizielle Ausgabe von Texten aus Höhle 4

(Oben links) Jozef Milik vor Höhle 1.

(Oben) Frank M. Cross, Jr.

(Links) John Allegro in Qumran.

(Unten) John Strugnell.

(Rechts) Ein berühmtes Bild der um einen Tisch im Archäologischen Museum Palästinas versammelten Mitglieder des Herausgeberteams. Von links nach rechts: Benoit, Hunzinger, Saad (Kurator des Museums), Milik, de Vaux, Allegro, Starcky und Fitzmyer.

scharf an und 1994 vertrat er zu dem Dokument „Einige Werke des Gesetzes" (oder Halachischer Brief), zu dessen Herausgebern er gehörte, eine unabängige Meinung.

Pierre Benoit (1906–87, Franzose, röm.-kath.). Dominikanerpater, der seit 1932 an der Ecole Biblique über das Neue Testament und die Topografie Jerusalems arbeitete. Er betonte die Bedeutung der Septuaginta (griechische Fassung des Alten Testaments) in biblischen Studien und trug zum 2. Band der *DJD* über griechische Texte aus Murabba'at (1961) bei. 1971 trat er die Nachfolge von de Vaux als Chefherausgeber des Schriftrollenteams an. Während seiner Zeit wurden in den *DJD* zwei Bände mit Handschriften aus Höhle 4 publiziert, einer 1977 von de Vaux (Archäologie) und Milik (Texte), der andere 1982 von Baillet. Als sich sein Gesundheitszustand verschlechterte, sorgte er dafür, dass seine Verantwortlichkeiten 1984 auf John Strugnell übertragen wurden.

Dominique Barthélemy (*1921, Franzose, röm.-kath.) Der Dominikanerpater an der École Biblique und Spezialist für Textkritik des Alten Testaments assistierte bei der Publikation von Fragmenten aus Höhle 1 und übernahm eine führende Rolle bei der Bearbeitung und Veröffentli-

(Rechts außen) Pierre Benoit (l.) und Maurice Baillet in der École Biblique.

chung einer bei Nahal Hever in der Wüste Juda gefundenen alten Schriftrolle der Kleinen Propheten auf Griechisch. Später kehrte er nach Europa zurück und lehrte an der Universität von Fribourg in der Schweiz.

Claus-Hunno Hunzinger (*1929, Deutscher, ev.) von der Universität Göttingen wurde von der Deutschen Forschungsgemeinschaft als deutscher Vertreter im Team unterstützt. Nachdem er ein wenig Material in provisori-

erschienen. Überbeansprucht von zahllosen Verpflichtungen, stellte er im Juni 1958 zur Erledigung einiger seiner herausgeberischen Verantwortlichkeiten (*DJD* 7, 1982) Maurice Baillet ein, während andere Texte einem weiteren Kollegen von der École, Emile Puech, anvertraut wurden.

Patrick J. Skehan (1909–80, US-Amerikaner, röm.-kath.). Als Angehörigem der Catholic University of Ame-

scher Form veröffentlicht hatte, verließ er das Team jedoch und seine Arbeit wurde größtenteils von Maurice Baillet übernommen.

Maurice Baillet (1923–98, Franzose, röm.-kath.) stieß 1958 zum Herausgeberteam und übernahm die vormals Hunzinger zugewiesenen Materialien. Er war Mitherausgeber des 1962 erscheinenden *DJD* 3, das Material aus den so genannten „kleineren Höhlen" (2–3, 5–10) enthielt. Später veröffentlichte er in *DJD* 7 auch eine Reihe von Texten aus Höhle 4, darunter die Fragmente der Kriegsrolle.

Jean Starcky (1909–88, Franzose, röm.-kath.). Einst Student an der École Biblique, unterrichtete er zuerst in Paris, lehrte aber nach dem Zweiten Weltkrieg Neues Testament und Aramäisch an der École und verbrachte danach den größten Teil seines Lebens in Jerusalem. Bekannt für seine Sachkenntnis im Palmyrenischen und Nabatäischen, übertrug man ihm die aramäischen Texte aus Qumran, von denen er keinen publizierte, obwohl seine einleitenden Bemerkungen 1956 in der *Revue Biblique*

rica in Washington, D.C., wurden Skehan die in althebräischer Schrift verfassten biblischen Texte zugewiesen. Da er diese Aufgabe zu Lebzeiten nicht beenden konnte, blieb es Judith Sanderson und anderen überlassen, sie zum Abschluss zu bringen.

Weitere Herausgeber

James A. Sanders (*1927, US-Amerikaner) von der Claremont School of Theology, der später das dortige Ancient Bible Manuscript Center leitete, gehörte nicht zum Team von Höhle 4, wurde aber mit der Bearbeitung und Veröffentlichung der in Höhle 11 gefundenen Psalmenrolle betraut, die Texte umfasste, die im biblischen hebräischen Buch der Psalmen unbekannt sind. Diese Teilrolle umfasste Psalmentexte, die man im Syrischen und Griechischen kannte, und ein paar alte, bislang aber unbekannte hebräische Überlieferungen.

Eleazar Lipa Sukenik (1889–1953, Israeli). Sukenik gründete das Institut für Archäologie an der Hebräischen

Eleazar Sukenik, der die Jesaja[b]-Rollen, die Loblieder und den Krieg der Lichtsöhne gegen die Finsternissöhne veröffentlichte.

Die Mehrzahl dieser (in alphabetischer Folge aufgeführten) Herausgeber wurde unter der Ägide von Emanuel Tov berufen, wenngleich der Impuls zur Vergrößerung des Teams bereits unter Strugnell eingesetzt hatte.

Philip Alexander (GB)
John M. Allegro (GB – verstorben 1988)
Harold W. Attridge (USA)
Maurice Baillet (Frankreich – verstorben 1998)
Joseph M. Baumgarten (USA)
Jonathan Ben-Dov (Israel)
Moshe Bernstein (USA)
George J. Brooke (GB)
Magen Broshi (Israel)
Esther Chazon (Israel)
John J. Collins (USA)
Hannah M. Cotton (Israel)
James Davila (USA)
Devorah Dimant (Israel)
Julie Duncan (USA)
Frank M. Cross (USA)
Torleif Elgvin (Norwegen)
Esther Eshel (Israel)
Hanan Eshel (Israel)
Dorothee Ernst (Deutschland)
Daniel Falk (USA)
Joseph A. Fitzmyer (USA)
Peter Flint (Südafrika)
Russell Fuller (USA)
Florentino García Martínez (Spanien)
Uwe Glessmer (Deutschland)
Jonas Greenfield (Israel – verstorben 1995)
Daniel Harrington (USA)
Jesper Høgenhaven (Dänemark)
Nathan Jastram (USA)
Stephen Kaufman (USA)
Menaham Kister (Israel)
Israel Knohl (Israel)
Armin Lange (Deutschland)
Erik Larson (USA)
Manfred Lehmann (USA – verstorben 1999)
André Lemaire (Frankreich)
Timothy Lim (GB)
Sarianna Metso (Finnland)
Jacob Milgrom (USA)
Jozef T. Milik (Poland)
Catherine M. Murphy (USA)
Joseph Naveh (Israel)
Carol Newsom (USA)
Curt Niccum (USA)
Maren Niehoff (Israel)
Bilhah Nitzan (Israel)
Saul Olyan (USA)
Donald Parry (USA)
Stephen Pfann (USA)
Dana Pike (USA)
Emile Puech (Frankreich)

Universität in Jerusalem. Als erfahrener Epigraphiker konnte er aufgrund seiner Arbeit über späte jüdische Grabinschriften erkennen, dass die Schriftrollen, die in seine Hände gelangten, tatsächlich alt waren. Er erwarb (mit gewissem persönlichem Risiko) und publizierte die Jesaja[b]-Rollen aus Höhle 1, die Loblieder und den Krieg der Lichtsöhne gegen die Finsternissöhne, letzterer posthum 1955 erschienen.

Yigael Yadin (1917–83, Israeli). Der Sohn Sukeniks machte eine brillante Karriere als Untergrundkämpfer, Staatsmann (einmal stellvertretender Ministerpräsident Israels), General und Archäologe. Führte Grabungen in Hazor, Megiddo und Masada durch. Zusammen mit Avigad verfasste er einen Kommentar zum Genesis-Apokryphon; 1967 erwarb er die Tempelrolle (aus Höhle 11) und hatte binnen zehn Jahren seine Ausgabe samt Kommentar auf Hebräisch fertig. Brachte seine militärischen Kenntnisse nutzbringend ein in *The Art of Warfare in Biblical Lands* und in seiner Ausgabe des Krieges der Lichtsöhne gegen die Finsternissöhne.

Emanuel Tov (*1941, Israeli). Professor an der Hebräischen Universität in Jerusalem und angesehener Textkritiker, der sowohl zu den biblischen Texten aus Qumran und ihrer Geschichte als auch zu alten Schreibtechniken und -konventionen viel publiziert hat. Nach sechs Jahren im Herausgeberteam ersetzte er 1990 John Strugnell als Chefherausgeber. Unter seiner Führung wuchs das Team auf über 50 Köpfe an, womit gesichert ist, dass die restlichen Qumran-Texte zügig in den offiziellen Ausgaben veröffentlicht werden. Zu seinen bekanntesten Werken zählt *Textual Criticism of the Hebrew Bible*.

Emanuel Tov, der 1990 Chefherausgeber wurde und 1999 seinen bevorstehenden Rückzug von dem Posten bekannt gab.

Yigael Yadin veröffentlichte eine Ausgabe der Kriegsrolle und, noch wichtiger, barg und veröffentlichte die Tempelrolle aus Höhle 11.

Elisha Qimron (Israel)
Judith E. Sanderson (USA)
Lawrence H. Schiffman (USA)
Eileen Schuller (Canada)
David Seely (USA)
Patrick W. Skehan (USA – verstorben 1980)
Andrew C. Skinner (USA)
Mark S. Smith (USA)
Michael Sokoloff (Israel)
Hartmut Stegemann (Deutschland)
Annette Steudel (Deutschland)
Michael Stone (Israel)
John Strugnell (GB)
Loren Stuckenbruck (USA)
Shemaryahu Talmon (Israel)
Sarah Tanzer (USA)
Eibert Tigchelaar (Niederlande)
Emanuel Tov (Israel)
Julio Trebolle Barrera (Spanien)
Eugene Ulrich (USA)

James C. VanderKam (USA)
Geza Vermes (UK)
Moshe Weinfeld (Israel)
Sidnie A. White Crawford (USA)
Ada Yardeni (Israel)

Herausgeber der Texte aus Höhle 11

Diese Herausgeber werden in alphabetischer Reihenfolge aufgeführt.

David N. Freedman (USA)
Florentino García Martínez (Spanien)
Edward Herbert (GB)
K.A. Mathews (USA)
Carol Newsom (USA)
James A. Sanders (USA)
J.P.M. van der Ploeg (Niederlande)
A.S. van der Woude (Niederlande – verstorben 2001)
Yigael Yadin (Israel – verstorben 1983)

Es war eine turbulente Epoche, in der die Schriftrollen geschrieben wurden. Nach Jahrhunderten der Existenz als Provinz des Perserreiches, dann der hellenistischen Reiche Ägypten (unter Ptolemaios) und Syrien (unter den Seleukiden) erlangte Juda für ein Jahrhundert die Unabhängigkeit, bevor es erneut einer äußeren Macht, Rom, unterlag. Das römische Joch war bei vielen Judäern unbeliebt und ein Krieg von 66 bis 73 u. Z. führte zur Zerstörung des Jerusalemer Tempels. Ein zweiter Krieg (132–35 u. Z.) endete mit der Verbannung der Juden aus Jerusalem und dem Wiederaufbau der Stadt nach römischen Grundzügen. Danach kannte das Judentum keine Priesterschaft, kein Heiligtum und keinen Opferkult, während das Christentum all dies im Zuge der allmählichen Erlangung der religiösen Gefolgschaft im Römischen Reich in Symbole verwandelte.

Das religiöse Leben war in Aufruhr während dieser Epoche. Der Tempel und die Priesterschaft hatten das religiöse (und politische Handeln) der Judäer beherrscht und die Hohepriesterschaft blieb das mächtigste Amt. Aber die Herausforderung der neuen, die gesamte klassische und nahöstliche Welt durchdringenden hellenistischen Kultur sowie die gesteigerte Macht eines nichtpriesterlichen Adels führten zu Auseinandersetzungen wegen des Hohepriesteramts, die einen Bürgerkrieg und dann einen Unabhängigkeitskrieg auslösten. Der Erfolg dieses Krieges unter den Hasmonäern überwand die religiösen Spaltungen nicht, verschlimmerte sie möglicherweise noch. Vielleicht hat es nie ein einziges „Judentum" gegeben; nun aber definierte eine Anzahl verschiedener Parteien oder Gruppen ihre jeweils eigene Version der Religion der Vorfahren.

Die Qumran-Rollen zeigen eine oder vielleicht mehrere solcher Versionen des Judentums, wo der Tempel, die Priesterschaft, das mosaische Gesetz und das Schicksal Israels die beherrschenden Themen sind. Ob die Verfasser dieser Schriftrollen mit schon bekannten jüdischen Gruppen gleichgesetzt werden können, ist noch unentschieden. Ebenfalls unklar sind Herkunft und Geschichte dieser Gruppen; auf beides geben die Rollen nur schwache Hinweise. Was sie dessen ungeachtet unterstreichen, ist die Vielfalt und Lebendigkeit religiösen Lebens und Denkens am Vorabend sowohl des Christentums als auch des rabbinischen Judentums.

Luftaufnahme der Altstadt von Jerusalem und des Kidron-Tals mit Blick nach Südosten.

II. DIE ANTIKE WELT DER SCHRIFTROLLEN

Der historische Rahmen: Von Babylon bis Bar Kochba

Von Nebukadnezar II. bis zum Ende des Perserreiches

Die Zerstörung Jerusalems durch den babylonischen König Nebuchadrezzar (so die korrekte Schreibweise, doch ist er aus der Bibel besser bekannt als Nebukadnezar) ist ein zentrales Ereignis der biblischen Geschichte. Nach 2. Könige 24–25 unterwarf der Judäerkönig Jojachin sich ihm (597 v. u. Z.) und alle bis auf die Ärmsten des Landes wurden deportiert, wobei auch der Tempel geplündert wurde. Elf Jahre später erhob sich Jojachins Nachfolger Zedekia und Nebukadnezar ließ ihn hinrichten, zerstörte die Stadt samt Tempel und deportierte weitere Bewohner. Der Vorfall wird als Wegführung „Israels" zur Strafe für seinen Ungehorsam gegenüber dem göttlichen Gesetz dargestellt, ein Schicksal, das die Propheten vorhergesagt hatten (und Salomo beim Bau des Tempels, vermutlich 400 Jahre früher, vorausgeahnt hatte – siehe 1. Könige 13).

Es dauerte etwa 60 (im Buch Jeremia sind es ca. 70) Jahre, bis Kyros II. von Persien die Politik der Deportation verwarf und Deportierten die Rückkehr in das Land ihrer Väter erlaubte. In Babylonien lebende Judäer begannen mit Geld, Geschenken und den geplünderten Tempelge-

Alexander der Große besiegte im 4. Jahrhundert v. u. Z. die Perser. Josephus Flavius behauptete, er habe Jerusalem und den samaritischen Tempel auf dem Berg Garizim besucht.

fäßen nach Juda zu reisen, um das Land wieder in Besitz zu nehmen und Jerusalem mit dem Tempel wieder aufzubauen. (Die Namen „Juda" und „Judäa" leiten sich von den hebräischen [Jehuda] bzw. griechischen/lateinischen Namen [Ioudaia, Judaea] für das jüdische Heimatland ab und spiegeln so die politischen und sprachlichen Übergänge der Zeit des Zweiten Tempels wider. „Judäa" wird allgemein für die römische Zeit benutzt – ab 64 v. u. Z.) Die Bücher Esra und Nehemia erzählen von zwei Führern, unter denen Jerusalem nach einiger Verzögerung wieder aufgebaut und neu besiedelt, der Tempel neu geweiht, das Gesetz Mose verlesen und religiöse Reformen eingeführt wurden. Aus biblischer Sicht war dies eine göttlich verfügte Wiederherstellung des wahren Israel, wenn auch unter einem Reichsregime, denn der jüdische Gott hatte Kyros inspiriert. Die Rückkehr dieser Menschen und ihr Wunsch, die winzige Provinz Juda wiederzugewinnen und aufzubauen, muss für die damaligen Bewohner des Landes, die es zwei oder drei Generationen lang als das ihre betrachtet hatten, ein Schock gewesen sein. Viele werden wohl zurückgelassenen Besitz übernommen haben. Menschen vom anderen Jordanufer und aus Samaria hatten sich in Juda niedergelassen und südlich von Bethlehem war fast das gesamte Gebiet edomitisch geworden. Folglich setzte sich die Bevölkerung der Provinz aus Parteien mit unterschiedlichen Interessen zusammen, deren einflussreichste Immigranten aus Babylonien waren, die sich der politischen Unterstützung des Perserregimes erfreuten und beanspruchten, die einzig rechtmäßigen Bewohner des Gelobten Landes zu sein. Es ist also unwahrscheinlich, dass es von dieser Zeit an ein einziges einiges „Judentum" gab. Zwischen lokalen und zugewanderten Priesterfamilien mag es durchaus Auseinandersetzungen darüber gegeben haben, wer im Tempel amtieren sollte, finden sich doch in der Bibel Spuren konkurrierender Abstammungen und Dynastien (z. B. Nachfahren Aarons gegen Nachfahren Zadoks). Die Wurzeln der religiösen Pluralität und des Sektierertums, die den Schriftrollen vom Toten Meer zugrunde liegen, können durchaus auf solche Umstände zurückgeführt werden. Die Damaskusschrift betrachtet die religiöse Führung fortan als im Irrtum befindlich und glaubt, wie mehrere andere jüdische Schriften (darunter die Henoch-Bücher und das biblische Buch Daniel), das Exil habe tatsächlich bis in die eigene Zeit angedauert.

Auch vor dem Erscheinen Nebukadnezars war das Königreich Juda nur nominell unabhängig und mehr als ein Jahrhundert lang Assyrien unterworfen gewesen. Aber unter den Persern gab es keine Monarchie als Symbol für die politische Identität „Israels". Statt dessen begann der Tempel diese Rolle zu spielen und die Priesterschaft eignete sich vermehrte Gewalt über das Leben der Stadt Jerusalem und der Provinz Juda an, was die Perser wahrscheinlich begünstigten. Diese wurden dafür als Schutzherren, nicht als Unterdrücker betrachtet. Die Bibel selber kritisiert die persische Religion nicht und tatsächlich übte der Zoroastrismus, der zur offiziellen Religion der persischen Könige wurde, wohl einen starken Einfluss auf die Religion Judas aus. Die dualistische Lehre mit zwei gleichen, konkurrierenden Geistern und der

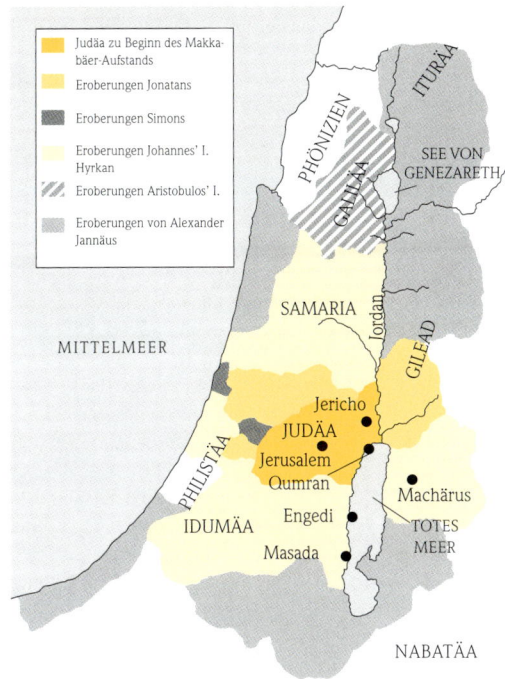

Die Karte zeigt die Ausdehnung des jüdischen Gebiets unter den Hasmonäern im 2. und 1. Jahrhundert v. u. Z.

Legende:
- Judäa zu Beginn des Makkabäer-Aufstands
- Eroberungen Jonatans
- Eroberungen Simons
- Eroberungen Johannes' I. Hyrkan
- Eroberungen Aristobulos' I.
- Eroberungen von Alexander Jannäus

0   40 km

von Anfang an da, sondern wuchs allmählich. Doch um die Zeit, als die Schriftrollen geschrieben wurden, waren Juden und Samariter vermutlich völlig verschieden und einander feindlich gesinnt.

Während des 3. Jahrhunderts v. u. Z. behielten die Herrscher von Jerusalem und Juda eine weitgehend pro-ptolemäische Politik bei, aber das benachbarte Königreich der Seleukiden, das sich auf Syrien (und anfangs auch auf Babylonien) stützte, betrachtete Palästina schon seit langem als seinen Besitz und nach der Schlacht von Paneas 198 v. u. Z. wurde Juda Teil dieses Reiches. Der Herrschaftswechsel wurde begleitet von Konflikten zwischen Juden, die unterschiedlich Partei ergriffen. Man darf nicht vergessen, dass auch in den Territorien der Seleukiden (vor allem in Babylonien) und der Ptolemäer große jüdische Gemeinden bestanden. Obschon die Nachfahren vieler von Nebukadnezar deportierter Judäer in Babylonien blieben, waren viele andere (auch der Prophet Jeremia) um diese Zeit nach Ägypten geflohen. Angewachsen waren diese und andere Gemeinden wahrscheinlich durch freiwillige Emigranten, Händler und Söldner. So hatten die meisten Bewohner Judas wahrscheinlich Verwandte oder Freunde in einer dieser beiden Regionen und neigten wohl dazu, lieber dem einen oder dem anderen Reich anzugehören.

Obwohl der siegreiche Seleukidenkönig Antiochos III. die Rechte der Juden, ihre angestammte Lebensweise beizubehalten, bestätigte, kam es unter seinem Nachfolger Antiochos IV. zu einer ernsthaften Krise. In Jerusalem brach ein politischer Machtkampf zwischen der traditionellen Priesterschicht (und dem größten Teil der Landbevölkerung) und einer wohlhabenden und einflussreichen (mit jüngeren Priesterfamilien verbündeten) Laienschicht

Der Seleukidenkönig Antiochos III. bestätigte die Rechte der Juden, nach der Sitte ihrer Väter zu leben.

Glaube an ein feuriges Ende des weltgeschichtlichen Zyklus sind zwei von vielen zarathustrischen Vorstellungen, die in einigen Schriftrollen vom Toten Meer besonders einflussreich sind. Die Spekulation über Ursprung und Natur des Bösen und die Berechnung von Kalendern der Weltgeschichte sind zweifellos typisch für einen großen Teil der jüdischen Literatur seit der Zeit des so genannten „Zweiten Tempels".

Die Ankunft der Griechen

Nach dem Ende des Perserreiches und der Ankunft Alexanders des Großen fiel Juda für mehr als ein Jahrhundert unter die Herrschaft des griechischen Königreiches der Ptolemäer, das Ägypten und Palästina umfasste. Es war eine Epoche intensiverer wirtschaftlicher Entwicklung und verstärkter Präsenz der griechischen Kultur (Sprache, Bildung, Städte in griechischem Stil) sowie vermehrten Kontakts zur Mittelmeerwelt. Der jüdische Geschichtsschreiber Josephus Flavius (1. Jahrhundert u. Z.) behauptete, Alexander der Große habe sowohl Jerusalem als auch den samaritischen Tempel auf dem Berg Garizim nahe Schechem besucht (siehe S. 61). Die Existenz eines gesonderten samaritischen Tempels wirft ein Schlaglicht darauf, wie wenig wir eigentlich über die Entwicklung der jüdischen Religion wissen. Wahrscheinlich war der Riss zwischen den beiden Städten und ihren Tempeln nicht

Diese Vorderseite einer Silbermünze zeigt Antiochos IV., der bei der Kontrolle der politischen Gruppen in Jerusalem weniger erfolgreich war als sein Vorgänger.

aus, die eine kosmopolitischere Version des Judentums vorzog (wobei ein Wunsch nach Kontrolle des Tempels, der Schatzkammer des jüdischen Volkes, nicht zu übersehen ist). Jede Seite begann bei Antiochos um das Amt des Hohepriesters zu werben und zu den angebotenen Bestechungen gehörte die Errichtung einer Stadt nach griechischem Muster in Jerusalem mit typischen Einrichtungen wie Turnhalle und Schule. (Diesem inneren Aufruhr könnte man äußere Schwierigkeiten hinzufügen, denen die Seleukiden sich mit der Kampfansage Roms wegen der Vorherrschaft in der Region gegenübersahen.) Im Verlauf dieses Machtkampfes wurde ein Hohepriester (Onias III.) ermordet, dessen Sohn mit seinen Anhängern nach Ägypten floh, wo er einen Tempel gründete.

Eine Kombination von Faktoren führte dazu, dass Antiochos die traditionellen religiösen Praktiken der Juden verbot und auf dem Tempelberg einen Zeusaltar errichtete. Was folgte, war sowohl ein Bürgerkrieg als auch ein Widerstandskrieg gegen die Seleukiden. Jede Seite bestand aus einer Allianz von Parteien und Interessen und die Sieger wurden von einer kleineren Priesterfamilie angeführt, die Schritt für Schritt Unabhängigkeit für ihre überlieferte Religion (wie sie sie verstand) und dann politische Unabhängigkeit erreichte. Diese Familie, die Hasmonäer (auch Makkabäer genannt, nach dem Spitznamen ihres ersten Anführers, Judas), übernahm zuerst die Hohepriesterschaft und dann auch das Königtum.

Aufstieg und Fall der Hasmonäer-Dynastie von der Mitte des 2. bis zur Mitte des 1. Jahrhunderts v. u. Z. liefern den Kontext, in dem die Mehrzahl der Schriftrollen vom Toten Meer geschrieben wurde, und wahrscheinlich für die Formierung jener Sekten, die sie anregten, verfassten, abschrieben und besaßen. Unter den aufeinander folgenden Herrschern dieser Dynastie wurde das Territorium von Juda allmählich auf ganz Palästina einschließlich Galiläas, Teilen Transjordaniens, Edoms und Samari-

as ausgeweitet. Der samaritische Tempel wurde von Johannes I. Hyrkan zerstört, der, nachdem er das einst König David zugeschriebene Gebiet größtenteils annektiert hatte, das angebliche „Davidsgrab" plünderte. Der militärische Erfolg wurde von internem religiösen Streit begleitet, da jüdische Parteien um die Schirmherrschaft der Hasmonäer konkurrierten, die von einem auf den anderen überging. Hyrkans Nachfolger, Alexander Jannäus (man beachte, dass die Hasmonäer sich griechische und semitische Namen zulegten), ließ einmal sogar 800 seiner Widersacher kreuzigen (ein Ereignis, auf das der Kommentar zum Buch Nahum in Qumran-Höhle 4 anspielt).

Die Römerzeit

Interne Rivalitäten zwischen hasmonäischen Thronanwärtern trugen am Ende zum Untergang dieser Dynastie bei, als der römische General Pompejus 63 v. u. Z. als Vermittler in Jerusalem eintraf. Während seines Besuches soll er das Allerheiligste des Tempels betreten haben, den Platz, der ausschließlich dem Hohepriester einmal jährlich vorbehalten war. Die Juden waren in ihrer Einstellung zu den Römern bereits gespalten und diesen Frevel vergaßen sie niemals. (Ein Qumran-Text, 4Q324, nimmt übrigens Bezug auf die Rolle eines der Gesandten, M. Aemilius Scaurus, beim Einschreiten Roms.)

Unter den Römern beschränkte sich das jüdische Gebiet wieder auf Judäa, einen Teil Idumäas, das ostjordanische Peräa und Galiläa. In Jerusalem wurde ein römischer Statthalter eingesetzt und Judäa gezwungen, eine Entschädigung zu zahlen. Aber als Cäsar, dem der Idumäer (Edomiter) Antipater geholfen hatte, Pompejus nachfolgte, zahlte er die Schuld zurück, indem er Antipater zum Statthalter von Judäa ernannte (neben einem Hohepriester hasmonäischer Abstammung). Antipater

Aquädukt in Caesarea, der von Herodes dem Großen ausgebauten Hafenstadt.

machte seinen Sohn Phasael zum Statthalter von Jerusalem und seinen anderen Sohn Herodes zum Statthalter von Galiläa. Es folgten ein neuerlicher, mehrjähriger Bürgerkrieg und ein Einfall der Parther, eines iranischen Stammes, der zu der Zeit Babylonien und ein großes Gebiet östlich des Jordan beherrschte. Herodes floh unterdessen nach Rom, wo man ihn 40 v. u. Z. zum König von Judäa machte. Drei Jahre später erhob er Anspruch auf seinen Thron und regierte 34 Jahre lang friedlich und erfolgreich, wenn auch nicht überall in seinem Volk sehr beliebt, da er ein loyaler Bundesgenosse Roms blieb und trotz seiner Versuche, erfolgreich in das Geschlecht der Hasmonäer einzuheiraten, am Ende viele seines Ge-

schlechts hinrichten ließ. Römische Landübertragungen vergrößerten sein Territorium, das Judäa, ganz Idumäa, Samaria, Galiläa, Peräa und Gebiete östlich und nördlich des Sees von Genezareth umschloss. Herodes war wahrscheinlich der größte Baumeister seiner Zeit. Er baute die Hafenstadt Caesarea aus und errichtete zahlreiche Festungen und Residenzen für sich selbst, wie Masada, Herodium, Machaerus und Jericho. Außerdem ließ er den Jerusalemer Tempel in großem Stil renovieren und erweitern. Ein wie frommer Jude dieser Idumäer war, bleibt umstritten. Seine eigenen Residenzen hatten nichts, was einen Juden kränken würde, aber über dem Eingang zum Jerusalemer Tempel brachte er einen Adler an. Er restau-

Makkabäer, Hasmonäer und Herodianer (166 v. u. Z.–100 u. Z.)

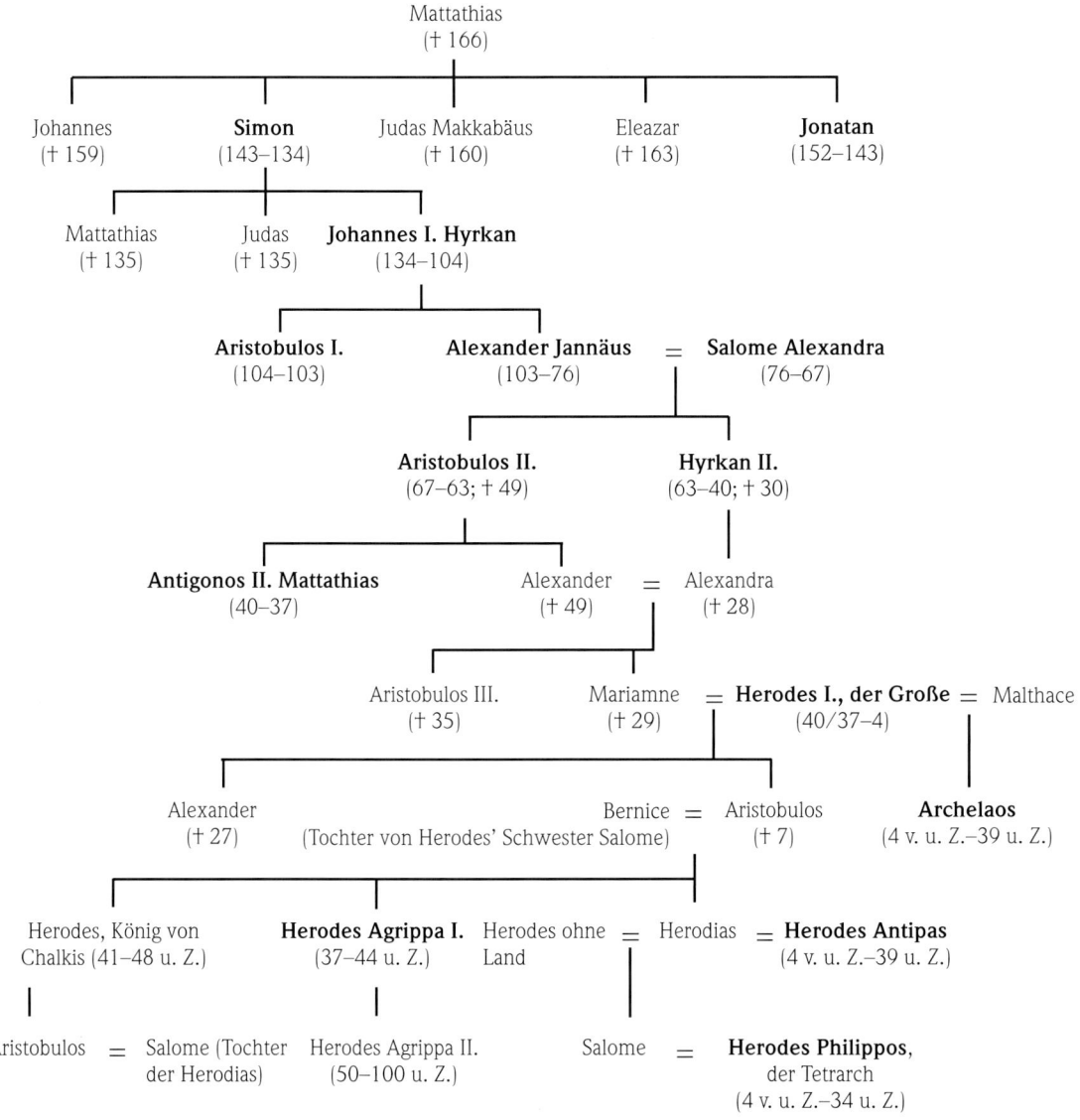

Die Namen der Herrscher von Judäa sind fett gedruckt.

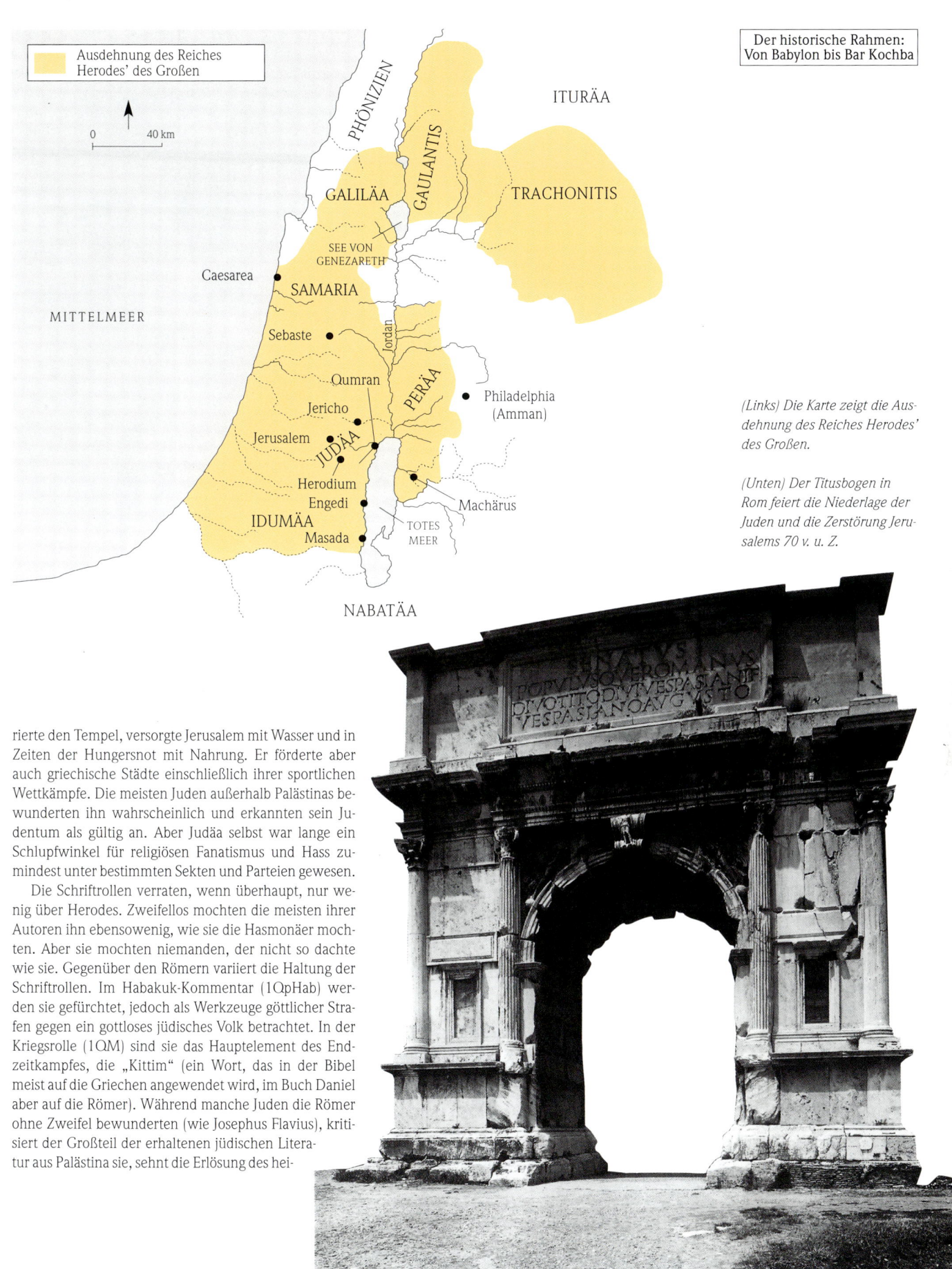

Ausdehnung des Reiches
Herodes' des Großen

0   40 km

PHÖNIZIEN

ITURÄA

GALILÄA

GAULANTIS

TRACHONITIS

SEE VON
GENEZARETH

Caesarea

SAMARIA

MITTELMEER

Sebaste

Jordan

Qumran

PERÄA

Philadelphia
(Amman)

Jericho

Jerusalem

JUDÄA

Herodium

Engedi

Macharus

IDUMÄA

Masada

TOTES
MEER

NABATÄA

(Links) Die Karte zeigt die Ausdehnung des Reiches Herodes'
des Großen.

(Unten) Der Titusbogen in
Rom feiert die Niederlage der
Juden und die Zerstörung Jeru-
salems 70 v. u. Z.

rierte den Tempel, versorgte Jerusalem mit Wasser und in
Zeiten der Hungersnot mit Nahrung. Er förderte aber
auch griechische Städte einschließlich ihrer sportlichen
Wettkämpfe. Die meisten Juden außerhalb Palästinas bewunderten ihn wahrscheinlich und erkannten sein Judentum als gültig an. Aber Judäa selbst war lange ein
Schlupfwinkel für religiösen Fanatismus und Hass zumindest unter bestimmten Sekten und Parteien gewesen.

Die Schriftrollen verraten, wenn überhaupt, nur wenig über Herodes. Zweifellos mochten die meisten ihrer
Autoren ihn ebensowenig, wie sie die Hasmonäer mochten. Aber sie mochten niemanden, der nicht so dachte
wie sie. Gegenüber den Römern variiert die Haltung der
Schriftrollen. Im Habakuk-Kommentar (1QpHab) werden sie gefürchtet, jedoch als Werkzeuge göttlicher Strafen gegen ein gottloses jüdisches Volk betrachtet. In der
Kriegsrolle (1QM) sind sie das Hauptelement des End-
zeitkampfes, die „Kittim" (ein Wort, das in der Bibel
meist auf die Griechen angewendet wird, im Buch Daniel
aber auf die Römer). Während manche Juden die Römer
ohne Zweifel bewunderten (wie Josephus Flavius), kritisiert der Großteil der erhaltenen jüdischen Literatur aus Palästina sie, sehnt die Erlösung des hei-

(Rechts) Modell der inneren Einfriedung, die den Altarraum des herodianischen Tempels enthält, mit Blick nach Westen über Jerusalem.

ligen Volkes herbei, sinnt über den rätselhaften Lauf der Geschichte nach und sieht dem Tag entgegen, da der Kalender der Weltgeschichte mit der Vernichtung dieses letzten menschlichen Reiches sein erwartetes Ende erreicht.

Beim Tod des Herodes übernahm Rom die unmittelbare Verwaltung und die Beziehungen zwischen Juden und Römern verschlechterten sich während des 1. Jahrhunderts u. Z. stetig, bis die Juden aus einer Vielzahl von Gründen schließlich ihr Heil im Krieg suchten, einem Krieg, der sie ihren Tempel kostete und Jerusalem zerstörte, wo bereits sich bekriegende extremistische Glaubensgruppen den Ton angaben. Den archäologischen Zeugnissen zufolge griffen die Römer in diesem Krieg auch die Siedlung in Qumran an und hielten den Ort eine Reihe von Jahren besetzt. In der Tat war die Wüste Juda die Region, wo der Widerstand gegen Rom sich hielt. Die letzte aufsässige Kämpferschar zog sich nach Masada zurück und wurde 74 u. Z. bezwungen. Die Verbindung zwischen dieser Gruppe, den Schriftrollen und den Bewohnern von Qumran zu ziehen, ist verlockend. Ein aus den Höhlen bekannter Text wurde in Masada gefunden (die Sabbatopfer-Gesänge) und es mag auch andere „Qumran"-Rollen gegeben haben, was einige Forscher in der Annahme bestärkte, dass die Einwohner Qumrans an diesem letzten Gefecht teilnahmen. Ungeachtet dessen könnte die in Herodes' idumäischer Festung inszenierte Schlussepisode des „Krieges der Lichtsöhne gegen die Finstersöhne" hier, und nicht wie in der Kriegsrolle von Qumran vorhergesehen, zu Ende gegangen sein. Die Schriftrollen befanden sich um diese Zeit schon in den Höhlen, versteckt vielleicht, um sie vor den Verheerungen der Römer zu schützen oder in der Hoffnung auf spätere Bergung. Doch im Gefolge dieses Krieges und der Zerstörung des Jerusalemer Tempels sollten neue Glaubenssysteme auftauchen, einschließlich des rabbinischen Judentums und des Christentums, und das in den Qumran-Rollen bewahrte Erbe sollte 2000 Jahre lang versunken bleiben.

Doch die Geschichte vom jüdischen Kampf gegen die Römer – und sogar der Besetzung Qumrans – war noch nicht ganz vorüber. 132 u. Z. kam es zu einem weiteren Aufstand, angeführt von Simon Bar Kosiba, der den Namen Bar Kochba („Sternensohn") annahm. Er gab auch Münzen aus und in der judäischen Wildnis existieren Spuren seiner Besatzung. Wir haben sogar von ihm oder in seinem Namen geschriebene Briefe. Aber nach dreijährigem Kampf wurde auch er besiegt, Jerusalem als römische Stadt wieder aufgebaut und die Juden wurden aus ihr vertrieben.

(Rechts) Die von Bar Kochba ausgegebene Bronzemünze, die etwa von 132 bis 35 u. Z. in Umlauf war, zeigt eine Leier.

(Gegenüberliegende Seite) Luftbild von Masada mit Blick auf den gestuften herodianischen Palast am nördlichen Ende.

Das jüdische religiöse Leben

Der Tempel

Während der fünf Jahrhunderte von der Wiederherstellung Judäas unter den Persern bis zur Zerstörung des herodianischen Tempels hatten die Juden stets ihre Hingabe an die Stadt Jerusalem und ihren Tempel bewiesen, der ihren Herrschern und wahrscheinlich den Einwohnern der Stadt zufolge die einzige echte Kultstätte war. Nur wenn und wo der Tempel nicht zugänglich, zu weit entfernt oder begrenzt nur bestimmten Gruppen zugänglich war, fand die Anbetung privat oder in kleinen Gruppen anderswo statt. Gewiss war es eine solch individuelle Anbetung, die den Katalysator für die Entwicklung der Pharisäer (S. 61) und Essener (S. 54) lieferte, während bei den außerhalb Palästinas lebenden Juden gemeinschaftliches Gebet und Studium vielleicht schon zur Zeit der Ptolemäer stattfanden.

Der Jerusalemer Tempel war nicht bloß ein Haus öffentlicher Anbetung; er war ein Ort, an dem Reichtum deponiert werden konnte (und aus Geschenken und Steuern angehäuft wurde), ein wichtiger Markt für Tauschwaren, der Hauptschauplatz der Ausübung priesterlicher Pflichten und die Stätte privater Andacht (einschließlich der Darbietung von Opfern und Gelübden), priesterlicher Beratung und reinigender Riten. Der Tempelkult belebte die lokale Wirtschaft, da er zum Unterhalt seiner Praktiken Holz, Tiere, Weihrauch, Öl, Werkzeuge und vieles mehr erforderte. In Zeiten des Wiederaufbaus (und auch für die Instandhaltung) wurden wohl Steinmetze, Zimmerleute, Schmiede, Parfümhändler, Lieferanten für Speisen und Getränke sowie Priester gebraucht. Es gibt ferner Zeugnisse für eine dem Tempel angegliederte riesige Priester- und Verwaltungskaste. Der Priesterdienst wurde im wöchentlichen Wechsel durchgeführt, jede Priesterfamilie amtierte zweimal im Jahr. Die drei wichtigsten Feste – Pessach (Passah), Wochen- und Laubhüttenfest – wurden zunehmend zum Ziel von Pilgerreisen nicht nur aus Judäa selbst, sondern auch aus der hellenistischen Welt und dem Römischen Reich.

Man geht gewöhnlich davon aus, dass der Tempelkult während der gesamten Zeit des Zweiten Tempels im Wesentlichen unverändert blieb. Aber da beispielsweise die Tempelrolle (S. 156) einen anderen liturgischen Zyklus und viele Rollen einen unterschiedlichen als den aus anderen Quellen bekannten Kalender beschreiben, kann es sein, dass sich entweder verschiedene Gruppen den Tempel teilten, wobei jede ihren eigenen Regeln folgte, oder dass das Regime sich änderte, je nachdem, welcher Gruppe gerade die Kontrolle überlassen wurde. Anders ließe sich die Entwicklung abweichender Tempelkalender und

-regime kaum erklären. Die Durchsetzung eines einzigen Tempelregimes und -kalenders sowie das Zutrittsverbot für jegliche Systemabweichler könnten helfen zu erklären, warum mindestens eine der in den Schriftrollen reflektierten Gruppen es für nötig erachtete, sich vom Tempelkult abzuspalten und zur Sekte zu formieren.

Allerdings besitzen wir nur wenige Informationen über die regelmäßigen Aktivitäten im Tempel. Klar ist, dass die öffentliche Frömmigkeit schließlich in wachsendem Maße mit ihm verbunden war. Trotzdem konnten die Differenzen über die Art des Kults, obwohl die *Idee* des Tempels als heilige Stätte im Zentrum des Judentums (gar der Welt!) allgemein akzeptiert wurde, zu Entfremdung führen. Wurde der Kult in den Augen einer Gruppe nicht korrekt ausgeführt, dann wurde Gott nicht verehrt, Heiligkeit nicht vermittelt und sogar der Tempel selber, das Land und das Volk Israel wurden entweiht. Und da der Tempel der Ort war, wo Israel heilig wurde und von dem göttliche Vergebung ausging, war jede Bedrohung seiner Leistungsfähigkeit von großer Tragweite.

Der Tempel beeinflusste das tägliche Leben noch auf andere Weise. Von allen Juden im „Lande Israel" wurde erwartet, die ersten Früchte und den Zehnten ihrer Erzeugnisse anzubieten, deren Erlös an den Tempel ging. So nahm das ganze Land am Tempelkult teil. Von überall her schickten Juden ferner eine jährliche Tempelsteuer in Höhe eines halben Schekels. Der Tempel repräsentierte die allerheiligste göttliche Wohnung und jeder Jude, der in betrat, musste sich im Zustand ritueller Reinheit befinden. Von den Priestern, die sich als Einzige dem Altar nähern durften, wurde ein noch höheres Maß verlangt. Dieser Kult der Heiligkeit war in erster Linie auf den Tempel anwendbar, aber es gab Anlässe, wo Juden sich reinigen mussten (wenn sie z. B. einen Leichnam berührt oder sich eine Hautkrankheit zugezogen hatten). Diese Reinigung erfolgte normalerweise mit Wasser und in Qumran, wie in vielen großen Häusern aus der Zeit des Zweiten Tempels, standen für solche Zwecke Bäder (*mikva'ot*, Singular: *mikveh*) zur Verfügung. Einige Gruppen, vielleicht auch die in Qumran lebenden, könnten einen höheren Grad ritueller Reinheit angestrebt haben; viele der Wassereinrichtungen dort werden als rituelle Bäder gedeutet. Auch bei Mahlzeiten suchten fromme Juden ihren reinen Zustand zu bewahren (indem sie z. B. keine unreinen Speisen mit unreinen Personen teilten). Ob die Bewohner Qumrans dasselbe taten, ist nicht bekannt, doch wenn sie die Leute waren, an die sich die Gemeinschaftsordnung wandte, versuchten sie wahrscheinlich einen Zustand größtmöglicher ritueller Reinheit zu wahren.

Heilige Schriften

In der Perserzeit fungierten die Schreiber von Jerusalem (und vielleicht auch von anderswo) als Autoren und Herausgeber einer Anzahl von Schriften in Hebräisch, die allmählich einen literarischen Kanon bildeten. Darunter waren Erzählungen über die Vergangenheit, die eine Geschichte des Volkes vom Anbeginn der Welt selbst bis zum Vorabend der Perserzeit bildeten, Schriftrollen mit prophetischen Sprüchen, von denen drei Orakel, Reden

(Gegenüberliegende Seite) Der „Western Wall" in Jerusalem – als „Klagemauer" bekannt – bildet eine Seite der Plattform, auf welcher der herodianische Tempel erbaut wurde. Die „Klagemauer" wurde zur heiligen Andachts- und Gebetsstätte für alle orthodoxen Juden.

Rekonstruktion des herodianischen Tempels von Südwesten aus. Herodes unternahm gewaltige Um- und Neubauarbeiten an dem auch als „Zweiter Tempel" bekannten Bauwerk; doch 70 u. Z. wurde er – noch vor seiner Fertigstellung – zerstört.

und Geschichten enthielten, die mit den Namen von drei Propheten verbunden waren (Jesaja, Jeremia und Hesekiel), sowie eine weitere, die eine Reihe von Propheten umfasste (alles in allem schließlich zwölf). Es gab ferner Sammlungen religiöser Dichtung (Psalter) und kluger Redensarten (Sprüche Salomos). In hellenistischer Zeit wuchs diese literarische Sammlung um populäre, „inoffizielle" Schriften, die der breiteren Leserschaft, welche durch die vermehrte Lese- und Schreibfähigkeit entstand, etwas boten – wie die Bücher Rut, Ester und Jona. Wahrscheinlich war es das Bemühen um die Wahrung einer gewissen kulturellen Unabhängigkeit von der griechisch dominierten Zivilisation des Mittelmeers und der Levente, das zu diesen Schriften führte, denen als Ausdruck schon lange bestehenden jüdischen Wesens und Charakters sehr hoher Wert beigemessen wurde, und die Hasmonäer waren wahrscheinlich für die Förderung dieses

Schrifttums verantwortlich, indem sie ihr Studium unterstützten und sie in den Lehrplan der jüdischen Schulen aufnahmen (um das Studium der griechischen Klassiker zu ersetzen?). Im 1. Jahrhundert gab es bereits einen festen oder beinahe festen „Kanon" jüdischer „Schriften" (ketuwim). Unter den Schriftrollen vom Toten Meer finden sich neben anderen, die ebenfalls als zu diesem „Kanon" gehörig betrachtet worden sein könnten, Abschriften all dieser Bücher (mit ein oder zwei Ausnahmen). Dass solche Bücher autorisiert waren, jüdisches Leben zu regeln, wurde von bestimmten Individuen und Gruppen einschließlich der Verfasser der Schriftrollen und der Pharisäer zunehmend akzeptiert. Man betrachtete sie am Ende als ausschließlich religiöse Texte, denn die Juden neigten dazu, das Judentum als Religion zu verstehen (ein Ausdruck, der in der antiken Welt stets Kult und Philosophie einschloss).

Zum Vorteil der nicht hebräisch sprechenden Juden wurden diese Schriften auch ins Griechische übersetzt, aber die Sammlung war größer als der hebräische Kanon und umfasste auch Werke wie Tobias, Judit, das Buch Jesus Sirach, Baruch sowie 1. und 2. Makkabäer. Auch von diesen wurden einige (in Hebräisch oder Aramäisch) unter den Schriftrollen gefunden. Doch sowohl im Hebräischen als auch im Griechischen existieren unterschiedliche Texte dieser biblischen Bücher. Der Versuch, bei klassischen Werken, die ständig (und nicht immer korrekt) kopiert worden waren, einen festen Text einzuführen, war ein universelles Problem in der hellenistischen Welt und es wurde notwendig, einen Standardtext festzusetzen. Auch wenn sie eine große Vielfalt von Texten zeigen, lassen sich in den Qumran-Rollen Anzeichen einer solchen Standardisierung entdecken.

Man glaubte, die Schriften enthielten göttliche Weisheit, und als solche wurden sie sorgfältig hinsichtlich ihrer Gesetze, Prophezeiungen und sogar ihrer verborgenen Geheimnisse erforscht. Sie brachten ihrerseits wieder andere Schriften wie Kommentare, Paraphrasen und Neubearbeitungen hervor. Außerdem regten sie zur Abfassung weiterer Psalmen und kluger Redensarten an. Bedeutende biblische Gestalten waren das Thema von Legenden und neue Werke wurden ihnen zugeschrieben, häufig in Form von Ratschlägen auf dem Totenbett oder Enthüllungen über die Zukunft. Die Schriftrollen vom Toten Meer schließen auch sie mit ein. Die heiligen Schriften scheinen tatsächlich den intellektuellen Horizont vieler jüdischer Autoren der Epoche umfasst zu haben.

Private religiöse Praktiken

Das private religiöse Verhalten war meist auf den Tempel oder die heiligen Schriften gerichtet. Beschneidung, Ernährungsvorschriften und Sabbatritus galten als fundamentale Teile des in der Schrift offenbarten göttlichen Gesetzes, während Gebete und die Feier religiöser Festtage sich am Tempel orientierten. Dem Studium der heiligen Schriften, einzeln oder (wie wir aus Qumran-Rollen und Neuem Testament erfahren) in einer Gruppe, wurde sicherlich höchste Priorität eingeräumt. Sowohl das „Haus des Gebets" als auch das „Haus des Lernens", wichtige Institutionen des rabbinischen Judentums, existierten bereits zur Zeit des Zweiten Tempels, in welchem Umfang können wir jedoch nicht wissen.

Eines der Mittel, mit denen das Gesetz (der wichtigste Teil der heiligen Schriften) dem Einzelnen nahe gebracht wurde, war die Befolgung des Gebots in Deuteronomium 6,4–8:

„Höre, Israel, der Herr ist unser Gott, der Herr allein.
Und du sollst den Herrn, deinen Gott, lieb haben von ganzem Herzen, von ganzer Seele und mit all deiner Kraft.
Und diese Worte, die ich dir heute gebiete, sollst du zu Herzen nehmen
und sollst sie deinen Kindern einschärfen und davon reden, wenn du in deinem Hause sitzt oder unterwegs bist, wenn du dich niederlegst oder aufstehst.
Und du sollst sie binden zum Zeichen auf deine Hand und sie sollen dir ein Merkzeichen zwischen deinen Augen sein und du sollst sie schreiben auf die Pfosten deines Hauses und an die Tore."

Die Eröffnungsworte wurden deshalb aufgeschrieben und in kleinen Kapseln aufbewahrt. Diese befestigte man dann an Türpfosten, wo sie „Mezuzot" hießen, oder band sie sich beim Gebet um den Arm und nannte sie „Tefillin" (hebr.: „Gebete"). Bei den Qumran-Rollen fand man sowohl Mezuzot als auch Tefillin.

Nicht vergessen dürfen wir abschließend Fasten und Gelübde. Ersteres geschah normalerweise gemeinschaftlich an bestimmten Festtagen oder in Krisenzeiten. Gelübde wurden privat abgelegt und konnten entweder ein Geschenk für den Tempel oder das Versprechen zur Ausführung irgendeines Dienstes bedeuten. Almosen für die Armen scheinen ebenfalls eine wichtige religiöse Pflicht gewesen zu sein (wie das Buch Tobias klarstellt), denn sie galten als göttliches Gebot. Sowohl die Schriftrollen als auch das Neue Testament erwähnen die Praxis der Neuverteilung gemeinschaftlichen Hab und Guts unter den Armen.

Über diese Aktivitäten hinaus können wir vermuten, dass mit dem Judentum, wie mit jeder anderen Religion, eine Reihe von Praktiken verbunden war, die man als „abergläubisch" bezeichnen könnte. Amulette zur Abwehr böser Geister wurden ebenso verwendet wie Bann und Zaubersprüche und man nutzte die angeblichen magischen Kräfte verschiedener Substanzen. Inwieweit diese Aktivitäten (abgesehen vom Gebrauch der charakteristischen Namen Gottes) besonders jüdisch waren, ist ungewiss. Aber die Schriftrollen enthalten sowohl *brontólogia* (auf das Geräusch des Donners bauende Weissagungen) als auch Horoskope (die den Charakter aus dem Geburtsdatum und körperlichen Merkmalen weissagen).

Mit der Zerstörung des Jerusalemer Tempels 70 u. Z. verschwanden Kult und Priesterschaft und eine neue Form von Judentum tauchte auf. Aber sie hatte eine Vorgeschichte. Für viele Juden war der Tempel zu weit entfernt oder in den falschen Händen und Ersatz wurde benötigt, ohne die Idee des Tempels selber aufzugeben. Gute Taten und private Frömmigkeit nahmen den zentralen Platz ein. Die so genannten Sektierer-Rollen setzen meist

Das Alte Testament

Mit Ausnahme von Ester wurden in den Qumran-Höhlen alle Bücher des Alten Testaments (oder der hebräischen Bibel) gefunden. Die Bücher Mose („Thora", Gesetz, Pentateuch, Genesis-Deuteronomium) waren besonders wichtig, da sie das göttliche Gesetz repräsentieren. Die Prophetenbücher (Jesaja-Maleachi) wurden ebenfalls hoch geachtet, vor allem weil sie die Zukunft und insbesondere die „letzten Tage" vorhersagen, in denen die Rollenschreiber zu leben meinten. Der Psalter (in Qumran mit mehreren Ausgaben vertreten) wurde gleichfalls als prophetisches Werk betrachtet, geschrieben von König David. Aber wir können nicht sagen, ob die Verfasser der Schriftrollen den festen Kanon der heiligen Schriften, der „Bibel", teilten, den die jüdischen Autoritäten ihrer Zeit bereits dabei waren zu definieren. Außerdem gibt es in Qumran keine Schriften des Neuen Testaments.

Die Legende unten zeigt die Reihenfolge der Bücher in der jüdischen Bibel; die Liste zur Rechten folgt der abweichenden Anordnung in den meisten christlichen Alten Testamenten.

🟧	*Genesis*
🟧	*Exodus*
🟧	*Levitikus*
🟧	*Numeri*
🟧	*Deuteronomium*
⬛	*Josua*
⬛	*Richter*
⬜	*Rut*
⬛	*Samuel*
⬛	*Könige*
⬜	*Chronik*
⬜	*Esra-Nehemia*
⬜	*Ester*
⬜	*Hiob (Ijob)*
⬜	*Psalter*
⬜	*Sprüche Salomos*
⬜	*Prediger Salomo*
⬜	*Hohelied Salomos*
🟨	*Jesaja*
🟨	*Jeremia*
⬜	*Klagelieder Jeremias*
🟨	*Hesekiel*
⬜	*Daniel*
🟨	*Hosea*
🟨	*Joel*
🟨	*Amos*
🟨	*Obadja*
🟨	*Jona*
🟨	*Micha*
🟨	*Nahum*
🟨	*Habakuk*
🟨	*Zafanja*
🟨	*Haggai*
🟨	*Sacharja*
🟨	*Maleachi*

Legende

🟧	*Gesetz*
⬛	*Frühere Propheten*
🟨	*Hintere/spätere Propheten*
⬜	*Schriften*

(Unten links und rechts) Zwei Teile eines Tefillin (Gebetsriemens) aus Murabba'at in der Wüste Juda (1. oder 2. Jahrhundert u. Z.).

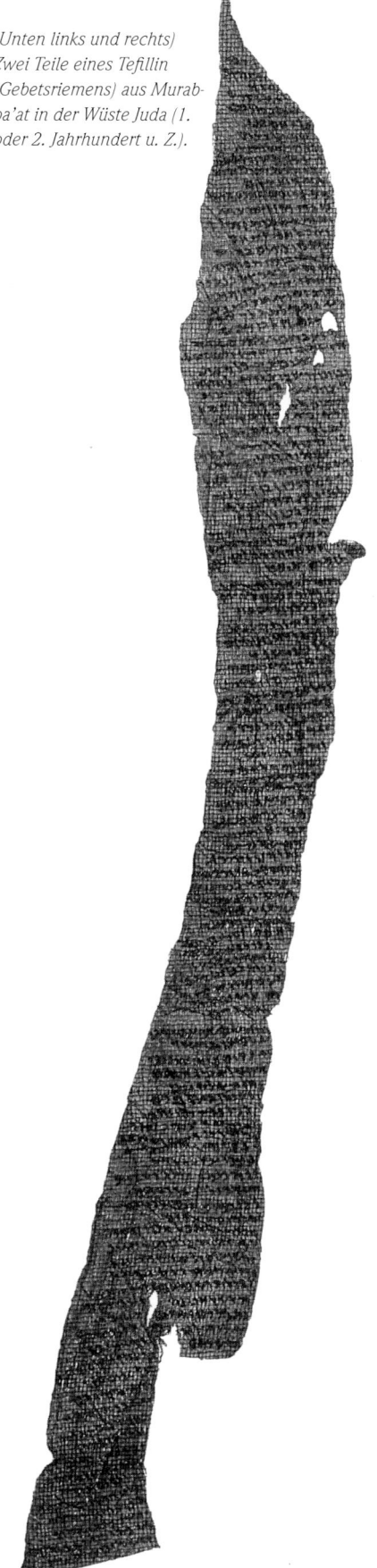

die prinzipielle Notwendigkeit des Kults im Jerusalemer Tempel einschließlich blutiger Opfer und die Befolgung von Reinheitsritualen voraus, erklären aber oft, dass Gott das aufrichtige Gebet ebenso bereitwillig akzeptiere wie Opfer. Ein wichtiger liturgischer Text (die „ Sabbatopfer-Gesänge") deutet darauf hin, dass die Verfasser sich als Teilnehmer an der Engelverehrung im himmlischen Tempel sahen. Der Glaube an ein himmlisches Gegenstück zum Hohepriesteramt, zum Tempel und sogar zur Stadt Jerusalem auf Erden hallt im Neuen Testament wider, besonders in der Offenbarung des Johannes. Diese Schriftrollen nehmen also in wichtiger Hinsicht Wege vorweg, auf denen sowohl Juden- als auch Christentum über die Notwendigkeit des Jerusalemer Tempels hinausgingen.

(Folgende Seiten) Luftbild der an den Tempelberg angrenzenden „Klagemauer".

(Unten) „... zum Zeichen auf deine Hand, und ... ein Merkzeichen zwischen deinen Augen": Jude beim Gebet mit Tefillin.

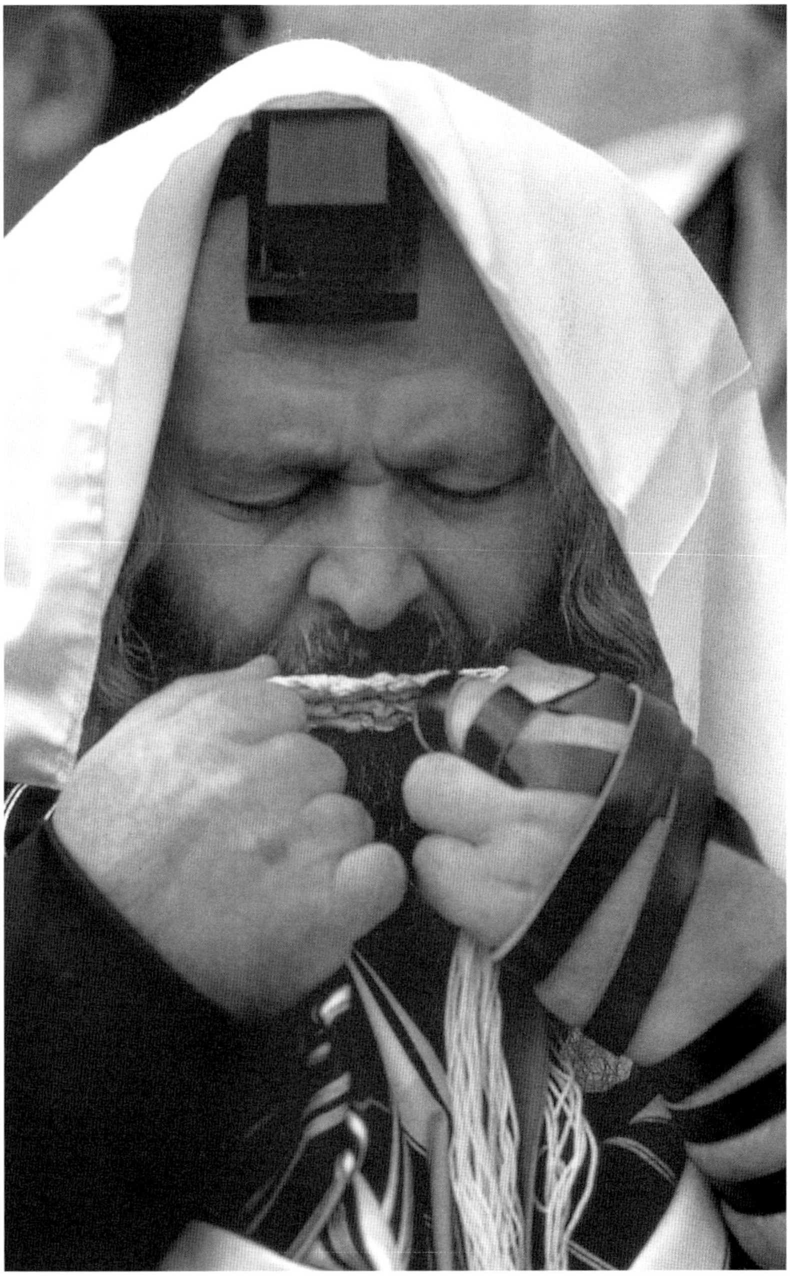

Jüdische Parteien und Sekten

Der Geschichtsschreiber Josephus Flavius (ca. 38–93 u. Z.) teilt die Juden in vier Parteien auf: Essener, Pharisäer, Sadduzäer und eine „vierte Philosophenschule". Er verwendet das griechische Wort *hairesis* („Sekte"), von dem das deutsche Wort „Häresie" stammt, aber eine bessere Übersetzung ist „Partei", denn diese Gruppen waren nicht unbedingt alle eng miteinander verbunden oder exklusiv. Am besten kann man sie vielleicht als Kombination aus moderner politischer Partei und Kirchengruppe verstehen. Die Qumran-Rollen hingegen vermitteln uns ein Bild von Gruppen, die völlig abgesondert lebten, die Zugang und Teilnahme höchst formell regelten und auf die zutreffender das Wort „Sekte" angewendet werden könnte. Obwohl viele Forscher vermuten, Josephus' Darstellung sei eine grobe Vereinfachung und es habe viele andere jüdische Gruppen gegeben (und auch viele Juden, die gar keiner Gruppe angehörten), erwähnen andere Quellen tatsächlich zumindest die ersten der „Parteien" von Josephus. Es lohnt also zu überprüfen, was wir über sie wissen, waren Forscher doch in der Vergangenheit immer wieder bestrebt, die Schreiber der Rollen mit allen vieren gleichzusetzen.

Die Essener

Erwähnt werden die Essener von dem jüdischen Philosophen und Bibelinterpreten Philon von Alexandria, von dem römischen Reisenden und Staatsmann Plinius d. Ä., von dem jüdischen Geschichtsschreiber Josephus Flavius und von ein paar späteren Kirchenhistorikern (die sich größtenteils, wenn nicht gänzlich auf die früheren Berichte stützten). Philon (ca. 30 v. u. Z.–45 u. Z.) äußert sich zweimal zu den Essenern. In seiner Abhandlung „Über die Freiheit des Tüchtigen" (75–91) behauptet er, sie zählten etwa 4000 und ihr Name leite sich von dem griechischen Wort für Heiligkeit ab, da Heiligkeit im Geiste für sie von äußerster Wichtigkeit gewesen sei. Die Essener, so Philon, wären die gottlosen Städte geflohen und hätten in Dörfern gewohnt, sich mit Landwirtschaft und Handwerk zufrieden gegeben, dem Handel keine Beachtung geschenkt und keine Sklaven besessen. Sie hätten weder Gold, Silber noch Land gehortet, sondern sich Mahlzeiten und Kleidung geteilt und eine gemeinsame Kasse gehabt. Im Gegensatz zu anderen Juden hätten sie keine Tieropfer dargebracht, sondern, vor allem am Sabbat in der Synagoge, die Gesetze der Vorfahren studiert. Ihre Lehre habe die Liebe zu Gott, Tugend und Menschlichkeit betont. Sie hätten sich um die Kranken, Alten und Schwachen gekümmert und die Vorstellung abgelehnt, Gott verursache Übel und Leiden. In einer anderen Schrift, zur Verteidigung der Juden, ergänzt Philon, die Essener seien Bauern, Schäfer, Bienenzüchter und Handwerker gewesen, hätten die Ehe verboten, Enthaltsamkeit praktiziert und weder Kinder noch Heranwachsende oder junge Männer in ihrer Gemeinschaft gehabt.

Heirateten die Essener?

Josephus sagt, bei den Essener habe es jene gegeben, die heirateten, und jene, die es nicht taten. Jene, die es taten, hätten nicht sehr viel von der Ehe gehalten:

„Die sinnlichen Freuden meiden sie wie die Sünde, und die Tugend erblicken sie in Enthaltsamkeit und Beherrschung der Leidenschaften. Über die Ehe denken sie gering ... Doch wollen sie damit die Ehe und die Erziehung von Nachkommenschaft durch dieselbe nicht gänzlich aufheben, sondern sich nur vor den Ausschweifungen der Weiber sichern, da sie glauben, dass keines derselben dem einen Gatten die Treue bewahre." (*Krieg* 2,120–21)

„Sie glauben nämlich, dass die, welche nicht in die Ehe träten, den wichtigsten Lebenszweck, die Erziehung von Nachkommenschaft, ausser acht liessen, oder vielmehr, dass, wenn alle so dächten, das ganze Menschengeschlecht in kürzester Zeit aussterben müsse. Doch erproben sie die Bräute drei Jahre lang, und wenn sie nach dreimaliger Reinigung deren Fähigkeit, Kinder zu gebären, erkannt haben, nehmen sie dieselben zur Ehe. Während der Schwangerschaft enthalten sie sich des Beischlafes zum Beweise, dass sie nicht aus Wollust, sondern um Kinder zu erzielen geheiratet haben." (*Krieg* 2,160–61)

Ebenso deutet die Damaskusschrift (6,11) eine heiratende und nicht heiratende Mitgliedschaft an. Entsprechend spiegelt sich in den Schriftrollen eine Tradition der Ehelosigkeit wider, wenngleich sicherlich mehrere Handschriften aus den Qumran-Höhlen das Eheleben reflektieren. Ehefrauen und Kinder sind Mitglieder der Damaskus-Gemeinschaft; in der Tempelrolle gibt es Gesetze über Gelübde von Frauen; nach der Gemeindeordnung (1QSa) dürfen Frauen gegen ihre Ehemänner aussagen; und die Weisheitstexte sprechen von den Gefahren gewisser Sorten von Frauen.

Die meisten Forscher meinten lange Zeit, die Gemeinschaftsordnung formuliere Regeln für eine asketische, klösterliche Art von Gemeinschaft, die Ehelosigkeit praktiziere. Manche vertreten diese Ansicht weiterhin. Andere behaupteten, die Gemeinschaften der Schriftrollen seien vielfältig gewesen und nach der Eheschließung sei das Zölibat vielleicht eine Option für jene gewesen, die das Gesetz hätten studieren und der Gerechtigkeit hätten näher kommen wollen.

(Folgende Seiten) Eindruck eines Künstlers von einer Versammlung der Mitglieder der Gemeinschaft in Qumran.

Beitritt zu den Essenern

Der jüdische Geschichtsschreiber Josephus Flavius liefert eine umfassende Darstellung essenischer Praktiken, die mehrere Parallelen zu den in der Gemeinschaftsordnung enthaltenen Vorschriften aufweisen.

„Wer in die Sekte aufgenommen sein will, erhält nicht sogleich Zutritt, sondern er muss zunächst ausserhalb des Ordens ein Jahr lang derselben Lebensweise wie die Mitglieder sich unterziehen, nachdem man ihm vorher eine kleine Axt, das oben erwähnte Lendentuch und ein weisses Gewand gegeben hat. Hat er in diesem Zeitraum die Mässigkeitsprobe bestanden, so tritt er der Genossenschaft um einen Schritt näher: er nimmt an der reinigenden Wasserweihe teil, wird jedoch zu den gemeinsamen Mahlen noch nicht zugelassen. Nachdem er nämlich seine Standhaftigkeit dargethan hat, wird nun in zwei weiteren Jahren auch sein Charakter geprüft, und erst wenn er in dieser Beziehung gleichfalls würdig erscheint, wird er förmlich in den Orden aufgenommen. Bevor er indes bei dem gemeinsamen Mahl erscheinen darf, muss er den Ordensangehörigen einen furchtbaren Eid schwören, dass er die Gottheit ehren ... dass er Treue üben wolle ... Ferner muss er schwören, nie ob seiner Macht sich brüsten und weder in Kleidung noch in sonstigem Schmuck es seinen Untergebenen zuvorthun zu wollen ... den Ordensbrüdern nichts zu verheimlichen, anderen dagegen keines ihrer Geheimnisse zu offenbaren ... endlich, die Lehrsätze des Ordens niemand auf anderem Wege mitzuteilen, als er sie selbst kennen gelernt, Strassenraub zu verabscheuen, die Bücher der Sekte und die Namen der Engel geheim zu halten." (*Krieg* 2,137–42)

Die Gemeinschaftsordnung ist ganz ähnlich:

„Und jeder, der sich als willig erweist aus Israel, sich dem Rat der Einung anzuschliessen, den soll der Mann untersuchen, der an die Spitze der Vollmitglieder gesetzt ist, (und zwar) in Bezug auf seinen Verstand und auf seine Taten. Und wenn er Zucht erlangt, bringe er ihn in den Bund, um zur Wahrheit umzukehren und um von allem Unrecht zu weichen.

Er unterweise ihn in allen Gesetzen der Einung, und danach, wenn er vor die Vollmitglieder kommt, werden sie befragt, (und zwar) alle, hinsichtlich seiner Angelegenheiten. Und so wie das Los (die Entscheidung) auf Grund des Rates der Vollmitglieder (aus)fällt, komme er näher oder entferne er sich. Und kommt er dem Rat der Vollmitglieder näher, berühre er (noch) nicht die Reinheit der Vollmitglieder, bis man ihn untersucht hat in Bezug auf seinen Geist und (auf) seine Taten, während sich ihm ein volles Jahr vollendet ..." (1QS 6,13–17)

An anderer Stelle spricht Josephus vom Besitz:

„Den Reichtum verachten sie, und bewunderswert ist bei ihnen die Gemeinschaft der Güter, sodass man niemand unter ihnen findet, der mehr besässe als die anderen." (*Krieg* 2,122–23)

Zum Vergleich die Gemeinschaftsordnung:

„... und er darf auch nicht teilhaben am (rituell reinen) Besitz der Vollmitglieder. Hat er ein Jahr innerhalb der Einung verbracht, fragen die Vollmitglieder nach seinen Worten, seinen Verstand und seine Taten in der Torah, und wenn für ihn das Los (die Entscheidung) dahin fällt, der Gemeinschaft *(sôd)* der Einung nahe zu kommen gemäss der Weisung der Priester und der Mehrheit der Männer ihres Bundes, dann bringe er auch seinen Besitz darin ein und seine Arbeit(serträge), (und zwar) zu Händen des Aufsehers über die Arbeit der Vollmitglieder ..." (1QS 6,17–20)
Zwar gibt es Unterschiede im Detail zwischen Josephus und 1QS, aber die Ähnlichkeiten sind verblüffend.

Blick über die Ruinen von Qumran nach Süden: Der Raum zur Rechten wurde als mögliches „Sitzungszimmer" vorgeschlagen.

Blick in Qumran nach Osten: Speisesaal oder Versammlungshalle.

Im fünften Buch seiner *Naturgeschichte* lokalisiert Plinius (23/24–79 u. Z.) die Essener an einem Ort irgendwo oberhalb von Engedi, einer Stadt am Nordwestufer des Toten Meeres. Wie Philon behauptet Plinius, es habe bei ihnen weder Geld noch Frauen gegeben, aber es seien Scharen neuer Mitglieder, der Wechselfälle des Schicksals überdrüssig, zu dieser Gemeinschaft gestoßen. (Diese Beschreibung war der hauptsächliche Anlass für die ursprüngliche Gleichsetzung Qumrans mit einer essenischen Siedlung.)

Aber es ist Josephus Flavius, der in Judäa geboren wurde, dort lebte, bis er nach Rom zog, und in den Anfangsjahren am Ersten Jüdischen Aufstand teilnahm (66–74 u. Z.), der die ergiebigste Darstellung von Judentum und jüdischem Volk einschließlich einer Beschreibung der Essener liefert. Bei ihm finden sich auch kurze Anekdoten über einzelne Essener, die scheinbar berühmt für ihre Prophezeiungen waren. Beispielsweise sagte ein Essener namens Judas den Tod des Antigonos voraus, eines Mitglieds des hasmonäischen Königsgeschlechts; ein gewisser Simon prophezeite den Prozess des Archelaos (eines weiteren Hasmonäers); und ein anderer, Menahem, prophezeite dem jungen Herodes, er werde Herrscher sein. Doch ein anderer Essener, Johannes, war während des Aufstands gegen Rom verantwortlicher General für Tamna, Lydda, Joppa und Emmaus. Josephus behauptet, die Partei der Essener aus eigener Erfahrung gekannt zu haben, da er (wie er sagt) drei Jahre bei ihnen studiert habe. Er bestätigt, dass die Essener dem Vergnügen abschworen und einem Weg der Enthaltsamkeit folgten, und fügt hinzu, sie hätten sich um das Verhalten von Frauen gesorgt und, obwohl sie die Ehe nicht untersagten, entweder die Ehelosigkeit vorgezogen oder ihre künftigen Frauen gezwungen, ihre Empfängnisfähigkeit unter Beweis zu stellen. Sie hätten Reichtümer verachtet, sich in Weiß gekleidet, Schwüre und den Gebrauch von Öl gemieden, in Gleichheit gelebt und Waffen nur auf Reisen getragen. Jeden Morgen hätten sie zur Sonne gebetet, wenn sie sich zur fünften Stunde des Tages zum Gebet versammelten und danach die Schriftsteller des Altertums studierten.

Besonders interessant ist Josephus' Beschreibung der essenischen Hierarchie. Es gab vier Ebenen, die unterschiedliche Grade von Reinheit repräsentierten, und lange Probezeiten für Neuzugänge mit strengen Initiationszeremonien. Das künftige Mitglied wurde ein Jahr lang geprüft und im Falle seiner Zulässigkeit wurden sein Vermögen und Einkommen bei einem Schatzmeister deponiert, der dies registrierte. Im nächsten Jahr durfte der Neuling mit der Gemeinschaft essen. Nach diesem zweiten Jahr wurden seine Besitztümer mit denen der Gemeinschaft verschmolzen und er durfte dann mit ihren Mitgliedern trinken. Ein Essener konnte verbannt werden, wenn er die Geheimnisse der Gruppe oder die Namen der Engel enthüllte oder die Autorität der Führung anzweifelte (*Krieg* 2, 141–44 orig.). Josephus berichtet weiter, die Essener hätten ihre eigenen besonderen Reinigungsriten praktiziert und ihre Opfer getrennt vollzogen (ob im Tempel oder anderswo, verrät er nicht).

Diese Grundzüge ähneln vielen Punkten in der Gemeinschaftsordnung (6,13–24) und so haben die meisten Forscher die Gemeinschaft in Khirbet Qumran mit den Essenern gleichgesetzt. Doch Josephus bringt die Essener niemals mit einem bestimmten Ort wie Qumran in Verbindung, sondern sagt, sie hätten sich überall in Palästina niedergelassen. An anderer Stelle erwähnt er an der Südseite Jerusalems ein „Essenertor", das kürzlich entdeckt wurde und von dem man allgemein glaubt, dass es zu einem „Essenerviertel" in dieser Stadt gehörte.

Was die von Philon gerühmte Friedensliebe der Essener betrifft, bemerkt Josephus, sie seien während des Jüdischen Aufstands von den Römern gefoltert worden (und er erwähnt, wie wir gesehen haben, einen essenischen Militärführer). Der Hauptunterschied zwischen Essenern, Pharisäern und Sadduzäern liegt für ihn in ihren Ansichten über das Schicksal, den menschlichen Willen und das Leben nach dem Tode, philosophische Probleme, die wohl seine römische Leserschaft erfreuten. Laut Josephus glaubten die Essener an die Unsterblichkeit der Seelen, die jenseits des Ozeans lebten, und dass der Mensch frei, sein Schicksal jedoch im Vorhinein bekannt sei.

Trotz all dieser alten (und nicht ganz übereinstimmenden) Berichte über die Essener bleiben sie eine recht undurchsichtige Gruppe, da weder das Neue Testament noch die rabbinischen Schriften sie erwähnen – es sei denn vielleicht unter einem anderen Namen.

Die Sadduzäer

Nach Josephus Flavius, erneut unsere Hauptquelle, waren die Sadduzäer die Hauptrivalen der Pharisäer um po-

---

Josephus über die Sadduzäer

Die Sadduzäer über die Seele und den menschlichen Willen (nach Josephus):

„Die Sadducäer hingegen, die zweite der oben genannten Sekten, leugnen das Schicksal völlig und behaupten, Gott habe mit dem Thun und Lassen der Menschen gar nichts zu schaffen; vielmehr seien gute wie böse Handlungen gänzlich dem freien Willen anheimgestellt, und nach eigenem Gutdünken trete ein jeder auf die eine oder andere Seite. Weiterhin leugnen sie auch die Fortdauer der Seele, sowie die Strafen und Belohnungen in der Unterwelt." (*Krieg* 2,164–65)

„... dass die Pharisäer dem Volke durch mündliche Überlieferung viele Gebote aufbewahrt haben, welche in die Gesetzgebung des Moyses nicht aufgenommen sind. Diese Gebote nun verwirft die Sekte der Sadducäer und behauptet, das allein sei massgebend, was geschrieben stehe, während die mündliche Überlieferung der Vorfahren keine Gültigkeit habe. Über diesen Punkt entstanden oft heftige Streitigkeiten ..." (*Altertümer* 13,297–98)

litischen Einfluss. Ihre Machtbasis lag in Priesterschaft und Adel (ihr Name könnte sich von dem Priestergeschlecht Zadoks oder, alternativ, von dem hebräischen Wort für „gerecht", *zaddiq,* ableiten). Josephus zufolge lehnten sie die Vorstellungen von Schicksal und Auferstehung, von Belohnungen und Bestrafungen nach dem Tode ab und hielten sich nur an die in der Bibel geschriebenen Gesetze (*Altertümer* 13,297; 18,17). Sie scheinen politisch und religiös konservativ gewesen zu sein, hatten die Macht im Tempel inne und kooperierten mit der Römerherrschaft, unterstützten sie gar. Auch im Neuen Testament werden sie erwähnt, obwohl der einzige Punkt von Interesse ihr Unglaube hinsichtlich der Auferstehung ist (z. B. Matthäus 22,23; Apostelgeschichte des Lukas 23,6). Die Apostelgeschichte (4,14–18) spricht ferner von dem Sadduzäer Ananias als gegenwärtigem Hohepriester.

Werden die Sadduzäer in den Schriftrollen erwähnt? Ein starkes Interesse kreist um den Ausdruck „Söhne Zadoks" („Zadokiden" und „Sadduzäer" *könnte* im Hebräischen dasselbe Wort sein), der in der Damaskusschrift und der Gemeinschaftsordnung in Verbindung mit der eigenen Gruppe (*nicht* mit Gegnern) benutzt wird. Dies hat zu neuesten Vermutungen (z. B. von Lawrence Schiffman) geführt, die Verfasser der Schriftrollen hätten Verbindungen zu den Sadduzäern gehabt, ein Idee, die durch Gleichsetzung einiger in den Schriftrollen geäußerter Auffassungen zum Gesetz mit jenen, die in Mischna und Thora den *Zadduqim* zugeschrieben werden, untermauert wurde. Ein Beispiel für eine solche Auffassung, gefunden im Halachischer Brief (4QMMT), lautet, ein flüssiger Strahl könne Unreinheit von einem Gefäß zum anderen übertragen; die (in dem Mischna-Traktat *Jadajim* 4,6–7 erwähnte) sadduzäische Position stimmt zu, die

Rabbiner (und unausgesprochen die Pharisäer) tun es nicht.

Außerdem wurde behauptet, der Kalender der Tempelrolle (11QT), der von dem damals (und seitdem) in Kraft befindlichen jüdischen Kalender abwich, sei ebenfalls sadduzäisch. Das Problem hier (und in anderen Fällen) ist, dass die Sadduzäer, die wir von Josephus und aus dem Neuen Testament kennen, den Autoren der Sektierer-Rollen gar nicht ähnlich sehen. Die Sadduzäer müssen sich nach einem anderen Kalender gerichtet haben und ihre kooperative Haltung gegenüber den Römern wird in den Qumran-Schriften kaum gebilligt. Sollten diese Schriften sadduzäisch sein, müssen wir von einem recht heftigen Riss innerhalb dieser Gruppe ausgehen, über die wir ansonsten nichts wissen. Außerdem bezeichnen die Qumran-Texte die eigene Gemeinschaft nirgendwo einfach als „Söhne Zadoks"; dieser Ausdruck wird nur für ihre Priester verwendet. Insgesamt sieht es kaum so aus, als dürften wir die Rollenschreiber mit den Sadduzäern gleichsetzen, obwohl wir vielleicht folgern können, dass beide Gruppen gegen die Pharisäer waren.

Josephus über die Pharisäer

Die Pharisäer über die Rolle des Schicksals und den menschlichen Willen (nach Josephus):

„Die Pharisäer behaupten, dass manches, aber nicht alles das Werk des Verhängnisses sei, manches hingegen auch freiwillig geschehe oder unterbliebe." (*Altertümer* 13,171)

„Wenn sie behaupten, alles geschehe nach einem bestimmten Schicksal, so wollen sie damit dem menschlichen Willen nicht das Vermögen absprechen, sich selbst zu bestimmen, sondern lehren, es habe Gott gefallen, die Macht des Schicksals und die menschliche Vernunft zusammenwirken zu lassen, sodass jeder es nach seinem Belieben mit dem Laster oder der Tugend halten könne. Sie glauben auch, dass die Seelen unsterblich sind und dass dieselben, je nachdem der Mensch tugendhaft oder lasterhaft gewesen, unter der Erde Lohn oder Strafe erhalten ..." (*Altertümer* 18)

„[Die Pharisäer] machen alles von Gott und dem Schicksal abhängig und lehren, dass Recht- und Unrechtthun zwar grösstenteils den Menschen freistehe, dass aber bei jeder Handlung auch die Mitwirkung des Schicksals stattfinde. Die Seelen sind nach ihrer Ansicht alle unsterblich, aber nur die der Guten gehen nach dem Tode in einen anderen Leib über, während die der Bösen ewiger Strafe anheimfallen." (*Krieg* 2,162–63)

Auf diesem Gemälde von Johann Schönfeld aus den 1650er Jahren wird Salomo von dem Priester Zadok zum König gesalbt. Die Bezeichnung Sadduzäer könnte sich vom Namen des Zadokiden-Geschlechts herleiten.

Die Pharisäer

Unser Hauptinformant über die Pharisäer ist einmal mehr Josephus, der selbst behauptete, zu ihnen zu gehören. Ihm zufolge waren sie eine politisch und religiös aktive Gruppe, die etwa 6000 Köpfe zählte und sich unter einer Reihe von Herrschern eines wechselhaften Geschicks erfreut hatte. Der Hasmonäerkönig Johannes I. Hyrkan (134–104 v. u. Z.) hatte sie anfangs begünstigt, sich dann aber auf die Seite der Sadduzäer geschlagen; einige Pharisäer ermunterten den Seleukiden-König von Syrien, Demetrios III., Hyrkans Sohn und Nachfolger Alexander Jannäus zu stürzen, der sich daraufhin gegen sie wandte. Kurz vor seinem Tod riet er seiner Königin, Alexandra, sie wieder einzusetzen. Herodes der Große begünstigte einige von ihnen und später, während des Krieges gegen Rom, versuchten die Pharisäer mit anderen führenden Gruppen die Juden davon abzubringen, sich zu erheben (*Krieg* 2, 409–17).

Josephus behauptet, die Pharisäer seien die populärste und einflussreichste der jüdischen Parteien gewesen und besonders die Frauen in den Königshäusern seien ihnen wohlgesinnt gewesen. Sie seien, was das Gesetz betrifft, die gelehrtesten Juden gewesen und hätten an ein Leben nach dem Tode und die Wiederauferstehung geglaubt.

Auch im Neuen Testament werden die Pharisäer erwähnt, wo sie als Wächter über die ordnungsgemäße rituelle Frömmigkeit auftauchen, mit eigenen gesetzlichen Überlieferungen, die um die Beachtung von Reinheitsvorschriften, die rituelle Speisezubereitung, die Entrichtung des Zehnten und die Einhaltung des Sabbats kreisen. Gewöhnlich fungieren sie als Gegenspieler Jesu, der sie als Heuchler verurteilt, die sich ohne die richtige innere Einstellung um Details äußerlicher Gesetzestreue kümmerten (z. B. Matthäus 23,23). Paulus behauptete, er sei Pharisäer gewesen, was vielleicht seine Besessenheit vom jüdischen Gesetz erklärt.

Aber obwohl das Neue Testament den Pharisäern meist feindlich begegnet, scheinen diese das Judentum in Wahrheit nicht unbedingt bloß als Sache äußerer Observanz betrachtet zu haben. Sicherlich präsentieren die rabbinischen Schriften des 1. Jahrhunderts die Pharisäer als Verfechter eines strengen Reinheitsregimes, das sich vom öffentlichen Leben bis in die Wohnung und vom Sabbat bis zu anderen Feiertagen erstreckte, aber sie spiegeln auch eine gewisse Demut wider, einen Sinn für Ausgewogenheit und die Anerkennung der Bedeutung der Liebe zu Gott und den Mitmenschen. Selbst in der Apostelgeschichte des Lukas wird einer der berühmtesten Pharisäer, Gamaliel, als Verfechter einer toleranten Einstellung gegenüber den Ansichten der frühen Anhänger Jesu dargestellt (Apostelgeschichte 5,33–40; 22,3). Eine Lehre, über die Pharisäer, frühe Christen und – vermutlich – die Gemeinschaft der Schriftrollen sich wohl einig waren, war die Auferstehung der Toten.

Die Schriftrollen vom Toten Meer erwähnen die Pharisäer nirgends ausdrücklich. Aber viele Forscher betrachten sie als die Hauptziele der Kritik in den Sektierer-Schriften. Ganz im Gegensatz zu den Evangelien werden sie hier für ihre Nachlässigkeit gegenüber dem Gesetz kri-

tisiert – falls mit „die, welche die ‚glatten' (Anweisungen) erteilen" aus dem Nahum-Kommentar (4Q169) Pharisäer gemeint sind, wo das hebräische Wort *(chalaqot)*, das als „glatt" übersetzt wird, ein Wortspiel mit *halakot* sein könnte, das die pharisäische Thorainterpretation meint. Zwischen den Positionen „derer, welche die ‚glatten' Anweisungen geben" zum Gesetz und jenen der Rabbiner, die man als Nachfolger der Pharisäer betrachten könnte, scheint ein hohes Maß an Übereinstimmung zu bestehen.

Die Samariter

Eine jüdische Sekte, die von Josephus nicht mit den vier anderen erwähnt wird, sind die Samariter. Der Bibel zufolge (2. Könige 17) waren die Samariter Nachfahren von Ausländern, die von den Assyrern im späten 7. Jahrhundert v. u. Z. nach Samaria verpflanzt worden waren (ähnliche Überlieferungen finden sich in Genesis 34, Jubiläen 30 und Judit 9). Die Bücher Esra und Nehemia zeigen sie als Gegner des Wiederaufbaus des Jerusalemer Tempels und der Stadtmauern. Doch wann die Feindseligkeit zwi-

(Gegenüberliegende Seite) Die Geschichte in Lukas 2,41–50 über Jesus, wie er inmitten der „Lehrer" sitzt und sie mit seinem Wissen verblüfft, spiegelt wahrscheinlich Kontroversen zwischen Jesus mit seinen Anhängern und den Pharisäern über Fragen des Gesetzes wider, auf diesem Gemälde von 1854–60 dargestellt von Holman Hunt.

(Unten) Ein samaritischer Priester zeigt eine Schriftrolle der Thora.

schen Jerusalem und Samaria begann, kann man kaum mit Sicherheit sagen. Beide betrachten das Pentateuch als ihre heilige Schrift, obwohl die Samariter auf dem Berg Garizim in der Nähe von Schechem ihren eigenen Tempel hatten.

Im Jahr 331 v. u. Z. zerstörte Alexander die Stadt Samaria und legte dort 600 Soldaten in Garnison. Viele Samariter flohen darauf nach Schechem. Fast zwei Jahrhunderte später annektierte Johannes I. Hyrkan, als er in Jerusalem an die Macht kam, das Territorium von Samaria und zerstörte den samaritischen Tempel. Herodes der Große führte dort umfangreiche Baumaßnahmen durch und nannte die Stadt Sebaste. Auch die Samariter waren später in antirömische Erhebungen verwickelt und 68 u. Z. metzelte der römische General (und spätere Kaiser) Vespasian 10 000 von ihnen am Berg Garizim nieder. Aber die Samariter haben bis heute überlebt.

Leser des Neuen Testaments werden wissen, dass „die Juden ... keine Gemeinschaft mit den Samariern" haben (Johannes 4,9). Und angesichts der dem Jerusalemer Tempel in den Schriftrollen erwiesenen Ehrfurcht würde man erwarten, dass ihre Verfasser antisamaritisch waren. Doch hat man an den Schriftrollen einige offensichtlich samaritische „Grundzüge" bemerkt. Die Texte einiger biblischer Handschriften sind dem samaritischen Pentateuch näher als der überlieferten jüdischen Bibel. Auch die Tempelrolle und das Buch der Jubiläen, die beide unter den Qumran-Rollen gefunden wurden und deren besonderen Kalender teilen, scheinen Jakob (der eher mit dem Norden als dem Süden besonders verbunden war) und Schechem eine gewisse Bedeutung einzuräumen. Einige der sektiererischen Schriftrollen vom Toten Meer spiegeln ferner Vorstellungen und Überzeugungen wider, die jenen ähneln, die den Samaritern zugeschrieben werden.

Zu weiteren möglichen Ähnlichkeiten zählen gemeinsame messianische Erwartungen, die sich auf Deuteronomium 18,18 stützen, der Gebrauch der Metapher von den „Kindern des Lichts" und die fehlende Feier der jüdischen Festtage Purim (erwähnt in dem in Qumran nicht gefundenen Buch Ester) und Chanukka (zur Feier der Neuweihe des Jerusalemer Tempels durch Judas Makkabäus). Aber wie bei Grundzügen der Schriftrollen vom Toten Meer häufig der Fall, muss man bei unterschiedlichen jüdischen Gruppen mit gemeinsamem biblischen und kulturellen Hintergrund mit verstreuten einzelnen Ähnlichkeiten rechnen. Für eine systematische Beziehung zwischen Samaritern und Qumran-Gruppen scheint es keinerlei Anzeichen zu geben.

Die Zeloten

Josephus Flavius spricht von einer „vierte[n] Philosophenschule" bei den Juden, deren Mitglieder in den meisten Belangen wie die Pharisäer seien, sich jedoch für die Freiheit begeisterten und keinen Herrscher außer Gott anerkennen würden. Sie sei in Galiläa von einem politischen Aufrührer namens Judas gegründet worden, der, unmittelbar nach dem Tod Herodes' des Großen, mit einem Pharisäer namens Zadok verbunden gewesen sei. Von da

an sei es bis zum Fall Jerusalems 70 u. Z. zu zahlreichen Aufständen gegen die römischen Besatzer und ihre jüdischen Helfer gekommen. Diese Aufständischen werden pauschal oft als Zeloten bezeichnet, als gehörten sie einer einzigen Partei an, aber Josephus verwendet den Ausdruck erst im letzten Jahrzehnt vor Ausbruch des Aufstands (66 u. Z.). Wir sollten also von der vierten Partei im Judentum nicht als von „den Zeloten" sprechen, obwohl es oft geschieht, auch von Seiten mancher Gelehrter.

Die Familie des Judas scheint jedoch weiterhin eine Rolle in der politischen Empörung gespielt zu haben, da der Anführer der Zeloten in Masada 74 u. Z., Eleasar Ben Jair, ein Nachfahre des Judas war. Es mag einige starke ideologische Bande unter jenen, die gegen die Römerherrschaft kämpften, gegeben haben, aber das von Josephus gezeichnete Bild enthüllt eine recht breit fundierte Widerstandsanstrengung, nicht eine einzelne organisierte Gruppe. Zwischen den sich widersetzenden Fraktionen scheint es sogar, zumindest in den letzten Jahren des Aufstands, tiefe Gegensätze gegeben zu haben.

Was die Schriftrollen angeht, bleibt festzuhalten, dass diese „vierte Philosophenschule" über den Widerstand gegen Rom hinaus scheinbar keine besonderen Praktiken oder Überzeugungen entwickelte, weshalb es nicht einleuchtet, die Schriftrollen, die eindeutig besondere religiöse Sekten reflektieren, einer solchen Bewegung zuzuschreiben. Ob die Verfasser der Schriftrollen mit der vierten Philosophenschule oder den Zeloten sympathisiert hätten oder sich an dem Aufstand gegen Rom beteiligten, ist eine andere Frage. Es gibt, beispielsweise in der Kriegsrolle (1QM), reichlich Hinweise darauf, dass dies durchaus hätte der Fall sein können. Die Zerstörung Qumrans selbst durch einen militärischen Angriff und das Vorhandensein eines Textes zwischen den Ruinen von Masada, der gut zu Qumran gehören könnte, dürfen sicherlich als Belege dafür genommen werden, dass die Bewohner in dem Krieg gegen Rom aktiv waren. Die Hinterlegung eines Verzeichnisses der Verstecke des Tempelschatzes in Höhle 3 (die Kupferrolle) zeigt vielleicht sogar, dass die Bewohner Qumrans den Gruppen wohlgesinnt waren, die während des Aufstands die Kontrolle über den Tempel erlangt hatten.

Frühe Christen

Es mag sonderbar erscheinen, die „frühen Christen" als jüdische Sekte zu betrachten, aber die Apostelgeschichte des Lukas stellt die Anhänger Jesu sicherlich als solche dar. Sie waren nicht die einzige Gruppe, die einem Messias zujubelte, allein aß und das unmittelbare Kommen eines Königreichs Gottes proklamierte. Das Christentum in der Definition des Paulus, das ein Ende der Macht des jüdischen Gesetzes und der Ausschließlichkeit des Judentums verkündete und Jesus zum Quell der Befreiung von Sünde und Tod erklärte, war nicht das der Anhänger Jesu, die von Jakobus, dem Herrenbruder, angeführt wurden und bis zum Krieg mit Rom in Jerusalem saßen. Diese so genannte „Jerusalemer Urgemeinde" erwartete das Kommen Gottes und vielleicht die Rückkehr Jesu, während sie am jüdischen Gesetz festhielt.

Jesus und seine Jünger waren Juden, die glaubten, dass die heiligen Schriften die Zukunft weissagten und dass die Geschichte sich in ihrer Zeit erfüllen werde; dass der sich erneuernde Heilige Geist Gottes vielleicht dabei sei, sich über Israel zu ergießen, und dass die Juden bereuen und anerkennen müssten, dass Gott sich ihrer erbarme. Wahrscheinlich hielten die frühesten Christen ihren Gottesdienst im Tempel ab und lebten nach dem Gesetz Mose. Ihre Haltung gegenüber Rom ist unklar: Später, als die christliche Lehre sich unter den Nichtjuden im Reich verbreitete, sollten sie eine positive Einstellung zu Rom zeigen. Aber schließlich war Jesus nach römischem Recht als politischer Agitator gekreuzigt worden.

Sowohl die Ähnlichkeiten als auch die Unterschiede zwischen den frühen Christen und den Verfassern der Schriftrollen sind zahlreich. Der „Anweiser der Gerechtigkeit" aus einigen Schriftrollen scheint, zumindest anfangs, als messianische Gestalt gesehen worden zu sein; sowohl die Schriftrollen als auch das Neue Testament deuten die heiligen Schriften ähnlich und beide fanden einen Weg, als Mit-

tel zu persönlicher Heiligkeit und göttlicher Gunst ohne den Tempelkult auszukommen; die Ausführungen Jesu zur Scheidung gleichen jenen in der Damaskusschrift. Das Neue Testament benutzt den Ausdruck „Kinder des Lichts"; die Gestalt des Melchisedek als himmlischer Hohepriester wird in einem Text aus Höhle 11 und im Brief an die Hebräer benutzt; und sowohl Schriftrollen als auch Evangelien sind den Pharisäern feindlich gesinnt. Die oft als auffallendste Parallele angeführte Taufe ist wahrscheinlich irreführend. Die Schriftrollen sprechen nicht von einer Taufe der Bußfertigen und ihre Protagonisten verwendeten, wie die meisten Juden, Wasser für Zwecke ritueller Reinigung – für die Jesus selbst sich nicht interessiert zu haben scheint. Wesentlicher ist, dass die strenge Haltung der Schriftrollen zum mosaischen Gesetz und Gehorsam als einziger Weg zu göttlicher Gunst nicht mit der Lehre Jesu übereinzustimmen scheinen. Und die Sektierer-Rollen aus Qumran plädieren dafür, anderen Juden aus dem Weg zu gehen, ganz zu schweigen von den Sündern, an deren Gesellschaft Jesus festhielt.

Jesus wurde, wie auf dem diesem Bild von Piero della Francesca (ca. 1500) zu sehen ist, mit Wasser getauft. Aber die Rollenschreiber sprechen nur davon, dass Wasser für die rituelle Reinigung oder die Initiation verwendet wurde. Damit wird eine klare Unterscheidung zwischen den frühen Christen und den Verfassern der Schriftrollen getroffen.

Wenn auch Datierung und Herkunft der Qumran-Rollen recht klar geworden sind, bleiben mehrere unbeantwortete Fragen. Warum und wann wurden sie in Höhlen hinterlegt? Welche Beziehung besteht genau zwischen den Höhlen und den Ruinen von Qumran? Für viele Forscher liegen die Antworten auf der Hand: Die sektiererischen Bewohner Qumrans verbargen ihre Bibliothek in nahe gelegenen Höhlen, als ihre Siedlung zerstört zu werden drohte (siehe S. 178).

Wenn das so ist, warum wurden dann manche Schriftrollen, wie jene in Höhle 1, sorgfältig in Leinen eingeschlagen und in versiegelten Krügen deponiert, während der Inhalt von Höhle 4 auf Regalen gelagert worden zu sein scheint, weshalb wir diesen nur in Fragmenten vorfanden? Warum liegen einige der Schriftrollen-Höhlen – wie 3 und 11 – 2 km entfernt, obwohl es zahlreiche natürliche Höhlen in der Nähe der Siedlung und weitere Höhlen am Rande der Hochebene von Qumran gibt? Und warum findet sich bei einer Sammlung von Sektierer-Texten ein Verzeichnis der Verstecke des Tempelschatzes (die Kupferrolle aus Höhle 3)?

Ein weiteres Rätsel ist der Grad an Übereinstimmung zwischen dem Inhalt der Schriftrollen. Die Ansicht, dass nicht alle (vielleicht gar keine) Schriftrollen in Qumran geschrieben wurden, findet immer mehr Anklang, wenngleich die meisten Forscher trotzdem gelten lassen, dass sie den Bewohnern der Siedlung gehörten. In der Tat stößt man bei den Schriftrollen auf eine Reihe gemeinsamer Merkmale: Treue gegenüber einem Kalender von 364 Tagen statt der von den Tempel-Autoritäten der Zeit vertretenen 354; Kritik der religiösen Autoritäten und penible Beachtung der Reinheitsgebote; starkes Interesse an dem, was man für das unmittelbar bevorstehende Ende der gegenwärtigen Weltordnung hielt; und eine von den Namen und Funktionen himmlischer Wesen ausgehende Faszination. Gleichzeitig herrscht unter den Schriftrollen eine unbestrittene Vielfalt in anderen Fragen: Einige sind Ausdruck einer streng dualistischen Theologie, viele aber nicht; es gibt keine einzige Lehre eines Messias (und manchmal überhaupt keine Messias-Gestalt); und es werden mindestens zwei klar unterschiedene (wenngleich miteinander verbundene) sektiererische Organisationen beschrieben.

Jeder Wissenschaftler, der über den Ursprung der Schriftrollen theoretisiert, muss all diese Probleme im Auge behalten.

Die Kriegsrolle aus Höhle 1.

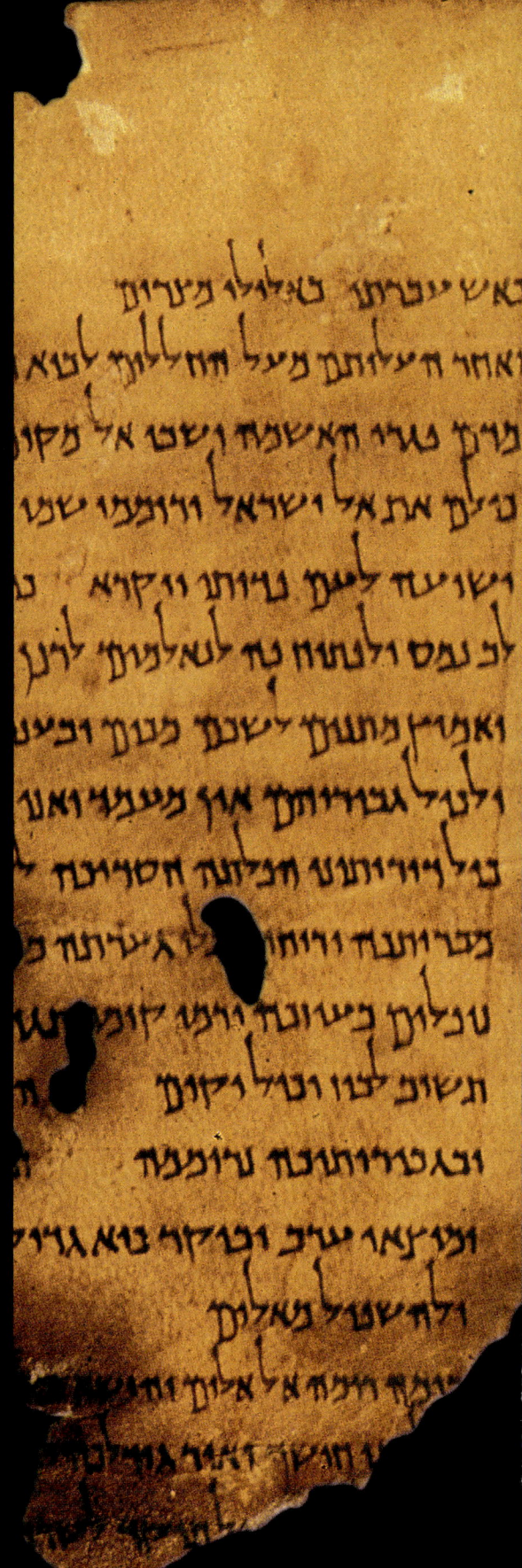

III. INNENANSICHT DER SCHRIFTROLLEN

Die Herstellung einer Schriftrolle

Im 1. oder 2. Jahrhundert u. Z. wurde das Buch erfunden. Es hieß Kodex und bestand aus Seiten, die in einem Band zusammengebunden waren. Diese Erfindung ermöglichte die Herstellung einer Bibel und man glaubt sogar, dass der Kodex besonders von Christen bevorzugt wurde, um mehrere Bücher der heiligen Schriften in einem einzigen kleinen Paket zu bündeln. Juden aber schrieben ihre heiligen Schriften bis zum Mittelalter weiter auf Schriftrollen, wie sie es in orthodoxen Kreisen für den liturgischen Gebrauch nach wie vor tun. Das Aufkommen von Papier und die Erfindung des Drucks revolutionierten die Herstellung von Lesestoff weiter und schenkten uns unser modernes Buch. Zuvor waren Bücher von Hand auf Pergament, das heißt auf enthaarte, gereinigte und gebleichte Tierhaut kopiert worden. Es ist das Material, auf das auch die große Mehrzahl der Qumran-Rollen geschrieben wurde, obwohl etwa 50 auf Papyrus erhalten geblieben sind, der aus Streifen von Schilf hergestellt wurde, die schichtweise zusammengeklebt wurden.

Die Länge einer Schriftrolle variierte; in manchen Fällen wurden die Rollen möglicherweise im Voraus für das jeweilige Werk, für das sie bestimmt waren, hergerichtet. Ob der Schreiber selber die Stücke zur gewünschten Länge zusammennähte, wissen wir nicht. Die längste biblische Qumran-Rolle mit dem Buch Jesaja (1QIsaᵃ) ist etwa 7,5 m lang. Die längste nichtbiblische Schriftrolle, die Tempelrolle, misst beinahe 9 m. Man hat spekuliert, dass eine andere, nur in Fragmenten erhaltene Rolle, die eine Paraphrase des Pentateuch enthält (4Q394–95), sogar 30 m lang gewesen sein könnte, falls das Werk tatsächlich auf eine einzige Rolle beschränkt war. Es wurde behauptet, die Bücher von Josua – 2. Könige – seien ebenfalls auf einer einzige Rolle geschrieben worden, deren Länge etwa 20 m betragen hätte.

Zur Herstellung einer so gewaltigen Zahl von Schriftrollen gehörten verschiedenste Fertigkeiten, Werkzeuge und Materialien. Zuerst mussten Schafe, Ziegen, Kühe oder Rotwild getötet und abgezogen werden. Die Häute wurden sodann gewaschen, eingeweicht und von jeglichem Fleisch und Haaren gereinigt (einige Fragmente tragen noch Borsten). Sollten die Häute gegerbt werden, wie es mit einigen Rollen-Fragmenten vielleicht geschah, mussten sie mit irgendwelchen pflanzlichen oder organischen Stoffen behandelt werden. Eine andere Methode umfasste das Glätten der Haut mit Alaun und die Bestäubung mit zermahlener Kreide. Dann musste die behandelte Haut durch Schlagen weich gemacht werden, damit sie geschmeidig wurde.

Rohrfedern wie diese und das wahrscheinlich in Qumran gefundene bronzene Tintenfass wurden von den Schreibern dort benutzt.

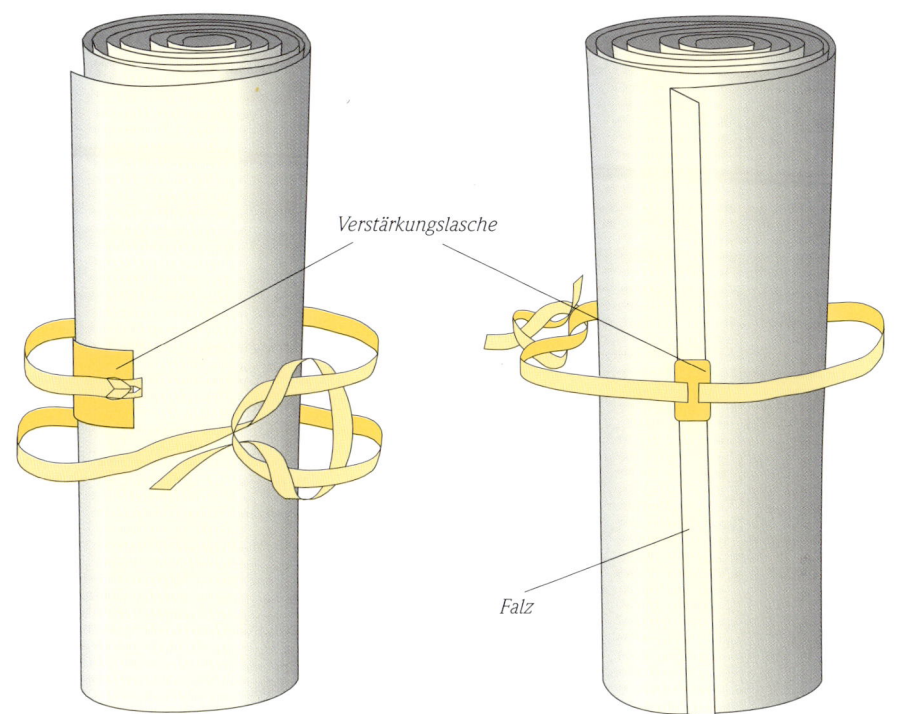

Verstärkungslasche

Falz

*(Links) Rekonstruktionen
fertiger Schriftrollen, die zwei
Typen von Laschen und Ver-
schlüssen zeigen.*

*(Unten) Teil von 4Q448, das
die angebrachte Originallasche
zeigt.*

Zu all diesen Arbeiten hätten Häute, Messer, Materialien für Reinigung und Enthaarung, Hämmer oder Fäustel, Messwerkzeuge, scharfe Instrumente, Federn, Tinte, Tintenfässer, Nadeln und Zwirn gehört. Im Falle von Papyrus brauchte man Nachschub an Papyrusrohr, Bimssteine und eine Art Kleister. Die Herstellung von Papyrus als Beschreibstoff erforderte das rechtwinklige Übereinanderlegen der aus dem Mark der Stängel von Papyrusstauden geschnittenen Streifen, die anschließend geklopft oder gehämmert wurden, das Polieren der getrockneten Blätter mit Bimsstein und das Zuschneiden auf Standardgröße. Nichts weniger als eine sehr erfahrene Heimindustrie war an der Herstellung der Schriftrollen beteiligt.

War der Behandlungsprozess beendet, wurde das Pergament in Blätter geschnitten und zusammengenäht, um eine Rolle zu ergeben. Gewöhnlich wurde an einem Ende, nämlich am Anfang des Textes, ein Griffblatt angebracht, das sich an der Außenseite befand. Dann war die Rolle bereit für den Schreiber. Er markierte zuerst durch Anzeichnen der Ränder die Breite der Kolumnen und zog dann die Linien. Größe und Verfügbarkeit von Pergament diktierten die Anzahl der Kolumnen auf einem Blatt, die Anzahl der Linien in einer Kolumne und die Größe der Ränder oben und unten sowie zwischen den Kolumnen.

Beschrieben wurden die Rollen mit einer Feder und Tinte, die aus einem auf Kohle basierenden Farbstoff gewonnen wurde. Niveau und Schreibstil variierten beträchtlich. Es wurde sowohl Formal- als auch Kursivschrift benutzt und einige Handschriften wurden sorgsam und ordentlich abgefasst, andere schludrig. Manche Schriftrollen wurden von einem weiteren Schreiber kor-

rigiert und die Schriftrollen der Gemeinschaftsordnung aus Höhle 1 wurden tatsächlich von zwei verschiedenen Personen geschrieben (die sich gegenseitig korrigierten).

Wie viel von diesem Prozess der Herrichtung und Beschriftung von Schriftrollen könnte sich in Qumran zugetragen haben? Lange glaubte man, die Bewohner von Qumran hätten das gesamte Verfahren ausgeführt. Das nahe gelegene En Feschcha umfasste ein paar Einrichtungen, die der Ausgräber Roland de Vaux als Gerberei deutete. In jüngerer Zeit meinte Hartmut Stegemann, Qumran selber sei von vornherein als Buchproduktionszentrum angelegt worden. Beide Vermutungen sind spekulativ. Viele Forscher glauben weiterhin, dass einige oder alle Schriftrollen zumindest in Qumran geschrieben wurden, in einem als „Skriptorium" identifizierten Raum, und selbst wenn diese Bestimmung unsicher ist, zeigen die drei oder vier aus den Ruinen geborgenen Tintenfässer, dass in der Siedlung geschrieben wurde, zu welchen Zwecken auch immer. Aber die Vielfalt der Schreibstile und -inhalte deutet auf eine Vielfalt von Ursprüngen hin und die Behauptung, 95 Prozent der Qumran-Rollen seien von verschiedenen Leuten geschrieben worden, macht es, wenn sie zutrifft, unwahrscheinlich, dass sie alle aus einer kleinen Gemeinschaft wie Qumran stammen, wo man hätte erwarten können, auf mehrere Handschriften, die jeweils von demselben Schreiber geschrieben wurden, und auf eine größere Einheitlichkeit der Schreibstile zu stoßen.

Schriften und Schreibstile

Der Papyrus Nash ermöglichte John Trever, das hohe Alter der Jesaja-Rolle einzuschätzen.

Die Erforschung althebräischer und aramäischer Schriften steckte noch in den Kinderschuhen, als Höhle 1 entdeckt wurde. Eleazar Sukenik, der erste Herausgeber der Loblieder, erkannte die Ähnlichkeit der Qumran-Schriften mit den Begräbnisinschriften des 1. Jahrhunderts u. Z., die er in und um Jerusalem dokumentiert hatte. John Trever, der am amerikanischen Orientalistik-Institut die lange Jesaja-Rolle untersucht hatte, vermutete gleichfalls eine alte Schrift und dachte an den Papyrus Nash. Der Papyrus Nash, der die Zehn Gebote und das *Schema* (Deuteronomium 6,4) enthält, war von William F. Albright auf die Zeit der Makkabäer datiert worden (2. Jahrhundert v. u. Z.). Folglich war die Schrift auf den Rollen noch bis in die 1950er Jahre auf die Zeit zwischen dem 2. Jahrhundert v. u. Z. und dem 1. Jahrhundert u. Z. datiert worden, was Schlussfolgerungen aus externen Quellen und interne Hinweise untermauerten.

Qumran-Paläographen, deren einflussreichster Frank M. Cross, Jr. ist, behaupteten, Handschriften sehr präzise auf Grundlage ihrer Schrift datieren zu können, und ordneten sie in einen Zeitraum ein, der vom 4. Jahrhundert v. u. Z. bis zum 1. Jahrhundert u. Z. reicht. Zu den externen Vergleichsstücken zählen die im 5. Jahrhundert v. u. Z. in Schreibschrift auf Aramäisch geschriebenen Papyri aus Elephantine und die Papyri von Edfu aus dem 3. Jahrhundert v. u. Z. Am anderen Ende rangieren in Masada und Wadi Murabba'at entdeckte Fragmente, die recht genau datierbar sind. Ein Brief aus Murabba'at ist auf das zweite Jahr Neros (55/56 u. Z.) datiert und ein Brief des jüdischen Rebellenführers Bar Kochba auf 134 u. Z. Die Datierung des Papyrus Nash auf 150 v. u. Z. ist ein weiterer Schlüssel. Aber man legte auch Wert auf die Typologien von Qumran-Schriften, die in ein einheitliches Entwicklungsschema umgewandelt wurden, das Cross in eine übersichtliche chronologische Folge übersetzte, die ihn veranlasste, jedes Dokument auf 25 Jahre genau zu datieren.

Wonach suchen Cross und andere Paläographen? Vor allem geht es ihnen um Veränderungen im physischen Erscheinungsbild von Buchstaben des Alphabets: Variation in a) Größe oder Stand, b) Rundheit oder Eckigkeit (Windung, Neigung), c) Länge von Endstrichen, d) Länge von Hauptstrichen, e) Zeilengenauigkeit, f) Ligaturen und g) Schnörkel. Im Allgemeinen definieren solche Merkmale eine Schrift als zur archaischen, hasmonäischen oder herodianischen Zeit gehörig (Typ) und als formell, halbformell oder kursiv (Stil). Die archaische Schrift ist durch breite, kompakte Buchstaben, variierende Buchstabengrößen und eine, wenn überhaupt leichte Unterscheidung żwischen Mittel- und Endform bestimmter Buchstaben charakterisiert. Sie ähnelt stark den aramäischen Schriften auf den Papyri aus Elephantine (5. Jahrhundert

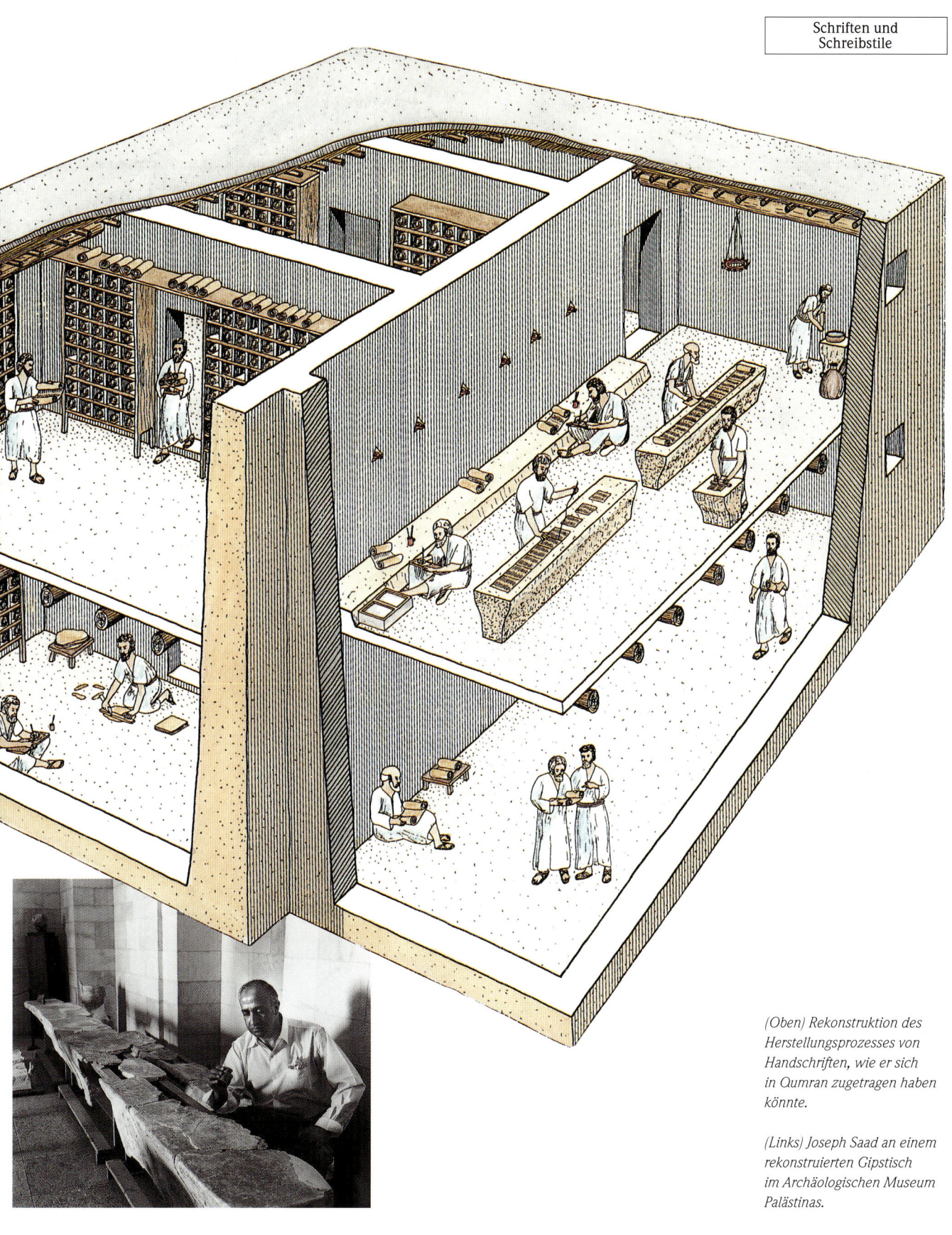

(Oben) Rekonstruktion des
Herstellungsprozesses von
Handschriften, wie er sich
in Qumran zugetragen haben
könnte.

(Links) Joseph Saad an einem
rekonstruierten Gipstisch
im Archäologischen Museum
Palästinas.

69

Paläographie der Schriftrollen vom Toten Meer

Die Paläographie ist die Erforschung alter Schriften. Im Falle der Qumran-Rollen dient die Paläographie der Klassifizierung der verschiedenen Arten handschriftlicher Stile, obwohl sie auch Handschriften bestimmen kann, die vom selben Schreiber angefertigt wurden.

Aus seinem Studium der Schriftrollen und anderer Texte aus der Zeit des Zweiten Tempels (6. Jahrhundert v. u. Z.–1. Jahrhundert u. Z.) entwickelte Frank M. Cross eine Typologie hebräischer Qumran-Schriften, der viele, wenn nicht die meisten Qumran-Herausgeber folgen:

archaisch	ca. 250–150 v. u. Z. (die meisten biblischen Texte)
hasmonäisch	ca. 150–50 v. u. Z.
herodianisch	ca. 50 v. u. Z.–70 u. Z. (Diese Periode geht weit über die Herrschaft Herodes' des Großen hinaus, umfasst aber seine Dynastie bis zu Herodes Agrippa II.)

Weil Buchstabenformen sich ständig entwickeln, ist es möglich, genauer zu sein, beispielsweise durch Zuordnung von Texten zum Früh- oder Späthasmonäischen oder -herodianischen oder gar zu einem Übergangs-Hasmonäisch-Herodianischen. Innerhalb der hasmonäischen und herodianischen Schriften kann man außerdem zwischen formell, halbformell und kursiv unterscheiden.

Doch das Hauptproblem mit dem Cross'schen System zeigt sich bereits in diesen Bezeichnungen, weil Cross glaubt, typologische Unterschiede ließen sich präzise in Daten umwandeln – so präzise, dass er und seine Anhänger meinen, sie könnten jede Handschrift auf der Basis ihrer Schrift auf 25 Jahre genau bestimmen. Diese Sichtweise impliziert, dass ein Schreiber während eines 30- oder 40-jährigen Berufslebens seine eigene Schrift ständig veränderte. Außerdem setzt sie voraus, dass alle Schreiber derselben Schule (in Qumran) angehörten und ihnen beigebracht wurde, auf dieselbe Art zu schreiben.

Zwar ist Cross' Typologie ausgezeichnet, aber sie liefert keineswegs automatisch die Chronologie. Der Spielraum bei der Datierung muss mindestens 25 Jahre *in jede Richtung* (die Lebenszeit eines Schreibers) betragen. Neueste C-14-(AMS-) Datierungen, die Cross' Datierungen stützen sollen, untermauern tatsächlich nicht die Präzision, die er beansprucht, obwohl diese Datierungsmethode nicht genau genug ist, um die Sache zu entscheiden.

Wie untersuchen Paläographen Schriften? Die Analyse basiert größtenteils auf der Form einzelner Buchstaben. Zu den Merkmalen dieser Buchstaben zählen „Arme", „Dächer", Grundstriche, Hauptstriche, Winkel, Rundungen, Anzahl der Striche, Endstriche, Position eines Querbalkens, Serifen und Liga-

1	2	3	4	
				Alef
				Bet
				Gimel
				Dalet
				He
				Waw
				Sajin
				Chet
				Tet
				Jod
				Kaf
				End-Kaf
				Lamed
				Mem
				End-Mem
				Nun
				End-Nun
				Samech
				Ajin
				Pe
				End-Pe (Fe)
				Zade
				End-Zade
				Kof
				Resch
				Schin
				Taw

turen. Diese Merkmale können konvex, konkav, lang, kurz, gerundet, geschwungen, gebogen, offen, geschlossen und dreieckig sein. Ada Yardeni, vielleicht die führende israelische Paläographin, weist darauf hin, dass Schreiber regelmäßig innerhalb einer einzelnen Handschrift unterschiedliche Ausführungen eines einzigen Buchstaben verwendeten.

Zusätzlich kann man feststellen, ob eine Schrift gerade ist oder sich nach rechts oder links neigt, kann die Größe, Breite und die Länge bestimmter Buchstabenformen erkennen. Die groben Klassifizierungen formell, kursiv, gemischt, halbkursiv und gerundet ermöglichen Forschern auch, generell unterschiedliche Stile zu erkennen.

Yardeni untersuchte eine Reihe von Handschriften, die Cross nicht in Betracht gezogen hatte, darunter die sechs Handschriften der Damaskusschrift aus Höhle 4. Sie klassifiziert 4Q271 als „früh- oder spätherodianisch", wobei 4Q266 ungefähr so alt sei wie 4Q271 und andere, ebenfalls als „herodianisch" bestimmte Handschriften. 4Q268, eine großartig ausgeführte Schrift, heißt einfach „kalligraphisch-herodianisch". Doch bestimmt Yardeni eine Handschrift auch als „spätes 1. Jahrhundert v. u. Z." und datiert eine andere auf die erste Hälfte des 1. Jahrhunderts u. Z., womit sie verwirrenderweise eine typologische gegen eine chronologische Klassifizierung austauscht.

Wie gelangt ein Paläograph von der Untersuchung eines individuellen Schreibstils zu einer relativen Datierung? Manche Handschriften sind sehr viel ordentlicher geschrieben als andere und manche Schreiber sind konservativer in ihren Gewohnheiten. Zwei zeitgenössische Schreiber könnten, vor allem wenn sie in verschiedenen Gemeinschaften arbeiten, verschiedene Schriften verwenden.

Ein klares Beispiel dafür, wie unterschiedlich Paläographen Dinge sehen, ist der Fall eines Ende der 1990er Jahre in Khirbet Qumran gefundenen Ostrakon. Cross und Esther Eshel bezeichneten ihn als „spätherodianisch" und deuten eine einzige Zeile als Verweis auf die Gemeinschaft *(Jahad)* in Qumran. Ada Yardeni deutet ihn jedoch als „frühherodianisch" und behauptete, er beziehe sich auf Baumarten (siehe S. 186). Die paläographische Analyse ist wissenschaftlich und auch hilfreich – solange sie nicht mehr vorgibt, als sie einlösen kann.

Das Schaubild zeigt folgende typische Buchstabenformen:

1 althebräisch
2 hasmonäisch (125–50 v. u. Z.)
3 herodianisch (50 v. u. Z.–70 u. Z.)
4 mittelalterlich

v. u. Z.) und Edfu (3. Jahrhundert v. u. Z.), beide aus Ägypten. Die früheste formelle archaische Handschrift unter den Schriftrollen repräsentieren die biblischen Handschriften: 4QSam[b] datiert aus dem späten 3. Jahrhundert v. u. Z., 4QJer[a] ist ein wenig jünger und 4QExod[f] stammt aus dem späten 3. oder frühen 2. Jahrhundert v. u. Z. Aus dem zweiten Viertel des 2. Jahrhunderts sind 4QQoh[a] und 4QDeut[a]. Es gibt keine nichtbiblischen Handschriften, die paläographisch dem 3. Jahrhundert v. u. Z. zugeordnet wurden.

In Schriften, die als hasmonäisch bestimmt wurden, sieht Cross eine Tendenz zu Einheitlichkeit in der Größe und Eigenart in der Form. In herodianischer Zeit sind die Lettern gleichmäßig geworden. Es gibt ein Gefühl für eine Schriftlinie und man verwendete Ligaturen und (zur Verzierung) Serifen. Diese Buchstaben sind vielleicht am leichtesten zu identifizieren. Die früheste herodianische formelle Handschrift ist die von 1QM und die späteste 4QDeut[j], 4QDan[b] und 4QPsalms[s]?, die Cross mit den Schriften biblischer Handschriften in Murabba'at vergleicht.

Nach der Typologie von Cross beginnen sektiererische Werke in der Zeit der Hasmonäer. Die ältesten Handschriften der Gemeinschaftsordnung datieren, ebenso wie die Fragmente der Damaskusschrift, aus der mittleren oder späten Zeit der Hasmonäer. Die Mehrzahl der Handschriften ist jedoch eindeutig herodianisch, bei-

Der in „althebräischer" Schrift geschriebene „Geser-Kalender" ist eine der frühesten in Palästina entdeckten Inschriften (10. Jahrhundert v. u. Z.). Durch den Vergleich datierter Inschriften können Paläographen eine Geschichte von Schreibstilen konstruieren und diese Übersicht kann ihrerseits helfen, ansonsten undatierbare Texte zu datieren.

spielsweise die biblischen Kommentare (oder *pescharim*) und die Kriegsrolle (1QM). Eine Handschrift der Sabbat-opfer-Gesänge ist spätherodianisch. Aber einige der zuletzt beschriebenen Schriftrollen sind wieder Bücher der Bibel – 4QDeutʲ, 4QDanᵇ, 4QPsalms? und 11QPs.

Schließlich wurden mehrere Handschriften in archaisierender althebräischer Schrift geschrieben. Dieses uralte Alphabet, das in der Perserzeit durch die heute vertraute „Quadratschrift" ersetzt wurde, erfuhr auf hasmonäischen jüdischen Münzen eine Wiederbelebung, vielleicht um im letzten Zeitalter politischer Unabhängigkeit die judäischen Monarchen des Altertums zurückzurufen. Jedenfalls wurde diese Schrift sowohl für einige wenige biblische Handschriften in Qumran als auch teilweise für einen Horoskop-Text (4Q186) verwendet. In einigen Texten, die sich der „Quadratschrift" bedienen, sind die göttlichen Namen Jahwe und El in archaischen Lettern geschrieben.

Aber können Qumran-Handschriften, wie Paläographen behaupten, akkurat auf 50 Jahre genau datiert werden? An die Stelle der Starrheit und Gewissheit Carrs und seiner Schüler tritt inzwischen eine flexiblere Haltung. Ganz abgesehen davon, ob ein einziger Schreiber während einer 30-jährigen (oder längeren) Laufbahn ständig seine Schrift änderte (oder einem Schüler einen neueren

Stil als seinen eigenen beibrächte), ist für die Frage entscheidend, ob alle Schriftrollen in Qumran innerhalb einer einzigen Schreibschule oder -tradition geschrieben wurden. Wenn nicht, lässt sich eine erkennbare Schriftentwicklung feststellen?

Bei der Bestimmung der Handschrift einzelner Schreiber hat die Paläographie ein paar brauchbare Resultate erzielt. Die Herausgeber der Texte aus Höhle 4, die an lange Stunden des Brütens über diesen Schriftrollen gewöhnt waren, entwickelten eine Fähigkeit, bestimmte individuelle Handschriften zu identifizieren. Obwohl niemals so zuverlässig wie die typologische Analyse, deutet diese Methode immerhin an, dass nur äußerst wenige Qumran-Rollen ein und demselben Schreiber zugeordnet werden können. (Die Gemeinschaftsordnung und die Testimonia gehören dazu; siehe S. 130.) Dieser Schluss impliziert, dass die 800 Qumran-Handschriften von einer großen Anzahl Schreiber geschrieben wurden – vielleicht sogar von 750! Wenn diese Folgerung stimmt, ist die Wahrscheinlichkeit, dass all diese Texte in der recht kleinen Gemeinschaft in Qumran produziert wurden, gering. Die gegenwärtige Forschung ist sich deshalb, obschon sie das Prinzip einer Typologie von Schriften akzeptiert, hinsichtlich der genauen Chronologie zu Recht weniger sicher, als sie es einst war.

Heutiger jüdischer Schreiber bei der Arbeit an einer Thora-Rolle.

Die Schreibweise
in den Schriftrollen

Da das Hebräische keine richtigen Vokal-Buchstaben kennt, wurden als Lektürehilfen, um sie anzuzeigen, manchmal Konsonanten verwendet. Der Fachausdruck für diese Buchstaben lautet *matres lectionis* (wörtlich „Mütter des Lesens") und die gebräuchlichsten sind *w* (Waw) und *j* (Jod) zum Anzeigen von o/u bzw. i. Der Buchstabe *h* (He) und der Knacklaut (Alef, in der Transliteration durch ' dargestellt) wurden auch benutzt, um einen „a"-Vokal anzuzeigen. Einige Qumran-Handschriften zeigen den Gebrauch einer „vollen" („plene") Schreibweise, während andere die „defektive" (wenige *matres lectionis*) Konvention beibehalten (die sich auch im traditionellen hebräischen Bibeltext findet). Die „Plene"-Schreibweise wird unter anderem für die großen „Sektierer"-Schriftrollen verwendet, wie die Gemeinschaftsordnung (1QS), die Kriegsrolle (1QM), Hodayot/ Loblieder (1QH) und *pescharim*, und Emanuel Tov meinte, eine bestimmte Art der „Plene"-Orthographie sei charakteristisch für eine Qumran-„Schreibschule". Sie findet sich aber auch in einigen biblischen Handschriften. Ungeachtet dessen liefern die Unterschiede in der Schreibweise ein starkes Argument, dass die Schriftrollen nicht alle von demselben Ort stammen.

Zu den geläufigen und typischen Fällen einer Qumran-„Plene"-Schreibweise zählen *kwl* für *kl* („alle"); *hw'h* und *hy'h* für *hw'* und *hy'* („er" und „sie") und *ky'* für *ky* („das"). Seltsamerweise scheinen hinzugefügte *matres lectionis* manchmal keine Hinweise auf die gebräuchliche Aussprache zu liefern, sondern für eine archaische Aussprache zu stehen, die die Schreiber (häufig zu Unrecht) voraussetzten.

Es gibt keine befriedigende Erklärung für diese Praxis. So etwas wie ein Wörterbuch mit der „offiziellen" Schreibweise gab es nicht und vollere Schreibweisen – wenngleich nicht so voll wie in Qumran üblich – waren zu dieser Zeit im Allgemeinen verbreiteter (z. B. in der rabbinischen Literatur). In den Schriftrollen wurden solche Buchstaben kaum in der Absicht verwendet, die Aussprache zu erleichtern, da die Schreiber vermutlich völlig vertraut mit dem biblischen Hebräisch waren.

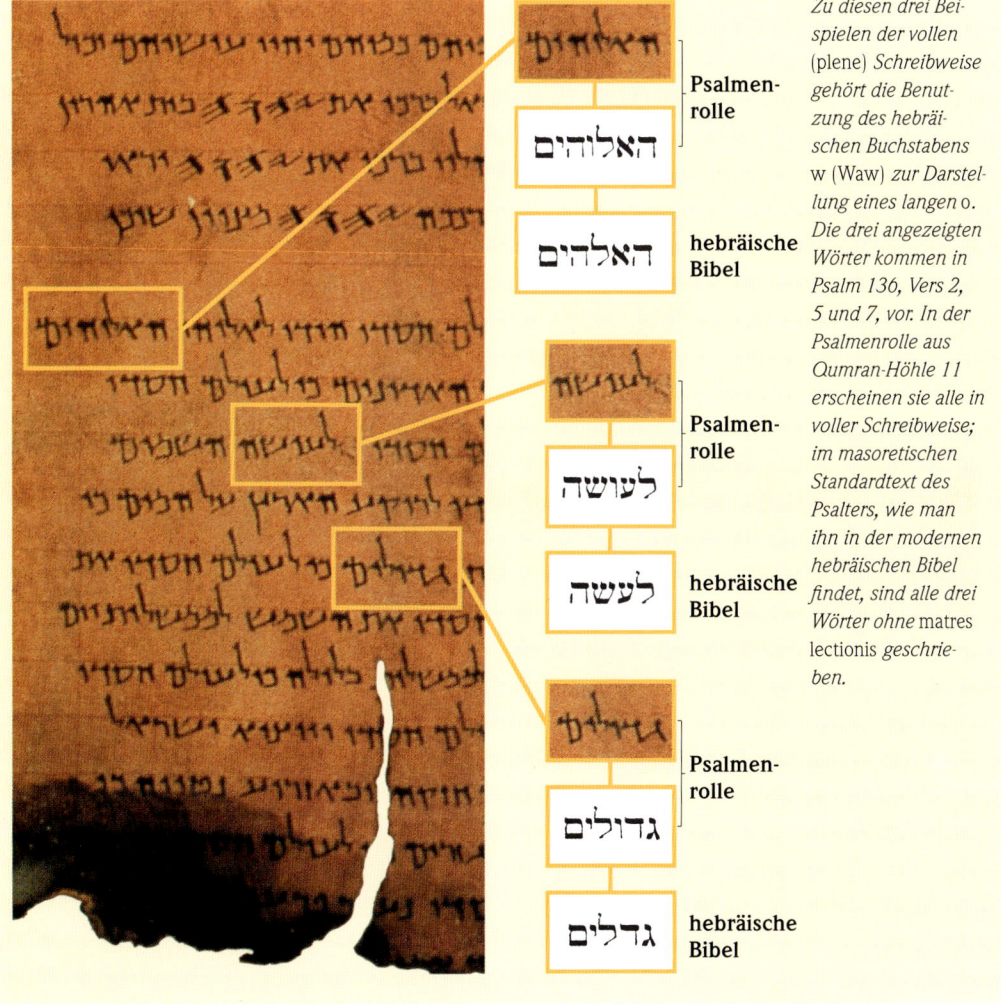

Zu diesen drei Beispielen der vollen (plene) Schreibweise gehört die Benutzung des hebräischen Buchstabens w (Waw) zur Darstellung eines langen o. Die drei angezeigten Wörter kommen in Psalm 136, Vers 2, 5 und 7, vor. In der Psalmenrolle aus Qumran-Höhle 11 erscheinen sie alle in voller Schreibweise; im masoretischen Standardtext des Psalters, wie man ihn in der modernen hebräischen Bibel findet, sind alle drei Wörter ohne matres lectionis geschrieben.

Psalmen- rolle

hebräische Bibel

Psalmen- rolle

hebräische Bibel

Psalmen- rolle

hebräische Bibel

73

C-14-Datierung

Neueste C-14-(AMS-)Tests mit dem Pergament ausgewählter Schriftrollen vom Toten Meer wurden als Bestätigung anerkannter paläographischer Datierungen interpretiert. Bei großen Zeiträumen stimmt das weitgehend. Aber AMS kann diese Materialien nicht auf einen Bereich von 50 Jahren eingrenzen, noch viel weniger auf Viertel- oder Dritteljahrhunderte oder gar auf ein spezielles Jahr, beispielsweise „ca. 50 v. u. Z.", wie es auf Grundlage der Paläographie manchmal geschieht. C-14-(AMS-)Anwender sprechen von einem auf Wahrscheinlichkeit beruhenden Bereich. Beispielsweise könne ein bestimmtes Pergament mit 68-prozentiger Wahrscheinlichkeit auf etwa ein Jahrhundert genau datiert werden. Wird die Wahrscheinlichkeit auf 95 Prozent erhöht, überschreitet der Zeitabschnitt ein Jahrhundert. Überdies bleibt die Möglichkeit eines seltenen „Ausreißer"-Ergebnisses, wie in Fällen, wo das Material verunreinigt wurde. Es sei noch einmal daran erinnert, dass C-14 (AMS) das Material datiert, nicht den Text. In den meisten Fällen können wir davon ausgehen, dass die Rolle beschrieben wurde, kurz nachdem die Tiere, die die Haut lieferten, getötet worden waren. Aber das muss nicht immer so sein. Schließlich wurde von den Tausenden von Qumran-Fragmenten nur eine relativ kleine Anzahl Proben in verschiedenen Laboratorien analysiert. Obwohl die C-14-Analyse in den letzten Jahren natürlich verfeinert wurde, ist unwahrscheinlich, dass sie uns jemals Daten liefern kann, die so präzise sind, wie wir sie für alle Schriftrollen, die so alt sind wie diese, gern hätten. Sicher kann sie (bei Ausschluss des gelegentlich stark schwankenden Ergebnisses) das Urteil der Paläographie im Großen und Ganzen bestätigen, wenn auch nicht die sehr präzisen paläographischen Daten, die manchmal angeführt werden.

C-14-Datierungstabelle			
Bezeichnung der Schriftrolle	Proben- anzahl	Kalibrierte(r) Altersbereich(e)	Paläographisches o. spezifiziertes Alter
Letzte Worte Kehats	4	388–353 v. u. Z. 295–220 v. u. Z.	100–75 v. u. Z.
Überarbeiteter Pentateuch	3	339–324 v. u. Z. 209–117 v. u. Z.	125–100 v. u. Z.
Buch Jesaja	4	335–327 v. u. Z. 202–107 v. u. Z.	125–100 v. u. Z.
Worte Levis	5	191–155 v. u. Z. 146–120 v. u. Z.	spätes 2. Jh. bis frühes 1. Jh. v. u. Z.
Buch Samuel	2	192–63 v. u. Z.	100–75 v. u. Z.
Tempelrolle	5	97 v. u. Z.–1 u. Z.	spätes 1. Jh. v. u. Z. bis frühes 1. Jh. u. Z.
Genesis-Apokryphon	4	73 v. u. Z.–14 u. Z.	spätes 1. Jh. v. u. Z. bis frühes 1. Jh. u. Z.
Loblieder	5	21 v. u. Z.–61 u. Z.	50 v. u. Z.–70 u. Z.

Anlage einer alten Schriftrolle

Yigael Yardin, der stets auf die äußere Anlage der Schriftrolle achtete, die er gerade untersuchte, stellte Beobachtungen über die Anzahl der Textkolumnen auf jedem ledernen Blatt und die Größe der Blätter und Kolumnen an. Die noch vorhandenen Abschnitte der Kriegsrolle (1QM, siehe Schaubild) umfassten 19 oder 20 Kolumnen. Diese verteilten sich recht ungleichmäßig auf fünf Blätter. Blatt 1 hatte vier Kolumnen, Blatt 2 sechs, Blatt 3 fünf, Blatt 4 drei und Blatt 5 eine, vielleicht zwei. Ein Blatt in der Tempelrolle enthielt typischerweise drei oder vier Textkolumnen, mit Ausnahme des ersten Blattes, das fünf Kolumnen hatte, und des letzten, das mit einer Kolumne unvollständig, aber so groß war, als habe es vieren Platz geboten.

Yadin führte eine talmudische Schreibtradition an, die die Minimal- und Maximalzahl von Kolumnen pro Blatt festsetzt: „Kein Blatt sollte weniger als drei Kolumnen und mehr als acht haben" (aus dem talmudischen Traktat *Soferim* 2,10). Kriegsrolle und Tempelrolle entsprechen eindeutig dieser Anforderung.

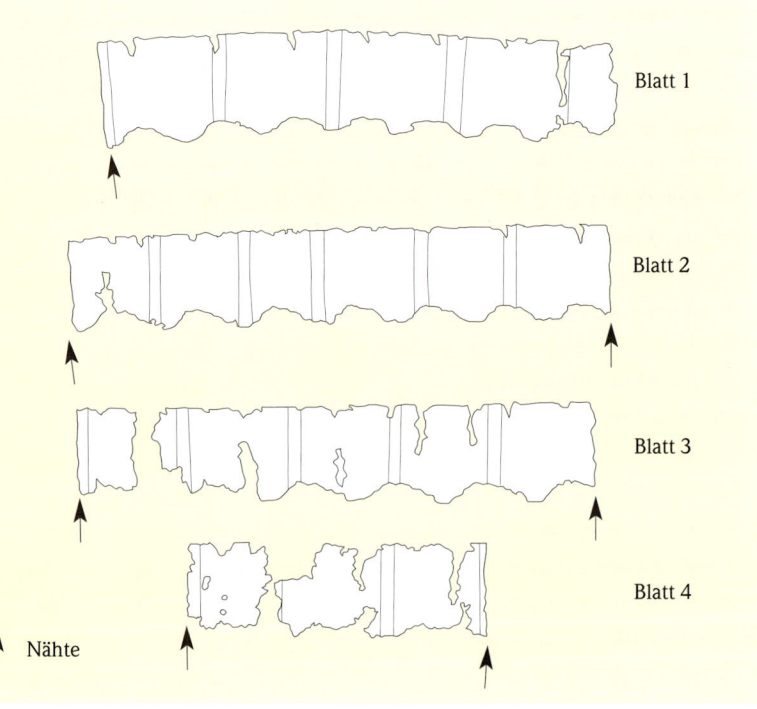

Blatt 1

Blatt 2

Blatt 3

Blatt 4

Nähte

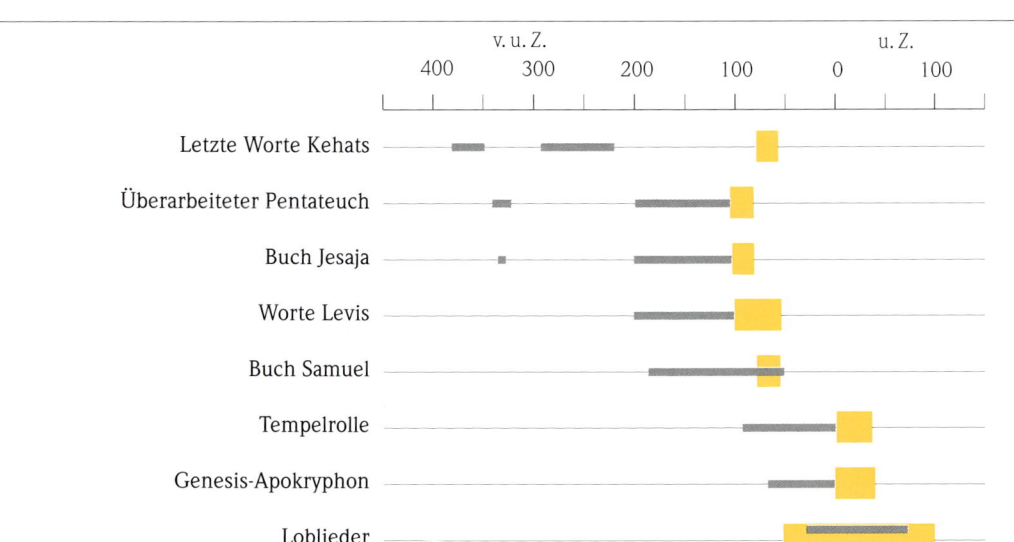

v. u. Z. — u. Z.
400 300 200 100 0 100

- Letzte Worte Kehats
- Überarbeiteter Pentateuch
- Buch Jesaja
- Worte Levis
- Buch Samuel
- Tempelrolle
- Genesis-Apokryphon
- Loblieder

▬▬ Durch C-14-Datierung bestimmter Zeitraum

▮ Durch paläographische Datierung bestimmter Zeitraum

Dieses Schaubild vergleicht die durch C-14-Datierung ermittelten Daten mit denen der Paläographen.

Rekonstruktion einer Handschrift aus Fragmenten

Wie rekonstruiert man ein Dokument aus Fragmenten verschiedener Handschriften dieses Dokuments – wenn man nicht einmal weiß, worum es in diesem Dokument geht? Zuerst muss man die Fragmente identifizieren, die zur selben Handschrift gehören, wobei man Schrift und Handschrift, Farbe und Zustand des Leders und ähnliche Beschädigungsmuster als Hinweise nimmt. Verschiedene Handschriften desselben Dokuments müssen dann von der Ähnlichkeit ihres Inhalts her bestimmt werden. In einigen glücklichen Fällen (wie dem unten gezeigten) liegen Fragmente derselben Handschrift in mehr oder weniger derselben Position übereinander wie zu der Zeit, als die Schriftrolle noch unversehrt war.

Um das Originaldokument zu rekonstruieren, muss man als Nächstes die Fragmente mehrerer Handschriften in der richtigen Ordnung zusammensetzen und daraus einen Text bauen. Stücke des Textes, die sich in verschiedenen Handschriften überlappen, können wertvolle Hinweise liefern.

Carol Newsom standen insgesamt acht Handschriften der Sabbatopfer-Gesänge zur Verfügung: sechs aus Höhle 4, eine aus Höhle 11 und eine aus Masada. Die Abbildung unten zeigt, wie Newsom einen Teil einer dieser Handschriften, 4Q405, zusammensetzte. Die Ränder der Kolumnen bilden hierbei die Ausgangspunkte, etwa so wie die Eckstücke bei einem Puzzle; dann werden entsprechend dem Sinn des Textes weitere Stücke eingefügt. Zu sehen sind hier, von links nach rechts, die Kolumnen 14–17 und die hier von 4Q405 verwendeten Fragmente sind die mit 8–16 nummerierten.

Aus der vollständigen Rekonstruktion des Dokuments ersah Newsom, dass Kol. 14 mit der Eröffnung des achten Sabbatliedes beginnt, während Kol. 17 mit geringerer Gewissheit vermutlich irgendwo in Lied 10 endet.

Die Rekonstruktion einer Schriftrolle

„... die Belohnung ist, statt einer Liste hypothetischer Vermutungen, eine akkurate, methodisch gut abgesicherte neue Ausgabe eines der Fachwelt zuvor unbekannten Textes." (Hartmut Stegemann)

Während der 1950er Jahre trafen Tausende durcheinander geratener Fragmente, die in den Qumran-Höhlen, besonders Höhle 4, entdeckt worden waren, im Rockefeller Museum ein. Das Herausgeberteam sortierte sie, indem nach Ähnlichkeiten bei physischen Merkmalen des Leders oder des Papyrus, wie Dicke und Färbung, und bei der Handschrift gesucht wurde. Dann wurden die Fragmente, von denen man glaubte, sie gehörten zur selben Originalhandschrift, für die Veröffentlichung in der offiziellen Ausgabe zusammen angeordnet. Aber große Abschnitte der Handschriften waren bereits zerstört und wo die Fragmente winzig waren (in der Mehrzahl der Fälle), war es unmöglich, sie in der richtigen Ordnung zu platzieren – soweit der Inhalt nicht zu einem schon bekannten Werk gehörte (z. B. einem Buch der Bibel). In Dutzenden von Fällen konnte das ursprüngliche Werk nicht mehr rekonstruiert werden.

Im Jahr 1963 schrieb Hartmut Stegemann an der Universität Heidelberg eine Doktorarbeit über die Hymnenrolle (Loblieder) (1QH^a) mit ihren vielen kleinen Fragmenten. Wie frühere Herausgeber sammelte Stegemann zuerst die Fragmente nach Material, Schrift und Inhalt. Dann aber prüfte er die *Form* der Fragmente und, soweit er welche finden konnte, Stücke von Rändern, Kolumnenränder und Leerzeilen oder -räume. Durch den Vergleich all dieser Daten schätzte er Höhe und Breite der Kolumne ein. Das Genialste an Stegemanns Ansatz jedoch war sein sorgsames Augenmerk auf das *Schadensmuster* von Fragmenten. Viele alte Schriftrollen waren durch Feuchtigkeit, die durch eine Schicht nach der anderen drang, oder durch Insekten, die sich in Teile einer Rolle hineinfraßen, stark beschädigt worden. Diese Zerstörung taucht in der auseinander gelegten Schriftrolle als regelmäßiges Muster auf, das gegen Ende (Mitte) der Rolle abnimmt. Also wurden Fragmente, auf denen sich irgendein erkennbarer Teil des Schadensmusters erhalten hatte, auf einer horizontalen Achse angeordnet. Durch den Vergleich des Ausmaßes des Schadensmusters war es dann möglich herauszufinden, welches Fragment der Außenseite der Schriftrolle näher war und folglich früher oder später in dem Werk kam, je nachdem, ob eine Schriftrolle mit ihrem Anfang an der Innen- oder Außenseite aufgerollt worden war.

Fast zwei Jahrzehnte, nachdem Stegemann seine Rekonstruktionsmethode erstmals angewendet hatte, teilte er sie Carol Newsom mit, der die Herausgabe der später in „Songs of the Sabbath Sacrifice" umbenannten Engelliturgie (4Q400–05) übertragen worden war. Ungefähr 100 Fragmente einer einzigen Handschrift (4Q405) wurden mit Hilfe Stegemanns Rat zusammengesetzt, um 14 Kolumnen des Originals zu rekonstruieren. Die physische Rekonstruktion konnte dann anhand der literarischen Merkmale der Lieder selbst bestätigt werden, da sie 13 aufeinander folgenden Sabbaten zugeordnet sind. Eileen Schuller benutzte Stegemanns Methode bei der Herausgabe der nichtkanonischen Psalmen ebenfalls und stellte aus den 79 Fragmenten sechs Kolumnen her. Stegemann glaubt, 4Q511, die Bittgesänge der Weisen, erfolgreich rekonstruiert zu haben, wobei ihm verwendete Einleitungs- und Schlussformeln halfen.

Doch es gibt Fallstricke für übertrieben ehrgeizige Materialrekonstruktionen. Fragmente mögen thematisch und semantisch kompatibel erscheinen, sich aber in der Schrift unterscheiden. Außerdem kann es zu falschen äußeren Anschlüssen kommen, wenn die Abstände zwischen Zeilen, die Zeilenlängen und Buchstabenhöhen nicht sehr genau berechnet werden. Auch hier zielt man auf größere Genauigkeit durch Berechnung der Durchschnittsbreiten einzelner Buchstaben und Buchstaben-Zwischenräume in einer bestimmten Handschrift.

Emile Puech veranschaulicht den Wert von Schadensmustern für seine Rekonstruktion der Loblieder (1QH^a), die Stegemanns Hauptfolgerungen unabhängig bestätigte.

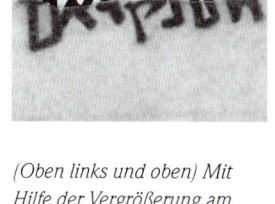

Eine weitere Komplikation besteht in der Kombination der Fragmente mehrerer Handschriften desselben Werkes zu einem einzigen Text. Oft funktioniert das ganz gut, aber häufig enthalten verschiedene Handschriften verschiedene Ausgaben dieses Werkes und sie zu kombinieren, kann zu einem völlig falschen Ergebnis führen. Um Einige Werke des Gesetzes (4Q394–99) zu rekonstruieren, wurden Fragmente von sechs Handschriften kombiniert. Jahrelang wurden sie als Brief des Anweisers der Gerechtigkeit oder irgendeines Führers der Qumran-Gemeinschaft an den Frevelpriester gedeutet. Doch die offizielle Ausgabe enthält darüber hinaus vorne, völlig ohne Bezug zum Rest, einen kalendarischen Abschnitt. Haben wir es hier wirklich mit einem Brief zu tun? Gar mit einem Einzelwerk? Dieses rekonstruierte „Dokument" hat keinen klaren Anfang, der uns helfen könnte; die Schriftenanalyse deutet darauf hin, dass bestimmte Fragmente vielleicht nicht zur selben Handschrift gehören wie die anderen; und die Schreibweise variiert zwischen Fragmenten. Überdies wurden bestimmte Fragment-Nahtstellen zweifelsohne falsch angeschlossen. Der Wunsch der Herausgeber, ein wertvolles historisches Dokument wiederherzustellen, enthüllt viele der Gefahren des Versuchs, Originalrollen zu genau zu rekonstruieren.

Die Verfügbarkeit von Bildern der Fragmente auf CD-ROM hat hier Fortschritte gebracht. Mit Hilfe von Grafik-Software kann man nun Fragmente am Bildschirm hin und her schieben, um zu neuen Anschlüssen zu gelangen, oder gar einen Buchstaben oder ein Wort von einem Teil eines Fragments in eine Lücke anderswo kopieren, um zu sehen, ob das Element genau passt. Diese „virtuelle Rekonstruktion" ersetzt die Arbeit mit den Originalfragmenten selbst nicht gänzlich, bietet aber in mancherlei Hinsicht bessere Rekonstruktionsmöglichkeiten.

(Oben links und oben) Mit Hilfe der Vergrößerung am Computer kann Bruce Zuckermann von West Semitic Research mögliche Deutungen in wahrscheinliche verwandeln.

Klassifizierung der Schriftrollen

Vor der Auflistung der Qumran-Rollen ist es vielleicht hilfreich zu erklären, dass sie auf drei Kategorien entfallen (siehe nebenstehende Grafik). Ein Viertel sind Abschriften biblischer Texte (aus dem Alten Testament oder der hebräischen Bibel). In diese Kategorie könnten wir Tefillin und Mezuzoth (die nur biblische Texte enthalten) und Targume (aramäische Übersetzungen hebräischer Bibeltexte) aufnehmen. Eine zweite Kategorie, ebenfalls etwa ein Viertel der Handschriften, wird gewöhnlich der Einfachheit halber als „sektierische Texte" bezeichnet – Zusammenstellungen, die mit der Qumran-Gemeinschaft und der größeren Essener-Bewegung assoziiert werden, von der Qumran ein Teil war. Die dritte Kategorie enthält nichtbiblische, nichtsektiererische jüdische Literatur. Einiges kannten wir schon vorher, größtenteils weil die christlichen Kirchen es bewahrt hatten (wie Henoch, Jubiläen, Tobit und Jesus Sirach).

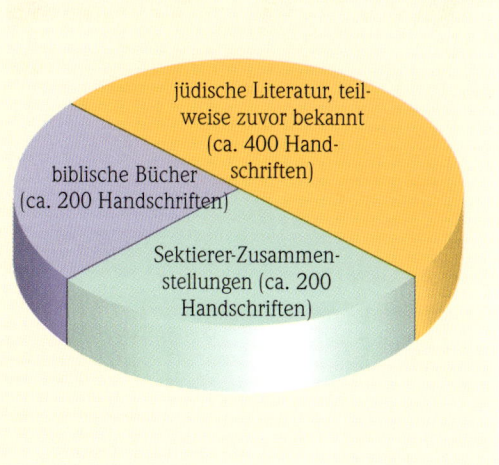

jüdische Literatur, teilweise zuvor bekannt (ca. 400 Handschriften)

biblische Bücher (ca. 200 Handschriften)

Sektierer-Zusammenstellungen (ca. 200 Handschriften)

Verzeichnis der Schriftrollen nach Höhle

Das folgende Verzeichnis enthält die in den Höhlen gefundenen Texte. In manchen Fällen sind Texte durch verschiedene Ausgaben, die in verschiedenen Höhlen gefunden wurden, vertreten (so sind Gemeinschaftsordnung und Kriegsrolle sowohl in Höhle 1 als auch in Höhle 4 vertreten). Wegen des bruchstückhaften Zustandes der meisten Handschriften kann ein Text oft nur mit den Fragmenten verschiedener Handschriften desselben Textes rekonstruiert werden (die vielleicht nicht identisch waren, natürlich!). So ist die folgende Liste nicht unbedingt maßgeblich. Ein Fragezeichen hinter dem Namen eines Textes bedeutet, dass diese Identifikation nicht sicher ist.

Wegen der großen Zahl gefundener Texte ist es nicht möglich, jeden einzelnen in diesem Buch, und sei es noch so kurz, darzustellen. Wir berichten in diesem Teil über alle bedeutenden Texte, unter Ausschluss der biblischen Handschriften (kursiv) und jener Texte, die zu bruchstückhaft sind.

Texte, die vom offiziellen Team wieder gefunden wurden, sind durchweg nummeriert; die nicht nummerierten stammen aus den ursprünglichen Entdeckungen in Höhle 1 und wurden außerhalb der Reihe *DJD* veröffentlicht. Handschriften biblischer Bücher erscheinen kursiv und ein Sternchen zeigt an, dass bereits vorbereitende Untersuchungen durchgeführt wurden.

Die vollständige Liste findet sich auch in: F. Garcia Martínez, *The Dead Sea Scrolls Translated*, S. 467–519; im Brill-Mikrofiche-Katalog; in Vermes, *The Complete Dead Sea Scrolls in English*, S. 601–609; in *DJD* 39 sowie in den deutschen Übersetzungen: Maier, *Die Qumran-Essener: Die Texte vom Toten Meer;* und Wise/Abegg/Cook, *Die Schriftrollen vom Toten Meer. Übersetzung und Kommentar. Mit bisher unveröffentlichten Texten.* (Titel in eckigen Klammern verweisen auf Wise/Abegg/Cook.)

Höhle 1
(Den ursprünglich von den Beduinen gefundenen Schriftrollen wurde bis heute keine Nummer gegeben)

Genesis (1QGen=1Q1)
Exodus (1QExod=1Q2)
Levitikus (1QpalaeoLev=1Q3)
Deuteronomium (1QDeut^{a-b}=1Q4, 1Q5)
Richter (1QJudg=1Q6)
Samuel (1QSam=1Q7)
Jesaja (1QIsa^a [nicht nummeriert], 1QIsa^b=1Q8)
Hesekiel (1QEzek=1Q9)
Psalter (1QPs^{a-c}=1Q10–12)
Daniel (1QDan^{a-b}=1Q71, 1Q72)
Phylakterion (1Qphyl=1Q13)
*Gemeinschaftsordnung/Gemeinderegel/Sektenregel/ Grundgesetz einer Sektengemeinschaft (1QS; siehe S. 82)
*Gemeindeordnung (für das Israel der Endzeit) (1QSa=1Q28a; siehe S. 89)
*Segensordnung/Segensworte der Priester für die Endzeit (1QSb=1Q28b; siehe S. 90)
*Kriegsrolle (1QM, nicht nummeriert, bis auf ein paar Fragmente=1Q30–33; siehe S. 92)
*Loblieder/Hodayot/Hymnenrolle (1QH, nicht nummeriert, bis auf ein paar Fragmente=1Q35)
*Genesis-Apokryphon (1QApGen, nicht nummeriert, bis auf ein paar Fragmente=1Q20; siehe S. 100)
Worte Levis (1QTLevi ar=1Q21)
Feuerzungen (1Q29)
Worte des Mose (1QDM=1Q22)
Buch der Giganten/Riesen (1QEnGiants=1Q23–24)
Liturgische Texte (1Q30–31)
Hymnen (1Q36–40)
Buch der Jubiläen (1Q17–18; siehe S. 102)
Noah-Buch (1QNoah=1Q19)

Apokryphe Prophetie? (1Q25)
Theologischer Text (1Q26)
Buch der Geheimnisse (1QMyst=1Q27)
*Habakuk-Kommentar (1QpHab; siehe S. 96)
Micha-Kommentar (1QpMic=1Q14; siehe S. 99)
Zefanja-Kommentar (1QpZeph=1Q15; siehe S. 99)
Psalmen-Kommentar (1QpPs=1Q16; siehe S. 99)
Neues Jerusalem (1QNJ ar=1Q32; siehe S. 106)
Liturgischer Text (1QLitPr^a, 1QLitPr^b=1Q34)
Nicht identifizierte Fragmente (1Q41–70 [70 ist ein Papyrus])

Höhle 2
Genesis (2QGen=2Q1)
Exodus (2QExod^{a-c}=2Q2–4)
Levitikus (2QpalaeoLev=2Q5)
Numeri (2QNum^{a-d}=2Q6–9)
Deuteronomium (2QDeut^{a-c}=2Q10–12)
Jeremia (2QJer=2Q13)
Psalter (2QPs=2Q14)
Hiob (2QJob=2Q15)
Rut (2QRuth^{a-b}=2Q16–17)
Ecclesiasticus/Sirach (2QSir=2Q18)
Buch der Jubiläen (2QJub^{a-b}=2Q19–20)
Exodus-Geschichte (2QapMoses=2Q21)
David-Apokryphon (2QapDavid=2Q22)
Prophetisches Apokryphon (2QapProph=2Q23)
Neues Jerusalem (2QNJ ar=2Q24; siehe S. 106)
Rechtstext (2Q25)
Buch der Giganten (2QEnGiants=2Q26)
Nicht identifizierte Fragmente (2Q27–33)

Höhle 3
Hesekiel (3Qezek=3Q1)
Psalter (3QPs=3Q2)
Klagelieder (3QLam=3Q3)
Jesaja-Kommentar (3QpIsa=3Q4)
Buch der Jubiläen (3QJub=3Q5)
Liturgisch-poetischer Text (3QHym=3Q6)
Letzte Worte des Juda (3QTJud=3Q7)
Texte mit Erwähnung des Gegenwartsengels und des Friedensengels (3Q8)
Unbekannter sektiererischer Text (3Q9)
Kupferrolle (3QTreasure=3Q15; siehe S. 108)
Nicht identifizierte Fragmente (3Q10–14)

Höhle 4
Die bei weitem größte Anzahl Schriftrollen stammt aus Höhle 4. Sie sind überwiegend sehr bruchstückhaft und es hat 50 Jahre gedauert, sie alle zu veröffentlichen. Sie sind hier mehr oder weniger in der Reihenfolge ihrer offiziellen Katalognummern aufgeführt, aber die Fragmente einiger Handschriften, die dieselben oder ähnliche Werke zu enthalten scheinen, wurden zusammen gruppiert. Die Katalognummern sind ungefähr in der folgenden Reihenfolge angeordnet: biblische Handschriften (4Q1–155); sektiererische Schriften und andere eng mit biblischen Texten verwandte Texte (4Q156–248); sektiererische Ordnungen (4Q249–78) und andere Zusammenstellungen, von denen manche vielleicht sektiererischen Ursprungs sind (4Q279–528) und die manchmal in Untergruppen angeordnet wurden (z. B. Kalendertexte 4Q317–30, biblische Paraphrasen 4Q364–91, Weisheitstexte 4Q411–26, liturgische Texte 4Q427–57). Die meisten aramäischen Texte (gekennzeichnet durch ar) stehen gebündelt am Schluss (4Q529–75). Es gibt einige Zweifel, ob einige oder alle dokumentarischen Texte tatsächlich aus Qumran-Höhle 4 stammen (4Q342–59; siehe S. 151).

Genesis-Exodus (4QGen-Exod^a=4Q1)
Genesis (4QGen$^{b-k, m-n}$=4Q2–10, 4Q576)
Genesis-Exodus (althebräisch) (4QpalaeoGen-Exod^1=4Q11)

Genesis (althebräisch) (4QpalaeoGen^m=4Q12)
Exodus (4QExod^b–e, g–k=4Q13–16, 4Q18–21)
Exodus-Levitikus (4QExod-Lev^f=4Q17)
Exodus (althebräisch) (4QpalaeoExod^m=4Q22)
Levitikus-Numeri (4QLev-Num^a=4Q23)
Levitikus (4QLev^b–g=4Q24–26, 4QcryptA Lev^h=4Q249j)
Numeri (4QNumb=4Q27)
Deuteronomium (4QDeut^a–q=4Q28–44)
Deuteronomium (althebräisch) (4QDeut^r–s=4Q45–46)
Josua (4QJosh^a–b=4Q47–48)
Richter (4QJudg^a–b=4Q49–50)
Samuel (4QSam^a–c=4Q51–53)
Könige (4QKgs=4Q54)
Jesaja (4QIsa^a–r=4Q55–69b)
Jeremia (4QJer^a–e=4Q70–72b)
Hesekiel (4QEzek^a–c=4Q73–75)
Kleine Propheten (4QXII^a–g=4Q76–82)
Psalter (4QPs^a–r=4Q83–98g)
Hiob (4QJob^a–b=4Q99–100)
Hiob (althebräisch) (4QpalaeoJob=4Q101)
Sprüche (4QProv^a–b=4Q102–103)
Rut (4QRuth^a–b=4Q104–105)
Hohelied (4QCant^a–c=4Q106–108)
Kohelet (4QQoh^a–b=4Q109–10)
Klagelieder (4QLam=4Q111)
Daniel (4QDan^a–e=4Q112–16)
Esra (4QEzra=4Q117)
Chronik (4QChr=4Q118)
Levitikus (griechisch) (4QLXXLev^a–b=4Q119–20)
Numeri (griechisch) (4QLXXNum=4Q122)
Deuteronomium (griechisch) (4QLXXDeut=4Q122)
Althebräische Josua-Paraphrase (4Qpalaeo
    paraJosh=4Q123)
Althebräisch, nicht identifiziert (4QpalaeoUnident
    1–2=4Q124–25)
Nicht identifizierter griechischer Text (4QUnident
    gr=4Q126)
Griechische Exodus-Paraphrase (4QparaExod gr=4Q127)
Phylakterien (4QPhyl A–U=4Q128–48)
Mezuzot (4QMez A–G=4Q149–55)
Targum zu Levitikus (4QtgLev=4Q156)
Targum zu Ijob (Hiob) (4QtgJob=4Q157)
Überarbeiteter Pentateuch (4QRP A–C=4Q158, 4Q364–67
    [4Q364–65 Kommentar zum Gesetz des Mose])
Verordnungen (4QOrdinances^a–c=4Q159, 4Q513–14)
Darstellung der Geschichte Samuels (4QVisSam=4Q160)
Jesaja-Kommentar (4QpIsa=4Q161–65)
Hosea-Kommentar (4QpHos^a–b=4Q166–67)
Micha-Kommentar (4QpMic=4Q168)
Nahum-Kommentar (4QpNah=4Q169)
Zefanja-Kommentar (4QpZeph=4Q170)
Psalmen-Kommentare (4QpPs^a–b=4Q171, 173)
Nicht identifizierter Kommentar (4QpUnid=4Q172)
Die Letzten Tage. Kommentar zu ausgewählten Schriftver-
    sen (Florilegium) (4QFlor=4Q174)
Testimonia (4QTes=4Q175)
Tanhumim/Sammlung messianischer Texte
    (4QTanh=4Q176)
Thematische Kommentare B–E (4QCatena A–B=4Q177,
    4Q182, 4Q178, 4Q183 [4Q177 Die Letzten Tage. Inter-
    pretationen ausgewählter Verse; 4Q182 Kommentar zu
    ausgewählten Versen; 4Q183 Sektierer-Geschichte])
Apokryphe Klagedichtung (4QapocrLam A–B=4Q179,
    4Q501)
Zeitalter der Welt (4QAgesCreat A–B=4Q180–81)
Die Listen der Frevelfrau (4Q184)
Lob der Weisheit (4QSapiential Work A=4Q185,
Geheimnis des Ursprungs aller Dinge [4QSapiential Work
    B=4Q419, zus. mit 4Q410, 4Q412–13, 4Q415–18,
    420, 421, 1Q26])

Chiffriertes Horoskop (4Qcrypt A Horoscope=4Q186)
Tobit (4QTob^a–d ar=4Q196–99; 4QTob^e=4Q200)
Fragmente aus aramäischen Henoch-Büchern (4QEn^a–g
    ar=4Q201, 203–207, 212)
Buch der Giganten/Riesen (4QEnGiants^a–f=4Q203, 4Q206
    frags, 4Q530–33)
Astronomisches Henoch-Buch (4QEnastr^a–d=4Q208–11)
Worte Levis (4QLevi^a–f=4Q213–14b)
Testament Naftalis (4QTNaph=4Q215)
Zeit der Gerechtigkeit (4Q215a)
Buch der Jubiläen (4QJub^a–j=4Q176a, 4Q216–24,
    4Q482–83)
Pseudo-Jubiläenbuch/Genesis- und Exodus-Paraphrase,
    Israel und das Heilige Land, Henoch und die Wächter
    (4QpsJub^a–c=4Q225–27)
Text nach Art des Buchs der Jubiläen? (4Q228)
Pseudoepigraphon in mischnaischem Hebräisch (Rechts-
    text?) (4Q229; nicht lokalisierbar)
Geisternamenliste (4QCatalogue of Spirits^a–b=4Q230–31;
    nicht lokalisierbar)
Neues Jerusalem (4QNJ=4Q232; nicht lokalisierbar;
    4QNJ^a ar=4Q554–55)
Fragmente mit geografischen Namen (4Q233; nicht
    lokalisierbar)
Exercitium Calami A–C (4Q234, 4Q341, 4Q360)
Nicht identifizierter Text (4QUnid. Text nab=4Q235)
Teil von Habakuk 3 (4Q238; nicht lokalisierbar)
Kommentar zum wahren Israel (4Q239; nicht lokalisierbar)
Kommentar zu Hoheliet? (4Q240; nicht lokalisierbar)
Fragmente mit Klagelieder-Zitaten (4Q241)
Heilung des Königs Nabonid (4QPrNab ar= 4Q242)
Pseudo-Daniel/Vision Daniels (4QapocrDan ar=4Q243–45)
Vision vom Sohn Gottes (4QapocrDan ar= 4Q246)
Kommentar zur Wochenapokalypse (4Q247)
Historische Texte (4QHistorical Text A–G=4Q248, 4Q331–
    33, 4Q468e–f, 4Q578 [4Q248 Taten eines Königs])
Midrasch Sefer Moses (4QcryptA Midrash Sefer
    Moshe=4Q429)
Gemeindeordnung (4QcryptA Serekh ha
    Edah^a–i=4Q249a–i)
Text mit Levitikus-Zitaten A–B (4QcryptA Text Quoting Lev
    A–B=4Q249k–l)
Text wie Hodayot (4QcryptA Hodayoth-like Text
    D=4Q249m)
Liturgische Werke (4QcryptA Liturgical Work
    E–F=4Q249n–o; 4QLiturgical Work A–D=4Q409,
    4Q476–76a, 4Q527)
Prophetie (4QcryptA Prophecy=4Q249p)
Fragment mit Erwähnung des Pflanzens (4QcryptA Plan-
    ting=4Q249q)
Nicht identifiziert (4QcryptA Unidentified A–R=4Q249r–y,
    4Q250c–i, 4Q313b–c)
Vermischte Fragmente (4QcryptA Miscellaneous=4Q249z)
Text über Kultdienst (4QcryptA Text Concerning Cultic Ser-
    vice A–B=4Q250–50a)
Text zu Jesaja 11 (4QcryptA Text related to Isa
    11=4Q250b)
Halachische Texte (4QHalakha A–C=4Q251, 4Q264a,
    4Q472a)
Genesis-Kommentare (4QCommGen A–D=4Q252–54a)
Maleachi-Kommentar (4QCommMal=4Q253a)
Gemeinschaftsordnung (4QS^a–j=4Q255–64)
Sektiererische Gesetze (4Qmiscellaneous Rules=4Q265)
Damaskusschrift (4QD^a–h=4Q266–73)
Teharot (4QTohorot A–C=4Q274, 4Q276–78 [4Q274 Ri-
    tuelle Reinheitsgesetze über Flüssigkeiten; 4Q276–77
    Asche der roten Kuh; 4Q278 Rituelle Reinheitsgesetze
    über die Menstruation])
Aufnahmeregel (4Q275)

Text mit Erwähnung diverser Könige (4Q481)
Elisha-Apokryphon (4Q481a)
Fürbitte (4Q481c)
Fragmente mit roter Tinte (4Q481d)
Nicht klassifizierte Fragmente (4Q481f)
Letzte Worte Judas (4Q484)
Prophetischer oder Weisheitstext (4Q485)
Weisheitstexte (4QSap A–B=4Q486–87)
Apokryphon (4QApocryphon ar=4Q488)
Apokalypse (4QApocalypse ar=4Q489)
Fragmentarische Apokalypse (4QFrags ar=4Q490)
Kriegsrolle (4QSefer ha-Milhamah=4Q285;
    4QM^a–f=4Q491–96)
Text wie Kriegsrolle (4Q497)
Poetisch-liturgische Texte (4Q498–99)
Benediktion (4Q500)
Gebet um Errettung (4Q501)
Dank-Liturgie (4Q502)
Tägliche Gebete (4QPrQuot=4Q503)
Worte der Himmelslichter (4QDibHam^a–c=4Q504–506)
Festgebete (4QPrFêtes^a–c=4Q507–509)
Bittgesänge der Weisen um Schutz vor bösen Geistern
    (4QShir^a–b=4Q510–11)
Nicht klassifizierte Fragmente (4Q515–20)
Erlösung und Auferstehung (4Q521)
Josua-Apokryphon (4Q522)
Jonatan (4Q523)
Weisheitslehre der Segnungen (4Q525)
Letzte Worte? (4Q526)
Worte des Erzengels Michael (4QWords of Michael
    ar=4Q529)
Geburt eines Auserwählten (4QNoah^a–c ar=4Q534–36)
Vision Jakobs (4QJacob ar=4Q537)
Juda-Apokryphon (4QJud ar=4Q538)
Letzte Worte Josefs (4Q539)
Worte Levis (4QApocrLevi^a–b ar=4Q540–41)
Letzte Worte Kehats (4QTQahat ar=4Q542)
Vision des Amram (4QVisions of Amram^a–g=4Q543–49
    [4Q549 Hur und Mirjam])
Erzählung von Bagasraw (4QPrEsther^a–f ar=4Q550a–e)
Daniel/Susanna? (4QDanSuz? ar=4Q551)
Vision von den vier Bäumen (4QFour Kingdoms^a–b ar
    =4Q552–53)
Visionen (4QVision^a–e ar=4Q556–58)
Versuch einer biblischen Chronologie (4QBibChronology
    ar=4Q559)
Exorzismus (4QExorcism ar=4Q560)
Aramäisches Horoskop (4QPhysiognomy/Horoscope
    ar=4Q561)
Aramäische Texte (4QAramaic D–Z=4Q562–75 [4Q562
    Aramäischer Text über die Perserzeit; 4Q563 Visionäre
    Warnungen eines Priesters)
Text mit Erwähnung der Sintflut (4Q577)
Hymnentext? (4Q579)

Höhle 5
Deuteronomium (5QDeut=5Q10)
1. Könige (5QKgs=5Q2)
Jesaja (5QIsa=5Q3)
Amos (5QAmos=5Q4)
Psalter (5QPs=5Q5)
Klagelieder (5QLam^a–b=5Q6–7)
Phylakterion (5Qphyl=5Q8)
Text mit Ortsnamen (5Q9)
Maleachi-Kommentar? (5QapMal=5Q10)
Gemeinschaftsordnung (5QS=5Q11)
Damaskusschrift (5QD=5Q12; siehe S. 18)
Sektenregel (5QRègle=5Q13)
Unbekannte Schlacht (5QCurses=5Q14)

Neues Jerusalem (5QNJ ar=5Q15; siehe S. 106)
Nicht identifizierte Fragmente (5Q16–24)

Höhle 6
Genesis (6QpalaeoGen=6Q1)
Levitikus (6QpalaeoLev=6Q2)
Deuteronomium (6QDeut=6Q3)
Könige (6QKgs=6Q4)
Psalter (6QPs=6Q5)
Hohelied (6QCant=6Q6)
Daniel (pap6QDan=6Q7)
Buch der Giganten/Riesen (6QEnGiants=6Q8)
Samuel-Könige-Apokryphon (6QapSam/Kgs=6Q9)
Eine Prophetie (6QProph=pap6Q10)
Weinstock-Allegorie (6QAllegory=6Q11)
Apokryphe Prophetie (6QapProph=6Q12)
Priesterprophetie (6QPriest Proph=6Q13)
Buch der Giganten (?) (6QApoc ar=6Q14)
Damaskusschrift (6QD=6Q15; siehe S. 18)
Benediktionen (6QBen=pap6Q6)
Kalendertext? (6QCal=6Q17)
Liturgischer Text (6QHym=pap6Q18)
Ethnographischer Text (?) (6QGen ar?=6Q19)
Prophetisches Fragment (6QfrgProph=6Q21)
Nicht identifizierte Fragmente (6Q22–31)

Höhle 7
Exodus (griechisch) (7QLXXExod=7Q1)
Brief des Jeremia (griechisch) (7QLXXEpJer=7Q2)
Nicht identifizierte griechische Fragmente (7Q3–19)

Höhle 8
Genesis (8QGen=8Q1)
Psalter (8QPs=8Q2)
Phylakterion (8Qphyl=8Q3)
Mezuza-Texte (8Qmez=8Q4)
Hymnischer Lobpreis Gottes (8QHym=8Q5)

Höhle 9
Nicht identifiziertes Papyrus-Fragment

Höhle 10
Nicht entzifferter Ostrakon

Höhle 11
Levitikus (11Q1–2)
Deuteronomium (11Q3)
Hesekiel (11Q4)
Apokryphe Psalmen Davids (11Q5–6)
Psalter (11Q5–9; siehe S. 160)
Targum zu Ijob (11Q10)
Apokryphe Psalmen (11Q11)
Buch der Jubiläen (11Q12; siehe S. 102)
Melchisedek (11QMelch=11Q13; siehe S. 162)
Krieg des Messias (11Q14 [mit 4Q285])
Hymnen (11Q15–16)
Sabbatopfer-Gesänge/Lieder zum Sabbatopfer (11Q17;
    siehe S. 146)
Neues Jerusalem (11Q18)
Tempelrolle? (11QT=11Q20–21; siehe S. 156)
Fragment bezüglich der Gemeinschaftsordnung (11Q29)
Nicht klassifizierte Fragmente (11Q30)
Nicht identifiziert (11Q31)
*Targum zu Levitikus; siehe S. 118

* Große Ausgaben, die noch nicht in den *DJD* erschienen
    und deshalb nicht nummeriert sind.

Höhle 1

Höhle 1, etwas mehr als 1 km nördlich der Qumran-Siedlung (siehe Karte S. 11), ist eine recht hoch in der Felswand gelegene natürliche Höhle. Sie ist 8 m lang und 4 m hoch; die Breite variiert zwischen 0,75 m und 2 m. Die Beduinen fanden hier zehn Tonkrüge, von denen einer drei Schriftrollen enthielt (Jesaja^a, 1QS und 1QpHab), und später vier weitere Schriftrollen. Das offizielle Erkundungsteam der jordanischen Behörde für Altertümer entdeckte Höhle 1 1949 wieder und barg ein paar weitere Handschriftfetzen, Tonscherben und lederne Phylakterien-Behälter. Der von den Beduinen gefundene Inhalt dieser Höhle wurde von der American Schools of Oriental Research und der Hebräischen Universität veröffentlicht; die Funde des Teams der jordanischen Behörde für Altertümer erschienen in *DJD* 1.

Der Eingang zu Qumran-Höhle 1 (das kleine obere Loch ist der ursprüngliche Eingang).

Die „Rolle der Ordnungen"

Eine Handschrift aus Höhle 1 enthält drei Texte. Warum das so ist und wie sie zusammenhängen, bleibt unklar. Die Texte sind bekannt als 1QS, 1QSa und 1QSb. 1QS trägt die Überschrift „Ordnung (hebr. *serekh*) der *Jahad*" und die Worte „Für den *Maskîl*" („Lehrmeister", der Name eines Führers der Gemeinschaft); 1QSa beginnt: „Und dies ist die Ordnung für die ganze Gemeinde Israels"; und 1QSb ist betitelt: „Sege|ns|worte für den *Maskîl*". Also es möglich, dass die drei zusammengepackt wurden, weil sie allesamt als „Ordnungen" galten, weil sie „für den *Maskîl*" waren oder beides.

Die drei werden normalerweise als drei getrennte Texte behandelt und wir werden dieser Konvention folgen. Der Haupttext (1QS) wurde ursprünglich von der ASOR publiziert, während die anderen in *DJD* 1 erschienen.

Die Gemeinschaftsordnung

„Und alle, die eintreten in die Ordnung der Einung, begehen einen Bundesschluß vor Gott, um zu handeln gemäß allem, was Er befohlen, und nicht von Ihm abzufallen aus irgendeiner Furcht, Schreknis und Läuterung [...] in der Herrschaft Belials." (1QS 1,16–18)

Inhalt

Die Handschrift der Gemeinschaftsordnung aus Höhle 1, die auf derselben Schriftrolle geschrieben ist wie die Gemeindeordnung und die Segensordnung, beginnt mit einer Mahnung an die Prinzipien, die jedes Mitglied dieser Gemeinschaft hochhalten müsse, und beschreibt das Verfahren für eine jährliche Bundesfeier einschließlich eines Gebets und einer Verfluchung Belials (Satans) (Kol. 1–3,12). Darauf folgt eine Abhandlung über die Wege von Licht und Finsternis, eine Darlegung einer dualistischen Theologie (3,13–4,26). Die Kolumnen 5–7 befassen sich mit Disziplinarfragen, darunter die Zulassung neuer Mitglieder und das Verhalten auf Versammlungen. Die Kolumnen 8–9 könnten eine Art Gründungsdokument enthalten, vielleicht den Ursprungskern der Regel, und die Kolumnen 10–11 enthalten ein Loblied auf den Schöpfer. Viele dieser Abschnitte haben ihre eigene Überschrift und kennzeichnen, wie die Überschrift des Gesamtwerkes selbst, was folgt als „für den *Maskîl*". Ein *Maskîl* ist ein geistiger Lehrer und der Ausdruck verweist vielleicht auf eine höhere Stellung innerhalb der Gemeinschaft, die sich selbst *Jahad* oder „Einung" nennt. Manche Forscher glauben jedoch, es habe nur einen *Maskîl* gegeben, einen Führer der *Jahad*.

Wissenschaftlern lieferte dieses Dokument von Anfang an die entscheidende Definition der „Qumran-Gemeinschaft" oder „Qumran-Sekte". Eine Bemerkung in 8,13, sich von gottlosen Menschen abzusondern, und ein Zitat der berühmten Bibelstelle „Bahnt für den HERRN einen Weg durch die Wildnis" (Jes 40,3) wurden oft als direkte Anspielung auf Qumran selbst verstanden. Eine der frü-

Zwei Gruppen von Fragmenten einer Schriftrolle mit der Gemeinschaftsordnung aus Höhle 4. (Oben) 4QSᵈ Kol. 7–8; (links) 4QSᵈ Kol. 9.

Welche Ordnung ist die früheste?

Heute ist offensichtlich, dass die Gemeinschaftsordnung mehrere verschiedene Bearbeitungsstadien durchlief. Die zehn Handschriften aus Höhle 4 sind im Allgemeinen kürzer, obwohl auch sie von der Anordnung her nicht identisch sind. Bei mindestens zweien fehlen 1QS Kol. 1–5 ebenso wie das abschließende Loblied von 1QS 10–11. Auch bei den Formulierungen gibt es ein paar wichtige Änderungen. Die Abweichungen sind recht aufschlussreich:

1QS 5,1 „Und das ist die (festgelegte) Ordnung für die Männer der Einung, die willig sind, von allem Bösen umzukehren, und festzuhalten an allem, was Er zu Seinem Wohlgefallen befohlen hat."

4QSᵈ 1,1 „Niederschrift für den Maskîl über die Männer der Torah, die willig sind, zur Umkehr zu bringen von allem Bösen und festzuhalten an allem, was Er befohlen."

1QS 5,1–2 „Sich abzusondern von der Gemeinde der Männer des Unrechts, um eine Einung zu werden in Torah und Besitz, verantwortlich nach Anweisung der Söhne Zadoks, der Priester, der Wahrer des Bundes, und nach Anweisung der Mehrheit der Männer der Einung, die festhalten am Bund. Auf Grund ihrer Anweisung ergeht die Ordnung des Loses für jede Sache, für Torah, für Besitz und Recht ..."

4QSᵈ 1,2 „Sich abzusondern von der Gemeinde der Männer des Unrechts, um eine Einung zu werden in Torah und Besitz, verantwortlich nach Anweisung der Vollmitglieder für jede Sache, für Torah, für Besitz und für Recht ..."

Aus diesen parallelen Passagen kann man die Existenz einer Gemeinschaft in ganz unterschiedlichen Stadien ihrer Geschichte postulieren. Die Autorität der Gruppe in 1QS ist eine Kombination aus zadokidischen Priestern und Laienführern. Der Text aus Höhle 4 spricht nur von der Autorität der Gemeinde. Welches ist das frühere Stadium, ein zadokidisch geführtes oder ein demokratischeres? Hieß die Gemeinschaft ursprünglich *Jahad* oder war sie als Gruppe von „Männer(n) der Torah" bekannt?

Obwohl 1QS aus paläographischen Gründen für die frühere Handschrift gehalten werden muss, glauben die meisten Forscher, dass die 4Q-Handschriften frühere Fassungen darstellen.

Dossier der Fakten

Die „Rolle der Ordnungen"
Länge (1QS, 1QSa und 1QSb): 2 m
Schrift: Späthasmonäisch bis Herodianisch

Gemeinschaftsordnung
Handschriften: 1QS, Fragmente der Handschriften 4QSᵃ⁻ʲ (4Q255–64), 5Q11
Herausgeber: M. Burrows, J.C. Trever, W.H. Brownlee, P.S. Alexander, G. Vermes
Kommentar: P. Wernberg-Møller, A.R.C. Leaney, J. Pouilly, J.H. Charlesworth, S. Metso

Metsos Theorie der Gemeinschaftsordnung

Vielfachhandschriften mehrerer Qumran-Werke veranschaulichen die literarische Geschichte dieser Schriften. Deren Wichtigste ist vielleicht die Gemeinschaftsordnung, weil ihre Geschichte auch die Geschichte der *Jahad* selbst illustrieren könnte. Die ausführlichste Analyse der Textgeschichte der Gemeinschaftsordnung stammt von Sarianna Metso.

Nach Metso ist die früheste Form der Ordnung in keiner einzigen Handschrift erhalten geblieben. Sie folgert, dass die ursprüngliche Form einen Entwurf für eine neue Gemeinschaft und ein paar Disziplinarvorschriften enthalten habe (1QS 5–9). Danach sei das Werk in zwei parallelen Prozessen erweitert worden. Endpunkt einer dieser beiden Entwicklungen sei die Hinzufügung dessen gewesen, was heute 1QS 1–4 ist und sich mit den Anforderungen an die Mitgliedschaft, der Feier zur Erneuerung des Bundes und der dualistischen Zwei-Geister-Lehre befasst, die

alle „für den *Maskîl*" gedacht sind, und ein abschließendes Loblied sei ebenfalls hinzugefügt worden.

Streng genommen sei es deshalb falsch, 1QS als „*die* Gemeinschaftsordnung" zu bezeichnen – es sei lediglich eine Ausgabe und nicht unbedingt die definitive, auch wenn sie die längste zu sein scheint. Auch Metso hält sie für die letzte; aber Philip Alexander, *DJD*-Mitherausgeber der Handschriften der Gemeinschaftsordnung aus Höhle 4, hält 1QS für die älteste Fassung (weil sie die älteste Handschrift aufweise). Solange kein Konsens über die Geschichte der Gemeinschaftsordnung besteht, kann es keinen einmütigen Rahmen für die Entwicklung der *Jahad* selbst geben. Und können wir sicher sein, dass die Ordnung immer ein völlig praktisches Dokument war und in einer echten Gemeinschaft funktionierte, oder wurde sie in einigen Teilen vielleicht als idealisierte Beschreibung überarbeitet?

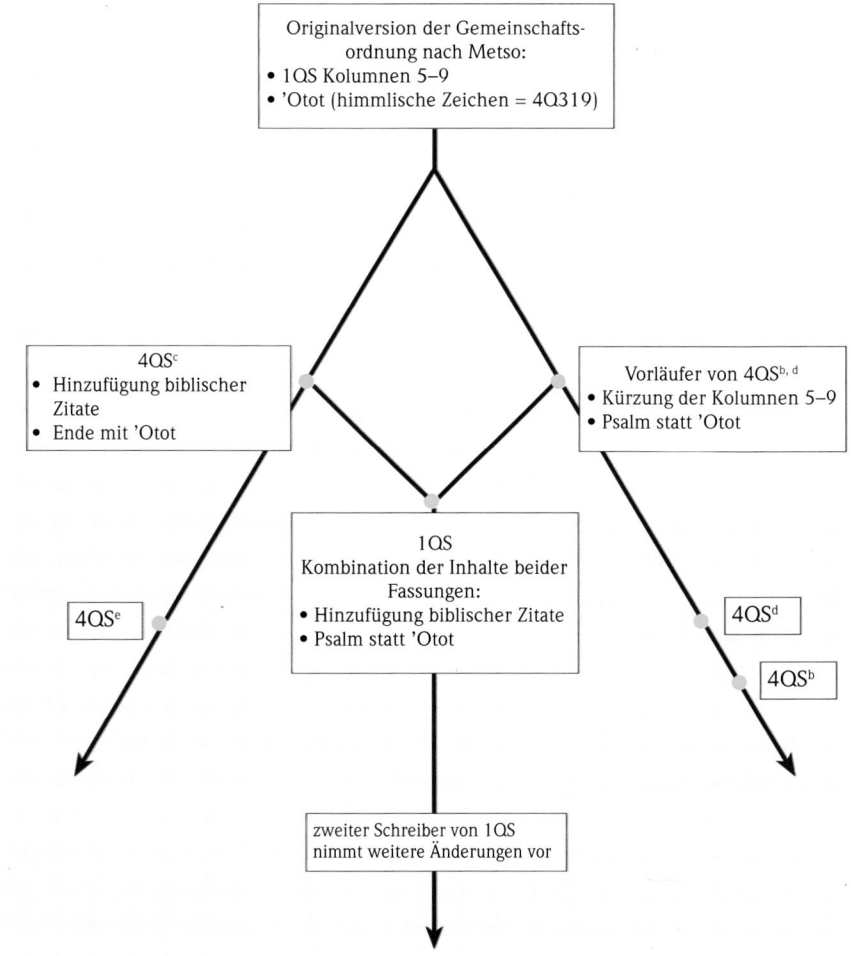

hesten Fragen, die gestellt wurden, lautete: Was für eine Gemeinschaft war das? Ganz abgesehen von einer möglichen Assoziation Qumrans mit einer Siedlung der Essener (siehe S. 55) gibt es starke Ähnlichkeiten zwischen einigen Praktiken der *Jahad* (einschließlich der Aufnahmeverfahren) und dem, was Josephus Flavius im *Jüdischen Krieg* über die Essener sagt (5,128–32; 7,137–43).

Die Überzeugungen der Gemeinschaft

Nicht nur aus inhaltlichen und terminologischen Unterschieden ist klar, dass diese Ordnung sich herausbildete und verschiedene Teile verschiedene Stadien ihrer Entwicklung widerspiegeln. In den letzten Jahren wurden weitere Handschriften dieser Zusammenstellung aus Höhle 4 veröffentlicht und sie bestätigen einen solchen Schluss, weil sie nicht in jeder Hinsicht identisch sind, sondern in Anordnung und Wortlaut variieren. Aus diesen Anhaltspunkten jedoch eine Geschichte der *Jahad* zu konstruieren, hat sich als schwierig erwiesen, weil es keinerlei ausdrückliche historische Aussagen gibt. Im Großen und Ganzen sieht es jedoch so aus, als gingen die frühesten Stadien von einer kleinen Gemeinschaft aus, die ihre Rolle darin sah, für die Sünden Israels zu büßen, vermutlich, weil sie den Tempel für entweiht hielt und so die Vorstellung eines „geistigen Tempels" (Kol. 8–9) einführte. Die späteren Stadien spiegeln eine größere Gruppe wider, kontrolliert von Disziplinargesetzen und festgelegt auf ein sektiererisches Selbstverständnis, das die *Jahad* als aus „Kindern des Lichts" bestehend sah als Gegenpol zu den „Kindern der Finsternis" jenseits ihrer Grenzen.

In keinem anderen alten jüdischen Text wird so explizit eine Doktrin formuliert, die sich mit ziemlicher Sicherheit aus dem Zoroastrismus herleitet, wie in der stark dualistischen Passage in den Kolumnen 3–4 (die in manchen Höhle-4-Ausgaben fehlt). Nach der Lehre der Gemeinschaft berief Gott zwei Geister des Lichts und der Finsternis bzw. der Wahrheit und des Unrechts und ordnete alle Menschen dem einen oder dem anderen zu. Diese „Geister" erscheinen jedoch manchmal als äußere Personifikationen, beispielsweise als „Lichterfürsten" und „Finsternisengel", und manchmal als jedem Menschen innewohnend. Gegen Ende dieser Lehre heißt es sogar, niemand sei nur Licht oder nur Finsternis, vielmehr habe jeder Mensch etwas von beidem. Ein anderes in Höhle 4 gefundenes Dokument (4Q186, allgemein, aber vielleicht fälschlicherweise als Horoskop bekannt) schildert bestimmte Arten von Individuen, bei denen das Verhältnis von „Licht" und „Finsternis" in ihrem Charakter mit körperlichen Merkmalen und ihrem Sternzeichen in Beziehung steht. Es ist deshalb nicht auszuschließen, dass die Zugehörigkeit zur Gemeinschaft von solchen Faktoren abhing. Aber trotz des starken Prädestinationscharakters dieser Lehre fasst die Ordnung zweifellos die Möglichkeit des Ungehorsams in ihren Reihen und sogar des Abfalls von ihr ins Auge.

(Folgende Seiten) Die Gemeinschaftsordnung – 1QS Kol. 5–6.

(Unten) William H. Brownlee zeigt die „Rolle der Ordnungen" aus Höhle 1 mit dem Text der Gemeinschaftsordnung.

Ein Kalender zur rituellen Erneuerung des Bundes

1QS 1,16–2,1 schildert ein jährliches Bundes-Ritual, wo Mitglieder ihre Mitgliedschaft beginnen oder erneuern, wobei sie geloben „zu handeln gemäß allem, was Er befohlen, und nicht von Ihm abzufallen aus irgendeiner Furcht, Schreckensis oder Läuterung [...] in der Herrschaft Belials". Es ist eine feierliche, teils durch Deuteronomium 27–28 angeregte Zeremonie.

Die Priester und die Leviten segnen Gott und die in den Bund Eintretenden sagen „Amen, amen". Dann zählen die Priester Gottes Segnungen und Wohltaten zugunsten Israels auf, während die Leviten die Missetaten, Empörungen und Sünden Israels während der Herrschaft Belials aufsagen. Es folgt ein gemeinsames Bekenntnis: „Wir haben uns vergangen, wir [haben gesündigt], wir haben gefrevelt, wir [und] unsere [Väter] vor uns, durch unseren Wandel [entgegen den Vorschriften der] Wahrheit. Aber ger[echt ist Gott und]

Sein Gericht an uns und unseren Vätern, und das Erbarmen Seiner Gnade erwies Er an uns von Ewigkeit zu Ewigkeit." Dann erteilen die Priester einen Segen und die Leviten verfluchen jene, die Belial folgen. Dieser Abschnitt schließt mit einem doppelten „Amen".

Handschriften aus Höhle 4, die wahrscheinlich mit der Damaskusschrift verbunden sind, belegen, dass diese Bundesfeier auch in den „Damaskus"-Gemeinschaften praktiziert wurde und am 15. Tag des dritten Monats, das heißt beim Wochenfest (an Pfingsten) stattfand. „Die Söhne Levis [und die Häupter/Männer (?)] der Lager versammeln sich im dritten Monat und verfluchen den, der da abweicht (nach) rechts [oder links von der] Torah" (4Q270, frag. 11,17–18). Diese Zeremonie ist ein Beispiel dafür, wie die sektiererischen Gemeinschaften Tempelfeste durch ihre eigenen ersetzten – und natürlich nach ihrem eigenen Kalender.

Diese griechische Münze aus dem 2. Jahrhundert u. Z. zeigt das Symbol von Levis Stamm – ganze Weintrauben.

Der Zoroastrismus und die Schriftrollen

Woher stammt der Dualismus einiger Qumran-Texte? Vielen Forschern scheint er vom Zoroastrismus beeinflusst zu sein, der Religion der alten Perser. Die Menschen von Juda lebten zwei Jahrhunderte lang unter den Persern, von deren Schirmherrschaft sie profitiert zu haben scheinen. Auf jeden Fall werden in den jüdischen heiligen Schriften Perserkönige niemals verdammt und ihre Religion niemals angegriffen.

Obwohl die meisten religiösen Quellen der Perser aus einer viel späteren Epoche stammen, glaubt man, dass Zoroaster (oder Zarathustra, Lebensdaten unbe-

Relief von Ahura Masda aus der Osttür des Tripylons des Palastes in Persepolis, Iran.

kannt) eine dualistische Religion entwickelte, in der zwei ungeschaffene Wesen, der weise und gütige Ahura Masda und sein Gegner Angra Manju, miteinander rangen. Die Ähnlichkeit mit dem Gott Israels und der satanischen Gestalt Belials in der Gemeinschaftsordnung und der Kriegsrolle ist ziemlich verblüffend, da man einem solchen Dualismus nirgendwo sonst in den jüdischen heiligen Schriften begegnet (bei Hiob ist Satan einer der Diener Gottes). Und so wie Ahura Masda angeblich geringere Gottheiten

oder Engel ausschickte, erwähnen die Schriftrollen Mengen von Engeln und Geistern.

Zoroaster stellte sich auch vor, dass die Schlacht zwischen Gut und Böse in einem Zustand des „Schönmachens" endete, einer Wiederherstellung und Beseitigung des Bösen, ähnlich der in den Schriftrollen erwähnten „Erneuerung". Zoroaster rief die Menschen dazu auf, zu Erlösern der Welt zu werden; und in der Gemeinschaftsordnung werden jene, die der *Jahad* beitreten, als büßende Opfer für die Sünden und das Böse innerhalb Israels angesehen.

Das Bedürfnis nach körperlicher Reinheit durchdringt sowohl das zoroastrische Denken als auch das religiöse Gesetz in den Schriftrollen. Vor allem Tempelrolle und Damaskusschrift stellen Regeln für eine Gemeinschaft auf, die vom Prinzip der Reinheit regiert wird. Sowohl menstruierende Frauen als auch die Toten sind strikt zu meiden. Bestimmte Schriftrollen, die vom „Ende der Tage" sprechen, zeigen einen Glauben an das gegenwärtige Zeitalter als die letzte Epoche. Offenbar prophezeiten einige persische Seher, die auf Griechisch schrieben, dass eine Erlösergestalt die Makedonier, die letzte politisch und militärisch treibende Kraft der Welt, besiegen würde. Sowohl Daniel als auch einige Schriftrollen scheinen ähnlicher Ansicht zu sein. Andere Schriftrollen sahen in Rom den letzten Fremdherrscher Israels. Israel würde seine eigene messianische Gestalt hervorbringen, um den Lauf der Geschichte zu beenden.

Wenn diese Parallelen von Bedeutung sind, dann durchdrangen entweder (a) zoroastrische Überzeugungen die Schriftrollen von ererbten Vorstellungen in der judäischen Religion her, die anderswo in der Literatur teilweise getilgt worden sind, oder es gibt (b) einzigartige Verbindungen zwischen den Autoren der Schriftrollen und der Religion der Perser oder ihrer Nachfolger, der Parther – die eine Zeit lang das Gebiet gegenüber von Qumran jenseits des Toten Meeres kontrollierten und zu Zeiten Herodes' des Großen sogar in Juda einfielen. Aber wie wäre ein solcher Zusammenhang zwischen Zoroastrismus und den jüdischen Gruppen hinter den Schriftrollen zu erklären?

Die für die *Jahad* so typische Sprache von den „Kindern des Lichts" spiegelt sich auch einige Male im Neuen Testament wider. In Lukas 16,8 sagt Jesus, die „Kinder dieser Welt" seien „unter ihresgleichen klüger als die Kinder des Lichts", und das Evangelium nach Johannes (3,19–21; 12,35–36) verwendet gleichfalls diese Terminologie. Auch die Rabbiner entwickelten die Vorstellung einer „guten Neigung" und einer „schlechten Neigung" in jedem Menschen, was in mancher Hinsicht der Lehre der Gemeinschaft ähnelt, aber überhaupt nicht prädestinierend ist, und diese „Neigungen" sind nicht personifiziert.

Die Organisation der Gemeinschaft

Organisation und Disziplin dieser *Jahad* waren straff. Das Dokument *scheint* sich auf eine Gruppe unverheirateter

Männer zu beziehen, obwohl diese Theorie Fragen bezüglich des Vorhandenseins einiger Skelette von Frauen und Kindern in Qumran aufwirft. Von den „Kindern des Lichts", die sich der *Jahad* angeschlossen haben, wird erwartet, dass sie während der Herrschaft Belials (des „Finsternisengels") Gottes Geboten folgen. Auf der jährlichen Versammlung der Gemeinschaft zur Erneuerung des Bundes, von der wir heute wissen, dass sie wahrscheinlich am Wochenfest/Pfingsten stattfand, zählten die Priester die rettenden Taten des Gottes Israels auf. Die Mitglieder bekannten öffentlich ihre Schuld und die Schuld ihrer Vorväter. Die Leviten verfluchten und verurteilten jene, die sich weiterhin einem echten Lebens-, Überzeugungs- und Verhaltenswandel widersetzten. Ferner wurden all jene Mitglieder verflucht, die der Gemeinschaft unter Vorspiegelung falscher Tatsachen beigetreten waren. Es gab somit sowohl ein sehr starkes Gefühl der Trennung von der bösen Welt außerhalb ihrer Grenzen als auch ein straffes disziplinarisches Regime:

„... was Er zu seinem Wohlgefallen befohlen hat: Sich abzusondern von der Gemeinde der Männer des Unrechts, um eine Einung zu werden in Torah und Besitz, verantwortlich nach Anweisung der Söhne Zadoks, der Priester, der Wahrer des Bundes, und nach Anweisung der Mehrheit der Männer der Einung, die festhalten am Bund." (1QS 5,1–3)

Neuzugänge hatten eine Probezeit von zwei Jahren (6,13–23). Erst nach einem Jahr durfte ein künftiges Mitglied die gemeinsame „reine Speise" einnehmen, aber noch durfte es an keinem Gut der Gemeinschaft teilhaben. Sein Vermögen und Verdienst wurden dem Schatzmeister der Gemeinschaft übergeben, durften jedoch nicht für gemeinschaftliche Zwecke verwendet werden. Nach einem zweiten Jahr und weiterer erfolgreicher Beurteilung wurde ihm erlaubt, das „Getränk der Vollmitglieder" zu genießen, und sein Vermögen wurde dem der Gemeinschaft einverleibt. So eng verstanden ihre Mitglieder diese *Jahad*, dass jede Person samt ihrer Habe physisch Teil eines einzigen Wesens war, obwohl ungewiss ist, ob Besitztümer gemeinschaftlich *besessen* oder nur gemeinschaftlich *genutzt* wurden. Gemeinsames Trinken war der höchste Ausdruck dieser Einheit, weil Flüssigkeiten äußerst anfällig für Unreinheit sind und ein unreines Mitglied die gesamte Gemeinschaft verunreinigen konnte.

Die Regeln, die das Verhalten von Mitgliedern bestimmten, waren ebenfalls streng: kein Lügen über Besitz, kein Verleumden eines anderen Mitglieds, kein Äußern des göttlichen Namens oder Sprechen gegen die Priester. Keine Nacktheit, kein törichtes Reden oder Gestikulieren, kein Schlafen, zu häufiges Weggehen oder

Spucken während einer Versammlung. Die Strafen reichten von der Kürzung der Rationen bis zur sofortigen Ausweisung, wie im Falle des Teilens von Nahrung mit einem früheren Mitglied, das verbannt worden war (6,24–7,27). Die Gemeinschaftsordnung vermittelt so den Eindruck einer auf eine Vision von Buße durch rechtschaffenes Leben gegründeten Gruppe, die zu einer gut organisierten Gemeinschaft mit einer entwickelten sektierischen Ideologie und mit Disziplinarstrukturen wurde.

Die Gemeindeordnung

„Und dies ist die Ordnung für die ganze Gemeinde Israels am Ende der Tage, wenn sie sich sammeln, [in einer Einung zu wan]deln nach dem Gesetz der Söhne Zadoks, der Priester, und der Männer ihres Bundes ..." (1QSa 1,1–2)

Die beiden Schriftrollen dieses Dokuments beschreiben eine Gemeinde (hebräisch: *'edah*), Frauen und Kinder eingeschlossen, die vermutlich mit der *Jahad* (die Handschrift ist an dieser entscheidenden Stelle beschädigt) verbunden war. Ihre Mitglieder nehmen zuerst an einer Verlesung des Gesetzes (siehe Deuteronomium 31,9–13) teil. Unter einer neuen Überschrift, „Ordnung für alle Heerscharen der Gemeinde und für jeden Vollbürger in Israel" (1,6), stellt der Text Regeln für die Erziehung jedes jungen männlichen Israeliten und seiner Verantwortlichkeiten, unter der Autorität der Priester, in verschiedenen Lebensstadien auf. Die Räte dieser Gemeinde setzen sich aus den Führern ihrer verschiedenen Unterabteilungen zusammen (wie sie in den biblischen Büchern Exodus und Numeri aufgezählt werden): der Stämme, Tausend-, Hundert-, Fünfziger- und Zehnerschaften, mit Älteren und Leviten – alle unter priesterlicher Autorität. Niemand mit irgendwelchen geistigen oder körperlichen Schäden darf ein Amt bekleiden. Abschließend wird eine Versammlung geschildert, bei der alle sich ihrem Rang gemäß niederlassen und der Oberpriester (der Messias Aarons?) mit dem Messias Israels neben sich, einem Laienführer, den Vorsitz innehat. Beim gemeinschaftlichen Mahl segnet der priesterliche Messias zuerst Brot und Wein, nimmt es dann zu sich, gefolgt von dem Messias Israels und dann vom Rest der Gemeinschaft. Der Schlusssatz lautet: „Und nach dieser Vorschrift verfahre [man] in bezug auf jeden [Po]sten, wenn sie [sich vers]ammeln zu (mindestens) zehn Männ[ern]."

Wie die Gemeinschaftsordnung könnte auch dieses Dokument aus mehreren Quellen zusammengesetzt sein. In seiner gegenwärtigen Form sieht es aus wie ein Entwurf für das künftige Israel, das aus der *Jahad* hervorgehen wird, nach den Grundzü-

Dossier der Fakten

Handschrift: 1QSa
Herausgeber: D. Barthélemy (*DJD* 1)
Kommentar: L.H. Schiffman, J.H. Charlesworth

Bruce Zuckerman untersucht die Gemeindeordnung.

gen der biblischen „Gemeinde der Israeliten" (z. B. im Buch Numeri) jedoch unter Einschluss einiger Elemente des Disziplinarregimes der *Jahad*. Viel Aufmerksamkeit erfuhren die Rollen der beiden „Mesiasse" beim gemeinschaftlichen Mahl. Die Priorität ruht eindeutig auf dem Priester, nicht seinem Pendant aus dem Laienstand. Aber handelt es sich hier um eine Art „messianisches Festmahl" oder, wie der Schlusssatz des Dokuments zu sagen scheint, ein regelmäßiges Ereignis, das vielleicht die idealen Zustände am Ende der Geschichte vorwegnimmt?

In jüngster Zeit wurde behauptet, diese Ordnung spiegele die Organisation der Damaskus-Gemeinschaft wider (siehe S. 18) und sei später von der *Jahad* adaptiert und in eine Zukunftsvision verwandelt worden. Die Gemeinde taucht erneut in der Kriegsrolle auf und tatsächlich wird in dieser Ordnung (1,21) der „Krieg, um Völker zu unterwerfen", erwähnt.

(Gegenüberliegende Seite)
Die Gemeindeordnung, eine von wenigen im Staatlichen Archäologischen Museum in Amman aufbewahrten Schriftrollen.

Dossier der Fakten

Handschrift: 1QSb
Herausgeber: J.T. Milik

Die Segensordnung

„Für den Maskîl, zu segnen den Fürsten (nasî) der Gemeinde (ha-'edah), damit [Er –] seine [Mach]t, und den Bund der [Ei]nung ihm erneuere, um aufzurichten die Herrschaft seines Volkes auf ewi[g] ... Er mache dein Horn eisern und deine Hufe ehern, du wirst stoßen wie ein J[ungstier – und Völk]er wie Straßenkot [zertreten] (vgl. Mi 4,13)." (1QSb 5,20; 26)

Das Ende der Rolle, die 1QS, 1QSa und 1QSb enthält, liegt an der Außenseite und wurde daher am stärksten beschädigt. Deshalb ist dieses mit „Sege[ns]worte" überschriebene Dokument sehr bruchstückhaft. Wie 1QS ist sein Inhalt für den *Maskîl* bestimmt, ein Ausdruck, der für einen (möglicherweise *den*) geistigen und erzieherischen Führer innerhalb der Gemeinschaft benutzt wird. Er bittet Gott, von seiner himmlischen Wohnstätte aus der Reihe nach die Mitglieder der Gemeinschaft (die „Fürchtig[en] Gottes ... und Festhaltende(n) am Bu[n]d"), den Hohepriester, die zadokidische Priesterschaft (siehe Numeri 6,24–26) und den „Fürsten der Gemeinde" zu segnen.

Von den Priestern heißt es: „.... und du wir|st ringsum dienen in der Halle (der) Königsherrschaft und wirfst Los[e] mit Angesichtsengeln", was sich auf den von göttlichen Wesen vollzogenen himmlischen Tempelkult bezieht (wie in den Sabbatopfer-Gesängen beschrieben, siehe S. 146), während der „Fürst der Gemeinde" die Völker zerschmettern und über sie herrschen werde. Der Hohepriester und der Fürst der Gemeinde dürften dem „Messias Aarons" und dem „Messias Israels" entsprechen, die am Ende des vorausgehenden Textes, 1QSa, auftauchen, was vielleicht erklärt, warum die zwei Texte zusammen abgeschrieben wurden. Ob die Segnungen selbst in der Gegenwart oder in den kommenden ruhmreichen Tagen rezitiert werden sollten, ist unklar, aber wahrscheinlich in Letzteren: Es gibt anderswo in der Qumran-Sammlung sehr ähnliche eschatologische Gebete (siehe S. 144). Der Verweis auf den *Maskîl* liefert eine Verbindung zu 1QS und vielleicht stellt die Handschrift eine Sammlung von Texten für den Gebrauch durch einen Führer in der *Jahad* dar.

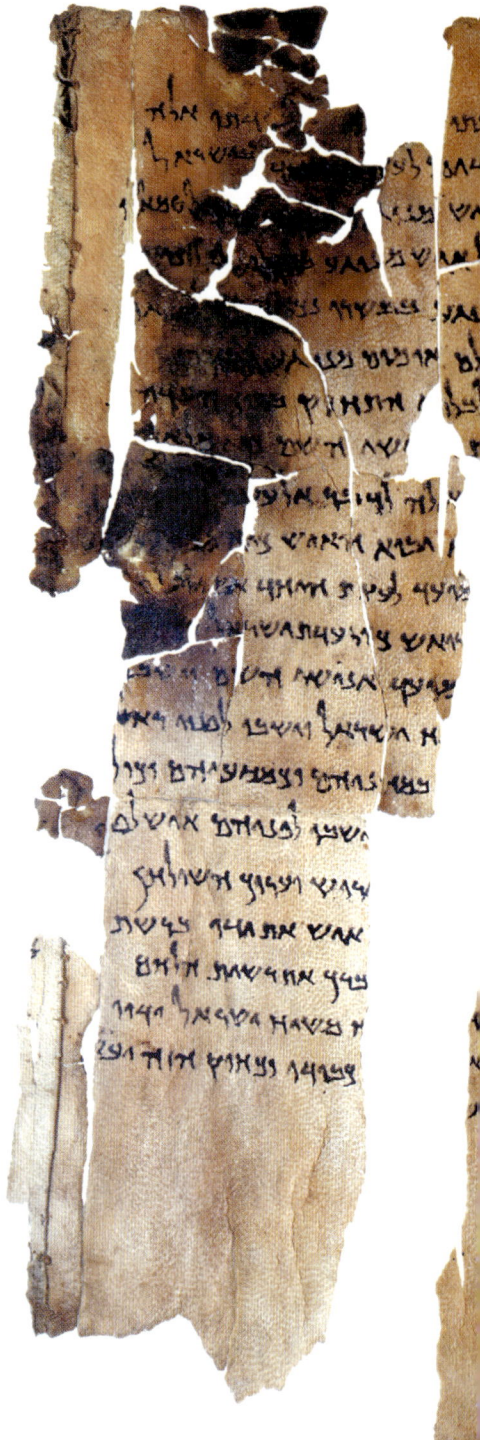

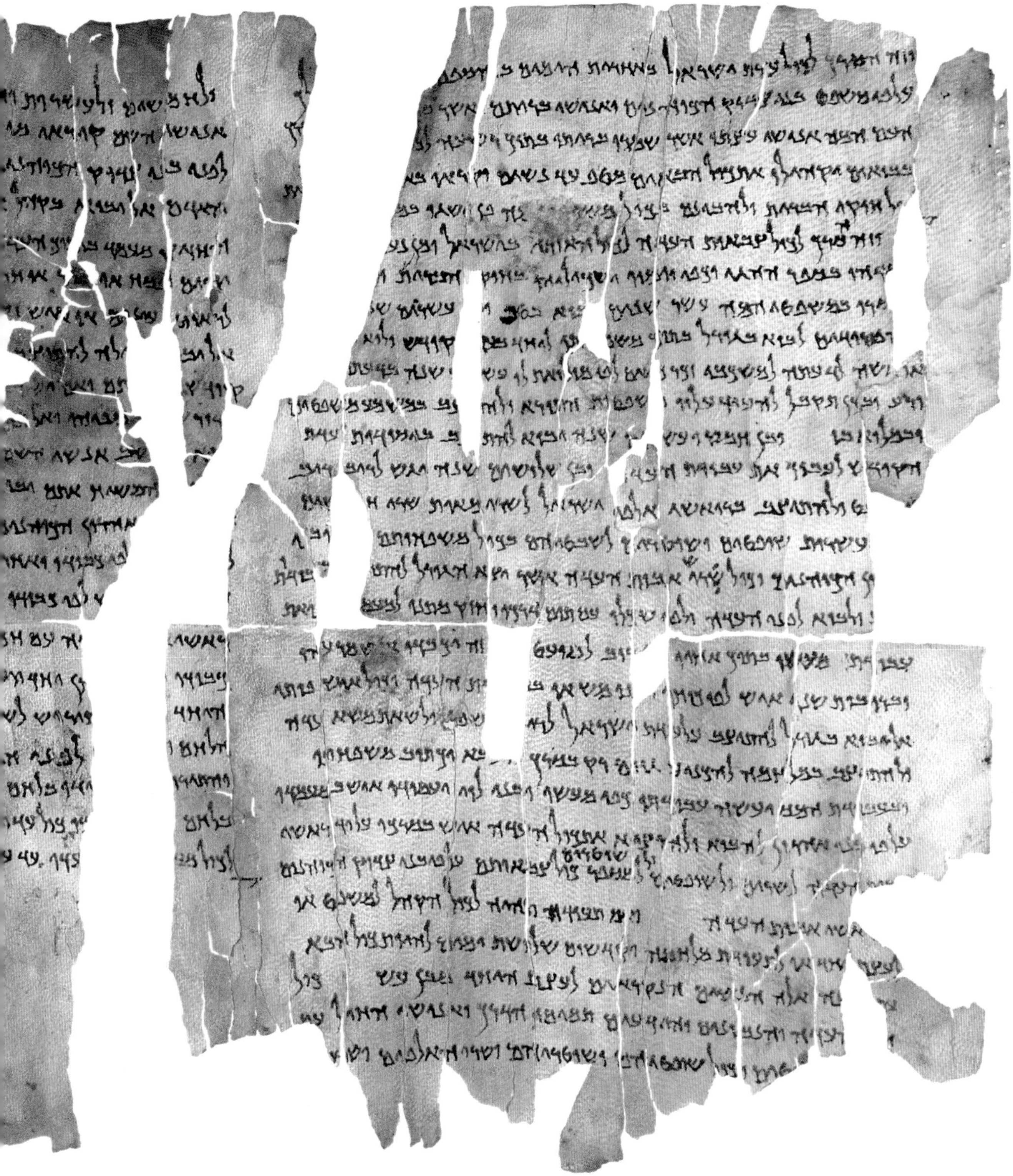

Dossier der Fakten

Handschrift: 1QM; Fragmente der Handschriften 4QM^a–f (4Q491–96), 5Q11
Herausgeber: E.L. Sukenik, M. Baillet (*DJD* 7)
Kommentar: Y. Yadin, P.R. Davies, J. Duhaime
Länge (1QM): 2,9 m
Schrift: Herodianisch (1QM); Hasmonäisch und Herodianisch (4QM)

Die Kriegsrolle

„Denn dies ist eine Notzeit für Isra[el und der Kund]machung gegen alle Völker, doch Gottes Los (steht) in ewiger Erlösung und Vernichtung (droht) allen Frevel-Völkern. Und alle Kampfbe[reiten] gehen hin und lagern gegenüber dem König der Kitti'im und gegenüber dem Heer Belials, die sich mit ihm zusammengerottet haben für den Tag [der Rache (?)] durch das Gottesschwert." (1QM, 15,1–3)

Visionen des Endsieges über das Böse sind in der alten jüdischen Literatur (das Neue Testament eingeschlossen) nicht ungewöhnlich, aber die unverhüllte Beschreibung eines Krieges zwischen den Mächten des Guten und der Finsternis finden wir nur in dieser Schriftrolle. Sie beginnt mit einer siebenphasigen Schlacht gegen das hier unter dem (auch im Buch Daniel, 11,30, benutzten) Namen

viele andere Qumran-Rollen geht 1QM bei der Beschreibung des wiederhergestellten Tempelkults von einem Kalender mit 52 Wochen und 364 Tagen aus, nicht von einem 354-tägigen Mondkalender (Kol. 2). Offensichtlich wurde sie aus mehreren Quellenarten zusammengestellt, darunter Loblieder und Gebete für die Kriegszeit, militärische Handreichungen und Beschreibungen römischer Waffen und Manöver. Sie könnte durchaus Spuren von Überlieferungen tragen, die von den erfolgreichen Guerilla-Heldentaten der makkabäischen Krieger aus der Mitte des 2. Jahrhunderts v. u. Z. herrühren. Eine Sonderbarkeit ist, dass, obwohl das „Sch[i]ld des Fürsten der ganzen Gemeinde" erwähnt wird, er nirgends als Anführer irgendwelcher Kämpfe bezeichnet wird. Diese liegen ganz in Händen der Priester, die sich trotzdem gehörig außer Reichweite des Blutvergießens halten.

Fragmente dieses Werkes (oder zumindest von Fassungen davon) gibt es auch in Höhle 4.

Kol. 12–14 der Kriegsrolle aus Höhle 1.

„Kitti'im" getarnte Römische Reich, bei der die Römer für immer ausgelöscht werden. Es folgen 33 Jahre des Krieges zwischen Israel und den Völkern.

Die Schriftrolle aus Höhle 1, die mit 19 Kolumnen fast vollständig zu sein scheint, ist relativ gut erhalten und in ordentlicher Formalschrift geschrieben. Sie befand sich bei dem ersten Schwung, der entdeckt wurde, und gelangte in den Besitz von Eleazar Sukenik von der Hebräischen Universität. Den ersten und besten Kommentar verfasste passenderweise Sukeniks Sohn, der Forscher, General und Politiker Yigael Yadin.

Es gibt klare Verbindungen zwischen dieser Schriftrolle und einigen anderen Schriften aus Qumran. 1QM (*Milhamah* ist das hebräische Wort für „Krieg") repräsentiert vor allem die dualistische Sicht einer zwischen dem Guten und dem Bösen geteilten Menschheit mit je eigenen Schutzgeistern, die man auch in der Gemeinschaftsordnung und ein paar anderen Qumran-Texten findet. Wie

Inhalt der Kriegsrolle aus Höhle 1

Kol. 1 gibt einen Überblick über einen Krieg zwischen den „Lichtsöhnen" und den „Finsternissöhnen": eine Anfangsphase von sieben Jahren, die das Gelobte Land von nichtisraelitischen Besatzern (Ammoniter, Moabiter, Edomiter, Philister) und vor allem den „Kitti'im" (Römern) befreit. Auch gottlose Juden werden vernichtet und die zehn verlorenen Stämme wiederhergestellt.

„[Für den Maskîl: Die Ordnung] des Krieges. Operationsbeginn von Lichtsöhnen, um gegen ein Los von Finsternissöhnen anzugehen, gegen das Heer Belials: die Heerschar Edoms und Moabs, der Ammoniter und der Ama[lekiter und das Volk] Philistäas und die Heerscharen der Kitti'im von Assur, und mit diesen zur Hilfe sind Frevler am Bund. Die Söhne Levis und die Söhne Judas, die Exilierten der Wüste, kämpfen gegen sie." (1,1–2)

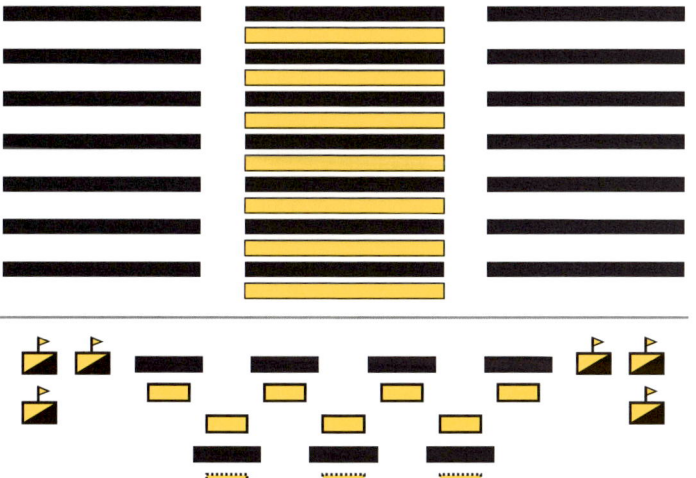

Alle sieben Infanterie-Formationen in Aufstellung mit der Fußtruppe hinter der mittleren Schlachtlinie

Jede Formation nimmt Aufstellung, um so der Reihe nach mit der Fußtruppe dahinter und der Reiterei auf den Flügeln den Feind zu bekämpfen

Die Fußtruppe stößt durch die Linien, um sich dem Feind entgegenzuwerfen

Die Kol. 2–9, wahrscheinlich aus einer älteren Textsammlung über einen längeren Krieg zwischen Israel und den Völkern, zählen weitere Feldzüge auf, bis 40 Jahre verstrichen sind und die ganze Welt bezwungen ist. Alle sieben Jahre wird ein Sabbatjahr sein, in dem Israel (und seine Feinde!) von Feindseligkeiten Abstand nehmen. Verschiedene anzuwendende Schlachtenmanöver, Zeichen auf Bannern und Trompeten, Bewaffnung, Altersgrenzen und andere nebensächliche Einzelheiten werden aufgelistet. Ein wichtiges Merkmal hier ist, dass die zwölf Stämme organisiert sind, wie es die Israeliten in der Wüste waren (Numeri 1–10, wo die ganze Nation immer im Einzelnen aufgeführt wird). Der Oberpriester bringt viele Gebete dar.

„Gepriesen ist Israels Gott im ganzen Denken Seiner Heiligkeit und in den Werken Seiner Wahrheit, und gep[ri]esen sind alle, die Ihm in Gerechtigkeit dienen, die Ihn in Treue erkennen! Verflucht ist Belial im Anfeindungsdenken und verdammt in seiner schuldvollen Herrschaft, und verflucht sind alle Geister seines Loses im Denken [(leer)] ihres Frevels und verdammt sind sie im ganzen Dienst ihrer greulichen Unreinheit, denn sie sind ein Finsternis-Los, doch Gottes Los (gilt) [ewig]em Licht." (13,2–5)

Die Kol. 15–19 enthalten die Darstellung einer siebenphasigen Schlacht, in der abwechselnd die „Lichtsöhne" und die „Finsternissöhne" erfolgreich sind. Aber schließlich

„[...] wenn sich erhebt die große Hand Gottes wider Belial und wider die ganze [Rott]e (?) seiner Herrschaft bei einer ewigen Niederlage. [...] und dem Kriegslärm Heiliger bei der Verfolgung Assurs. Es fallen die Söhne Japhets, so dass keiner (mehr) aufsteht, und die Kitti'im werden zerschlagen ohne [Rest am

Tage,] da sich die Hand des Gottes Israels erhebt wider die ganze Menge Belials. Zu dieser Zeit blasen die Priester [die Trompe]ten des Gedenkens und es versammeln sich alle Schlachtreihen und sie verteilen sich gegenüber dem ganzen Heer[lager der Kitti]'im, um sie zu bannen ..." (18,1–5)

Aber glaubten die Autoren *wirklich* an einen endgültigen Krieg gegen Rom, bei dem Gott eingriffe, um ihnen den Sieg zu schenken? Oder ist diese Schilderung bloß Fantasie? Und wer sind die „Lichtsöhne" – das jüdische Volk oder bloß eine Sekte? Die Juden Palästinas führten 66 u. Z. tatsächlich Krieg gegen die Römer, einen Krieg, der in einer Niederlage endete, mit der Zerstörung des Tempels 70 u. Z. und der Eroberung des letzten Stützpunkts in Masada vier Jahre später, mit dem Tod jener fanatischen Eiferer, die, wie es diese Schriftrolle schildert, glaubten, Gott würde für sie kämpfen. Trotzdem wirkt der in dieser Rolle dargestellte Kampf eher wie eine Liturgie oder ein Ballett. Auf ein Stichwort hin ertönen die Trompeten, klirren die Waffen, der Feind fällt (und ruht praktischerweise im siebten Jahr ebenfalls?). Für heutige Augen ist es ein seltsamer Text, aber er verschafft uns vielleicht einen Einblick in jüdische Gefühle und Hoffnungen, die sich bald auf so tragische Weise als fehlgeleitet erwiesen.

(Oben links) Der Plan der Kriegsrolle (1QM) für die offene Schlacht, nach Yigael Yadin.

(Unten) Die Kriegsrolle beschreibt Kampftraditionen, die durchaus von den Makkabäer-Kriegen Mitte des 2. Jahrhunderts v. u. Z. stammen könnten, wie das Buch der Makkabäer aus dem 10. Jahrhundert sie darstellt.

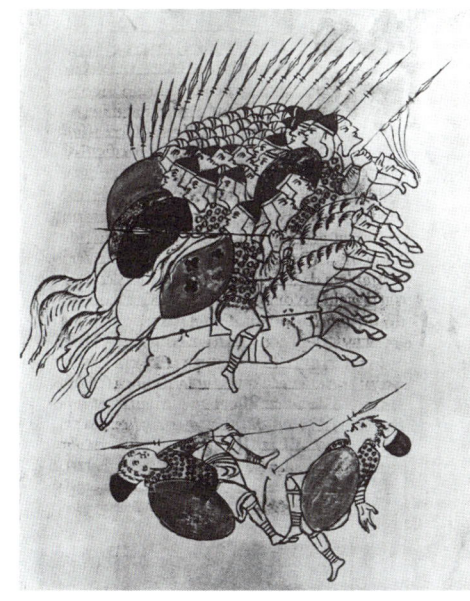

Dossier der Fakten

Handschriften: 1QH[a],
Fragmente der Handschriften 1QH[b], 4QH[a–e]
(4Q428–31), 5Q11
Herausgeber: E.L. Sukenik, E.M. Schuller
Kommentar: S. Holm-Nielsen, J. Licht
Länge (1QH): 4,3 m
Schrift: Herodianisch
(1QH); Hasmonäisch und Herodianisch (4QH)

Die Loblieder

„[Ich danke Dir, Herr!
Denn] aus Geistern, die Du in mich gegeben,
er[teil]e ich Zungenantwort,
zu erzählen Deine gerechten Taten
und Langmut [—]
und die Werke Deiner starken Rechten
[.....] ... für den Abfall der Früheren,
und zu [...] und zu flehen
wegen [.....] ...
meine Taten und die Verkehrtheiten [meines Herzens]
denn in Unreinigkeit habe ich mich gewälzt
und aus dem Kreis . [.....] ...
und nicht habe ich mich zugesellt [.....]"
(1QH 4,17–19)

ser Eröffnungsformel lassen sich mindestens 24 Loblieder identifizieren, obwohl die Schriftrolle wohl mehr enthalten haben wird, da die ersten drei Kolumnen verloren sind.

Die Anordnung der Loblieder folgt keinem erkennbaren Schema. Dank der Arbeit Stegemanns und vor allem Puechs wurde nachgewiesen, dass die ursprüngliche Anordnung durch Sukenik falsch war. Seine Platzierung der vielen von der Handschrift abgetrennten Fragmente wurde von Puech ebenfalls (unter Zuhilfenahme der auf S. 76 beschriebenen Methoden) korrigiert und erweitert.

Viele dieser Lieder betonen die Niedrigkeit der *conditio humana* und kontrastieren sie mit der Macht Gottes. Der menschliche Körper sei ein aus Lehm geformtes, sündhaftes Gefäß, dessen Schicksal durch göttliche Verfügung bereits entschieden worden sei.

Die Kolumnen 9–12 der Loblieder (1QH[a]).

Manchmal auch als „Hymnenrolle" bezeichnet, befand sich diese Schriftrolle unter den von Eleazar Sukenik erworbenen und veröffentlichten Rollen aus Höhle 1.

Inhalt

Weil die meisten dieser Loblieder oder Gebete Dankbarkeit gegenüber Gott für die Erlösung des Dichters aus irgendeiner gefährlichen Situation zum Ausdruck bringen, beginnen sie mit den Worten *'odekah* („Ich danke Dir, Herr!") und die Schriftrolle wurde entsprechend „Loblieder" (hebräisch: *Hodayot*) (1QH) getauft. Mit die-

„Aber ich, das Lehmgebilde und Wassergemenge,
das Schamgeheimnis, die Unreinheitsquelle
und das Sündengebäude,
der Irrtums-Geist, verkehrt ohne Einsicht ...
Das Ganze ist eingeschrieben vor Dir
mit Gedächtnisgriffel für alle ewigen Zeiten
und (auch) die Zyklen der Anzahl der Jahre der Ewigkeit
mit allen ihren Terminen."
(1QH 9,21–24)

Oft dankt der Dichter Gott für das Geschenk des Wissens, um trotz seiner Schwäche und Unwissenheit die göttlichen Rätsel zu begreifen. Es gibt jedoch spezielle Erinnerungen, wie die Erlebnisse der Verfolgung durch andere. Über weite Strecken stößt man in diesem Werk der Loblieder auf einen starken Widerhall biblischer Psalmen und in der Tat sind die Loblieder voll einer ihnen entlehnten Ausdrucksweise. Ein Beispiel ist der folgende Satz aus 1QH 10,29: „Sie spannten ein Netz mir – es fängt ihren Fuß, stellten Fallen meiner Seele – sie fielen darein." Die Worte können zu Psalm 9,16 zurückverfolgt werden: „Die Heiden sind versunken in der Grunde, die sie gegraben, / ihr Fuß ist gefangen im Netz, das sie gestellt hatten", ebenso wie zu Psalm 35,7: „Denn ohne Grund haben sie mir ihr Netz gestellt, / ohne Grund mir eine Grube gegraben", und auf Psalm 142,4: „Sie legen mir Schlingen / auf dem Wege, den ich gehe." Weil biblische Wendungen einflossen und die angegebenen persönlichen Einzelheiten oft stereotyp sind, wurde bezweifelt, ob man diesen Anspielungen trauen könne, um daraus die Erfahrungen eines individuellen Menschen zu rekonstruieren.

Aber andererseits gibt es bestimmte Abschnitte, die darauf hindeuten, dass der Dichter die Säule einer Gemeinschaft von Leuten ist, die sich auf ihn als Kraftquell verlassen. Er spricht auch vom Exil, darüber, an einen Ort verpflanzt zu werden, wo es in einem trockenen Land Bäume und Wasser gebe. Er spricht von schweren Krankheiten und großer körperlicher Mattheit. Es überrascht nicht weiter, dass viele Forscher sich diese Punkte als Beweis dafür herausgriffen, dass der Autor niemand anderer sei als der Gründer der *Jahad*, der „Anweiser der Gerechtigkeit", der laut Habakuk-Kommentar verfolgt wurde, eine Gemeinschaft führte und die Gabe besaß, göttliche Geheimnisse zu verstehen. Selbst die Beschreibungen trockener Orte und Ströme könnte auf Qumran hindeuten, wohin der Lehrer vielleicht meinte, seine Anhänger gebracht zu haben.

Heute ist man sich der Autorschaft dieser Loblieder nicht mehr so sicher. Durchaus möglich, dass sie für einen sektiererischen Führer (einen *Maskîl*?) oder von ihm verfasst wurden, und wie in der gesamten alten hebräischen Dichtung ist die Grenze zwischen Wortwörtlichkeit und Metapher manchmal unsichtbar. Was diese Lieder lesenswert macht, ist eher das kraftvolle religiöse Empfinden als mögliche historische Hinweise.

Geschichte oder Hagiographie?

Forscher haben die Loblieder und die *pescharim* (S. 96) lange Zeit als historische Quellen für das Leben und die Zeitumstände des Anweisers der Gerechtigkeit, des mutmaßlichen Gründers der *Jahad*, behandelt. Eine Anzahl der individuellen Loblieder in dieser Schriftrolle schildert in der ersten Person die Gefühle und Erlebnisse eines religiösen Führers, der ins Exil ging und eine Gemeinschaft gründete.

Obwohl die Sprache der Loblieder oft ziemlich allgemein und klischeehaft ist, bieten die *pescher*-Kommentare eine klarere Darstellung bestimmter Episoden im Leben des „Anweisers der Gerechtigkeit". Besonders auffallend sind die zur Beschreibung der Widersacher verwendeten Ausdrücke: „welche da erteilen die ‚glatten' Anweisungen" und „Irreführer". Die Frage ist: Beruhen diese Erwähnungen in den Kommentaren auf unabhängiger Erinnerung oder rühren sie daher, dass die Loblieder als Autobiografie gelesen wurden?

1QH 12,8–12:
„Denn er stößt mich aus meinem Land
wie einen Vogel aus seinem Nest,
und all meine Freunde und Bekannten
wurden weggejagt von mir
und schätzten mich als ein zerbrochenes Gefäß.
Und sie, Deuter von Lüge und Seher von Trug,
sannen gegen mich Ränke Belials aus
zu vertauschen Deine Torah,
die Du mir ins Herz eingeschärft,
gegen ‚Glattheiten' für Dein Volk.
Sie verschließen Erkenntnistrank Durstenden
und tränken sie mit Essig gegen ihren Durst,
daß man hinblicke auf ihren Irrtum,
sich töricht aufzuführen an ihren Festen,
sich fangen zu lassen in ihren Netzen."

1QpHab 11:
„Wehe dem, der seinen Nächsten trinken läßt, indem er beimischt seinen Grimm, ja (sie) trunken macht, um hinzusehen auf ihre Festtermine (Hab 2,15). [Leer] Seine Deutung (geht) auf den Frevelpriester, der den Anweiser der Gerechtigkeit verfolgt hat, um ihn zu verschlingen im Zorn seines Grimms, ihn gefangen wegführen wollend, und zur Zeit des Festtermins der Ruhe des Versöhnungstages erschien er ihnen, um sie zu verschlingen und um sie zu Fall zu bringen am Tag des Fastens ihrer Arbeitsruhe."

Man könnte durchaus meinen, dass Loblied und Kommentar sich auf dasselbe Ereignis beziehen. Aber während die *pescharim* die Spitznamen spezifischen Gruppen und Personen anhängen, verwenden die Loblieder sie allgemein als Beschreibungen von Feinden, nicht als Chiffren. Deshalb ist es möglich, dass der Schreiber des Habakuk-Kommentars die Loblieder benutzte, wobei er sie autobiografisch verstand, aus ihnen ein in den biblischen Text hineinzulesendes Leben des Anweisers konstruierte und anschauliche, aber erdichtete Figuren als Widersacher an die Seite stellte. Wenn das so war, was wissen wir dann wirklich über diesen Anweiser?

Die biblischen Kommentare

„Denn noch gibt es Schau für den Termin, er stößt es hervor zur Zeit und trügt nicht (Hab 2,3). [leer] Seine Deutung ist, dass die letzte Zeit sich in die Länge zieht und zwar mehr als alles, was die Propheten gesagt haben, weil die Mysterien Gottes wundersam sind. *Wenn sie verzieht, harre darauf! Denn sie kommt gewiss und bleibt nicht aus.* [leer] Seine Deutung (bezieht) sich auf die Männer der Wahrheit, die Täter der Torah, deren Hände nicht abgelassen haben vom Dienst der Wahrheit, als sich über ihnen die letzte Zeit hinzog, denn alle Zeiten Gottes treffen ein nach ihrer Ordnung, wie Er es eingezeichnet hat für s[ie] in den Mysterien seiner Klugheit.“ (1QpHab 7,5–14)

Die Absicht des Kommentars

Pescher ist der Name für eine Art biblischer Kommentar, wie man ihn nur in Qumran fand, bei dem einzelne Texte herausgegriffen und ihnen der Reihe nach exakte weissagerische Bedeutung in Zusammenhang mit der jüngsten Geschichte der Gemeinschaft des Verfassers gegeben wird, die selber glaubte, am „Ende der Tage“ zu leben. Sie befassen sich nur mit den Prophetenbüchern, die aber den Psalter einschließen, den man ebenfalls für prophetisch hielt. (Doch ein paar andere Qumran-Texte enthalten ebenfalls Passagen mit dieser Art von Kommentar.)

Jeder dieser *pescharim* folgt der Systematik des biblischen Buches, das gedeutet wird, indem ein Vers oder ein paar wenige Verse zitiert werden, bevor sich die Interpretation anschließt. Die Deutungen aufeinander folgender Verse müssen gar nicht unbedingt zusammenhängen. Die Technik ist atomistisch und die biblischen Passagen

werden als Abfolge einzelner Ziffern behandelt. Vom Psalmen-*pescher* glaubte man ursprünglich, es gehe nur um Psalm 37, aber das bruchstückhafte Ende deutet jetzt darauf hin, dass vielleicht auch andere Psalmen zitiert werden. Der Umfang des biblischen Textes, dem dieser *pescher* sich zuwendet, ist deshalb unklar.

Der Habakuk-Kommentar

Der Habakuk-*pescher* aus Höhle 1 ist der längste und am besten erhaltene (sowie zuerst entdeckte und veröffentlichte) dieser Kommentare. Diesem Text zufolge verriet Gott dem Propheten, was am „Ende“ geschähe, aber nicht, wann dieses „Ende“ käme. Doch später gab er dem „Anweiser der Gerechtigkeit“ die Ereignisse zu erkennen, auf die angespielt wird:

„Und es antwortete mir JHWH [und sprach: Schreibe (die) Vision nieder und [leg]e sie dar auf den Tafeln, damit ei[sen kann], [der darauf liest. (Hab 2,1–2) —] Und Gott sprach zu Habakuk niederzuschreiben, was (da) kommt über die letzte Generation, doch die Vollendung der Zeit hat Er ihm nicht

Kreuzigung

Verglichen mit einer schnellen Steinigung am Dorfeingang war eine öffentliche Kreuzigung außerordentlich schändlich und grausam. Diese Form der Bestrafung wurde oft mit den Römern in Verbindung gebracht, war aber bereits weithin üblich. Die Reliefs (im Britischen Museum) vom Einfall Sanheribs von Assur in Juda 701 v. u. Z. zeigen Männer, die auf angespitzten Balken aufgespießt waren.

Kreuzigung bedeutete das Spannen des Körpers auf ein vertikales Stück Holz. Der Eintritt des Todes wurde hinausgezögert und der Zweck war ebenso die sehr öffentliche Demütigung wie das Zufügen von Schmerz. Also fanden häufig viele gleichzeitig und an öffentlichen Orten statt, beispielsweise am Straßenrand oder außerhalb der Stadtmauern in der Nähe eines Tores.

Der Nahum-Kommentar spricht von jemandem mit dem Spitznamen „Löwe des Zorns“ (1,6–8), der seine Feinde in Jerusalem lebendig aufhängte. Gewöhnlich wird dieser Löwe mit dem jüdischen Führer Alexander Jannäus gleichgesetzt (siehe Josephus Flavius, *Krieg* 1,92–97; *Altertümer* 13,376–83), der 800 seiner Gegner „mitten in der Stadt [Jerusalem]“ kreu-

zigen ließ. (Doch es wurde auch behauptet, der „Löwe“ sei tatsächlich ein fremder Herrscher gewesen.) Griff ein jüdischer Herrscher selbst zur Kreuzigung, interpretierten Forscher dies gewöhnlich als beispielloses Ereignis in Israel. Doch mit der Veröffentlichung der Tempelrolle wurde diese Sichtweise modifiziert. Die Tempelrolle 64,6–13 präsentiert mehrere Fälle von Verrat. Die festgesetzte Strafe ist, im Einklang mit Deuteronomium 21,22–23, *„an das Holz hängen,* so daß er stirbt“. Aber der Text schreibt vor, dass der Leichnam nicht über Nacht hängen bleiben solle. Er müsse abgenommen und begraben werden, damit er das Land nicht schände. Keiner der Qumran-Texte scheint die Praxis zu kritisieren und das in 4Q448 überlieferte Loblied enthält einen Segen, möglicherweise für Jannäus, den es mit „König Jonatan“ anspricht.

kundgetan. [leer] Und wenn es heißt: *damit eilen kann, der darauf liest,* so geht seine Deutung auf den Anweiser der Gerechtigkeit, dem Gott kundgetan hat die Gesamtheit der Mysterien der Worte Seiner Diener, der Propheten." (1QpHab 6,14–7,5)

Ein *pescher* stellt sich also als die offenbarte Antwort auf ein dunkles Orakel, ein „Rätsel", heraus. Eine ähnliche Absicht kann man in den Geschichten von Joseph und Daniel ausmachen, die beide Träume deuten, obwohl Daniel 9 sich mit dem verborgenen Sinn eines biblischen Textes befasst. Die Übung als Ganzes sollte in den Qumran-Texten bestätigen, dass die heiligen Schriften tatsächlich über die Gemeinschaft der Schreiber sprachen und dass die Endzeit bereits da sei.

Die Weissagungen Habakuks sind im 6. Jahrhundert v. u. Z. angesiedelt, als Juda von den „Chaldäern", den Neubabyloniern, bedroht wurde. Der Prophet schildert ihren kriegerischen Charakter, äußert sich aber auch zur Verfolgung der Gerechten durch die Gottlosen in Jerusalem. Der Kommentator stellt die Chaldäer auf eine Stufe mit den „Kitti'im", die mit den Römern gleichzusetzen sind; und er personifiziert den Gerechten und den Gottlosen aus Habakuk als den „Anweiser der Gerechtigkeit" und den „Frevelpriester", obwohl er mit dem „Mann der Lüge" noch eine dritte Hauptfigur einführt. Er spricht von Ereignissen, in die diese Figuren verwickelt sind, hauptsächlich Angriffe des Frevelpriesters auf den Anweiser der

(Oben links) Kolumne 10 des Habakuk-Kommentars (1Qp-Hab). Man beachte die Verwendung althebräischer Schriftzeichen für den göttlichen Namen in den biblischen Zitaten, Zeilen 7 und 14.

(Oben rechts) Dieses Mosaik des Propheten Habakuk aus dem 13. Jahrhundert ist in der Basilica di San Marco in Venedig zu sehen.

Alte, historische Ereignisse werden durch pescher-*Deutungen in zeitgenössische verwandelt: Detail aus dem assyrischen Relief über die Gefangennahme.*

Gerechtigkeit und die Ankunft der „Kitti'im" in vielen Ländern.

Aber nirgendwo werden irgendwelche echten Namen benutzt: Die identifizierten Personen aus dem biblischen Text erhalten immer Spitznamen. Es wurde deshalb sehr viel Forscherfleiß auf den Versuch verwendet, die Identität des „Frevelpriesters" und des „Anweisers der Gerechtigkeit" zu enträtseln, ohne jedoch zu einem Konsens zu kommen. Vieles, was über den „Frevelpriester" gesagt wird (er wurde reich, verschwor sich mit Nichtjuden, war brutal und nahm ein schlimmes Ende), könnte auf mehrere Kandidaten zutreffen oder ist vielleicht ohnehin stereotyp. Und während die Ankunft der Römer in der Levante leicht aus dem Kommentar abzulesen ist, sind uns die meisten Ereignisse, die als Erfüllung der Prophezeiung geschildert werden, unbekannt. Trotzdem wurde die Frühgeschichte der Qumran-Gemeinschaft in den ersten 40 Jahren der Erforschung der Schriftrollen vom Toten Meer gewöhnlich aus den Hinweisen in diesem Text rekonstruiert. So wurde der „Frevelpriester" verschiedentlich mit mehreren Hohepriestern Jerusalems gleichgesetzt und in der Aussage des *pescher*, der Frevelpriester habe den Anweiser der Gerechtigkeit (der ebenfalls als Priester bezeichnet wird) an ihrem Fastentag zu seinem „Platz des Exils" verfolgt, sieht man einen Verweis auf eine Verfolgung nach Qumran, wo der Anweiser und seine Anhänger sich nach einem anderen Kalender richteten. Heutzutage haben andere Texte, wie die Damaskusschrift (CD) und der Halachische Brief (4QMMT), alternative Theorien hervorgebracht. Es herrscht nicht einmal mehr allgemeine Einigkeit darüber, dass es sich bei den Einzelheiten in den Kommentaren gänzlich um verlässliche Tatsachen handelt.

Hinweise aus anderen Kommentaren

Der in Fragmenten dreier Handschriften aus den Höhlen 1 und 4 erhaltene Psalmen-Kommentar, der die Psalmen 37 und 38 behandelt, fügt hinzu, dass der „[Priest]er des Frevels" den „Gerechten" aufgrund der „Torah, welche er ihm zugesandt hat" zu töten suchte (4QpPs 4,5–12). Forscher haben darüber spekuliert, ob dieses Gesetz vielleicht die Tempelrolle oder ihr „Gesetz, [das geschrieben werden soll für den König]" war (das vorschreibt, der Monarch müsse von den Priestern unterrichtet werden, monogam sein, die Anhäufung persönlichen Reichtums vermeiden und jüdische Vorfahren haben).

Im Nahum-Kommentar werden außerdem bestimmte Gruppen erwähnt, darunter „die, welche die ‚glatten' Anweisungen erteilen". Man ist sich weitgehend darüber einig, dass damit die Pharisäer gemeint sind, und hat behauptet, ihr Spitzname im Hebräischen *(dorschey halaqot)* sei ein bewusstes Wortspiel mit *halakot*, der Bezeichnung, die Pharisäer (und Rabbiner) ihren Deutungen und Ausarbeitungen des biblischen Gesetzes gaben. Im Gegensatz dazu stehen die „Armen" und „Einfältigen" für die Gerechten, wahrscheinlich Mitglieder der von dem Anweiser gegründeten Sekte. „Arm" wurde in der Tat im Psalter des Alten Testaments wie im Neuen Testament sowohl zum Ausdruck von Tugend (oder gar an ihrer Statt) als auch von wirtschaftlicher Not gebraucht.

Der Kommentator in 4QpNahum nennt sogar konkrete historische Gestalten:

„*Wo gegangen ein Löwe, ein Leu dorthin, ein Jungleu, [und keiner schreckt (sie) ab. Seine Deutung (bezieht sich) auf* Deme[trius, König von Jawan, der bestrebt war, nach Jerusalem zu kommen auf Grund eines Beschlusses derer, die ‚glatte' Anweisungen geben. [.....i]n die Hand/durch die Könige von Jawan, von Antiochus bis zum Auftreten der Kittijim-Herrschenden." (4QpNah Frg. 3–4, Kol. 1,1–3)

Der erwähnte Demetrius ist wahrscheinlich der Seleukidenkönig Demetrios III., der um 90 v. u. Z. versuchte, mit Hilfe gewisser Pharisäer Jerusalem in seine Hand zu bekommen. Eine andere, indes mit ihrem Spitznamen erwähnte Figur ist der „Löwe des Zorns", der sich an denen, „die ‚glatte' Anweisungen geben", rächte, indem er Männer lebendig aufhängte, das heißt sie kreuzigte. Die meisten Forscher sehen in ihm den Hasmonäerkönig Alexander Jannäus, der 800 Pharisäer für den Versuch kreuzigen ließ, ihn an den Seleukiden Demetrios zu verraten. Zusammen mit der Erwähnung der „Kittijim", die eine starke militärische Präsenz der Römer andeutet, verweist dies als früheste Entstehungszeit auf die Mitte des 1. Jahrhunderts v. u. Z. Da es in keinem der *pescharim* klare Hinweise auf spätere Ereignisse gibt, scheint es sehr gut

möglich zu sein, dass sie alle damals verfasst wurden. Die Ähnlichkeit von Gattung, Stil und historischen Anspielungen in diesen Kommentaren zeigt ein recht zusammenhängendes Bündel von Schriften, die durchaus etwa zur selben Zeit hätten geschrieben worden sein können. Die Paläographie der Handschriften passt gut zu einer solchen Datierung.

Auch Fragmente von sechs Handschriften eines Jesaja-Kommentars (fünf aus Höhle 4, eines aus Höhle 3) liefern uns die Figur des „Fürst(en) der Gemeinde" sowie den „[Sproß] Davids", Namen, die anderswo in den Schriftrollen auf einen nichtpriesterlichen (königlichen) Messias angewendet werden.

Die *pescharim*-Fragmente zu Hosea (4QpHos[a–b]), Micha (1QpMic, 4QpMic?), Zefanja (1QpZeph, 4QpZeph) und Maleachi (5QpMal) fügen dem, was wir aus den anderen kennen, wenig hinzu; alle scheinen sie prophetische Untergangsankündigungen auf die unmittelbare Zukunft der Schreiber anzuwenden. Der Rest des Psalmen-Kommentars behandelt hauptsächlich Psalm 37, aber ein anschließendes Zitat aus Psalm 45 zeigt, dass dies kein aufeinanderfolgender Kommentar zu der ganzen Sammlung war. Wie 1QpMic erwähnt auch er den „Anweiser der Gerechtigkeit" und den „Mann der Lüge" (5QpMal: „Verbreiter von Lügen"), einen seiner Feinde. Die Kommentare zu Zefanja und Maleachi belaufen sich nur auf ein paar Zeilen.

(Links) John Allegro hockt über den Fragmenten des Nahum-Kommentars.

(Unten) Fragmente 3 und 4 mit dem Großteil des Nahum-Kommentars.

Dossier der Fakten

Handschrift: 1QapGen ar (1Q20)
Herausgeber: N. Avigad und Y. Yadin
Kommentar: J. Fitzmyer
Länge: ca. 2 m
Schrift: Herodianisch

Das Genesis-Apokryphon

„Da dachte ich in meinem Herzen, dass die Empfängnis von Wächter(engel)n oder von Heiligen (herrühre) oder Nefilim (zuzuschreiben) sei und mein Herz wurde verwirrt wegen dieses Kindes." (1QapGen 2,1–2)

„Da sprach Bat-Enosch, meine Frau, mit starkem Nachdruck zu mir und sie we[inte .....] und sprach: ‚Mein Bruder und mein Herr! Es sei dir erinnerlich meine Wonne. [.....] [...]. die Zeit und meine Seele in ihrer Scheide war ..." (2,8–10)

Diese am wenigsten gut erhaltene der bedeutenden Schriftrollen aus Höhle 1, und die einzige in Aramäisch, hieß ursprünglich Lamech-Apokalypse, da diese Figur, der Sohn Metuschelachs (Methusalems) und Vater Noahs, in den erhaltenen Abschnitten der Sprecher ist. Sprache und

zwei Ehefrauen, Ada und Zilla, von denen keine Noah gebar. Im nächsten Kapitel wird er im Alter von 182 Jahren Vater von Noah, aber nirgends wird eine Mutter benannt. Obwohl Bat-Enosch ihre Unschuld beteuert, geht Lamech zu seinem Vater Metuschelach, um seinen Fall untersuchen zu lassen. Der Sohn, dessen Ehelichkeit von Metuschelach bestätigt wird, wird mit wunderbarem Aussehen und Wunderkräften geboren. Im nächsten erkennbaren Abschnitt ist Noahs Arche „auf einem der Berge von Ararat" gelandet, wo er einen Altar errichtet, Weihrauch verbrennt und für die gesamte Erde büßt. Dann zählt er die Namen der Söhne seiner Söhne auf und zusätzlich vier Töchter Jafets. Noah pflanzt einen Weingarten („am Berg Lubar"), aber statt der biblischen Geschichte über Noahs Betrunkenheit erfahren wir von Noahs Feier des ersten Weinfestes am ersten Tag des fünften Jahres nach der Anpflanzung. Bei dieser Gelegenheit prei-

Die Kolumnen 18–22 des Genesis-Apokryphons.

Handschrift deuten auf ein Datum um die Zeitenwende. Die Schriftenrolle besteht aus vier Lederblättern (22 Kolumnen) mit beschädigtem Anfang und Ende. Verbesserte Techniken der Bildvergrößerung haben in den letzten Jahren mehr lesbaren Text enthüllt. Aber wie umfangreich die Originalhandschrift war, weiß man nicht.

Inhalt

Der Inhalt scheint aus einer freien Paraphrase (mit zahlreichen Ergänzungen) der Genesis bestanden zu haben, doch ob das ganze Buch behandelt wurde, ist unbekannt. In dem, was von den Kolumnen 2–3 erhalten ist (von Kol. 1 ist nur eine einzige Zeile teilweise lesbar), spricht Lamech über seine Angst, dass seine Frau Bat-Enosch von einem der heiligen „Wächter" geschwängert worden sei, einer Klasse von Engeln, die sich, wie Genesis 6 uns erzählt, in irdische Frauen verliebt hätten, auf die Erde gekommen seien und Geschlechtsverkehr mit ihnen gehabt hätten. Die Frauen hätten ihnen Nachwuchs geboren, aus dem Riesen wurden. In Genesis 4 nahm Lamech

sen Noah und seine Familie den „Herrn der Himmel" für die Errettung vor der Flut.

Obwohl die Erzählung des Autors auf der Genesis beruht, beweist er so sein Anliegen, Noah zu rechtfertigen, den Ort von Noahs Weingarten zu benennen und einträchtige Verehrung und Dankbarkeit in den ersten Jahren nach der Flut zum Ausdruck zu bringen, dass er bestrebt war, ein paar zusätzliche Einzelheiten zu liefern und den Patriarchen sich kultisch korrekt verhalten zu lassen. Aber von Kol. 17 an weitet sich die Geschichte beträchtlich aus. Anscheinend wird die damals bekannte Welt unter Noahs Nachkommen aufgeteilt, bevor dann in dem am besten erhaltenen Abschnitt der Schriftrolle die Reisen und Abenteuer Abrahams bzw. damals noch Abrams nacherzählt werden (Gen 12,8–15,4). Zuerst geht es um Saras (oder Sarais) Entführung: Abraham träumt von Menschen, die eine Zeder fällen und eine Palme stehen lassen. Die Palme schreit auf, die Zeder nicht zu fällen, und behauptet, sie seien vom selben Stamm. Abraham erklärt Sara, dass sie die beiden Bäume seien und sie ihn vor Fremden „Bruder" nennen müsse. Drei „Männer

von den großen Ägypte[ns]" tauchen auf und einer, Hyrkanus, ermuntert Pharao, Sara kommen zu lassen. Aber
Gott schickt Pharao Quälgeister auf den Hals, um den
Beischlaf zu verhindern. Nachdem Abraham für Pharao
gebetet und ihn geheilt hat, erhält Sara Reichtümer und
die Magd Hagar. Offensichtlich verbindet diese Version
die beiden Geschichten aus Genesis 12 und 20. Der Er-
zähler fügt auch Namen hinzu: einen Fluss Carmon, einen Pharao Zoan, einen Ratgeber Hyrkanus.

Die Kol. 21–22 gleichen Genesis 13,3–15,4, mit einigen merklichen Unterschieden: Lot kauft ein Haus in So-
dom; Abraham durchwandert tatsächlich das Gelobte
Land. Somit veranschaulicht diese umgeschriebene biblische Erzählung, wie einige alte Juden die Genesis lasen
und deuteten, wobei sie Einzelheiten und patriarchali-
sche Frömmigkeit einführten. Und sie ist überschwäng-
lich in Bezug auf Saras Schönheit.

Bedeutung

In Qumran wurden noch mehrere andere Beispiele um-
geschriebener biblischer Geschichten, vor allem aus der
Genesis, gefunden. Vielfach verfolgen sie eine klare theologische Absicht. Hier jedoch scheint es, obwohl theologische Fragen angesprochen werden, ein starkes Element folkloristischer Ausschmückung zu geben, das vielleicht schon populäre Versionen der Genesis-Erzählungen
widerspiegelt. Wahrscheinlich wurde in der jüdischen Literatur der Epoche so viel über die Genesis geschrieben,
weil sie einen Bericht über den Ursprung der Welt und
der Menschheit und folglich auch Hinweise auf das Ende der Welt enthält. So wurden zum Beispiel die Flut und
Noahs Rettung als Ausmalung der Bestrafung der gottlosen Welt, die die Autoren in Kürze erwarteten, und der
Errettung der kleinen Schar Gerechter (nämlich sie selbst)
verstanden.

Sara führt Hagar zu Abraham.
Gemälde von Adriaen van der
Werff (1659–1722).

101

Das Buch der Jubiläen

„Und Mose war auf dem Berge 40 Tage und 40 Nächte, und Gott zeigte ihm die frühere und die künftige Geschichte von der Einteilung aller Tage des Gesetzes und des Zeugnisses." (1,4–5)

„49 Jubiläen sind es von den Tagen Adams bis auf diesen Tag und 1 Jahrwoche und 2 Tage; und es sind noch 40 Jahre, um die Gebote Gottes zu erfahren ..." (50,4)

Westliche Wissenschaftler kannten das Buch der Jubiläen bereits vor den Qumran-Entdeckungen. Sie erfuhren im späten 18. Jahrhundert und im 19. Jahrhundert vom Buch der Jubiläen als Teil des biblischen Kanons der abessinischen (äthiopischen) Kirche. Teile desselben Buches in Latein wurden ebenfalls entdeckt und man nahm an, dass sie aus dem Griechischen übersetzt worden waren. Nun haben die Qumran-Höhlen 1–4 und 11 15 bruchstückhafte Handschriften des Buches im hebräischen Original zutage gefördert. Nur Teile von acht der 50 Kapitel (insgesamt etwa 38–40 Verse) sind erhalten geblieben.

Dieses Werk behandelt den Inhalt der Bücher Genesis und Exodus bis zur Überreichung des Gesetzes auf dem Berg Sinai. Es nimmt für sich Anspruch, das im Himmel geschriebene und ganz Israel offenbarte Gegenstück zur Thora (Gesetz) zu sein. Von den in Qumran vertretenen Gruppen dürfte es außerordentlich geschätzt worden sein, da die Damaskusschrift (16,2–3) es maßgebend zu zitieren scheint (und uns den Originaltitel angibt) und der Kalender, der die Grundlage der Struktur und Darstellung des Buches bildet, wird in vielen Qumran-Rollen reflektiert und erhärtet.

Hauptmerkmal der Jubiläen ist die systematische Datierung von Ereignissen von der Schöpfung bis Sinai in Bezug auf 49-Jahres-Perioden oder „Jubiläen". Die Jubiläen betonen sowohl Israels Fehlverhalten als auch den Gehorsam gegenüber dem Gesetz der Patriarchen auch vor Überreichen des Gesetzes. In dieser Hinsicht ähneln sie mehreren anderen Qumran-Rollen.

Das Buch der „Einteilung der Zeiten"

Galt das Buch der Jubiläen den Verfassern der Schriftrollen als höchst maßgeblicher Text? Viele Wissenschaftler glauben das. Kolumne 16,2–5 der Damaskusschrift scheint sich auf die Jubiläen zu beziehen:

„Und die ausführliche Darlegung ihrer Zeiten für die Blindheit Israels von alledem, die ist genau festgelegt auf der Schriftrolle der Einteilung der Zeiten nach ihren Jubiläen und ihren (Jahr-)Wochen. Und am Tag, da es der Mann auf sich genommen hat, umzukehren zur Torah des Mose, weicht der Engel der Anfeindung von ihm, falls er seine Worte einhält."

Obschon die Jubiläen selber keine sektiererische Schrift zu sein scheinen, gehörten ihre Verfasser vielleicht zu jenen jüdischen Gruppen, aus denen sich die „Damaskus"-Sekte und die *Jahad* (Gemeinschaft) bildeten: Das Interesse der Jubiläen an der strikten Beachtung des 364-tägigen Kalenders und dem Gehorsam gegen das Gesetz Mose werden gewiss von den Schriftrollen geteilt.

Forscher glauben, dass die Jubiläen zwischen 170 und 140 v. u. Z. geschrieben wurden, da Jakobs Kampf in 34,1–10 und 37,1–38,4 vielleicht auf Siege des Judas Makkabäus gegen die Seleukiden Ende der 160er Jahre v. u. Z. anspielt. Wie dem auch sei, jedenfalls haben Paläographen einige Handschriften aus Höhle 4 auf ca. 100 v. u. Z. datiert.

Inhalt

Die Jubiläen beginnen mit Moses auf dem Berg Sinai, dem eine göttliche Offenbarung zuteil wird, und behaupten, der Text dieser Offenbarung zu sein, die von Gott gegeben und von dem „Engel des Angesichts" für Moses

Die Schlacht der Makkabäer aus der Arsenal-Bibel (13. Jahrhundert). Die Jubiläen spielen vielleicht auf die Siege des Judas Makkabäus an.

aufgeschrieben worden sei. Wie viele andere Schriftrollen legen sie Wert auf die Beachtung des Sabbats und eines 364-tägigen Kalenders, aber auch auf die Meidung aller nichtjüdischen Bräuche. Ferner behaupten sie, bestimmte Feste würden von Engeln im Himmel gefeiert (die natürlich auch beschnitten sind), sodass die irdische Praxis sich anpassen müsse.

Die Erzählung zeichnet sodann die Frühgeschichte der Menschheit und der Vorfahren der Israeliten von der Erschaffung der Welt bis zu Moses' eigener Zeit nach und widmet dem Leben Jakobs breiten Raum. Obwohl das Buch die Zukunft offenbaren soll, „bis wann mein Heiligtum unter ihnen gebaut wird für alle Ewigkeit" (1,27), geht die Schilderung nicht über das Eintreffen der Israeliten am Berg Sinai hinaus.

Das Buch legt großen Wert auf Frömmigkeit und den Einklang mit dem (noch zu offenbarenden!) Gesetz der Patriarchen, unter Betonung der korrekten Einhaltung der Sabbate und Festtage. Die Gottlosigkeit der Menschheit schreibt es (wie mehrere andere Schriftrollen) ebenfalls dem „Geist des Belchor" (gebräuchlicher in den Schriftrollen ist Belial) (1,20) und dem Glauben an eine eschatologische Bestrafung der Gottlosen zu. Nichts deutet darauf hin, dass es in einer sektiererischen Gemeinschaft geschrieben wurde, vielmehr spiegelt es eher einen heftigen Disput unter den Juden der Hasmonäerzeit über den richtigen Kalender und das Bedürfnis nach genauer Beachtung des Gesetzes wider. Mehrere andere in Qumran gefundene Texte (Henoch, vielleicht der Halachische Brief) spiegeln möglicherweise ebenfalls diese vorsektiererischen Konflikte wider, aus denen später die Qumran-Gemeinschaften von „Damaskus" und die *Jahad* entstanden.

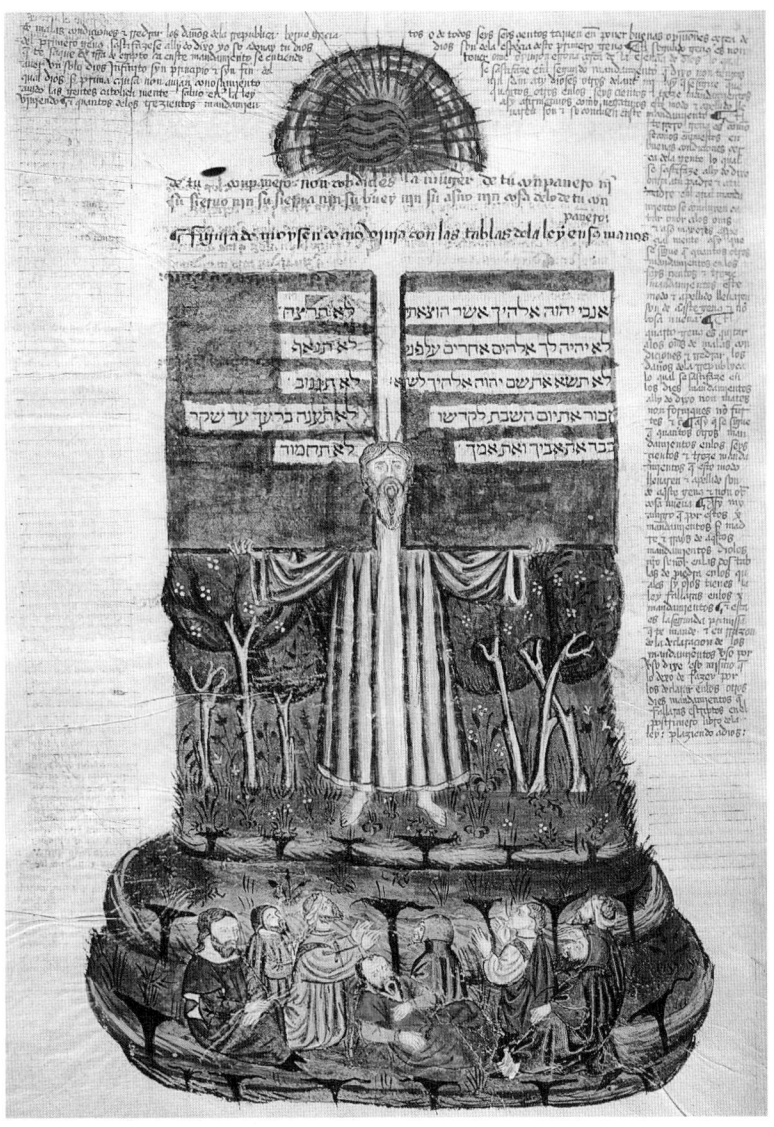

Die Alba-Bibel aus dem 15. Jahrhundert zeigt Moses, wie er die Gesetzestafeln vom Berg Sinai herabträgt, nachdem ihm eine göttliche Offenbarung zuteil wurde (die Jubiläen behaupten, der Text dieser Offenbarung zu sein).

Der Welt-
kalender
der Jubiläen

„Dies ist die Geschichte der Einteilung der Tage des Gesetzes und des Zeugnisses nach den Ereignissen der Jahre, gemäß ihrer Einteilung in Jahrwochen [sieben Jahre] und Jubiläen [sieben Wochen oder 49 Jahre] in allen Jahren der Welt; wie Gott zu Mose auf dem Berge Sinai geredet hat …" (Anfang der Jubiläen)

Erstes Jubiläum	Woche 1	Schöpfung einschließlich Adam und Eva; Adam und Eva in Eden
	Woche 2	Versuchung durch die Schlange, Verbannung
Zweites Jubiläum	Woche 3	Geburt Kains
	Woche 4	Geburt Abels
	Woche 5	Geburt der Tochter Awan
Drittes Jubiläum	Woche 1	Kain tötet Abel
	Woche 5	Geburt von Set
	Woche 6	Geburt von Asura; Kain heiratet Awan
Viertes Jubiläum	Woche 7	Kain und Awan wird Henoch geboren
Fünftes Jubiläum	Woche 1	Bau von Städten; Kain erbaut die Stadt Henoch
	Woche 5	Set heiratet Asura; Geburt von Enos
Siebtes Jubiläum	Woche 3	Enos heiratet Noam
	Woche 5	Enos und Noam wird Kenan geboren
Achtes Jubiläum	Woche 7	Kenan heiratet Mualelet
Neuntes Jubiläum	Woche 1	Kenan und Mualelet wird Mahalalel geboren
Zehntes Jubiläum	Woche 2	Mahalalel heiratet Dina
	Woche 3	Mahalalel und Dina wird Jared geboren
Elftes Jubiläum	Woche 4	Jared heiratet Baraka; Geburt von Henoch
Zwölftes Jubiläum	Woche 7	Henoch heiratet Edni; Geburt von Metuschelach

(Henoch ist „nun bei den Engeln Gottes sechs Jubiläen von Jahren" und landet schließlich im Garten Eden)

Vierzehntes Jubiläum	Woche 3	Metuschelach heiratet Edna
Fünfzehntes Jubiläum	Woche 3	Lamech heiratet Betenos; Geburt von Noah
Neunzehntes Jubiläum	Woche 7	Tod Adams mit 930 Jahren; Kains Haus fällt auf Kain und tötet ihn
Einundzwanzigstes Jubiläum*	Woche 5	Noah heiratet Emsara; Geburt von Sem und Ham
	Woche 6	Noah und Emsara wird Jafet geboren
Zweiundzwanzigstes Jubiläum	Woche 5	Noah baut, wie befohlen, die Arche und die Sintflut beginnt, Opfer Noahs; Bund Noahs; Einführung des Wochenfestes (Pfingsten)
	Woche 7	Noah pflanzt Weinstöcke auf den Bergen des Ararat
Achtundzwanzigstes Jubiläum		Noah erteilt seinen Enkeln Gebote

(Noahs Söhne brachen den Bund bis zu den Tagen Abrahams, der ihn als Einziger einhielt)

Neunundzwanzigstes Jubiläum	Woche 1	Arpachschad, Sohn Sems, heiratet Rasuja; Arpachschad und Rasuja wird Kainan geboren
Dreißigstes Jubiläum	Woche 2	Kainan heiratet Melka; Geburt ihres Sohnes Schelach
Einunddreißigstes Jubiläum	Woche 5	Schelach heiratet Muak; Geburt von Eber
Zweiunddreißigstes Jubiläum	Woche 7	Eber heiratet Azurad. Geburt von Peleg
Dreiunddreißigstes Jubiläum	Woche 1	Aufteilung der Erde unter Noahs Söhnen; Tod Noahs; Peleg heiratet Lomna, Geburt von Regu
	Woche 4	Turmbau zu Babel
Vierunddreißigstes Jubiläum	Woche 4	Das Menschengeschlecht wird aus dem Lande Sinear zerstreut

Fünfunddreißigstes Jubiläum	Woche 3	Regu heiratet Ora; Geburt von Seroch/Serug
Sechsunddreißigstes Jubiläum	Woche 5	Seroch heiratet Milka; Geburt von Nahor
Siebenunddreißigstes Jubiläum	Woche 6	Nahor heiratet Jiska; Geburt von Tharah
Neununddreißigstes Jubiläum	Woche 2	Tharah heiratet Edna; Geburt von Abraham
	Woche 5	Abraham erfindet den Pflug
	Woche 6	Abraham verwirft den Götzendienst
Vierzigstes Jubiläum	Woche 2	Abraham heiratet Sara
	Woche 3	Haran heiratet; Geburt von Lot; Nahor heiratet
	Woche 4	Abraham verbrennt den Götzentempel; Haran stirbt in dem Feuer; Tharah und seine Familie ziehen nach Haran
	Woche 6	Abraham wird von Gott gesegnet und versteht Hebräisch; Abraham geht nach Kanaan
	Woche 7	Abraham errichtet einen Altar in Bethel; Abraham reist nach Hebron und nach Ägypten
Einundvierzigstes Jubiläum	Woche 1	Abraham kehrt nach Bethel zurück; Abraham und Lot trennen sich; Lot geht nach Sodom; Gefangennahme und Errettung Lots; Erneuerung des Bundes am Wochenfest; Abraham und Hager wird Ismael geboren
	Woche 4	Erneuerung des Bundes und Verfügung der Beschneidung; Geburt von Isaak
	Woche 7	Beinahe-Opferung Isaaks
Zweiundvierzigstes Jubiläum	Woche 1	Sara stirbt in Hebron; Rebekka für Isaak ausgewählt; Abraham heiratet Ketura
	Woche 6	Geburt von Jakob und Esau
	Woche 7	Abraham gebietet seinen Söhnen und verstößt Ismael; Abraham unterweist Isaak in der Opferzeremonie
Vierundvierzigstes Jubiläum**	Woche 1	Abraham segnet Jakob; Tod Abrahams
	Woche 3	Gott segnet Isaak; Isaak wohnt beim „Brunnen des Gesichts"
	Woche 4	Esau verkauft sein Erstgeburtsrecht an Jakob; Isaak besucht Gerar; Isaak segnet Jakob
	Woche 2	Jakob träumt in Bethel und dient Laban
	Woche 3	Jakob heiratet Lea, dann Rahel; Geburt von Ruben, Simeon, Levi, Juda, Dan und Naftali
	Woche 4	Geburt von Asser, Issachar, Sebulon und Josef
	Woche 5	Jakob überquert den Jordan
	Woche 6	Schändung der Dina und Rache Levis und Simeons; Erwählung Levis zum Priestertum, Geburt von Benjamin; Tod Rahels; Verkauf Josefs durch seine Brüder
Fünfundvierzigstes Jubiläum	Woche 1	Tod Rebekkas und Isaaks
	Woche 2	Tod Leas, Judas und Thamars
	Woche 3	Hungersnot führt Jakobs Familie nach Ägypten
	Woche 5	Tod Jakobs
Sechsundvierzigstes Jubiläum	Woche 6	Tod Josefs, dann seiner Brüder
Siebenundvierzigstes Jubiläum	Woche 7	Moses' Vater kommt von Kanaan nach Ägypten
Achtundvierzigstes Jubiläum	Woche 4	Geburt Mose
Neunundvierzigstes Jubiläum	Woche 3	Moses geht nach Midian
Fünfzigstes Jubiläum	Woche 2	Moses kehrt nach Ägypten zurück; Auszug der Israeliten

„Hier ist zu Ende das Buch der Einteilung der Tage." (50,13)

* Der noch vorhandene Text heißt „fünfundzwanzigstes".

** In dem noch vorhandenen Text dieses Jubiläums ist die Chronologie wirr.

Der Berg Sinai, auf dem Moses den Jubiläen zufolge von Gott das Gesetz empfing.

Höhle 2

Während das offizielle Team der jordanischen Behörde für Altertümer Höhle 1 wieder entdeckt hatte und mit der Ausgrabung der Ruinen von Qumran weitermachte, setzten die Beduinen die Suche fort. Im Februar 1952 stießen sie auf eine weitere Höhle mit Handschriften, etwa 150 m südlich von Höhle 1 (siehe Karte, S. 11). Enttäuschenderweise enthielt sie nur Fragmente von Schriftrollen, die aber rasch verkauft waren. Auch diese Höhle wurde danach, wie Höhle 1, von einem offiziellen Team aufgesucht und ausgeräumt und man unternahm eine systematische Durchsuchung aller Höhlen in den Felsen.

Der Boden von Höhle 2 ist uneben und verfügt auf zwei Ebenen über mehrere kleine Höhlungen. Die Archäologen fanden nur Tonscherben: die Überreste mehrerer „Schriftrollenkrüge", einen Deckel und drei Schalen.

Neues Jerusalem

„Dann [zeigte er mir das M]aß des Gebäu[deblocks, (von) ih]nen allen. Zwischen Gebäudeblock und Gebäudeblock war eine Straße], ihre Weite an Ruten war sech[s], an Ellen vierzig und zwei. [Und die] großen [Straß]en, [die ausging[en] von Osten [nach Westen]: an Ruten zehn die Wei[te der Stra]ße, an Ellen sieb[zig; (so) zwe]i von ihnen, aber die dritte, [die an der L]inke[n] vom Hei[ligtum, m]aß er an Ruten achtzeh[n] die Weite, an Ellen hunde[rt und zwanzi]g [und] sechs, und die Wei[te der Straßen,] die da ausgehen von Süd[en] [nach Norden: zwe]i vo[n ihnen] an Ruten ne[u]n und v[ie]r Ellen für eine Straße, an Elle[n] sechzig und sieben; [und] die mitt[lere, die in der Mit]te der Stadt, [das Maß ihrer Breite] an Rut[en (war) dr]eizehn und eine Elle, an Ellen neun[zi]g und z[wei]; und alle [Straß]e[n und die Stadt (waren) gep]flastert mit weißem Stein. [.......] .. [..........] .... [...............] Alabaster und Onyx." (5QNJ Frg. 1, 1,2–6)

Der Text über das Neue Jerusalem, der in Aramäisch geschrieben ist, besteht aus bruchstückhaften Handschriften, die in den Höhlen 1, 2 (nur vier winzige Fragmente), 4, 5 und 11 gefunden und paläographisch auf das späte 1. Jahrhundert v. u. Z. datiert wurden. Er bietet ei-

nen geführten Rundgang durch eine riesige visionäre Stadt. Manche bezeichnen diese Stadt als das Jerusalem der Letzten Tage. Andere halten sie nur für einen idealistischen Entwurf.

Inhalt

Von Beginn an geht es dem Schreiber um Maße und Abmessungen. Zunächst liefert er die Maße für jeden Gebäudeblock: Er misst 51 x 51 Ruten (1 Rute = 7 Ellen; eine Elle beträgt etwa einen halben Meter). Jeden Gebäudeblock umgibt ein 21 Ruten breiter Gehweg. Die Straßen zwischen den Blocks sind sechs Ruten breit.

Boulevards nach Osten und Westen messen zehn Ruten. Ein Boulevard nördlich des Tempels ist angeblich 18 Ruten breit, während die von Süd nach Nord verlaufenden Straßen an Breite neun Ruten und vier Ellen messen. Mitten durch die Stadt verläuft ein 13 Ruten und eine Elle breiter Boulevard (92 Ellen; 46 m). Die Straßen der Stadt sind mit weißem Stein, Marmor und Jaspis, gepflastert.

Jeder Block besitzt 80 Portale, neben denen sich zwölf Haupttore von drei Ruten mit Türmen von 5 x 5 Ruten befinden. Auch die Maße für die Türschwellen, Treppen und einzelnen Häuser werden angegeben. Dann werden die Innenräume, das Mobiliar und die Fenster beschrieben. An dieser Stelle bricht der erhaltene Text ab.

Andere Textfragmente deuten darauf hin, dass die Beschreibung mit den Toren des Tempels angefangen haben könnte und dann nach draußen zur Stadt voranschritt. Diese Anlage würde ungefähr jener in der Tempelrolle entsprechen.

Bedeutung

Die Schriftrolle veranschaulicht das von vielen Schriftrollen bekundete Interesse an Jerusalem als der heiligen Stadt Gottes, die rein gehalten und von Gott in naher Zukunft wieder errichtet werden sollte. Die Beschreibung dieser neuen Stadt ist eindeutig inspiriert von Hesekiel 40–48 und wahrt eine Überlieferung, die sich auch in der Offenbarung des Johannes 21 widerspiegelt. Sie veranschaulicht einmal mehr (wie viele Schriftrollen, vor allem die Tempelrolle, die vielleicht auf ihr beruht), wie stark die Verfasser vom unmittelbaren Ende der Geschichte und der Stadt Jerusalem selbst in Anspruch genommen waren. Ein Großteil der Gedanken der Rollenschreiber, von denen viele eine gewisse physische oder ideologische Entfremdung von der Stadt und vom Tempel ihrer eigenen Zeit erlebten, kreiste um Jerusalem.

Dossier der Fakten

Handschriften: 1QNJ ar, 2QNJ ar (2Q4), 4QNJ[a–b] ar (4Q554–55), 5QNJ (5Q15), 11QNJ ar (11Q18)
Herausgeber: M. Baillet, J.T. Milik und R. de Vaux (*DJD* 3: 2Q, 5Q); E. Puech (*DJD* 37: 4Q); B. Jongeling (*DJD* 23: 11Q)
Kommentar: Licht und M. Chuytin
Schrift: Späthasmonäisch bis Herodianisch

Die Altstadt von Jerusalem heute.

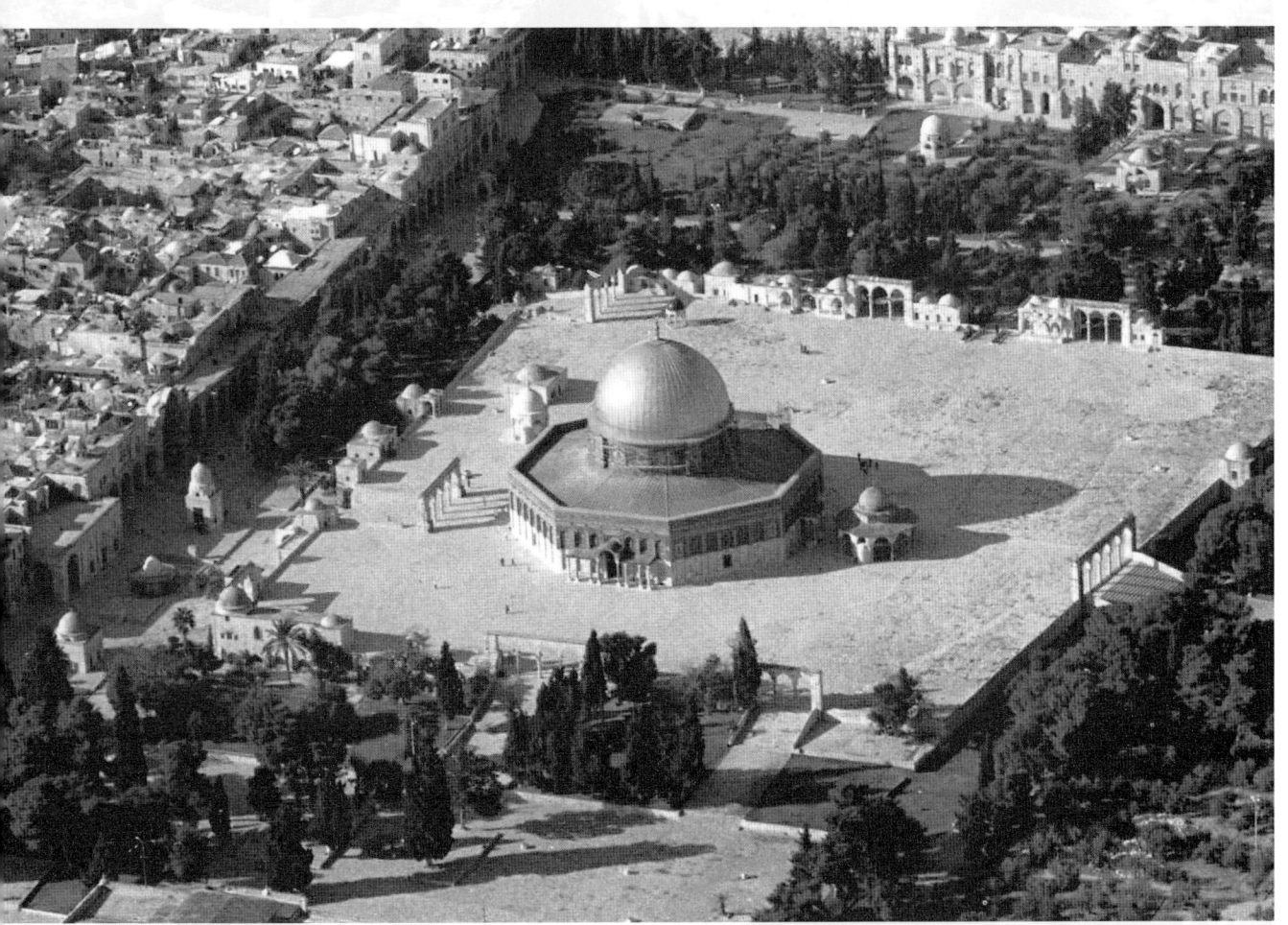

Höhle 3

„Im Ruinenhügel von KHLT (Kokhlit): Gefäße von Priesterabgabe in Flaschen und Amphoren; die Gesamtheit der Priesterabgabe und des Schatz(ort)es, des siebten, Zehent, zweiter: vom Eingang des Steinwalls am Rand der Wasserleitung von Norden her sechs Ellen bis zur Tauchbadhöhle." (1,9–11)

Höhle 3 wurde am 14. März 1952 als Ergebnis der systematischen Suche entdeckt, die nach dem Auffinden von Höhle 2 durch Beduinen (S. 106) veranlasst worden war. Sie liegt etwa 600 m von Höhle 1 entfernt (siehe Karte, S. 11) und ist die nördlichste aller Handschriften-Höhlen. Ihre Decke war vor langer Zeit eingestürzt und der nun enge und ausgezackte Eingang war von Geröll bedeckt. Abgesehen von jeder Menge Tonscherben (einschließlich 40 leerer „Schriftrollenkrüge") und einigen sehr kleinen, beschriebenen Leder- und Papyrusfetzen enthielt diese Höhle den rätselhaftesten aller Qumran-Texte, geschrieben auf eine in zwei Teile zerbrochene Kupferrolle. Die Stücke waren übereinander gegen eine Höhleninnenwand gedrückt worden. Dies war der einzige Erfolg, den die Archäologen bei ihrer Suche entlang der Felsen in der Nähe von Höhle 1 verbuchen konnten.

Fünf Jahre, nachdem Beduinen ihre ersten Schriftrollen nach Bethlehem und Jerusalem gebracht hatten, entdeckten Archäologen, die an der Durchsuchung von etwa 250 Höhlen in der judäischen Wüste beteiligt waren, zwei beschriebene Schriftrollen aus oxidiertem Kupfer, die an der Wand von Höhle 3 lehnten. Man brachte diese Schriftrollen schließlich nach Manchester in England, wo Professor H. Wright Baker vom College of Science and Technology sie vorsichtig in Längsstreifen zerschnitt, die fotografiert und untersucht werden konnten. So wurde bestätigt, dass beide Schriftrollen ein einziges Dokument bildeten. Da ihre Schrift keine Ähnlichkeit mit dem literarischen Hebräisch der anderen Schriftrollen vom Toten Meer aufwies und eher dem der Mischna (dem um 200 u. Z. zusammengestellten jüdischen Gesetzeskodex) glich, dachten einige, sie stamme nicht aus der Gemeinschaft in Qumran. Außerdem ist sie später datiert als die meisten anderen Schriftrollen: zwischen 50 und 100 u. Z.

Höhle 3, in der die Kupferrolle gefunden wurde, war schwer auszumachen, weil ihre Decke im Altertum eingestürzt war.

Dossier der Fakten

Handschrift: 3Q15
Herausgeber: J.T. Milik
und J.M. Allegro
Kommentar: A. Wolters,
K.P. McCarter und J. Lef-
kovits
Länge: 2,6 m
Schrift: einzigartig

Eine Platte der Kupferrolle
(3Q15), die Stellen aufführt,
wo Schätze, vermutlich
aus dem Jerusalemer Tempel,
verborgen sind.

Auf der Suche nach verborgenen Schätzen

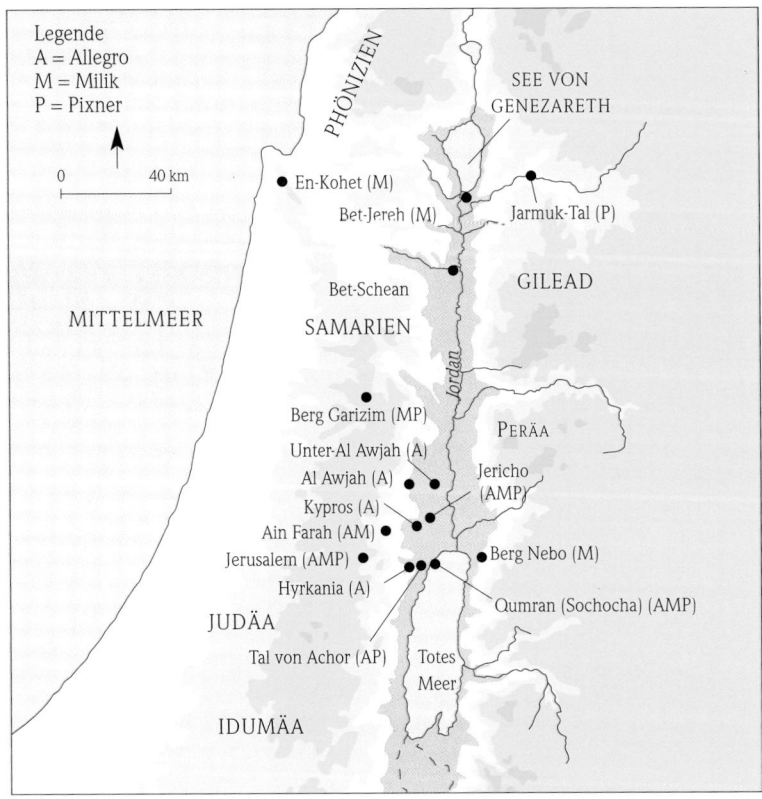

Die Karte zeigt Örtlichkeiten, wo der Schatz Allegro, Milik und Pixner zufolge versteckt worden sein könnte.

Als Forscher von den ungeheuren Mengen an Gold und Silber lasen, die mutmaßlich in und um Jerusalem versteckt waren, sahen die meisten in der Kupferrolle aus Qumran-Höhle 3 nichts weiter als Legende und Übertreibung. Nicht so der deutsche Gelehrte K. G. Kuhn. Er meinte, der *mebaqqer* oder „Inspektor" der Qumran-Gemeinschaft habe seinen Besitz in der Kupferrolle und in einem Duplikat katalogisiert und beide für den Fall seines Todes versteckt.

J. T. Milik hielt die Kupferrolle für „das Werk eines ‚Spinners'". Sein stets an sensationellen Funden interessierter Kollege John M. Allegro war anderer Ansicht und stellte ein Erkundungsteam zusammen, um in der Umgebung von Qumran und Jerusalem nach den Schätzen zu suchen, aber das Unternehmen erbrachte nichts. 1983 griff Bargil Pixner den Auftrag zur Aufspürung der genauen Verstecke des Schreibers aus dem Altertum wieder auf. Fast ein Drittel der Verstecke (Nr. 1–17) brachte er mit dem Berg Zion in Verbindung. Mindestens vier Örtlichkeiten assoziierte er mit Khirbet Qumran und Jericho (Nr. 22–24, 26). Ein drittes Gebiet mit 13 Verstecken war das einstige Batanäa an den Böschungen des Flusses Jarmuk jenseits des Toten Meeres (Nr. 35–47) und eine vierte Region war der Berg Garizim in der Nähe von Schechem (Nablus) (Nr. 60). Es erscheint jedoch als unwahrscheinlich, dass die Schätze so weit verstreut worden wären.

Von den späten 1960er Jahren an versuchte der Amerikaner Vendyl Jones die Asche der roten Kuh (siehe Numeri 19) zu finden, basierend auf seiner Interpretation der Kupferrolle 6,5, wo von einem als *galal* bekannten Gefäß die Rede sein könnte. In einer Zwillingshöhle (südlich von Höhle 11), die Jones als die „Höhle des Pfeilers" aus der Schriftrolle identifizierte, behauptet er, eine rötliche Substanz gefunden zu haben, vermutlich Weihrauch.

Der israelische Archäologe Joseph Patrich war jüngst erfolgreich, als er nicht allzu weit von Qumran entfernt einen kleinen Krug entdeckte, der etwas enthielt, was man für Balsamöl hält. Aber noch hat niemand irgendeinen der Schätze der Kupferrolle gefunden. Wenn Milik recht hatte und die Schätze niemals existierten, warum wurde dieses Stück sehr hochwertigen Kupfers dann so mühevoll beschrieben?

Wright Bakers Assistentin in Manchester reinigt einen Streifen der soeben zerschnittenen Kupferrolle.

Inhalt

Die Kupferrolle zählt 64 Örtlichkeiten auf, an denen große Mengen Gold, Silber, Münzen, Gefäße, Priestergewänder und sogar Schriftrollen versteckt seien. Diese Örtlichkeiten liegen an oder unter natürlichen oder künstlichen Bauten, wie Zisternen, Höfen, Gräbern, Höhlen oder Denkmälern:

„Am Grabdenkmal, in der dritten Steinlage, Barren von Gold." (1,5)

„Im H[of ...]. unterhalb der Ecke, der südlichen, neun Ellen: Gefäße (von) Silber und Gold von Priesterabgaben, Sprengschalen, Becher, Gußschalen, Schalen, alles (zusammen) sechshundert und neun." (3,1–4)

„Am Grab, das im Tal des Felsens (HKP'; Wadi Kippah), am Eingang von Jericho her nach SKK' (Sochocha), grabe sieben Ellen; Talente: 32." (5, 12–14)

Gegen Ende wird außerdem das Versteck einer Kopie dieser Liste erwähnt.

Forscher waren skeptisch, als sie die riesigen Mengen Gold und Silber berechneten, die angeblich in ganz Judäa und den umliegenden Regionen versteckt waren. Eine Schätzung beläuft sich auf zusammen mehr als 100 Tonnen Gold und Silber. Konnte eine kleine, in Qumran ansässige Gemeinschaft solchen Reichtum besessen haben?

(und Argwohn) wuchs, veröffentlichte der Engländer schließlich seine eigene Ausgabe.

Obwohl es andere Gründe gegeben haben mag, stand hinter der Verzögerung von Miliks Arbeit und dem Versuch, Allegro von der Publikation abzuhalten, möglicherweise die Furcht, die Veröffentlichung einer „Schatzliste" würde zu einer gewaltigen Beduinenjagd nach Beute durch die judäische Wüste führen. Ist diese verständliche Furcht auch der Grund, warum Milik – recht wenig überzeugend – darauf beharrte, dass dieser Text zu einer „wohl bekannten" Gattung sagenhafter, aber nicht existenter Schatzfunde gehöre?

J. T. Milik, der offizielle Herausgeber der Schriftrolle, glaubte es mit einer alten literarischen Fiktion zu tun zu haben. Aber John Allegro, der ebenfalls dem Herausgeberteam angehörte und außerordentlich an der Schriftrolle interessiert war und dafür verantwortlich, dass sie zum Öffnen nach Manchester gebracht wurde, hielt sie für echt, und die meisten Forscher stimmen heute mit ihm überein.

Diese unterschiedliche Deutung ist mehr als das Ergebnis gelehrter Uneinigkeit. Mit seinem Wunsch, die frisch entzifferten Texte so schnell wie möglich zu publizieren, unterschied Allegro sich vom Rest des Herausgeberteams, insbesondere von De Vaux. Die Tatsache, dass man ihm, obwohl er sich für die Öffnung der Kupferrolle stark gemacht hatte und obwohl die erste Transkription und Übersetzung von ihm stammten, untersagte, beides zu veröffentlichen, bevor Milik, dem der Text offiziell zugewiesen worden war, seine offizielle Ausgabe herausgebracht hätte, machte ihn misstrauisch. Als Miliks Edition sich immer weiter verzögerte und Allegros Ungeduld

Mehrere Merkmale der Schriftrolle machen es nämlich wahrscheinlich, dass es sich um ein realistisches und glaubwürdiges historisches Zeugnis handelt. Es ist das einzige Dokument, das in Kupfer geschlagen wurde, ein Aufzeichnungsmedium, das vermutlich für irgendeinen realistischen, praktischen Zweck benutzt worden sein dürfte. Zudem ist das Kupfer von außerordentlicher Qualität. Die Schriftanalyse ergibt, dass mindestens zwei Graveure mit der Abschrift eines Textes beschäftigt waren, den sie vielleicht nicht einmal lesen konnten.

Können die Verstecke identifiziert werden? Obwohl einige der in der Schriftrolle erwähnten geografischen Orte althergebracht sind – das Tal von Achor, die Schlucht von Sochocha, der Wadi Atsla, Jericho, Dok, Bet-Hakerem, der Berg Garizim –, sind viele andere wahrscheinlich mit alten Namen gekennzeichnet, die in überlieferten historischen Aufzeichnungen nicht erhalten sind. Die vom Verfasser gewählten Verstecke scheinen ganz alltäglich und typisch für Plätze zu sein, an denen Juden sich

Auf einer Tagung in Manchester studieren Forscher das Faksimile einer Kolumne der Kupferrolle.

und ihre Habe im Laufe der Geschichte immer wieder verbargen. In vier Fällen werden Höhlen erwähnt und in 13 Fällen Wasserleitungen oder -reservoire. Unterirdische Kammern oder Höhlungen werden 14-mal aufgeführt. Die Verstecke wirken somit, wenngleich die Menge verborgener Gold- und Silberbarren fantastisch erscheint, sehr realistisch.

Wenn der Schatz real ist, wem gehörte er dann? Während einige Forscher glauben, dass er den Essenern gehört haben könnte, herrscht heute die Ansicht vor, dass diese Verstecke den Besitz der Schatzkammer des Jerusalemer

wesen sein, die vermutlich an einer Wand befestigt werden sollte: Sie war nicht dazu gedacht, aufgerollt zu werden, und tatsächlich fielen durch das Aufrollen Nieten zwischen den Platten heraus, *bevor* sie deponiert wurde – deshalb die Existenz von *zwei* Rollen. Die Identität mehrerer Ortsnamen in den ersten vier Kolumnen der Schriftrolle ist ebenso unsicher wie die Bedeutung der griechischen Buchstaben, die einige der Schatzeinträge beschließen. Diese Buchstaben wurden als Abkürzungen für die griechischen Namen der mutmaßlichen Besitzer oder für griechische Maße oder als irgendeine Art Code ausgelegt.

Bevor er sie nach Manchester bringen lässt, untersucht John Allegro die beiden Schriftrollen der Kupferrolle.

Tempels enthielten, der am Vorabend der Zerstörung der Stadt durch die Römer 70 u. Z. versteckt worden sei. Scheinbar gegen diese Ansicht spricht die Tatsache, dass die in Qumran ansässige Gemeinschaft jeden politischen und religiösen Umgang mit den gottlosen Priestern und Bewohnern Jerusalems abgebrochen hatte. Aber während des Krieges hatten andere Priester, die vielleicht stärker mit den für die Schriftrollen verantwortlichen Gruppen sympathisierten, die Kontrolle des Tempels erlangt. Folglich ist es ganz und gar nicht unwahrscheinlich, dass, hätte in Qumran eine sektiererische Siedlung existiert, ein Verzeichnis der Verstecke in der Umgebung deponiert wurde.

In jedem Fall ist die Schriftrolle ein geheimnisvolles Dokument. Ursprünglich wird es wohl eine lange Tafel ge-

Die Schätze wurden trotz informeller (vielfach nicht publik gemachter) Suchaktionen in jüngster Zeit niemals gefunden. Bei einer davon wurden unter Leitung des Amerikaners Vendyl Jones mit Hilfe studentischer Freiwilliger und der nicht immer ungeteilten Zustimmung seiner israelischen Kollegen auf der Suche nach Schätzen aus dem Tempel über mehrere Jahre hinweg Höhlen ausgeräumt. Eine von dem israelischen Archäologen Joseph Patrich durchgeführte Suche erbrachte einen Krug, von dem man glaubt, er habe Balsam enthalten. Aller Wahrscheinlichkeit nach wurden die Schätze, wenn sie denn existierten, schon vor langer Zeit sichergestellt oder geraubt. Aber wenn die Kupferrolle zusammen mit den anderen Handschriften verborgen wurde, könnte sie einen wichtigen Anhaltspunkt liefern, warum sie versteckt wurden.

Zurück in Jordanien wird die frisch zerlegte Kupferrolle ausgestellt.

Höhle 4

Im September 1952 entdeckten die Ta'amire-Beduinen eine Höhle, die nur etwa 100 Meter jenseits der Schlucht westlich von Khirbet Qumran liegt. Bald darauf brachten sie etwa 15 000 Fragmente auf den Markt. Die Höhle musste dringend gefunden und untersucht werden und im folgenden Monat blickten die Archäologen auf eine große, ovale Kammer, die auf zwei innere Kammern ging, die aus dem Abhang des Qumran-Plateaus herausgehauen waren, welches das Tal des Wadi Qumran überblickte. In den Wänden waren Löcher, die man wahrscheinlich gebohrt hatte, um hölzerne Regale einzusetzen. Es wurden etwa 100 fragmentarische Handschriften geborgen, und mehrere Hundert weitere wurden nach und nach von der jordanischen Regierung, von wissenschaftlichen und religiösen Institutionen erworben. Auch ein paar häusliche Töpferwaren wurden entdeckt – Teile von Krügen, Töpfen, Deckeln, Schüsseln, Kannen, ein Kännchen und eine Lampe.

Aber wie konnte ein derart riesiger, unerwarteter Zustrom bearbeitet werden? De Vaux machte sich daran, ein Herausgeberteam zusammenzustellen. Amerikanische, französische, britische und deutsche Einrichtungen wurden aufgefordert, ihre Kandidaten zu entsenden, denen jeweils bestimmte Textsorten übertragen wurden: Biblische Handschriften wurden Frank M. Cross, Jr. anvertraut; Jozef T. Milik, John Strugnell und Claus-Hunno Hunzinger (der nur sehr kurz zum Team gehörte) erhielten nichtbiblische Handschriften und John M. Allegro die auf der Bibel beruhenden Texte. Abbé Jean Starcky wurden mehrere hebräische und aramäische Handschriften zugeteilt und Monsignore Patrick M. Skehan einige weitere biblische Texte, insbesondere die in althebräischer Schrift geschriebenen (siehe S. 70).

Der spätere Skandal um die Nichtveröffentlichung (siehe S. 22) kreiste um diese Herausgeber und ihre Texte aus Höhle 4. Wie sich herausstellte, publizierte John Allegro seine 29 Texte 1968, was im Vergleich zu seinen Kollegen recht schnell war; aber sein Kollege John Strugnell veröffentlichte mehrere Jahre später eine ausgedehnte Kritik. De Vaux und Milik veröffentlichten 1977 die Tefillin (Phylakterien), Mezozut und Targume und 1982 brachte M. Baillet 39 weitere Handschriften heraus. 1985 und 1986 veröffentlichten Strugnells Harvard-Schüler Carol Newsom und Eileen Schuller Texte aus seinem Teil: die Sabbatopfer-Gesänge und die Nichtbiblischen Psalmen. In den 1990er Jahren beschleunigte sich das Tempo unter der Führung von Emanuel Tov und es erschienen Bände der offiziellen Edition. Die Gesamtausgabe der Handschriften aus Höhle 4 in etwa 27 Bänden wird in einigen Jahren komplett sein.

Was Anzahl und Bandbreite der Texte betrifft, die meist nur in sehr kleinen Fetzen erhalten sind, ist Höhle 4 einzigartig. Viele der Originalhandschriften enthalten Werke, die in anderen Qumran-Höhlen gefunden wurden. War diese eigens aus dem Fels gehauene Höhle, die so nahe bei den Ruinen liegt, eine Bibliothek für die Bewohner von Qumran? Von allen Indizienbeweisen, welche die Schriftrollen mit der Siedlung verbinden, ist Höhle 4 der bei weitem gewichtigste.

Bei der folgenden Beschreibung der bedeutenden Texte aus Höhle 4 halten wir uns nicht an die chronologische Reihenfolge der Veröffentlichung, sondern beginnen mit den direkt auf der Bibel beruhenden Texten (Kommentare, Übersetzungen), gefolgt von jenen, die indirekter mit der Heiligen Schrift verbunden sind, um dann mit Texten zu schließen, die scheinbar eine nichtexegetische Funktion haben. Tatsächlich ist fast jeder Qumran-Text von der Sprache der jüdischen heiligen Schriften durchdrungen, aber die vorliegende Anordnung der Inhalte ermöglicht es dem Leser zu verfolgen, wie heilige Worte benutzt werden, vom direkten Kommentar zu allgemeineren Deutungen, über die Liturgie unter Verwendung biblischer Sprache bis hin zu Fragen, die weit über den Bereich der heiligen Schriften hinausgehen.

(Großes Bild) Blick nach oben vom Grund des Wadi Qumran auf Höhle 4. *(Kleines Bild)* Das Innere der Höhle mit Löchern für Regale.

115

Dossier der Fakten

Handschriften: 4QComm-
Gen (4Q252–54)
Herausgeber: J. M. Allegro
und G. J. Brooke
Kommentar: M. Bernstein
Schrift: Späthasmonäisch

Die Genesis-Kommentare

*„Timna war eine Nebenfrau des Eliphaz, des Sohnes Esaus,
und sie gebar ihm den Amalek.* Er ist es, [den] geschlagen hat
Saul (Vgl. 1 Sam 15) [leer] Wie er gesprochen hat zu Mose (Dtn
25,19): Am Ende der Tage sollst du austilgen das Andenken
Amaleks unterhalb des Himmels." (4Q252 Frg. 1, 4,1–3)

schiedliche Fassungen eines Kommentars, wenn nicht
um verschiedene Kommentare handelt. Die am besten erhaltene dieser Handschriften (4Q252) enthält sowohl die
Geschichte der Sintflut (Genesis 6) als auch „Jakobs Segen" (Genesis 49), obwohl nicht jede biblische Episode
dazwischen behandelt wird. Beispielsweise wird die Geschichte Josefs offensichtlich ausgelassen.

Zwei der anderen Handschriften beziehen sich ebenfalls auf die Sintflut oder auf Noahs Arche (4Q253 und
4Q254a – das „a" verweist auf die Tatsache, dass diese
Handschrift sich als von 4Q254 leicht abweichendes
Werk herausstellte, jedoch kein Platz mehr da war, sie

*(Rechts) Das größte Frag-
ment von 4Q252, der
umfangreichste noch vorhandene Genesis-Kommentar.*

Die Genesis-Kommentare bestehen aus vier Handschriften, die 29 Fragmente umfassen. Zusammen werden sie
manchmal als „Genesis-*pescher*" bezeichnet, aber das
Wort *pescher* taucht nur einmal in einem der Kommentare auf, während ein Großteil des Textes eine Paraphrase der biblischen Geschichte ist, nicht die typische escha-
tologisch fixierte Satz-für-Satz-Exegese der *pescharim*
(siehe S. 96). Ursprünglich für einen einzigen Kommentar gehalten, glaubt man heute, dass es sich um unter-

umzunummerieren). 4Q252 verbessert die biblische Darstellung, indem der Tag des Monats und der Tag der Woche, an dem jedes Ereignis sich zutrug, aufeinander abgestimmt werden. Außerdem gibt es eine klare Aussage,
dass das Jahr aus 364 Tagen, nicht zwölf Lunarmonaten,
bestehe (zum Kalender siehe S. 133). 4Q252 bietet ferner eine Erklärung, warum Noah Kanaan verfluchte und
nicht Ham (Gott hatte bereits alle Söhne Noahs gesegnet).
Zudem wird Esaus Enkel als Amalek identifiziert, der

Stammvater jenes Volkes, das Saul vernichtete (1. Samuel 14,48; 15,3–7).

Der Autor von 4Q252 stützt seine Argumentation auch durch Zitate aus anderen biblischen Texten (2. Chronik, Deuteronomium, 1. Samuel und Jeremia). Der Segen Judas (Genesis 49) beispielsweise wird so ausgelegt, als sei er in Jeremia 33,17 erfüllt, wo es um die Langlebigkeit der Linie Davids geht. 4Q254a enthält ein paar Zeilen mit einer eschatologischen Warnung, indem der Schreiber Noah den Raben aussenden lässt, der zurückkehrt, um die „l[etzten] Generationen" über die Zukunft zu informieren. Eine andere bruchstückhafte Passage deutet an, dass Noahs Verlassen der Arche alljährlich gedacht wurde (4Q254a). Es scheint also, als sei zumindest dieser Kommentar teilweise darauf angelegt, die Geschichte der Sintflut als relevant für die eigene Zeit zu präsentieren, als Paradigma und als Warnung vor Gottes letztem Gericht über die Welt.

(Oben und links) Die Geschichte von der Sintflut wird in den Genesis-Kommentaren ausführlich erörtert, hier dargestellt auf einem Gemälde aus dem 17. Jahrhundert von Giovanni Benedetto Castiglione (oben) sowie einer Serie von Mosaiken in der Basilica di San Marco (links).

Targume zu Levitikus und Ijob (Hiob)

„[Und soll mit seinem Finger vom Blut darauf (den Altar) sprengen siebenmal] und ihn reinigen und heiligen [von den Verunreinigungen der Israeliten]." (4QtgLev Frg. 2,2–3=Lev 16,19)

Der Begriff *targum* meint die aramäische Wiedergabe eines biblisches Buches. Für die Schaffung solcher Targume nach dem Zweiten Jüdischen Aufstand gegen Rom (132–35 u. Z.) gibt es zahlreiche Beweise und es existieren stichhaltige Hinweise (siehe z. B. Lukas 4), dass es bis zum 1. Jahrhundert u. Z. in den Synagogen üblich war, dass auf die Schriftlesung eine mündliche Wiedergabe in Aramäisch folgte. Die schriftlichen rabbinischen Targu-

(Oben) Neben hebräischen biblischen Texten wie dem hier abgebildeten Levitikus enthielten die Höhlen auch aramäische Übersetzungen.

„Gürte deine Lenden wie ein Mann! Ich will dich fragen, lehre mich! Wo warst du, als ich die Erde gründete? Sage mir's, wenn du so klug bist! Weißt du, wer ihr das Maß gesetzt hat oder wer über sie die Richtschnur gezogen hat? Worauf sind ihre Pfeiler eingesenkt, oder wer hat ihren Eckstein gelegt ...?" (11QtgJob 30,1–4=Hiob 38,3–6)

me, die aus einer späteren Zeit datieren (meist aus dem Mittelalter), reichen von ziemlich wörtlichen bis zu höchst fantasievollen, aber die beiden obigen Beispiele aus Qumran sind einfache Übersetzungen. Sie belegen ferner, dass schriftliche Targume früher auftauchten, als

Das fehlende Lied Mirjams?

Philon von Alexandria beschrieb eine jüdische Gruppe namens *Therapeutae,* die ein dem gemeinsamen Essen, Philosophieren und Gottesdienst gewidmetes einfaches Leben führte. Nach dem abendlichen Mahl sprach der Vorsitzende *(proedros)* über die heiligen Schriften, dann begann er zu singen. Ein Chor aus Männern und Frauen schloss sich ihm darauf an:

„... alle erheben sich gemeinsam, und in der Mitte des Speisesaals bilden sie zunächst zwei Chöre, den einen von Männern, den andern von Frauen. Zum Führer und Vorsänger wird für jeden Chor der geachtetste und musikalischste gewählt. Dann singen sie Hymnen auf Gott ... [Dann] vermischen sie sich untereinander und werden ein Chor aus zweien. Damit ahmen sie den Chor nach, der vor langer Zeit am Roten Meer zusammentrat auf Grund der dort gewirkten Wunder ... Als sie das gesehen und erlebt hatten ... bildeten Männer und Frauen voll Begeisterung einen einzigen Chor und sangen die Dankeshymnen auf Gott, ihren Retter, die Männer geleitet von dem Propheten Moses, die Frauen von der Prophetin Miriam."
(Philon, *Über das betrachtende Leben,* S. 83–87)

In der biblischen Fassung singen Moses und die Israeliten das Lied (Exodus 15,1) und Mirjam singt die

ersten beiden Zeilen später (Vers 20). Forscher glauben, das Lied könnte ursprünglich Mirjam zugeschrieben und später auf Moses übertragen worden sein, sodass Mirjam bloß das Echo blieb. Philon hat seine eigene Erklärung für diese Merkwürdigkeit. Der Text des „Überarbeiteten Pentateuch" aus Höhle 4 wartet mit einer anderen Lösung auf: In 4Q365 Frg. 6a Kol. 2 und Frg. 6c restauriert er ein mögliches Mirjamlied:

„... du hast verachtet .[—] denn die Erhabenheit (?) [.].. [—] groß bist Du, der herausführt (?) ....
[—] zugrundegegangen ist die Hoffnung eines Hassers und ..[—] sind zugrundegegangen in gewaltigen Wassern .[.]. [—] Erhebt (ihr Frauen) den Erhabenen [.].. [—] [der da voll]bringt Erhabenes."

Der Tanz Mirjams, aus einer illuminierten spanischen Haggada des 14. Jahrhunderts.

zuvor angenommen wurde. Das kleine Fragment des Levitikus-Targum, das erhalten ist (acht Verse), enthält eine Übersetzung von Levitikus 16,12–15 und 18–21, wo es um den Versöhnungstag und die Reinigung des Tempels geht.

Warum die Schreiber und Leser der Qumran-Rollen wohl eine aramäische Übersetzung brauchten, bleibt ein Rätsel. Denn obwohl viele Aramäisch sprechende Juden

vielleicht schwierigste Hebräisch. So ist das Vorhandensein einer aramäischen Fassung nicht völlig überraschend.

Die rabbinische Überlieferung erzählt, dass Rabban Gamaliel, der laut Apostelgeschichte 22,3 der Lehrer des Paulus aus Tarsus war, ein Ijob-Targum versteckte. Gefunden wurden zwei Ijob-Targume in den Qumran-Höhlen 4 und 11. Vom Targum zu Ijob aus Höhle 4 (4Q157)

kein Hebräisch konnten (deshalb der Bedarf an Targumen), müssen die Leser der Qumran-Rollen ganz gut in der Lage gewesen sein, es zu verstehen, und viele sprachen es wahrscheinlich sogar. Aber im Gegensatz zu Ijob ist Levitikus vergleichsweise leichtes Hebräisch; Ijob enthält sowohl eine große Anzahl Wörter, die sich nirgendwo sonst in den heiligen Schriften finden, als auch das

ist nur sehr wenig erhalten: Teile einer aramäischen Übersetzung von Hiob 3,5–9 und 4,16–5,4. Die Handschrift aus Höhle 11 ist in erheblich besserem Zustand. Sie geht über mehr als 28 Kolumnen und liefert eine aramäische Wiedergabe von Hiob 17,14–42,4. Beide Handschriften bieten eine ziemlich wörtliche Übersetzung, die anscheinend auf dem überlieferten hebräischen Text basiert.

Dossier der Fakten

Handschriften: 4Q156 (Levitikus), 4Q157, 11Q10 (Ijob)
Herausgeber: R. de Vaux und J. T. Milik (*DJD* 6: Levitikus und Ijob); J.P.M. van der Ploeg und A.S. van der Woude (11QJob)
Kommentar: J.P.M. van der Ploeg und A.S. van der Woude
Schrift: Hasmonäisch (Levitikus), Spätherodianisch (Ijob)

Bruce Zuckerman (rechts) und Stephen Reed betrachten das entrollte Targum Ijob (Hiob) aus Höhle 11 (11Q10).

Dossier der Fakten

Handschriften: 4Q158,
4Q364–67
Herausgeber: J. M. Allegro
(4Q158), E. Tov und S. A.
White (4Q364–67)
Länge (4Q365): 22–27 m
Schrift: Späthasmonäisch/
Übergangsschrift

Der „Überarbeitete Pentateuch"

„[Da bat J[a]kob [und] spra[ch: ‚Teil]e mir doch mit, wi[i –] [......
Da segne]te er ihn dort (vgl. Gen 32,29) und sprach (zu) ihm:
‚Es mache dich fruchtbar JH[WH und Er vermehre] dich[–]
[Er]kenntnis und Einsicht, und Er lasse dich erfolgreich sein
vor jeder Gewalttat und .[—] bis auf diesen Tag (vgl. Gen
32,32?) und bis auf Generationen von Ewigkeit[—].'"
(4Q158 Frg. 1–2, 6–9; vgl. Genesis 32,29)

Einst auch als „Pentateuchparaphrase" bekannt, glaubt
man, dass die vier Handschriften 4Q364–67, die aus 186
Fragmenten bestehen, die Überreste einer ausführlichen
Schrift darstellen, die, mit mehreren Ergänzungen, Auslassungen und neuen Textabschnitten, den biblischen
Text von Genesis bis Deuteronomium enthalten hat.
Wenn es sich bei allen um Abschriften desselben Werkes
handelt, hätte dieser Text laut Stegemann (siehe S. 76)
eine Schriftrolle von 25 m erfordert (Tov und White einigen sich auf 22–27 m). Eine fünfte, früher als „Biblische
Paraphrasen" (4Q158) veröffentlichte Handschrift wird

manchmal diesem „Überarbeiteten Pentateuch" zuge-
rechnet.

Die wichtigste Form des Umschreibens im „Überarbeiteten Pentateuch" ist die thematische Nebeneinanderstellung (die Verbindung von Abschnitten, die sich mit
demselben Stoff befassen), aber die freie Zusammenstellung wird ebenfalls manchmal eingeführt. Beide Techniken scheinen darauf abzuzielen, den Text leichter ver-
ständlich und erbaulicher zu machen. Beispielsweise ist in
4Q364 Frg. 3 vor Genesis 28,6 ein Segen erhalten, der in
keiner Version der Bibel auftaucht. Frg. 4b–c Kol. ii verbindet Genesis 30,20–26 mit der „Engelrede" aus Genesis 31,11–13. Frg. 23a–b Kol. 1 bringt Numeri 20,17–18
(allerdings in der Fassung des samaritanischen Pentateuch, nicht des als gültig anerkannten hebräischen Textes) mit Deuteronomium 2,8–14 zusammen. 4Q365 Frg.
6a Kol. ii und 6c bewahren Spuren eines poetischen
Zwischenspiels, das entfernt an Moses Lobgesang (Exodus
15,1, 7, 10) erinnert und Exodus 15,22–26 (siehe S. 118)
vorangeht, und Frg. 23 bewahrt eine ausführliche Ergän-
zung zu Levitikus 23,42–24,2, die die Stammesordnung
für das Heranschaffen der Hölzer für das Brandopfer vor-

*Darstellung des Exodus aus
der* Goldenen Haggada *(14.
Jahrhundert). Die Geschichte
erscheint in leicht bearbeite-
ter Form im „Überarbeiteten
Pentateuch".*

schreibt (einige Forscher betrachten dieses Fragment indes als weitere Kopie von Kol. 23–24 der Tempelrolle. Vielleicht war es ein unabhängiges Werk, das als Quelle für eine solche Schrift benutzt wurde). Frg. 28 enthält eine Kombination aus Numeri 4,47–49 und 7,1; in beiden geht es um den Tempeldienst. Ebenso verbindet 4Q366 Frg. 4 Kol. 1 zwei Passagen über das Laubhüttenfest (Numeri 29,32–30,1 und Deuteronomium 16,13–14).

Ein Ziel dieses Werkes in seinen verschiedenen Handschriftfassungen ist es also, den Zusammenhalt der biblischen Darstellung durch Schaffung von Bindegliedern innerhalb der biblischen Geschichte und zusätzliche Erklärungen zu verbessern, etwa so, wie die Tempelrolle (siehe S. 156) biblische Gesetze ausführlicher erläutert und in einer sinnvolleren Reihenfolge anordnet. Dabei wurde allerdings auch vieles weggelassen. Es ist unwahrscheinlich, dass irgendeine der fünf Handschriftfassungen dieses Werkes den ganzen Pentateuch in überarbeiteter Form enthalten hat. Tatsächlich findet sich für 53 von 187 Kapiteln des Pentateuch in keiner der fünf Handschriften ein Anhaltspunkt.

In der Tat ist nicht ganz eindeutig, dass 4Q158 eine Handschrift desselben Werkes wie 4Q364–67 ist, obwohl die Herausgeber des „Überarbeiteten Pentateuch" davon ausgingen. John Allegro, der Herausgeber von 4Q158, bezeichnete diese Fragmente lediglich als Paraphrase, weil einige davon Teilen von Genesis und Exodus *ähneln*; sehr wenig entspricht dem bekannten Text des Pentateuch. Beispielsweise scheint in Frg. 14 eine mit der Flucht aus Ägypten verbundene liturgische Tradition nachzuklingen und Frg. 9–12 erscheinen wie eine verkürzte Ausgabe der Rechte in Zusammenhang mit dem Rind, das „zuvor stößig gewesen" ist, in Exodus 21. Doch teilweise wird der biblische Text auch neu geordnet: Frg. 6–8 verbinden Exodus 20 und Deuteronomium 5 und 18, welche Sinai-Überlieferungen mit der zukunftsorientierten Überlieferung eines „Propheten wie Moses" kombinieren. Doch diese Nebeneinanderstellung nimmt auch der samaritanische Pentateuch vor, und der Verfasser dieses Qumran-Textes könnte nach dieser Fassung gearbeitet haben statt nach dem Masoretischen Text.

Eines der Anliegen von 4Q158 (und vielleicht der anderen Handschriften ebenfalls) ist die Verknüpfung von Moses und Abraham, der beiden größten Gestalten jüdischer Abstammung. Dies ist auch eines der Ziele der Jubiläen (siehe S. 102), indem sie die Patriarchen das mosaische Gesetz vorwegnehmen lassen, das später auf dem Sinai gegeben wurde. Folglich werden das Versprechen von Land an Abraham und die Erteilung des Gesetzes als zwei Seiten derselben Medaille dargestellt.

Das Vorhandensein dieser Fragmente zeigt zweifelsfrei, dass die palästinensischen Juden des Zweiten Tempels nichts dabei fanden, den biblischen Text auf die unterschiedlichste Art und Weise zu handhaben: ihn zu paraphrasieren, neu zu ordnen, Dinge auszulassen und zu ergänzen. Das heißt jedoch nicht, dass sie gedankenlos mit dem tatsächlichen Wortlaut verfuhren, wenn eine solche Exegese nötig war – wie die *pescharim* beweisen. Mit anderen Worten, es gab viele Möglichkeiten, die heiligen Schriften zu verstehen und zu benutzen.

Wohin gehören diese Fragmente?

Die fünf Handschriftversionen des „Überarbeiteten Pentateuch" (4Q158 und 4Q364–67) waren in ihrem Originalzustand vielleicht die längsten der Schriftrollen vom Toten Meer, eine Neufassung des gesamten Pentateuch gar 25 m lang. Aber eine Handschrift, die ursprünglich diesem Werk zugeordnet worden war, 4Q365a, hat stets Fragen aufgeworfen. Ihre Fragmente zitieren keine biblischen Passagen.

Yigael Yadin führte Frg. 2, 3 und 23 von 4Q365a auf eine Abschrift der Tempelrolle zurück, während Michael Wise sie als Quellen für die Tempelrolle betrachtete. Sidnie A. White (Crawford), gemeinsam mit Emanuel Tov Herausgeber von 4Q365a, meint, es könnte sich um einen revidierten Text oder eine andere Ausgabe der Tempelrolle handeln, weil Frg. 2, Kol. 1, Zeilen 8–10, das sich teilweise mit 11QT 38,12–15 deckt, eine kürzere Fassung des Abschnitts wiederzugeben scheint. Frg. 1 und 3 behandeln, wie die Tempelrolle, Festmaterialien und genaue bauliche Angaben, aber Frg. 5, das die Sichtbarkeit von Rädern betrifft, passt überhaupt nicht. So ist 4Q365a ein echtes Rätsel und seine verschiedenen Fragmente scheinen an verschiedene Stellen zu gehören.

Dieser Fall veranschaulicht die Art von Problemen, denen sich der Herausgeber einer Schriftrolle bei der Zuordnung von Fragmenten zu ihren Originalhandschriften und der Identifizierung der Werke, die diese Handschriften enthielten, gegenübersieht. Dies ist nicht immer einfach und besonders wenn die Überreste bruchstückhaft sind, kann der Charakter des Gesamtwerkes schwer fassbar sein. Für manche Forscher handelt es sich beim „Überarbeiteten Pentateuch" mehr oder weniger um eine Neuordnung älterer oder klassischen Materials oder eine Sammlung von Auszügen mit einigen ergänzenden Kommentaren hier und da. Die Tempelrolle unterscheidet sich insoweit, als sie biblische Texte systematisch neu ordnet, wenngleich auch nichtbiblisches Material einschließt.

Was der „Überarbeitete Pentateuch" und andere „parabiblische" Qumran-Rollen jedoch zeigen, ist die Vielfalt der Möglichkeiten, sich mit dem heiligen Text auseinander zu setzen.

Das Problem des Herausgebers: Hunderte winziger Fragmente, die zu Dokumenten und Handschriften zusammengesetzt werden müssen.

Das Josua-Apokryphon

„[—]die hinabkommenden ...... [—]die hinabkommenden
standen ... (vgl. Jos 3,13.16) [— durch]schritten auf trocke-
nem Land im Monat [— der ers]te im Jahr e[inund]vierzig des
Jahres ihres Auszugs aus dem Lan[d] Ägypten, das ist das Jahr
zu den Jubiläen am Beginn ihres Eintreffens beim Land Kanaan. Und der Jordan war voll Was[ser] über all seinen Ufern
und reißend [mit] seinen Wassern vom er[sten] Monat bis zum
Weizenerntemonat." (4Q379 Frg. 12, vgl. Josua 4,22;19)

Die beiden Handschriften in 70 Fragmenten erhielten den
Titel „Josua-Apokryphon" (früher „Psalmen Josuas"). Obwohl viele der 41 Fragmente von 4Q379 eine mögliche
Beziehung zum biblischen Buch Josua widerspiegeln, bewahren viele auch so wenig von dem ursprünglichen Kontext, dass die Rekonstruktion schwierig ist. Bestimmte
Fragmente bedienen sich der Sprache aus Psalmen, Lob
und Gebet (Frg. 18, Frg. 12 und 22, Frg. 27), andere erwähnen Städte, die mit Josua verbunden sind: Aroër (Frg.
2; siehe Josua 12,22; 13,9, 16; Numeri 32,34) und Bethel
(Josua 8).

Newsom betrachtet das Werk als Abschiedsrede Josuas, und ein paar Fragmente bewahren genug vom ursprünglichen Erzählkontext, um uns zu ermöglichen, den
möglichen Umriss zu erkennen, aber die Anordnung der
Fragmente ist unsicher. Allerdings gibt es textliche Ge-
meinsamkeiten mit einer anderen Qumran-Schrift, 4QTes-
timonia (4Q175; siehe S. 130), zu denen der Fluch Josuas über jeden, der Jericho wiedererbauen würde, gehört.

Inhalt

Frg. 12 von 4Q379 gleicht Josua 3,13–16, indem es die
Überquerung des Jordan im ersten Monat des 41. Jahres
des Auszugs aus Ägypten schildert. Wie das Buch der Jubiläen erwähnt es besonders, dass dieses Ereignis in einem Jubiläumsjahr während der Weizenernte geschah.
Frg. 22, Kol. 2 bezieht sich auf Josua 6, die Eroberung Jerichos. Eine im Buch der Jubiläen fehlende, in den Testimonia jedoch wieder auftauchende Passage gibt zu verstehen, dass dieser Fluch sich auf die Bollwerke der Toch-
ter Zion (Jerusalem) erstrecken würde.

Die andere Handschrift (4Q378) in 29 Fragmenten
hängt weniger eindeutig mit Josua zusammen und
scheint mehr mit Deuteronomium verwandt zu sein. Frg.
6 erwähnt ein Bittgebet, während in Frg. 14 die Israeliten den Tod Mose betrauern. Frg. 22 bezieht sich auf Moses, Josua und Gottes Versprechen an Abraham. Frg. 12
und 22, Kol. 2 von 4Q379 illustrieren in der Tat eine klare Beziehung mit Josua; Frg. 12 fügt chronologische Informationen bezüglich der Überquerung des Jordan hinzu und Frg. 22 scheint den Josua-Text zu zitieren, jedoch
in erweiterter Form.

Ein in Masada gefundener und von S. Talmon im *Journal of Jewish Studies* 47 (1996), S. 128–39, herausgege-
bener Text heißt ebenfalls „A Joshua Apocryphon" und
stammt nach Ansicht des Herausgebers aus Qumran. Der
Text steht offenkundig in keiner Beziehung zu 4Q378
oder 379 und seine Verbindung mit der Geschichte des
Buches Josua ist in jedem Fall ungewiss. Er erzählt von
einer Schlacht, in der Gott Israel den Sieg schenkt.

Die Worte Josuas

Der letzte Abschnitt der Testimonia beginnt: „Zu der Zeit, da Josua aufhörte, mit seinen Lobgesängen zu lobsingen und zu preisen", und zitiert sodann seinen Fluch über den Wiedererbauer Jerichos. Dieselben Worte sind im Josua-Apokryphon erhalten (4Qapoc-Josh^b, 4Q379, Frg. 22).

Wurde ein Text vom anderen abgeschrieben? Wenn ja, welcher? Die meisten Wissenschaftler vertreten den Standpunkt, das Josua-Apokryphon müsse den Testimonia vorausgegangen sein, da letztere eine Sammlung von Weissagungen aus maßgeblichen prophetischen Quellen seien. Das Josua-Apokryphon scheint, obwohl recht bruchstückhaft, eine unabhängige Schrift zu sein. Das stärkste Argument für den Vorrang des Josua-Apokryphons findet sich in Frg. 22, ii,5, wo es heißt: „Gepriesen ist JHWH, der Gott[Israels –]." Obwohl die Testimonia mit einer Anspielung auf Josuas Anbetung beginnen, wurde das Zitat einem größeren Kontext entnommen. Die Psalmen Josuas liefern einen solchen Kontext.

Die Herausgeberin des Josua-Apokryphon, Carol Newsom, meint, dass es von einem Schreiber in einem Nicht-Qumran-Kontext geschrieben wurde. Aber wegen der vollen hebräischen Schreibweise (siehe S. 73) glauben sie und andere, dass die Testimonia in der Schreibschule von Qumran kopiert wurden. Ein anderer Forscher, Hans Burgmann, hob hervor, dass der Name Efraim im Apokryphon positiv verstanden werde. Wie er das Qumran-Denken verstehe, habe die Qumran-Gemeinschaft Efraim verachtet.

Doch möglicherweise stützen beide Texte sich auf eine ältere Quelle. Es ist nicht unwahrscheinlich, dass die Worte Josuas zu einer älteren, Ausgabe des Buches Josua selbst gehörten.

Die byzantinische Josua-Rolle aus dem 10. Jahrhundert zeigt Josuas Begegnung mit einem als Krieger gewandeten Engel, der ein Schwert hält.

Dossier der Fakten

Name: 4QTob^{a–e}
(4Q196–200)
Herausgeber: J. A. Fitzmyer
(*DJD* 19)
Kommentar: J. A. Fitzmyer
Schrift: Späthasmonäisch
bis Herodianisch

Tobit

„Und der Engel sagte zu ihm: Pack ihn bei den Kiemen und zieh ihn heraus! Und er zog ihn aufs Land; da zappelte er vor seinen Füßen. Da sagte der Engel zu ihm: Nimm den Fisch aus und behalte sein Herz, die Galle und die Leber; denn sie sind sehr gut als Arznei. Tobias tat das, und einige Stücke vom Fisch briet er für unterwegs ..." (Tobias 6,4–7)

Tobit war lange als eines der Bücher der Apokryphen bekannt und man hielt den griechischen Text für eine Übersetzung, ob jedoch aus dem Hebräischen oder Aramäischen war unsicher. Das ist es noch, denn Tobit wurde jetzt in Qumran in fünf Handschriften und in beiden Sprachen gefunden (vier in Hebräisch, eine in Aramäisch). Es ist recht vollständig erhalten und die am wenigsten lückenhaften Handschriften wurden paläographisch etwa auf die Mitte des 1. Jahrhunderts v. u. Z. datiert.

Das Buch ist eine Erzählung über Frömmigkeit mit einer Spur Humor. Tobit ist ein wahrhaft frommer Mensch, der in Ninive lebt und ein Festmahl unterbricht, um einen jüdischen Glaubensgenossen zu begraben. Dann schläft er neben der Stadtmauer ein und als ihm Vogelkot in die Augen fällt, erblindet er auf der Stelle. In den folgenden Kapiteln kümmert Tobits Sohn Tobias sich darum, das Geld seines Vaters wiederzuerlangen und eine passende Ehefrau aus seiner eigenen Familie zu finden. Mit einem gewissen Rafael (ein Name, der „Gott heilt" bedeutet), der, was Tobias nicht weiß, ein Schutzengel ist, reist er nach Medien, einem Teil des Perserreiches östlich und nördlich des Tigris. Unterwegs fängt Tobias einen Fisch und Rafael rät ihm, Galle, Herz und Leber aufzu-

Ein Hochzeitsritual

Tobias 8 enthält zwei „Hochzeitsgebete". Die 19 Fragmente von 4Q502, aus fast demselben Zeitraum, seien, behauptet Maurice Baillet, ein Hochzeitsritual. Joseph Baumgarten meint indes, es handele sich um eine Verherrlichung hohen Alters.

Fragmente 1–2
„(3) [—   ]und seine Frau für/zu[—] (4) [—] zu schaffen Nachkommenschaft[—] (5) [—]..

Fragmente 7–9
„(2) [—]bekennt[—] (3) [—].. gemeinsam [—] ... (4) [—   je]de Frucht seines Rates und von Seiner Rechten (?)[—] (5) [—]. den Namen des Gottes Israels, d[er –]

(1) [—   ]...[—] (2) [—   ]Gott(es) Israels und er hebt an und sa[gt:] (3) [—   Ze]it von Freude zu loben Seinen Namen (4) [—   ] ihre Männer und Knaben ..."

Fragment 19
„(1) und Er setzt(e) Sein Volk in einen Rat Hei[li-ger –] (2) Same von Segen, Greise und Grei[sin-nen –] (3) und Jungfrauen, Knaben und Mäd[chen –] (4) mit uns allen zusammen ..."

heben. Es stellt sich heraus, dass der Rauch von Herz und Leber ihn davor bewahren wird, in seiner Hochzeitsnacht vom Dämon Asmodeus getötet zu werden, und die Galle seines Vaters Blindheit heilen wird. Tobias' künftige Braut hat das Pech, sieben vorherige Ehemänner an Asmodeus verloren zu haben. In der Hochzeitsnacht macht der Rauch Asmodeus einen Strich durch die Rechnung und nach einem ordentlichen Festmahl im Haus seiner Braut in Medien kehrt Tobias nach Hause zurück, wo die Fischgalle auf die Augen seines Vaters aufgetragen wird. Plötzlich sieht Tobit wieder. Nicht nur das, sein Sohn ist mit einer anständigen Braut heimgekehrt.

In dieser schönen Geschichte, einer der handwerklich solidesten der gesamten biblischen Literatur, finden Unterweisung, Danksagung, Gebet und Mildtätigkeit ei-

(Oben links) 4QpapTobᵃ ar ist die umfangreichste der Tobit-Handschriften aus Qumran.

(Oben links) Tobias mit dem Engel, der ihn auf seiner Reise begleitete, von Pollaiuolo (um 1432–98).

(Links) 4QTobᵉ, Frg. 6, enthält einen hebräischen Text von Tobit 12,20–13,4.

nen angenehmen Mittelweg. Pech wendet sich zu Glück, wenn man glaubt und anderen Gutes tut.

Die Geschichte ist kaum das Produkt irgendeiner jüdischen Sekte und dass sie sich unter den Qumran-Texten befand, ist ziemlich seltsam: Die meisten nichtbiblischen Texte sind trotzdem eng mit biblischen Gestalten oder Werten verknüpft und dieser ist es nicht. Obwohl in den christlichen Kanon aufgenommen, gibt es keinerlei Anhaltspunkte, durch Zitate oder Anspielungen, dass die Schreiber der Schriftrollen dieses Werk als biblisch betrachteten.

Die Henoch-Bücher

„Vor diesen Begebenheiten war Henoch verborgen, und niemand von den Menschenkindern wusste, wo er verborgen war, wo er sich aufhielt, und was mit ihm geworden war. Alles, was er während seines Lebens unternahm, geschah mit den Wächtern und mit den Heiligen. Da erhob ich, Henoch, mich, indem ich den Herrn der Erhabenheit und den König der Welt pries. Siehe, da riefen die Wächter des großen Heiligen mich, Henoch, den Schreiber, und sagten zu mir: Henoch, du Schreiber der Gerechtigkeit, geh hin, verkünde den Wächtern des Himmels, die den hohen Himmel, die heilige ewige Stätte verlassen, mit den Weibern sich verdorben, wie die Menschenkinder tun, getan, sich Weiber genommen und sich in großes Verderben auf der Erde gestürzt haben: Sie werden keinen Frieden noch Vergebung finden. So oft sie sich über ihre Kinder freuen, werden sie die Ermordung ihrer geliebten Söhne sehen und über den Untergang ihrer Kinder seufzen; sie werden immerdar bitten, aber weder Barmherzigkeit noch Frieden erlangen." (1. Henoch 12,1–6)

Bis zu den Entdeckungen in Qumran war das Buch Henoch (1. Henoch) als Sammlung von Apokalypsen auf Äthiopisch bekannt, welche die göttliche Weisheit enthielt, die Henoch von der Engelwelt bei seinem Aufenthalt dort empfangen hatte. Handschriften von fünf Bestandteilen des 1. Henoch sind nun in ihrem ursprünglichen Aramäisch ans Licht gekommen. Diese Teile sind das Buch der Wächter (äthiopisch, Kap. 1–36), das Astronomische Henoch-Buch (Kap. 72–82), das Buch der Traumgesichte (Kap. 83–90) und die Mahnreden (Kap. 91–108). Das Buch der Bilderreden (Kap. 37–71) fehlt. Das Astronomische Henoch-Buch (durch Fragmente von vier Handschriften vertreten, 4QEnastr^{a–d}) ist außerdem in Qumran länger und ausführlicher. Mit Henoch zusammenhängend, aber anscheinend ein unabhängiges Werk ist das so genannte Buch der Giganten, das der Herausgeber J. T. Milik für den ursprünglichen Teil eines alten henochschen Pentateuch hielt, der später durch die Bilderreden ersetzt worden sei.

In der Genesis wurde Henoch 365 Jahre alt und Gott berief ihn plötzlich ab. Nirgendwo sonst in der hebräischen Bibel wird er erwähnt, aber sicher wusste man von ihm. Jesus Sirach (44,16; 49,14) lobt ihn und die Jubiläen behaupten, er habe als erster Sterblicher Schreiben gelernt. Das heißt, er war der Vorläufer literarischer Kultur. Judas 14–15 zitiert Henoch 1,9 hinsichtlich des göttlichen Gerichts über die Sünder und Judas 6 ist eine durchsichtige Anspielung auf die Bestrafung der Wächter in der Unterwelt (Henoch 10,4–6, 12–16; 12; vgl. 2. Petrus 2,4–5). Die henochsche Überlieferung ist heute außerdem als wichtiger Hintergrund vieler Qumran-Rollen anerkannt.

In Höhle 4 fanden sich Fragmente, aber keine umfangreicheren Abschnitte des Buches Henoch oder irgendeines seiner Teile. Die Kapitel 16–17, ein Großteil von 24, 72–75 sowie 80–81 fehlen und nur extrem kurze Passagen von etwa 44 Kapiteln sind erhalten, die vielfach nicht einen einzigen vollständigen Satz beinhalten. Die elf Handschriften datieren aus der Zeit zwischen dem frühen 2. Jahrhundert v. u. Z. und der herodianischen Epoche und zumindest das Astronomische Henoch-Buch ist älter als das Buch Daniel.

Wie in der vollständigen äthiopischen Fassung enthalten, erzählt das Buch der Wächter (das zuerst kommt)

Der Mythos der gefallenen Engel wird in der Genesis nur kurz erwähnt, aber für die Gemeinschaft in Qumran war er von großer Bedeutung. Rubens malte diese Interpretation um 1619/22.

von aufrührerischen Engeln („Wächtern"), die auf die Erde herabstiegen und Frauen schwängerten, die ihnen riesige Kinder gebaren; diese Wächter lehrten die Geheimnisse der Herstellung von Kriegswaffen und Schmuckgegenständen, Hexerei, Zaubersprüche und das Schneiden von Heilwurzeln. Gewalt verbreitete sich auf der Erde und die Engel wurden verurteilt, 70 Generationen lang gefesselt zu sein, bis zum Tag des Jüngsten Gerichts. Henoch darf vermitteln, wird aber angewiesen, sie zu ta-

nochs Kinder; eingebettet darin ist die „Wochenapokalypse", die, wie die Jubiläen, die Geschichte der Welt in 50-(oder 49-)Jahres-Epochen misst.

Ein zentrales Merkmal des henochschen Korpus ist der Glaube, dass die Sünde in der himmlischen Welt entspringe (Adam und Eva werden nicht erwähnt), dass der Verlauf der menschlichen Geschichte vorherbestimmt sei und dass der wahre Kalender von der Sonne, nicht vom Mond festgesetzt werde. All diese Glaubenssätze spielen

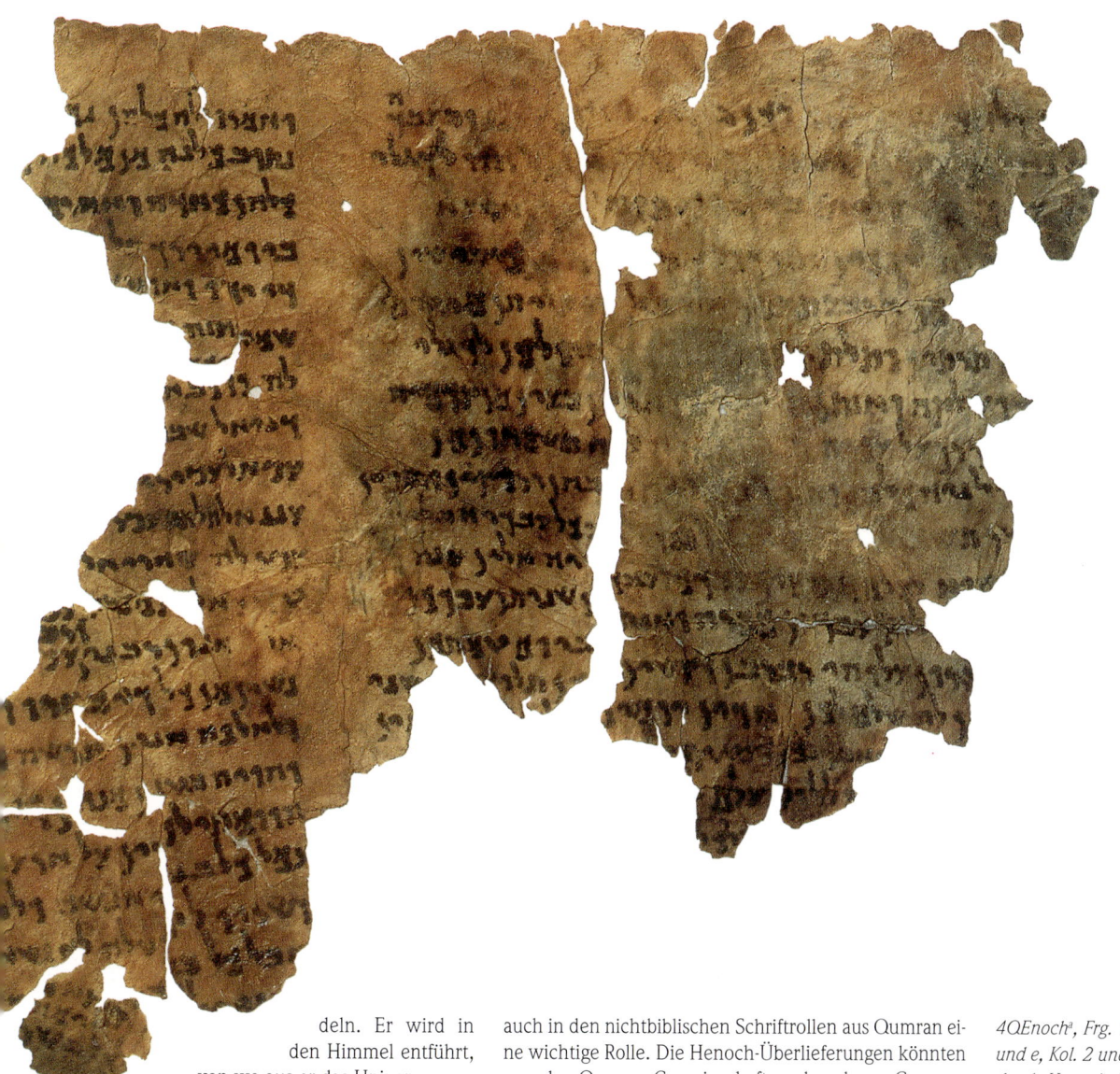

deln. Er wird in den Himmel entführt, von wo aus er das Universum sehen kann – Berge, Bäume, den Mittelpunkt der Erde, das Paradies der Rechtschaffenen und sogar den Baum der Erkenntnis.

Das Astronomische Henoch-Buch beschreibt den Lauf der Himmelskörper über das Jahr. Das Buch der Traumgesichte erzählt in symbolischer Form die Geschichte Israels vom Fall der Engel bis zum makkabäischen Triumph und dem abschließenden göttlichen Gericht. Die Mahnreden bestehen aus moralischen Ermahnungen an He-

auch in den nichtbiblischen Schriftrollen aus Qumran eine wichtige Rolle. Die Henoch-Überlieferungen könnten von der Qumran-Gemeinschaft und anderen Gruppen durchaus als maßgeblich betrachtet worden sein. Sie beeinflussten unmittelbar das Buch der Jubiläen (siehe S. 102) und dann wieder die Damaskusschrift. Ob eine Form des „henochschen Judentums" vom „mosaischen Judentum" getrennt werden kann, mit dem es verschmolz, wobei es jedoch von Letzterem weitgehend verdrängt wurde, ist eine gegenwärtig diskutierte interessante und wichtige Frage.

4QEnoch[a], Frg. 1, Teile c, d und e, Kol. 2 und 3, mit Teilen des 1. Henoch, Kap. 2–8, aus dem Buch der Wächter.

Andere in Höhle 4 erhaltene antike Werke

Die mit Henoch verbundene Literatur zeigt die Bereitschaft jüdischer Autoren der griechisch-römischen Zeit, Weisheitsüberlieferungen in Form von Offenbarungen über die Zukunft und mit der Autorität bekannter antiker Gestalten zusammenzutragen oder zu schaffen, sowie die Tendenz, diese Charaktere mit inniger Frömmigkeit und

Fragmente von Testamentsabschnitten erhalten geblieben, die Naftali (4Q215) und Juda (3Q7; 4Q484; 4Q538) zugeschrieben werden – möglicherweise Teile eines Zyklus von Testamenten der zwölf Patriarchen, wie sie später in Griechisch existierten. Auch Letzte Worte Josefs (4Q539), Amrams (4Q543–48) und Kehats (4Q542) gibt es und im so genannten aramäischen Levi-Dokument (Worte Levis) wendet Jakob sich an seinen Priestersohn Levi (4Q213–14). Die meisten dieser Texte verbinden moralische Belehrungen mit Voraussagen über die Zukunft.

(Oben rechts) 4Q386 (4QPseudo-Ezekiel), Frg. 1 und 2, die eine umgeschriebene Fassung der Vision von den verdorrten Gebeinen (Hesekiel 37) enthalten.*

(Unten) Koptisches Holzrelief von Moses mit den Gesetzestafeln (6.–7. Jahrhundert).

großem Weitblick zu erfüllen. Die Jubiläen bestehen formal aus einer Offenbarung für Moses durch einen Engel auf dem Sinai, während Henoch aus seinen Reisen zum Himmel lernt. Das Genesis-Apokryphon befasst sich mit den Tugenden Noahs und Abrahams; und Noah selbst ist der Gegenstand vieler anderer bruchstückhafter Texte, vielleicht weil er als Überlebender der letzten großen, weltweiten Verwüstung ein Vorbild für jene war, die erwarteten, vor dem kommenden Gericht gerettet zu werden.

Eine weit verbreitete literarische Form war das Testament, eine Abschiedsrede oder Ermahnung auf dem Totenbett. In den Qumran-Höhlen, vor allem in Höhle 4, sind

Mose zugeordnete Worte gibt es reichlich (1Q22, 29; 2Q21; 4Q374–75, vielleicht 4Q376, 4Q377–78, 4Q388a, 4Q389) und es gibt sowohl Apokryphen von Josua (4Q378–79), Samuel (4Q160), Elisha (4Q481a), Zedekia (4Q470) und Jeremia (4Q384–85b)* als auch Pseudo-Hesekiel- (4Q385–86) und Pseudo-Daniel-Texte (4Q243–45; 4Q551?). Auch wenn aufgrund ihres fragmentarischen Charakters nicht alle sicher zugeschrieben werden können, so spricht die Häufung von Beweisen dafür, dass eine solche Zuschreibung weit verbreitet war.

David-Überlieferungen finden sich auch in 11QPs^a (siehe S. 160), das ihn als Weisen darstellt, dessen fruchtbare Psalmen- und Liedschöpfung durch Prophetie entstand. 2Q22, anscheinend die Worte eines mächtigen Kriegers, ist möglicherweise ebenfalls mit Daniel verbunden. Die große Zahl solcher Überlieferungen zeigt, dass die heiligen Schriften den Vorrat an Geschichten über Israels Vergangenheit ganz und gar nicht erschöpften: Sie scheinen sogar ziemlich viel Kreativität freigesetzt zu haben. Andererseits könnten einige nichtbiblische Texte genauso alt sein wie irgendwelche biblischen und entstanden vielleicht unabhängig.

Das Florilegium

„Und Er sagte an, Ihm zu erbauen ein Menschen-Heiligtum, damit man in ihm Räucherwerk darbringt für Ihn vor Ihm als Dank-Erweise." (4Q174 2,6–7)

Dieser Text kombiniert raffiniert biblische Passagen, um Hinweise über Ereignisse und Gestalten der „letzten Tage" (wie die Endzeit in den Qumran-Rollen normalerweise bezeichnet wird) zu geben. Dies ist auch ein Kennzeichen mehrerer Qumran-Schriften, vor allem des Melchisedek-Textes aus Höhle 11 (siehe S. 162). Zu den im Florilegium verwendeten Abschnitten gehören 2. Samuel 7,10, Deuteronomium 23,2–3 und 2. Samuel 7,11–14. Außerdem gibt es Anspielungen auf Amos 9,11, Psalter 1,1, Jesaja 8,11, Hesekiel 44,10 (vgl. 37,24–28), Psalter 2,1 und Daniel 12,10.

Zentral für das Thema des Werkes ist 2. Samuel 7,10–14, denn die Stelle enthält Gottes Versprechen eines Hauses für David. In 2. Samuel meint dieses „Haus" eine Dynastie; in der Chronik meint es den Tempel (Gottes „Haus"); in dem Qumran-Text ist das Haus beides, aber auch die Gemeinschaft. Psalm 1,1 wird zitiert, weil Gott eine bestimmte Gruppe von der Befolgung der Lebensweise der Menschen, das heißt der Nichtjuden, abgesondert hat. Jesaja 8,11 und Hesekiel 44,10 belegen,

dass eine ausgewählte Gruppe sich vor dem Gericht am Ende der Tage verantworten wird. Daniel 12,10 bestätigt, dass die „Verständigen", die *maskilim*, jene sind, die Gottes Worte und Pläne in der Endzeit verstehen. Diese sind keine anderen als die „Söhne des Lichts".

Dieses „menschliche Haus" (wörtlich „Heiligtum Adams") werde als symbolischer Tempel existieren, der „die ganze[Torah" praktiziere und Gott dadurch süße Weihrauchdüfte darbringe. Aber eine wörtliche Bedeutung mag durchaus fortbestehen. Es soll einen „Sproß Davids" geben, der, zusammen mit dem „Toraherteiler", die „Söhne des Lichts" anführen werde. Somit bewirkt ein Mechanismus, sehr ähnlich jenem des Melchisedek-Midrasch, dass die Bibel vermittels verschiedener Texte die Sekte als die Erben der für David bestimmten göttlichen Verheißung offenbart.

Annette Steudel hat behauptet, dieses Florilegium gehöre mit einem auch als 4QCatena A (4Q177) bekannten Text zu einem einzigen Werk, das sie als „eschatologisches Midrasch" bezeichnet (Midrasch bedeutet „Interpretation" und wird gewöhnlich für eine Reihe jüdischer exegetischer Schriften verwendet). Zur Stützung ihrer Behauptung verweist Steudel nicht nur auf die Ähnlichkeit der Schrift zwischen beiden Texten und die inhaltliche Kontinuität quer durch beide, sondern bedient sich auch der äußeren Rekonstruktionsmethoden ihres Lehrers Hartmut Stegemann (siehe S. 76).

Dossier der Fakten

Handschrift: 4QFlor (4Q174)
Herausgeber: J. M. Allegro (*DJD 5*)
Kommentar: G. J. Brooke, A. Steudel
Länge: 4 erhaltene Kolumnen
Schrift: Herodianisch

Daniel und die Schriftrollen vom Toten Meer

Bibelwissenschaftler sind sich generell darin einig, dass das Buch Daniel Mitte des 2. Jahrhunderts v. u. Z. geschrieben wurde, nicht lange vor der Mehrzahl der Schriftrollen. Das Buch scheint von einer Gruppe zu stammen, die sich *maskilim* („weise") nennt und ihre Aufgabe darin sieht, die *rabbim* (wörtlich die „vielen") (siehe Daniel 12,3) zu unterweisen. Auf beide Ausdrücke stößt man in der Gemeinschaftsordnung, wo sie den Führer bzw. den Rest der *Jahad* kennzeichnen.

Daniel, Kapitel 9, enthält ferner eine kalendarische Berechnung der jüdischen Geschichte, die mit

Henoch, den Jubiläen und den Melchisedek-Fragmenten zusammenzuhängen scheint, die alle in Qumran gefunden wurden, wohingegen das Gebet, das dieser Berechnung vorausgeht, Teilen der Worte der Himmelslichter sehr ähnelt (4QDibHam, 4Q504–06).

Ebenso wie acht Handschriften des Buches Daniel enthielten die Qumran-Höhlen auch kleine Fragmente von drei Handschriften einer „Pseudo-Daniel"-Schrift (4Q243–45) sowie einen Text in Aramäisch, zu dem ein Gebet des babylonischen Königs Nabonid gehört (4Q242):

„[Ich Nabonid], war geschlagen [mit einer schlimmen Entzündung,] die sieben Jahre dauerte. Wei[l] ich so verändert war [und wie ein Tier wurde, betete ich zum Allerhöchsten,] und Er vergab meine Sünden. Ein Exorzist – ein Jude nämlich, ein Mit[glied der Gemeinschaft der Exilierten – kam zu mir ..."

Das sieht bemerkenswerterweise aus wie eine Version der Geschichte in Daniel 4, in der Nebukadnezar vorkommt und von der Forscher vor langer Zeit vermuteten, es habe sich ursprünglich um eine Geschichte über Nabonid gehandelt, der sich von Babylon nach Teiman zurückzog. Der Name dieses Königs plus die Anonymität des Juden deuten darauf hin, dass wir es hier mit einer älteren Fassung der Geschichte zu tun haben.

Daniel in der Löwengrube, aus einem griechischen Mosaik des 11. Jahrhunderts.

Dossier der Fakten

Handschrift: 4QTest
(4Q175)
Herausgeber: J. M. Allegro
(*DJD* 5)
Länge: 1 Blatt
Schrift: Hasmonäisch

Die Testimonia

„,Einen Propheten stelle ich auf für sie aus der Mitte ihrer Brüder, wie dich, und ich gebe meine Worte in seinen Mund, und er wird ihnen alles sagen, was ich ihm befehlen werde. (Dtn 18,18) Und es wird geschehen, dass von dem Mann, der nicht auf meine Worte hört, die der Prophet in meinem Namen sprechen wird, – ich (selber) Rechenschaft fordern werde!' (Dtn 18,18) [(leer)]

Und er hob an seine Rede und sagte: ,Spruch des Bileam, Sohn des Beor, Spruch des Mannes, der redlichen (?) Auges: Es spricht, der Worte Gottes vernimmt ...'" (4QTest 5–9)

Obwohl vom Umfang her nur ein Blatt, ist mit den Testimonia ein Typus religiöser Literatur erhalten geblieben, der ein systematisches und ernsthaftes Studium heiliger Schriften widerspiegelt. Sie verbinden vier Paragraphen, die aufeinander folgenden biblischen Werken entnommen sind: Exodus 20,21, Numeri 24,15–17, Deuteronomium 33,8–11 und Josua 6,26 (letztere in einer Fassung, die sich auch in einem vormals unbekannten Apokryphon findet, S. 122). Die Testimonia umfassen folglich eine Sammlung von Beweistexten, in denen es um Gottes Aktivitäten zur Endzeit geht. Die ersten drei Texte spiegeln künftige Wohltaten wider, die sich von einem Propheten wie Moses, einem Messias wie David und einem Lehrer wie Levi herleiten. Das Zitat aus einem apokryphen Josua scheint dies durch Verfluchung dreier Einzelner, eines Vaters und zweier Söhne, die in der Umgebung von Jerusalem Blut vergossen haben, kontrastieren zu wollen. Während praktisch niemand versucht hat, die drei positiven Figuren zu identifizieren, bringen viele Forscher den Vater und die zwei Söhne bereitwillig mit Alexander Jannäus und seinen Söhnen (Allegro), Simon Makkabäus und seinen Söhnen Judas und Mattatias, der 135 v. u. Z. in Dok nahe Jericho starb (Cross) oder mit dem Hasmonäerkönig Johannes I. Hyrkan und dessen beiden Söhnen (und Nachfolgern) Aristobulos und Alexander (O. Betz) in Verbindung. Vorsichtigere und skeptischere Interpreten räumen die Schwierigkeit ein, die „Söhne des Belial" mit bekannten historischen Persönlichkeiten gleichzusetzen, erkennen jedoch an, dass der antike Autor Josuas Fluch über Jericho eindeutig im Lichte jüngerer Ereignisse umgedeutet hatte.

Interessanterweise glauben Wissenschaftler, dass derjenige, der diesen Text abschrieb, auch die Gemeinschaftsordnung (1QS) aus Höhle 1 und eine Samuel-Handschrift aus Höhle 4 kopierte. Beide wurden paläographisch auf die Hasmonäerzeit datiert. Es ist selten, dass verschiedene Qumran-Rollen auf diese Weise einem einzigen Schreiber zugeordnet werden können.

Testimonia, Messiasse und Samariter

Die Testimonia (4Q175) sind eine Sammlung biblischer Zitate, scheinbar verbunden durch ihre Anspielung auf eine messianische Gestalt. Solche Sammlungen sind auch aus der frühchristlichen Literatur bekannt.

Sie beginnen mit einem Text, der in der Masoretischen Überlieferung Deuteronomium 5,28–29 ist: „Du [Moses] hast gehört den Klang der Worte dieses Volkes, die sie zu dir gesprochen haben. Alles, was sie gesprochen, haben sie wohl gesprochen, wenn nur dieses ihr Herz so wäre, daß sie mich fürchteten und alle meine Gebote alle die Tage hielten ...", unmittelbar gefolgt von Deuteronomium 18,18–19 (wieder in der masoretischen Überlieferung): „Einen Propheten stelle ich auf für sie aus der Mitte ihrer Brüder, wie dich."

Dann kommen sie zum „Spruch des Bileam" in Numeri 24,15–17, der prophezeit: „Es geht ein Stern aus Jakob auf, ein Szepter erhebt sich aus Israel", darauf zu Deuteronomium 33,8–11, einem Segen über die Leviten, der endet: „Zerschlage die Hüften seiner Gegner und seiner Hasser, daß sie nicht (wieder) aufstehen!" – ein möglicher Verweis auf messianisches Wirken. Die drei Texte zusammen könnten durchaus darauf ausgelegt gewesen sein, die Ankunft dreier messianischer Gestalten zu veranschaulichen: eines Propheten, Sterns/Zepters und Priesters.

Aber die Sammlung endet mit einem Zitat aus Josua 6,26, wo der Held nach der Zerstörung Jerichos verkündet: „Verflucht der Mann, der diese Stadt aufbaut! Mit seinem Erstgeborenen soll er ihr Fundament legen und mit seinem Jüngsten ihre Torflügel einsetzen!" Aber 4QTest fügt dann eine Interpretation hinzu, die auch in 4Q379 erhalten ist, dem Josua-Apokryphon. Diese Passage befasst sich nicht mit messianischen Gestalten, sondern bezieht sich offensichtlich auf eine jüngst bemerkte Erfüllung des Fluchs durch einen „verfluchte(n) Mann, ein(en) Belial", der in Jerusalem Blut vergossen hat. Das Verhältnis dieser Passage zum Rest der Testimonia ist unsicher.

Auffallend ist, dass eine Kombination von Deuteronomium 5,28–29 und Deuteronomium 18,18–19 auch in der Exodus-Fassung (20,21) auftaucht, die im samaritanischen Pentateuch enthalten ist. Es gibt mehrere Fälle, wo Interpretationen in biblischen Qumran-Handschriften mit den samaritanischen heiligen Schriften übereinstimmen, und Verbindungen irgendwelcher Art zwischen den Schriftrollen und Samaritern wurden manchmal unterstellt.

Die Testimonia interpretieren den Fall Jerichos, der hier von Jean Fouquet (um 1425–80) dargestellt wird.

Text der Testimonia aus Höhle 4. Man beachte die vier Punkte in Zeile 1, die für den göttlichen Namen stehen.

Dossier der Fakten

Handschriften: 4QOrdinances[a–c] (4Q159, 4Q513–14)
Herausgeber: J. M. Allegro (*DJD* 5), M. Baillet (*DJD* 7)
Schrift: Späthasmonäisch

(Oben) Die Inschrift auf diesem jüdischen Silberschekel lautet: „Jerusalem, die Heilige". Von Juden, gleich wo sie lebten, wurde die Zahlung einer „Tempelsteuer" erwartet.

(Rechts) Fragmente der Vorschriften (4Q159). Die Lage der beiden Gruppen zueinander ist nicht bestimmbar.

Verordnungen

„Es sollen keine Männerkleider an einer Frau zu finden sein. Jede(r) [... Kein Mann soll] mit dem Umhang einer Frau bedeckt sein noch ein Frauenkleid tragen, denn das ist ein [Gr]euel.

Wenn ein Mann einer Jungfrau Israels Anrüchiges vorwirft, falls [es zu der Zeit geschieht] zu der er heiratet, soll er sprechen und sie sollen ihre Vertrauenswürdigkeit prüfen. Wenn er nicht über sie gelogen hat, soll sie getötet werden, aber wenn er f[alsch] gegen sie ausgesagt hat, soll er mit zwei Minen bestraft werden, [und] er darf sich sein ganzes Leben lang [nicht] von ihr scheiden lassen." (4QOrd Frg. 2–4, Zeilen 6–10)

Drei bruchstückhafte Handschriften aus Höhle 4 (4Q159, 4Q513–14) enthalten Interpretationen biblischer Gesetze, ziemlich ähnlich jenen in den Höhle-4-Handschriften der Damaskusschrift und in der Tempelrolle. Das erste Gesetz von 4Q159 (das auf Deuteronomium 23,25–26 beruht) erlaubt einem mittellosen Israeliten, auf einer Tenne oder an einer Weinkelter Nahrung für sich und seine Familie zu sammeln. Er darf auch auf einem Kornfeld essen, aber nichts mit nach Hause nehmen. Das nächste Thema ist das „Lösegeld", das laut Exodus 30,11–16 einen halben Schekel „entsprechend dem Schekel des Heiligtums" beträgt und für alle Männer über 20 gilt. Die Steuer ist für den Unterhalt des Heiligtums bestimmt. Entsprechend den Gepflogenheiten in griechisch-römischer Zeit war die Steuer jährlich zu entrichten, die Vorschriften verlangen sie jedoch nur einmal im Leben. Dies wird oft als Versuch gedeutet, die jährlichen Einkünfte des Tempels zu schmälern, und wenn ja, zeigte sich darin vermutlich eine sektiererische Tendenz. Es folgt eine Summenberechnung auf der Basis von Massenbeiträgen, wie in Exodus 38,25–26 beschrieben.

Auf zwei weiteren Fragmenten von 4Q159 findet sich ein Verbot für Israeliten, ihre eigenen Leute als Sklaven an die Nichtjuden zu verkaufen (siehe Levitikus 25,39–46); ein Hinweis auf ein zwölfköpfiges Richtergremium, das Fälle von Aufruhr entscheidet; ein Verbot des Tragens von Männer- bzw. Frauenkleidern durch das jeweils andere Geschlecht (Deuteronomium 22,5); und eine Vorschrift für die beschuldigte Jungfrau. Wenn ihr Ehemann zu Recht behauptet, sie sei keine Jungfrau, wird sie getötet. Ist er im Unrecht, muss er ihr zwei Minen zahlen (= 100 Schekel) und darf sich niemals von ihr scheiden lassen (Deuteronomium 22,13–21).

4Q513 überschneidet sich bei der Berechnung der Massenbeiträge für den Bau des Heiligtums mit 4Q159 und fährt mit der Berechnung anderer biblischer Maßeinheiten fort – dem Mea (24 auf einen Schekel), dem Zuz

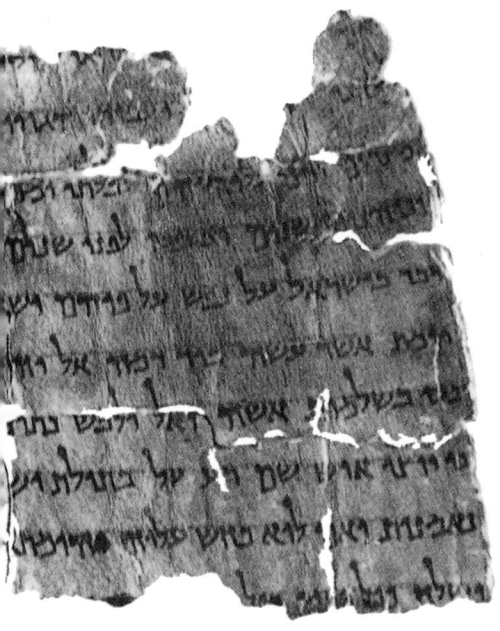

(6 Meas) sowie Bat und Efa („[Wie ein Efa] Weizen ist auch ein Bat Wein"). In 4Q514 geht es um Zustände der Unreinheit und wie sie zu überwinden seien, um essen zu dürfen. Das deutet darauf hin, dass Mahlzeiten in einem Zustand ritueller Reinheit eingenommen werden sollten, wie es mehrere jüdische Gruppen zu dieser Zeit (einschließlich der *Jahad*) praktizierten (siehe z. B. 1QS6).

Die Interpretation biblischer Gesetze war zu dieser Zeit bereits ein Streitthema zwischen verschiedenen jüdischen Gruppen. Aber gibt es hier offenkundige sektiererische Tendenzen (die Tempelsteuer ist eine Möglichkeit)? Manche haben ein Element der Milde gegenüber den Armen erkannt (welches auch die Vorschrift über die Tempelsteuer rechtfertigen könnte), aber es ist gefährlich, aus diesen Fragmenten zu verallgemeinern. Nichtsdestoweniger bestätigen sie zumindest, dass die Anwendung biblischer Gesetze auf alle Aspekte des zeitgenössischen Lebens (und nicht bloß das Regime einer sektiererischen Gemeinschaft) den Autoren der Schriftrollen ein Anliegen war.

Die Kalendertexte

Die Schriftrollen vom Toten Meer enthalten sowohl mehrere Schriften, die sich direkt mit dem Kalender befassen, als auch viele, in denen er ein zentrales Thema ist. Das „offizielle" jüdische Jahr bestand – wie heute – aus zwölf Lunarmonaten, 354 Tagen. In diesem Kalender haben die Monate auch ihre eigenen Namen. Die Schriftrollen billigen jedoch einen Kalender von 364 Tagen, bei dem alle Monate 30 Tage haben und vier Tage (vierteljährlich) eingefügt werden. Die Monate sind in diesem System einfach nummeriert (da sie nicht den benannten Lunarmonaten entsprechen). Dieser Kalender wird in 1. Henoch und den Jubiläen energisch befürwortet und ist in der biblischen Geschichte der Sintflut auszumachen (Genesis 6–9). Hier dauert die Sintflut ein Jahr und zehn Tage – nach einer Mondkalender-Berechnung 364 Tage. Laut 1. Henoch (und Qumran-Text 4Q252) dauerte sie genau ein (Sonnen-)Jahr.

Die Rechtmäßigkeit des Sonnenjahres war für die Autoren der Schriftrollen eine wichtige Frage. Die Befolgung des 354-Tage-Jahres wird als Abirrung von den Geboten Gottes und Befolgung einer nichtjüdischen Lebensweise betrachtet (siehe Jubiläen 2,9, 17; 6,30–31). Der Gebrauch des Kalenders hatte unter anderem Auswirkungen auf die Einhaltung des Sabbat (ein weiteres Schlüsselthema in den Schriftrollen), denn in einem Sonnenkalender fiel der Sabbat jedes Jahr auf dieselben Termine, sodass Konflikte mit anderen Festen dauerhaft vermieden werden konnten. Außerdem griffen Kalenderangelegenheiten über das Jahr hinaus: Die Chronologie der Weltgeschichte beruhte auf „Jahrwochen" (Siebenjahreszyklen, die jeweils mit einem „Sabbatjahr" endeten) und „Jubiläen", sieben dieser Einheiten (49 oder 50 Jahre). In Henoch, den Jubiläen und mehreren Qumran-Rollen wurden für die Geschichte Israels von der Schöpfung (oder vom Exil) bis zum Ende zehn Jubiläen (490 oder 500 Jahre) errechnet. Abgesehen von Henoch und Jubiläen gehören zu den Qumran-Texten, die den Kalender zum Thema machen, die Tempelrolle, die Sabbatopfer-Gesänge, ein erzählerischer Abschnitt in der Psalmenrolle, die Damaskusschrift und die Genesis-Kommentare.

Woher kam dieser 364-Tage-Kalender? Es gibt keine einmütige Antwort, aber er gehört in einen Kontext ganz genauer astronomischer und astrologischer Überlieferungen, die (wie die Henoch-Überlieferungen selbst?) mit ziemlicher Sicherheit aus Babylonien stammten. Das Astronomische Henoch-Buch (das allgemein nicht später als auf das 3. Jahrhundert v. u.Z. datiert wird) verzeichnet neben vielem anderen die Mondphasen, synchronisiert die Tage des Jahres mit dem Tierkreis und dokumentiert Schwankungen im Lauf der Sonne und in der Dauer von Tageslicht und Dunkelheit. Um die beiden Kalender zu korrelieren, waren weitere astronomische Beobachtungen notwendig: 4Q317 stellt eine Liste von Mondbeobachtungen dar, die in Einklang mit den Tagen und Monaten des 364-Tage-Jahres gebracht wurden.

Die Babylonier hatten viele Jahrhunderte lang Sternen- und Wetterphänomene in Beziehung zu historischen Er-

Dossier der Fakten

Handschriften: 4Q317–30, 334, 337, 394
Herausgeber: S. Talmon, J. Ben-Dov, U. Glessmer (*DJD* 21), M. Sokoloff und J. Greenfield (*DJD* 36)
Schrift: Hasmonäisch und Herodianisch

eignissen gesetzt. 4Q318, manchmal als „Brontologion" bezeichnet, schreibt die uralte Fähigkeit, die Zukunft auf der Basis der Zeichen der Natur (hier: Donner) vorherzusagen, fort. Der erste Abschnitt von 4Q318, eine Aufzeichnung der Mondphasen, ist insoweit besonders nützlich, als der Versuch gemacht wird, mehrere kalendarische und astronomische Überlieferungen zu integrieren:

„Adar. Am ersten und am zweiten der Widder; am dritten und am vierten der Stier; am [fünften und am sechsten und am siebten, die Zwillinge;]"

Im Gegensatz zu allen anderen Schriftrollen vom Toten Meer nennt diese den jüdischen Monat (Adar) und verbindet Monatstage mit konkreten Tierkreiszeichen. Der Verfasser wollte bedeutsame Ereignisse basierend auf genauen Beobachtungen von Himmelsstrukturen datieren. Dies könnte das älteste Zeugnis für ein konkretes jüdisches Handbuch der Astrologie sein. Es weist eine gewisse Verbindung zu henochschen Überlieferungen auf, geht jedoch einen Schritt weiter, indem es Vorzeichen für nahe bevorstehende Ereignisse liefert.

„[Wenn es im Stier] donnert, eine Belagerung [der Stadt ...] und Unglück für die Nation und Gewalt [im Ho]f des Königs,

und unter den Nationen [...] es soll sein; und was die Araber betrifft, [...] Hungersnot, und sie werden einan[der] ausplündern [...] Wenn es in den Zwillingen donnert, Panik und Krankheit wegen der Ausländer und [...]" (4Q318 2,6–9)

Von dieser fragmentarischen Passage her hat es den Anschein, als nähmen nationale und internationale Angelegenheiten eine Wendung zum Schlechteren, wenn an mit dem Tierkreiszeichen Zwillinge und vermutlich mit Stier verbundenen Tagen und wahrscheinlich bei anderen Gelegenheiten Donner zu hören sei.

In einigen Kalenderfragmenten werden die Tage des Monats mit Priesterdienstplänen im Tempel synchronisiert; in anderen werden diese Daten dann wieder mit Ereignissen der allgemeinen Geschichte in Verbindung gebracht. Die Texte beinhalten Verweise auf die Nabatäer, Schelamizion, Hyrkan, Aristobulos, Aemilius und den Hohepriester Johanan. Für Historiker, die versucht sind, die Figuren der Schriftrollen in die bekannte Geschichte einzugliedern, deutet die Erwähnung der letzten fünf Gestalten zumindest darauf hin, dass der Verfasser die letzten hasmonäischen Herrscher kannte. Schelamizion war Salome Alexandra, die Witwe und Nachfolgerin des Hasmonäers Alexander Jannäus und Mutter von Hyrkan (II.) und Aristobulos (II.). Dieser Autor wusste auch von dem

Priesterdienstkalender (Mishmarot: 4Q320–22)

Die Mishmarot-Texte aus Qumran-Höhle 4 enthalten unter anderem synchronistische Verzeichnisse, die den üblichen jüdischen Kalender aus zwölf Lunarmonaten (etwa 48 Wochen) in Beziehung zu dem 364-Tage-(52-Wochen-)Kalender der Schriftrollen und zu Tierkreiszeichen, Festtagen und Sabbaten setzen. Diese Termine werden außerdem den 48 Priesterdienstwochen beim Tempeldienst durch 24 Priesterfamilien angepasst – siehe Tabelle (rechts).

Die unten stehende Tabelle zeigt die ersten drei Monate des 364-Tage-Jahres, in welchem der 3., 6., 9. und 12. Monat jeweils 31 Tage haben und Festtage, die niemals auf einen Sabbat fallen, jedes Jahr auf dem gleichen Termin liegen.

nach Priesterdienstplan	nach Tag/Monat
JAHR 1	
Jeda'jah, Tag 1	Monat 7, Tag 12
Mijamin, Tag 3	Monat 8, Tag 12
Shekanjahu, Tag 4	Monat 9, Tag 11
Jesheb'ab, Tag 6	Monat 10, Tag 10
Petachjah, Sabbat (Tag 7)	Monat 11, Tag 9
Delajah, Tag 2	Monat 12, Tag 9
JAHR 2	
Harim, Tag 3	Monat 1, Tag 7
Haqotz, Tag 5	Monat 2, Tag 9
Eljashib, Tag 6	Monat 3, Tag 6
'Immer, Tag 1	Monat 4, Tag 5
Jechezqe'l (Hesekiel), Tag 2	Monat 5, Tag 4
Ma'azjahu	Monat 6, Tag 4

Beginn der Weihetage

WOCHENTAG			I						II						III		
Mittwoch	1	8	15	22	29			6	13	20	27			4	11	18	25
Donnerstag	2	9	16	23	30			7	14	21	28			5	12	19	26
Freitag	3	10	17	24		1		8	15	22	29			6	13	20	27
Samstag	4	11	18	25		2		9	16	23	30			7	14	21	28
Sonntag	5	12	19	26		3		10	17	24		1		8	15	22	29
Montag	6	13	20	27		4		11	18	25		2		9	16	23	30
Dienstag	7	14	21	28		5		12	19	26		3		10	17	24	31

Passah

Tag des Garbenschwingens

Fest der Gerstenerstlinge

(Unten und rechts) Fragmente von 4Q321, offiziell als Kalender-Dokument/Mishmarot B bezeichnet.

Bürgerkrieg, den Hyrkan und Aristobulos auslösten, und von der Rolle des römischen Generals M. Aemilius Scaurus während der 60er Jahre v. u. Z. In 4Q333 steht der Satz „Aemilius getötet" und der Kontext deutet auf den siebten Monat hin. In 4Q319 geht es um die tabellarische Erfassung der Konjunktionen von Sonne und Mond während eines Jubiläums, wobei die Jahre nach Priesterfamilien benannt werden.

Das Problem mit den Priesterfamilien ist Folgendes. Der Sonnenkalender umfasste ein Jahr von 52, nicht 48 Wochen. Der Turnus des Priesterdienstes im Tempel sah vor, dass jede der 24 Priesterfamilien zweimal jährlich eine Woche diente (siehe 1. Chronik 24,1–19). Statt zwei neue Familien zu erfinden, um dem Sonnenkalender zu entsprechen, müssen die Qumran-Texte dem „Lunar"-System Rechnung tragen. In einer Reihe von Texten mit dem Titel „Mishmarot" oder Priesterlisten für den Tempel werden in 4Q320 Mond- und Sonnentermine innerhalb eines Rahmens von Priesterwechseln aufeinander abgestimmt. Der Verfasser von 4Q320 beginnt mit dem ersten Jahr des Zyklus unter dem Dienst der Familie Gamuls, die in der Chronik die 22. Familie war. Ein anderes Fragment zählt auf, welche Familien zu Beginn der solaren 30- oder 31-Tage-Monate dienen, führt Feste in einem Sechsjahreszyklus auf und setzt Vollmonde mit einem Priesterwechsel in Beziehung. 4Q325 überliefert den Priesterwechsel und die Feste innerhalb eines Sechsjahreszyklus.

Die strenge Befolgung eines Sonnenkalenders ist eines der stärksten Argumente dafür, dass die Qumran-Rollen wenn nicht von einer einzelnen Gruppe, so doch von Gruppen stammen, die eng miteinander verbunden waren und geeint in ihrem Widerstand gegen einen Kalender, der zu ihrer Zeit von einer Priesterschaft sanktioniert wurde, von der sie glaubten, sie sei verdorben, im Irrtum befangen und zur Vernichtung verurteilt.

(Rechts) Das Widderhorn wurde geblasen, um den Beginn jedes neuen Jahres anzuzeigen, aber auch zu anderen feierlichen Anlässen.

Dossier der Fakten

Handschriften: 4QMMT,
Kurzform für das hebräi-
sche Miqsat Ma'ase ha-
Torah (4Q394–99)
Herausgeber: E. Qimron
und J. Strugnell (*DJD* 10)
Schrift: Späthasmonäisch
bis Mittelherodianisch

Der Halachische Brief

„[Aber du weißt] daß wir uns von der Mehrheit des Vol[ks ab-
getrennt haben ... [und] davon, mit ihnen eine Gruppe zu bilden oder mi[t ihnen] in diesen Angelegenheiten übereinzustimmen." (C 7–8)

Unter den Stößen von Fragmenten aus Höhle 4, die in
den frühen 1950er Jahren das Archäologische Museum
Palästinas in Ostjerusalem erreichten, befand sich eine
Gruppe, die provisorisch als 4QMishn (Mischna) bezeichnet wurde, weil ein Teil ihres Vokabulars, im Gegensatz zu dem der anderen bekannten Schriftrollen, dem
der Rabbiner nahe war. Aber zu diesem Zeitpunkt konnte keiner der (nichtjüdischen) Herausgeber die Bedeutung, die diese Schriftrollen in der Debatte um die Herkunft der Schriftrollen vom Toten Meer am Ende haben
sollten, einschätzen oder voraussehen. (Der neue Titel ist
einem Ausdruck in dem Dokument entlehnt, der „Einige Werke des Gesetzes" bedeutet.)

Drei Jahrzehnte später saß eine dicht gedrängte Zuhörerschaft auf der Konferenz zur biblischen Archäologie
1984 in Jerusalem wie gebannt da, als Elisha Qimron,
Strugnells frisch berufener Mitherausgeber, verkündete,

Gegossene Flüssigkeiten

4QMMT, der „Halachische Brief", wirft die Frage der
Reinheit von „Flüssigkeitsströmen" auf. Dies war
auch ein Streitpunkt zwischen den Pharisäern und
den Sadduzäern in späteren rabbinischen Texten. Der
Grunddissens hier dreht sich darum, ob ein ununter-
brochener Flüssigkeitsstrom die Reinheit oder Unreinheit von Gefäßen an jedem Ende verbinde oder
isoliere:

„[Wa]s Flüssigkeitsströme betrifft, haben wir beschlossen, daß sie nicht wirklich [r]ein sind. Tatsächlich bilden Flüssigkeitsströme keine Barriere zwischen den
Unreinen und den Reinen. Denn die Flüssigkeit, die
fließt, und die, die in einem Behältnis ist, werden zu
einer Flüssigkeit." (4QMMT B 55–58)

Was 4QMMT meint, ist, dass Flüssigkeitsströme denselben Status besitzen wie die Gefäße, in die sie fließen oder gegossen werden. Das würde beispielsweise
bedeuten, dass, wenn das empfangende Gefäß und
das gießende Gefäß rein sind, die Flüssigkeit rein ist,
wenn aber das empfangende Gefäß nicht rein ist, der

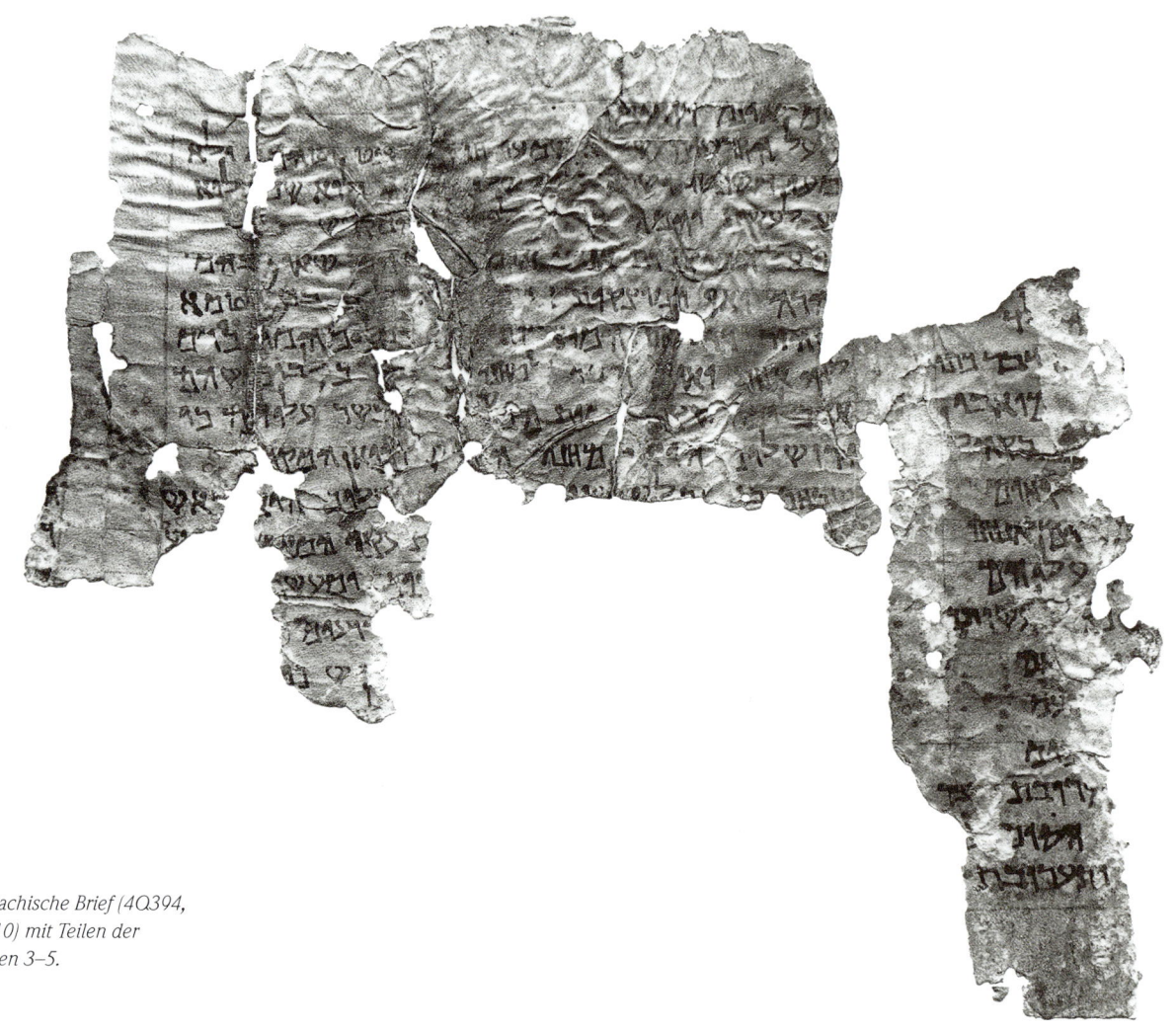

*Der Halachische Brief (4Q394,
Frg. 8–10) mit Teilen der
Kolumnen 3–5.*

Vorgang des Gießens dann beide Gefäße über die Flüssigkeit miteinander verbindet und damit sogar ein reines gießendes Gefäß unrein macht. In Fällen ritueller Reinheit, rituellen Essens und Trinkens wäre das natürlich von ernsthafter Bedeutung. Der Verfasser von 4QMMT widersprach jenen, die behaupteten, dass Flüssigkeitsströme in solchen Fällen als Isolatoren wirkten und Unreinheit auf diese Weise nicht leiteten.

Die Herausgeber von 4QMMT zitieren aus der Mischna (dem rabbinischen Gesetzeskodex), um zu zeigen, dass die Auffassung von 4QMMT von den Sadduzäern geteilt wurde.

„Die Sadduzäer sprachen: Wir beanstanden auch, Pharisäer, daß ihr den Strahl (einer reinen Flüssigkeit, die in unreine gegossen wird,) für rein erklärt." (*Jadajim* 4,7)

Die Mischna bestätigt den pharisäischen Entscheid:

„Der (Flüssigkeits)strahl, der (schräge) Ablauf und die (leicht) benetzende Flüssigkeit gelten nicht als Verbindung, weder für die Verunreinigung noch für die Reinigung. Die Vertiefung aber gilt als Verbindung für die Verunreinigung und für die Reinigung." (*Toharot* 8,9b)

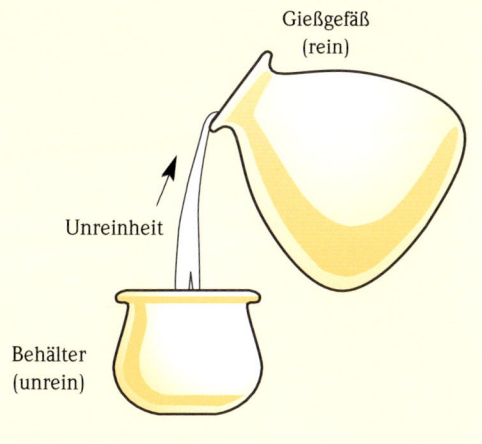

Laut 4QMMT leitet die Flüssigkeit, ist der Strahl ununterbrochen, die Unreinheit von dem unreinen Behälter zurück zu dem (ursprünglich reinen) Gießgefäß.

Labels im Bild: Gießgefäß (rein) / Unreinheit / Behälter (unrein)

dass es sich bei 4QMMT um Abschriften eines „Briefes" handele, den der „Anweiser der Gerechtigkeit" aus Qumran seinem Rivalen, dem „Frevelpriester", geschrieben habe. Dieser „Brief" beweise, behaupteten beide, dass die Qumran-Gemeinschaft sich um 150 v. u. Z. aufgrund gravierender Differenzen bezüglich Bibelinterpretation und Kultpraxis von der herrschenden Schicht Jerusalems abgespalten habe. Andere Forscher wiesen auf bestimmte in 4QMMT zum Ausdruck kommende Rechtsauffassungen hin, die mit rabbinischen Beschreibungen sudduzäischer Standpunkte übereinstimmten. Entsprechend ist 4QMMT für viele Wissenschaftler ein Dokument über historische Ursprünge, das einem gestatte, seine Verfasser als Sadduzäer zu identifizieren.

Die Herausgeber glauben, die Fragmente stammen von sechs Handschriften, die zwischen dem 1. Jahrhundert v. u. Z. und dem frühen 1. Jahrhundert u. Z. kopiert und zu einem einzigen Text kombiniert wurden. In Qimrons (Standard-)Ausgabe ist der rekonstruierte Text in drei Abschnitte, A–C, unterteilt und am zweckmäßigsten verweist man auf diesen Text nicht nach Handschrift und Fragment, sondern bezieht sich auf diese rekonstruierte Fassung mit den Verweisen A, B oder C, gefolgt von einer Zeilenangabe. Der erste der drei Abschnitte des Textes besteht aus einem Verzeichnis von Sabbaten und Festen und wird heute weitgehend als separater Text behandelt. Der zweite Abschnitt umfasst eine Reihe rechtlicher Vorschriften, über welche Schreiber und Empfänger unterschiedlicher Ansicht sind und die um Gesetze über Heiligkeit kreisen. Priester, die im Tempel dienen und Nichtjuden Opfer gestatten, werden verurteilt:

„... [Denn] die Priest[er] sind verantwortlich, sich um diese Angelegenheit zu kümmern, um keine Schuld auf das Volk zu laden." (B 12–13)

Die Priester werden zudem ermahnt, keinerlei Gegenstände anzunehmen, die aus Haut oder Knochen unreiner Tiere gemacht sind (B 21–26), und der Brief erklärt, dass jene, die sich an der Zeremonie der roten Kuh beteiligten (siehe Numeri 19,1–10), erst nach Sonnenuntergang rein würden. Die Herausgeber bemerken, dass diese Ansicht mit einer in rabbinischen Texten den *zadduqim* zugeschriebenen übereinstimme. Laut der pharisäischen Position, der die Rabbiner beipflichteten, galten diese Personen als rein, *bevor* die Sonne unterging. Ein anderer Streitpunkt dreht sich darum, ob Unreinheit in umgekehrter Richtung, beispielsweise durch eine Flüssigkeit, von einem unreinen Behälter zu einem reinen Gießgefäß fließen könne (B 55–58).

Ein weiteres Anliegen ist die Reinheit des Priesteramtes. Die Ehe mit gewissen Ausländern, mit Blinden und Tauben ist verboten (B 39), weil sie die Reinheit des Tempels gefährden können. Ebenfalls besonders umsichtig müssen die Priester bei der Befolgung der Reinheitsregeln in Bezug auf Leprakranke sein. Natürlich ist die Ehe zwischen Priestern und Laien verboten:

„Weil sie heilig sind und die Söhne Arons [äußerst] h[eilig.] [Doch d]u weißt, daß einige der Priester [und das Volk untereinander heiraten.] [Sie] vereinigen sich und beschmutzen den [heil]igen Samen [ebenso wie] ihren [eigenen] durch verbotene Heiratspartner." (B 79–82)

Während ein Teil von 4QMMT sich an Priester zu wenden scheint, die mit dem Kultus im Jerusalemer Tempel zu tun hatten, richtet der dritte Abschnitt sich an einen angesehenen Einzelnen. Der Schreiber beteuert die Integrität und den guten Ruf dieses Mannes und ermutigt ihn, „das Buch Mose, die Büche[r der Pr]opheten und Davi[d ...]" (C 9–11) sorgfältig zu studieren – mit anderen Wor-

Die Einhaltung des Sabbats gehört zu den strengsten Prinzipien der Schriftrollen. Hier setzt eine moderne jüdische Familie die Sabbat-Tradition fort.

Ansichten der Sadduzäer

In einigen rabbinischen Schriften werden sadduzäische Standpunkte zitiert. Mehrere dieser Meinungen stimmen mit jenen in 4QMMT (dem Halachischen Brief) überein.

Abgesehen von der Frage gegossener Flüssigkeiten (siehe S. 137) scheinen die Meinungen von Pharisäern und Sadduzäern hinsichtlich des Zeitpunkts der Reinigung der Priester für die Zeremonie der roten Kuh stark auseinander gegangen zu sein.

„Die Ältesten Israels gingen zu Fuß zum Ölberg voraus. Und dort befand sich ein Tauchbad. Und sie verunreinigten den Priester, der die Kuh verbrannte, wegen der Sadduzäer, daß sie nicht sagen sollten: Durch Leute, die den Sonnenuntergang abgewartet hatten, wurde sie bereitet." (Mischna *Para* 3,7b)

„Was die Reinheit der Kuh beim Sühneopfer betrifft, derjenige, der sie schlachtet, derjenige, der sie verbrennt, derjenige, der die Asche aufsammelt und derjenige, der sprengt das [Wasser der] Reinigung – für alle muß die Sonne unterge[hen,] um rein zu sein – so daß der Reine das Reinigungswasser über die Unreinen sprengt." (4QMMT B 13–17)

Ein zweiter Streitpunkt schloss die Unreinheit der Kadaver und Knochen von Tieren mit ein.

„Das Fleisch von Tierkadavern und verbotenen Reptilien [ist unrein], was bei ihren Knochen nicht der Fall ist." (Mischna, *Edujot* 6,3)

„Was die Häu[te und Knochen unreiner Tiere] betrifft ... [In bezug auf die H]aut des Kadavers eines reinen [Tieres,] so [darf] derjenige, der diesen Kadaver trägt, die h[eilige] Speise [nicht] berühren [...]" (4QMMT B 21–23)

Eine dritte Frage war, ob Taubstumme rituell reine Speisen zubereiten dürften. Der rabbinische Entscheid (aus der Tosefta, einer Zusammenstellung rabbinischer Gesetze, parallel zur Mischna) ließ sich mit 4QMMT vergleichen:

„Alle ‚Reinheiten' Jerusalems wurden durch sie bereitet. Sie sagten zu ihm: Das ist [nur] ein Beweis dafür, daß die Reinheiten keine bewußte Absicht nötig haben ..." (Tosefta *Terumot* 1,1)

„[In be]zug auf die Tauben, die die Vorschrift, das Urteil und die Reinheitsregel nicht gehört haben, die nicht gehört haben die Gebote, die Israel gehören. Denn derjenige, der weder gesehen noch gehört hat [w]eiß nicht, wie er sich verhalten muß gemäß dem Gesetz." (4QMMT B 52–55)

Die Existenz „sadduzäischer" Ansichten in einer wichtigen Handschrift aus Qumran-Höhle 4 führte zu der Spekulation, dass die Qumran-Schriften aus einem sadduzäischen Kontext stammten.

Es gibt auch gegenteilige Anhaltspunkte. Eine Anzahl von Qumran-Texten bringt ein Interesse an Engeln zum Ausdruck, das nach Josephus' Aussage von den Sadduzäern zurückgewiesen wurde. Josephus identifiziert die Sadduzäer außerdem eng mit der Führungsschicht des Tempels. Sollte auch der Ursprung der Qumran-Literatur bei den Sadduzäern liegen, muss es (wie die Befürworter der Sadduzäer-Verbindung annehmen müssen) eine Spaltung innerhalb der Bewegung gegeben haben.

Wem gehört das Urheberrecht?

In den späten 1970er und frühen 1980er Jahren nahm die Enttäuschung der Fachwelt über die Verzögerung bei der Veröffentlichung der Schriftrollen zu. Es war bekannt, dass die meisten Texte ins Englische übersetzt worden und doch noch immer nicht öffentlich zugänglich waren. Von einem dieser Texte wurde behauptet, es handele sich um einen Brief des „Anweisers (Lehrers) der Gerechtigkeit", dem mutmaßlichen Gründer der *Jahad*. Strugnell, dem dieser Text ursprünglich zugewiesen worden war, holte sich den israelischen Wissenschaftler Elisha Qimron als Assistenten hinzu.

Als die Veröffentlichung sich weiter verzögerte, zirkulierte inoffiziell die Fotokopie einer (unsignierten) handschriftlichen Transkription und Übersetzung und der polnische Wissenschaftler und Verleger des *Qumran Chronicle*, Z. J. Kapera, druckte sie und vertrieb die Ausgabe unter seinen Lesern. Der Redakteur bei der Biblical Archaeology Society, Hershel Shanks, nahm ein Bild von einer Seite der Kapera-Publikation in die *Facsimile Edition of the Dead Sea Scrolls* auf.

Qimron beschloss (ohne Strugnell), die Biblical Archaeology Society wegen Verstoßes gegen das Urheberrecht zu verklagen, mit der Begründung, er sei der Autor des Textes, den er (aus mehreren Fragmenten) rekonstruiert hatte. Er schätzte, dass seine kreative Arbeit etwa 40 Prozent des rekonstruierten Textes ausmache, und am 30. März 1993 sprach Richterin Dalia Dorner vom Jerusalemer Bezirksgericht Qimron 20 000 israelische Schekel (7407 $) Schadensersatz

Elisha Qimron, Inhaber des Urheberrechts an dem rekonstruierten Halachischen Brief.

zu und weitere 80 000 Schekel (29 630 $) für „seelische Qualen" – zusammen mit den Kosten! Qimron sei nicht der Autor des antiken Textes, entschied Richterin Dorner, sondern vielmehr der Autor, der kreative Genius *der Rekonstruktionen*. Trotz der Proteste der Beklagten, Hershel Shanks und der Bandherausgeber Robert Eisenman und James Robinson, erhielt Qimron das Urheberrecht an dem zusammengesetzten Text, den er 4QMMT nannte („Einige Werke des Gesetzes").

Die Entscheidung über die Berufung wurde Ende des Jahres 2000 verkündet und Qimrons Standpunkt wurde bestätigt. Die besitzergreifende Art, mit der Gelehrte ihnen zugewiesene Texte behandeln, war teilweise für die Verzögerung verantwortlich, die den offiziellen Publikationsprozess erschwerte.

---

ten, Bücher der Heiligen Schrift. Ferner spricht er von den Segnungen und Flüchen über israelitische und judäische Könige und fordert seinen Empfänger auf, sich ihrer Taten zu entsinnen, was den Eindruck hinterlässt, dass zumindest dieser Teil des Textes an einen königlichen Führer des Volkes, einen judäischen Monarchen adressiert war:

„Nun haben wir dir geschrieben von einigen Werken des Gesetzes (Gal 2,16), solche, die wir als wohltätig für dich und dein Volk bestimmt haben, denn wir haben gesehen, [daß] du über Einsicht und Erkenntnis des Gesetzes verfügst. Verstehe alle diese Dinge und flehe Ihn an, deinen Ratschluß am Rechten auszurichten und dich so fernzuhalten von bösen Gedanken und dem Ratschluß Belials. Dann wirst du dich freuen am Ende der Zeit ..." (C 26–30)

Mit ziemlicher Sicherheit dürfte einer der hasmonäischen Herrscher gemeint sein. Aber wer auch immer Schreiber und Adressat gewesen sein mögen, es gibt offensichtlich keinen formellen Bruch zwischen den beiden, lediglich Uneinigkeit. Der Tonfall der Rede deutet auf den Wunsch hin, zu überzeugen, nicht zu verurteilen. Stammt sie deshalb aus einer Zeit, bevor es einen formellen Bruch zwischen der/den Gemeinschaft/en der Schriftrollen und der politischen und religiösen Führungsschicht Judäas

gab? Wenn ja, dann liegt in diesem Text vielleicht der Schlüssel sowohl zu ihrer Herkunft als auch zu ihrer Identität, und die Schrift könnte belegen, dass es ein Konflikt zwischen priesterlichen Ansichten über Reinheitsgesetze war, der, scheinbar zumindest, den Hauptgrund für die Sezession einiger Gruppen bildete. Sollten diese Meinungsverschiedenheiten den ersten Herausgebern der Schriftrollen (und vielleicht manchem modernen Leser) möglicherweise reichlich nebensächlich oder gar trivial vorgekommen sein, so waren sie für die Juden jener Epoche, die versuchten, ein Leben des Gehorsams gegenüber dem Gesetz auf der Grundlage der Wahrung einer strikten Unterscheidung zwischen Reinem und Unreinem zu führen, von ungeheurer Bedeutung.

Der Text hat neuere wie alte Kontroversen ausgelöst. Elisha Qimron hat sich das Urheberrecht auf seinen rekonstruierten Text gesichert; John Strugnell bezweifelt in einem redaktionellen Anhang zur offiziellen Ausgabe, ob der Text richtig neu zusammengesetzt wurde; und die sadduzäische Identität der Rollenschreiber bleibt heiß umstritten. Im Großen und Ganzen wirft auch dieser Text ein Schlaglicht auf die wichtige Frage, ob die Schriftrollen, um richtig verstanden zu werden, aus der Perspektive des rabbinischen Judentums gesehen und nach Jahrzehnten nichtjüdischer Erforschung „für das Judentum reklamiert" werden müssen.

„Übertrage keine wichtige Aufgabe einem Faulpelz, denn er wird auf deine Anweisung hin nicht hart arbeiten; schicke ihn nicht fort, um etwas zu holen, denn er wird keinen deiner Pläne ausführen. [Glaube] keinem {Steuereinnehmer}, daß er Geld für deine Bedürfnisse sammelt. Glaube keinem Mann, der für falsche Rede bekannt ist [...] deine Äußerungen wird er sicherlich durch seine Rede verdrehen, denn er hat kein Vergnügen an der Wahrheit [...] bei der Frucht seiner Lippen." (Sprichwörter-Sammlung/Sapiential Work C [4Q424 Frg. 1, Zeilen 6–9]).

„Öffne deine Lippen wie eine Quelle, um die Heiligen zu preisen, und lobsinge mit der ewigen Quelle [...] er hat sich abgesondert von jeglichem fleischlichem Geist; halte dich also fern von allem, was ihm mißfällt, und enthalte dich jeglicher Abscheu vor der Seele ..." (4Q418, Frg. 81, Zeilen 1–2)

„Gesegnet ist der Mann, der Weisheit erlangt und geht im Gesetz des Allerhöchsten: sein Herz auf ihren Wegen, sich selbst im Zaum hält durch ihre Zurechtweisungen, immer zufrieden ist mit ihren Strafen." (Seligpreisungen [4Q525], Frg. 2, Zeilen 3–4)

Die Bedeutung von „Weisheit"

„Weisheit" meint richtiges, durch ein Verstehen des gesamten Kosmos gebildetes moralisches Verhalten. Es kann die Form sprichwörtlicher Handlungsanweisungen, von Predigten über den Sinn des Lebens oder gar von Spekulationen über Ursprung und Geschick der Welt annehmen. Die biblischen Bücher Sprüche Salomos, Prediger Salomo und Hiob (zusammen mit mehreren Psalmen, wie Psalm 1) sind Beispiele dieser Art von Literatur. In der Spätzeit des Zweiten Tempels sind zwei Tendenzen besonders augenfällig: zum einen ein Glaube an die Grenzen menschlichen Wissens um die Mysterien des Lebens und folglich ein Gewicht auf der Offenbarung solcher Geheimnisse (diese Tendenz ist im Buch Daniel erkennbar); zum anderen ein Versuch, Weisheit mit dem Inhalt der Thora, dem „Gesetz", gleichzusetzen, der zu dieser Zeit synonym mit den fünf Büchern Mose (Genesis-Deuteronomium) wurde. Es war in diesen Schriften, wo der göttliche Wille am vollkommensten zum Ausdruck kam, obwohl ihre wahre Bedeutung natürlich stets eine Sache der Interpretation war, und im Falle einiger Qumran-Schreiber offenbarte sich eine Bedeutung nur wenigen Auserwählten.

Aber neben der Thora und ihrer richtigen Interpretation gibt es eine andere Lehre, größtenteils ethischer Natur, die sich mit dem Schicksal von Menschen und ihrem richtigen Verhalten befasst, anders ausgedrückt, mit „Weisheit". Passagen einer Weisheitslehre sind vor allem im Abschnitt über die

Dieser silberne Schrein italienischer Herkunft aus dem 4. Jahrhundert zeigt das Urteil Salomos, der für seine Weisheit bekannt war.

Die Grundlagen aller Dinge – Wie man sie bewahrt

Einer der Weisheitstexte aus Höhle 4 heißt einfach „Sapiential Work A" (4Q416–18) und sein Verfasser spricht wiederholt vom *raz nihyeh*, das als „das Mysterium von Gewordenem", „Geheimnis der Grundlagen aller Dinge" oder „Geheimnis des Ursprungs aller Dinge" übersetzt worden ist. Im Gegensatz zu biblischen Büchern der Belehrung (wie Sprüche Salomos, Prediger Salomo und Hiob), die ihre Weisheit auf die ewigen Wahrheiten der irdischen Existenz des Menschen beschränken, enthält die Weisheit der Schriftrollen eine Spur der Erwartung eines nahe bevorstehenden Gerichts über die Menschen und eines Glaubens, himmlische Geheimnisse könnten entschlüsselt werden, um den Rechtschaffenen die Welt jenseits menschlichen Wissens zu offenbaren. Und dieses Wissen bringt „Erlösung": „[Betrachte das Geheimnis des] Ursprungs aller Dinge und erfahre von den Ursachen (der Erlösung)" (4Q417).

Aber neben diesem großartigen Rat stehen Tipps für weltliche Angelegenheiten:

„[... wer auch immer Geld borgt, sollte] es zurückzahlen [schnell!] (...) tausche deinen heiligen Geist nicht gegen irgendeinen Geldbetrag, denn es gibt keinen Preis, der aufwiegt [deinen Geist. ...] (...) Sprich nicht allzusehr dem Brot zu [...] ohne Kleidung. Trinke keinen Wein, wenn es nichts zu essen gibt. Strebe nicht nach Reichtümern, wenn du [...] kein Brot hast. (...) Wenn jemand etwas Wertvolles bei dir liegenläßt, rühre es nicht an, damit du nicht verbrennst und vollständig verzehrt wirst von seinem Feuer."

Mehrere Ermahnungen raten dazu, einer gewissen Sorte Menschen aus dem Weg zu gehen:

„Erniedrige dich nicht gegenüber etwas, was deiner nicht wert ist; denn du wirst sein [...] Rühre nicht etwas an, was nicht deiner Stärke entspricht, damit du nicht ins Taumeln und in außerordentliche Verlegenheit kommst. {Vertraue einem schläfrigen Mann nichts Empfindliches an, denn er wird dein Werk nicht sanft behandeln.} [Glaube] keinem Nörgler [...] um Geld für deine Bedürfnisse zu erhalten. Glaube keinem Mann, der für falsche Rede bekannt ist [...] deine Äußerung wird er sicherlich durch seine Rede verdrehen (...) Gib keinem Geizhals Verantwortung für Geld; (...) Wer ein Urteil fällt ohne nachzuforschen oder wer glaubt, bevor [er die Beweise geprüft hat,] der sollte keine Macht erhalten über jene, die nach wahrer Erkenntnis streben. (...) Sende keinen Mann mit Schleier vor den Augen, um die Aufrechten zu bemerken, denn [...] ..."

Schließlich folgt hier ein Gleichnis, das vertraut klingt:

{„Ihr Weisen, bedenkt dieses: Ein Mann hat einen guten Baum, der hoch in den Himmel wächst, so weit wie die Länder, doch er trägt dornige Früchte."}

Wie in den Gleichnissen des Neuen Testaments werden die „Grundlagen aller Dinge" manchmal in Form eines „Geheimnisses" offenbart, das sich in alltäglichen Bildern ausdrückt.

Zwei Geister in 1QS 3–4 und auf den ersten zwei Seiten der Damaskusschrift auszumachen. Aber erst kürzlich wurde die große Zahl von Weisheitstexten aus Höhle 4 veröffentlicht. Ihr Vorhandensein betont die Funktion der Weisheitslehre innerhalb der hinter diesen Texten stehenden Gemeinschaften. Der *Maskîl*, für den mehrere Texte ausdrücklich geschrieben sind, ist heute vielleicht weniger als Führer einer Gemeinschaft denn als Lehrer zu verstehen und vielleicht nicht als einzelne Figur, sondern als Rang oder Titel, den sich jemand verdient, der Weisheit erlangt hat und sie, wie der „Salomo" der Sprichwörter, an seine „Söhne" weitergibt.

Inhalt dessen, was heute als „Weisheitstexte" aus Qumran bezeichnet wird, sind praktische und theologische Belehrungen über eine angemessene Lebensführung. Verwirrenderweise wurden einige von ihnen provisorisch als „Sapiential Work" bezeichnet (4Q415–18, 4Q423 [derselbe Text findet sich auch in 1Q26]), sind aber heute als „Belehrung" bekannt. Sie betonen, Weisheit sei das Wissen um ein „Mysterium". Ferner deuten sie an (wo sie es nicht offen verkünden), dass ein letztes Gericht unmittelbar bevorstehe. Weisheit, erlernt und angewandt, rette einen Menschen nicht vor dem materiellen Ruin oder einem schlechten Ruf, wie in den Sprichwörtern, aber vor der letztendlichen Vernichtung. Der Dualismus von weise und töricht, rechtschaffen und gottlos in den Sprichwörtern, der dort als didaktisches Mittel eingesetzt wird, verhärtet sich in den Qumran-Texten, sodass die Ausdrücke jetzt zwei unterschiedliche Arten von Menschen kennzeichnen: jene innerhalb der sektiererischen Gemeinde und jene draußen, jene, die von Gott erwählt, und jene, die abgewiesen wurden, die „Kinder des Lichts" und die „Kinder der Finsternis".

Weisheit als Verstehen von „Mysterien"

Zu den faszinierendsten Texten, die aus Höhle 4 geborgen wurden, gehören jene mit dem Titel „Geheimnisse" (4Q299–300). (Zwei „Geheimnis"-Handschriften, 1Q26 und 27, waren bereits aus Höhle 1 bekannt.) Ein Fragment erklärt, die Sünde sei nicht in irgendeinem einzelnen Volk beheimatet, sondern in jeder Nation, ebenso wie Bruchstücke der Wahrheit. Mit der Zeit würden Rechtschaffenheit und Wissen die Welt erobern und in

ihrem Gefolge alle Formen des Bösen und der Gottlosigkeit auslöschen. Die „Geheimnisse" sprechen auch von Gottes Vorwissen und der Vorherbestimmung aller Ereignisse und Pläne in der Geschichte. Echte Weise seien geduldig und konzentrierten sich auf die ewigen Geheimnisse und die Wurzeln der Weisheit, im Gegensatz zu Zauberern oder Wahrsagern, die „Gleichnis(se)" sagen, ohne „wirklich verstanden" zu haben. Den Schülern wird gesagt, das große Geheimnis sei eine verschlossene Vision, die unergründlich sei. Doch in Gottes Schöpfung und laufender Orchestrierung natürlicher Ereignisse lägen Anhaltspunkte, diese Weisheit aufzuspüren. Die Schüler werden eindringlich gebeten, keinen Groll zu hegen, eine Form bösen und störenden Verhaltens. Lernen

könne man ferner aus dem Meditieren über die Vergangenheit und deren Lektionen.

Eine andere Handschrift, die ebenfalls als Geheimnistext bezeichnet wird (4Q301), ist in der ersten Person formuliert und richtet sich an eine Gruppe. Sie befasst sich mit Gottes Güte gegenüber seinen Auserwählten und seiner Bereitschaft, die Gottlosen zu strafen. So werde Gott vom „Palast seines Königtums" aus herrschen und richten und wahre Gerechtigkeit werde sich durchsetzen. Mehrere andere Handschriften ähneln den Geheimnistexten (4Q415–18, 4Q423, 1Q26). Sie sprechen nicht nur über das Mysterium, das im Entstehen begriffen ist, sondern beziehen sich auch auf die Armut der Zuhörer oder Leser. Der Weise rät ihnen, Gott nicht um Nahrung zu bitten, Darlehen rasch zurückzuzahlen und in einer Zeit des Trauerns nicht fröhlich zu sein. Er ermahnt sie, sich weder mit jemandem zu erniedrigen, der nicht eben-

4Q184, die so genannten „Listen der Frevelfrau".

*John Allegro beim Zusammen-
setzen von Fragmenten eines
Weisheitstextes.*

bürtig sei, oder einen Schwächeren zu schlagen noch sich
an Wertvolles zu klammern und keinesfalls Güter von einem Fremden anzunehmen; sich nicht mit einer gewissen Sorte Menschen abzugeben, wie dem Blinden, dem
Tauben, dem Ungerechten, jemandem, der hasst oder ein
„üppiges Herz" hat. Vielleicht sind einige dieser Beschreibungen eher in einem spirituellen als im körperlichen Sinne zu verstehen. Aber dem (männlichen) Publikum wird gesagt, es solle über die Seele seiner Ehefrau-
en herrschen sowie ihre Gelübde und freiwilligen Opfer-
gaben kontrollieren. Ferner wird es angehalten, Gott zu
preisen und sein Wohlgefallen anzustreben.

Weisheit als Leben nach einer „Ordnung der Schöpfung"

Drei fragmentarische Texte mit dem Titel Meditationen
über Schöpfung (4Q303–05) erlauben dem Leser, Weisheit in den schöpferischen Akten Gottes zu entdecken.
Der Verfasser spricht insbesondere von den Himmels-
lichtern, die als Orientierungspunkte dienten, von men-
schlichem Einblick in göttliche Weisheit und von der
Frau, deren Zweck es sei, als eines Mannes Helferin zu
fungieren. Eine Handschrift (4Q298), geschrieben in einer kryptischen Schrift, stellt eine Belehrung im Rahmen
einer kleinen Schule oder Gruppe dar. Sie spricht von den

Früchten guten Zuhörens, der Einsicht in den Plan der Schöpfung Gottes, der Hinnahme der eigenen Stellung im Leben und Befolgung der Regeln, einem tugendhaften Lebenswandel und der Meditation über die Zeitalter der Welt. Der Verfasser spricht zu den „Söhnen der Morgendämmerung", ein Ausdruck, der sich auf Mitglieder der Gemeinschaft der „Lichtsöhne" beziehen könnte.

Ein weiterer Text, der einfach Zusammenstellung über göttliche Vorsehung heißt (4Q413), erinnert an den vorherigen anweisenden Text. Der Schreiber sagt: „Weisheit will ich dich lehren", woraufhin er seine Zuhörer drängt, über „die Wege des Menschen und die Tätigkeiten ... [— der]Früheren" zu meditieren, „wie (Er?) offenbart hat ...". Der heutige Herausgeber dieses Textes erwähnt besonders Ähnlichkeiten mit der Sprache der Damaskusschrift, der Gemeinschaftsordnung 3,13–25 und dem Epilog des Halachischen Briefes.

Mehrere andere Fragmente von Weisheitsliedern und didaktischen Texten bieten, wenngleich bruchstückhaft, Worte des Rates. Einer enthält eine Liste mit liturgischen Anweisungen: „[Erleg]e deinen [Lippen] Disziplin auf, und deiner Zunge doppelte Türen. [...] Denke ... preise ... Gib Seinem Namen Freude ... Tag und Nacht" (4Q412). Der angehende Weise wird zu gerechter Rede und gerechten Gedanken in Form von Lob und Meditation ermuntert. Ein Text mit dem Titel Wege der Rechtschaffenheit erinnert an die Sprache der Gemeinschaftsordnung: „[Er soll einbringen] seine [W]eisheit und seine Erkenntnis und seine Ein[si]cht und sein Ver[mögen (?)" (4Q421, Frg. 1a, Kol. 1,2).

Weisheit und das Weibliche

Wie in der Bibel (besonders in den Sprichwörtern) wird Weisheit als weibliches Prinzip dargestellt. Aber ebenso ihr Gegenteil, die Torheit. Das Streben nach Weisheit wird sowohl in der Heiligen Schrift als auch in den Qumran-Texten häufig als ein Werben vorgestellt. (In einer zölibatären Männergesellschaft wie der *Jahad* entbehre diese Absicht nicht einer gewissen Ironie!) Ein bekannter Text mit dem Titel „Die Verführerin" oder „Herrin der Torheit" (ursprünglich „Die Listen der Frevelfrau" – 4Q184) schildert eine Hure, die ihre diversen Reize innerhalb der Stadttore zur Schau stellt. Ihre Schönheit, ihre Kleidung und sogar ihre inneren Organe dienen einzig einem Zweck: rechtschaffene Männer in ihre Fallen zu locken. Diese Frau scheint nicht alle Frauen zu repräsentieren, aber die Metaphorik eines attraktiven und verführerischen Weibes zeigt, wie leicht ein guter und rechtschaffener Mann vom rechten Weg abgebracht werden und in der Hölle enden kann. Weise und alle anderen sollten diese Frevelfrau meiden, ob sie nun leibhaftig in den Straßen Jerusalems oder Jerichos erscheine oder in Gestalt von Reichtum und Macht daherkomme. Es ist möglich, dass dieser Text Rat anbietet, was weibliche Gesellschaft betrifft, aber wahrscheinlicher ist, dass es sich um eine Allegorie handelt (siehe auch Sprichwörter 7), wie die Baumparabel (4Q302 Frg. 2), wo es heißt: „Begreift doch dieses, ihr Weisen: Falls ein Mann einen guten Baum hat ..." (vgl. Psalm 1).

Tischsegen – oder Klage über Jerusalem?

Eine Reihe von Fragmenten aus Höhle 4 enthält dieselbe Eröffnungsformel: „Segne, o meine Seele ..." (hebräisch: *barki nafshi*). Eines von ihnen (4Q434a) wurde von Moshe Weinfeld als „grace after meals (Tischsegen)" interpretiert. Er bemerkte, der Qumran-Text ähnele späteren rabbinischen Tischsegen im Hause eines Trauernden. Beide erwähnten das Trauern, die Vernichtung der Nichtjuden, die Erneuerung der Schöpfung, Vergebung der Sünden, Gottes Güte, den ewigen Thron (Davids?) und das Land. Weinfeld schreibt: „Das Qumran-Fragment enthält alle Grundelemente des Tischsegens, die auch im rabbinischen pharisäischen Judentum üblich waren" (*Journal of Biblical Literature* 111 [1992], S. 437).

Wurde 4Q434a bei einem Beerdigungsmahl verwendet? Das Fragment erwähnt eine „arme Frau, (die) getröstet werde in ihrer Trauer" und Jerusalem wird in der Bibel häufig als Frau dargestellt; in Verbindung mit dem Verweis auf die Ausrottung der Nationen und Gott, der Jerusalem tröstet, könnte das Thema in diesem Qumran-Gebet die Stadt Jerusalem sein. 4Q179 und 4Q501 stehen für solche Texte, die beide an die Klagelieder Jeremias erinnern.

Jeremia beklagt die Zerstörung Jerusalems, 1630 gemalt von Rembrandt.

Dichtung, Psalmen und Gebete

„Du hast Dich erinnert an Deinen Bund, durch den Du uns aus Ägypten herausgeführt hast, während die Nationen zusahen. Du hast uns nicht verlassen unter den Nationen; sondern Du hast die Gnaden des Bundes Deinem Volk Israel gezeigt in all [den] Ländern, in die Du sie ins Exil geführt hast. Du hast es wieder gelegt in ihre Herzen, zu Dir zurückzukehren, Deiner Stimme zu gehorchen [gemäß] all dem, was Du geboten hast durch Deinen Diener Mose." (4Q504 Frg. 2, Kol. 5,9–14)

Die Schriftrollen vom Toten Meer erweitern die Anzahl und Vielfalt von Psalmen, Gebeten und poetischen Werken außerordentlich über das hinaus, was man im biblischen Kanon findet. Die Auswahl reicht von liturgischen Werken für nationale Feste bis zu täglichen Gebeten, Sabbatgebeten, Psalmen für die Gemeinschaft und den Einzelnen sowie Kompositionen für besondere Anlässe. Viele der Texte deuten auf einen Sonnenkalender hin und viele (obschon nicht alle) sind vom Charakter her wahrscheinlich sektiererisch. Das (selbst gewählte?) Exil vom Tempel könnte zur Schaffung neuer liturgischer Anlässe und Dichtungen geführt haben, doch da der Tempel Ursprung und Sitz eines Gutteils der jüdischen Liturgie war, hatten seine eigenen Praktiken einen starken Einfluss auf die in den Schriftrollen erkennbaren liturgischen Formen und Muster.

Loblieder im weitesten Sinne sind so häufig in den Schriftrollen anzutreffen, dass sie hier nicht alle berücksichtigt werden können. Die Hodayot und die Psalmenrolle aus Höhle 11 werden an anderer Stelle behandelt (S. 160) ebenso wie die Segensworte (1QSb, S. 90) und die Sabbatopfer-Gesänge (S. 146). Hier betrachten wir eine vermischte Sammlung von Dichtungen, zu denen die Apo-

kryphen Psalmen (11Q11; 4Q88), Gebete gegen Dämonen (einschließlich der Bittgesänge der Weisen um Schutz vor bösen Geistern und 4Q560), Tägliche und Festgebete (4Q503; 4Q507–09, 1Q34), Worte der Himmelslichter (4Q504–06; siehe auch 4Q393), Segensformeln (nicht zu verwechseln mit 1QSb: 4Q280, 286–87, 4Q434, 436; 11Q14) und vermischte Dichtungen für spezielle Anlässe wie Tischsegen (4Q434a), Reinigung (4Q512), Immersionstaufe (4Q414) und, möglicherweise, Heirat (4Q502) gehören. Bei anderen Werken (wie 4Q392) werden weder Funktion noch Rahmen angegeben.

Apokryphe Psalmen sind, streng genommen, nichtbiblische Werke, aber von außerhalb Qumrans bekannt, beispielsweise die Psalmen 151 (im griechischen Psalter) und 154–55 (Psalmen 1–3 im syrischen Psalter), die in 11Q11 enthalten sind. Sie beinhalten aber auch nichtbiblische (und in einigen Fällen eindeutig sektiererische) Psalmen, die in der Psalmenrolle gefunden wurden. Die Schriftrolle aus Höhle 11 enthält drei davon, die lesbar sind, sowie mehrere andere; und die Psalmenrolle aus Höhle 4 (4Q88) beinhaltet drei weitere.

Aus der Gemeinschaftsordnung wissen wir von einer Zeremonie zur Erneuerung des Bundes (Kol. 2) und die Kriegsrolle (S. 92) enthält eine große Zahl von während des Verlaufs der Schlacht und der nachfolgenden Feldzüge vorgeschriebenen Lobliedern. Diese zwei Beispiele zeigen, dass liturgische Werke fest in der Praxis verankert sein oder für einen künftigen Anlass geschrieben werden können. In einigen Fällen sind sie vielleicht überhaupt nicht für den Vortrag gedacht. Aber es gibt unmittelbare Zeugnisse reger liturgischer Aktivitäten unter den für die Schriftrollen verantwortlichen Gruppen. Ein Fragment eines Textes (4Q334) scheint eine Liste von Lobliedern zu enthalten, zu singen Tag und Nacht, Monat für Monat an aufeinander folgenden Tagen, wenngleich der Text nicht festgesetzt ist. 4Q408 und 4Q503 beziehen sich auch auf Segenssprüche bei Sonnenaufgang und am Abend an bestimmten, bezifferten Tagen des Monats. Andere Handschriften (4Q507–09) liefern Gebete für Feste, darunter der Versöhnungstag und das Fest der Erstlingsfrüchte. Loblieder mit nationalem Kontext sind die ‚Worte der Himmelslichter' (4QDibHam oder 4Q504–06), die sich auf das durch seine eigenen Sünden verursachte Exil Israels beziehen:

„[Wi]rklich, Du hast Deinen heiligen Geist über uns ausgegossen, der uns Deine Segnungen [br]ingt. Du hast uns veranlaßt, Dich in der Zeit unserer Drangsal zu suchen, [damit wir] ein Gebet [ausgie]ßen mochten, als Deine Züchtigung uns traf. Wir sind gegangen durch Drangsal, [Zü]chtigung und Heimsuchungen wegen des Zorns der Unterdrücker. Gewiß, wir selbst [haben] Gott [ver]sucht durch unsere Laster ..." (4QDibHam Frg. 2, Kol. 5,15–19)

Ein weiteres Beispiel eines gemeinschaftlichen Schuldbekenntnisses ist 4Q393, und es gibt auch mehrere gemeinschaftliche Segensformeln, die Flüche über Belial und Malkiresha', ähnlich jenen in 1QS Kol. 2 gefundenen, einschließen.

Eine Anzahl von Gebeten, die vermutlich nicht für den Vortrag geschrieben wurden, sind außerdem histori-

Deutsche jüdische Soldaten 1870 beim Gebet an Jom Kippur (hebräischer Name für den Versöhnungstag).

Beispiele aus den spirituellen Texten der Schriftrollen

Nationales Fest

Gebet für den Tag der Erstlingsfrüchte
„Erinnere Dich, o H[er]r, an das Fest von [...] und die freiwilligen Opfer Deines Willens, die Du befohlen hast [... wir werden] vor Dir die ersten Früchte [unserer] Arbeit präsentieren [...] auf der Erde ..." (Festgebete [4Q509], Frg. 131–32, Kol. 2,5–7)

Tägliche Gebete

„Wenn [die Sonne] aufgeht [am] Firmament des Himm[e]ls, sollen sie lobpreisen. Sie sollen an[tworten:] ‚Gelobt ist der Gott Israels, der hat ...] An diesem Tag hast [Du] erneuert [...] in vier[zehn] Toren des Lichts ...] für uns ...' (...) Am fünfz[ehnten des Monats, am Ab]end, sollen sie lobpreisen. Sie sollen sagen: ‚Gelobt sei der Gott Israels,] der verhüllt [...] vor Ihm in jeder Abteilung seines Ruhmes.'" (Tägliche Gebete [4Q503], Frg. 1–3, Kol. 3,1–7)

Psalm für die Gemeinschaft

„[...] die Fürstin aller Nationen ist so trostlos wie eine verlassene Frau, und alle ihre Töchter sind ebenso verlassen. [...] wie eine verlassene und elende Frau, deren Ehemann sie verlassen hat. All ihre schönen Gebäude und [Mauern] sind wie eine unfruchtbare Frau, alle ihre Straßen sind wie eine Frau, die in Wehen liegt [...] wie eine Frau, deren Leben bitter ist, und alle ihre Töchter sind wie jene, die um [ihre] Ehemänner trauern [...]" (4Q179, Frg. 2, 5–8)

Lieder für besondere Anlässe

„Und du sollst [ihn] reini[gen für Deine heiligen Vorschriften ...] für den ersten, [den dritten und den sechsten ...] in der Wahrheit Deines Bundes [...] sich zu reinigen von Unreinheit [...] und dann soll er ins Wasser gehen [...] Und er soll als Antwort sagen: ‚Gelobt seist D[u ...] denn von dem, was aus deinem Mund kommt [...] Männer der Unreinheit [...]'" (Taufhymne [4Q414], Frg. 2 und 3, Kol. 2,1–8)

Individueller Psalm

„‚Dein Name ist meine Erlösung, mein Felsen, meine Festung, mein Retter (Ps 18,3), [o Herr ...] ‚am Tag [meines] Unglücks rufe ich hinaus zum Herrn' (Ps 18,4), denn mein Gott wird mir antworten. Meine Hilfe [...] meine Feinde, und er wird sagen, Wirklich [...] zum Volk, ‚und ich [... mein Schrei] zu Ihm soll an Seine Ohren dringen und [meine] Stimme [wird Er im Tempel vernehmen' (Ps 18,7) ‚Dann] [soll die Erde zittern und schwanken, und die Pfeiler, die die Berge stützen, werden beben ...'" (Sammlung von Königspsalmen [4Q381], Frg. 24, 7–10)

schen Figuren zugeordnet: 4Q381 wird einem zerknirschten Manasse, König von Juda, zugeschrieben, als der König von Assyrien ihn gefangen setzte (nicht identisch mit dem griechischen Gebet Manasses in den Apokryphen). Das Gebet Nabonids (4Q242) spricht von der schlimmen Entzündung des babylonischen Königs Nabonid, der zu seiner Heilung einen judäischen Exorzisten zu Rate zog. Sobald Nabonid den allerhöchsten Gott preist, wird er gesund.

Dieses letzte Beispiel führt uns zu einer Gruppe exorzistischer Gebete, wie den Bittgesängen der Weisen:

„Und ich als *Maskîl* künde die Majestät Seiner Hoheit, um in Schrecken und Furcht zu ver[setzen] alle Geister von Schadensengeln und Geister von Gestirnen (/Bastarden), {Dämonen}, Lilit ... (...) die einen plötzlichen Schlag ausführen, um einen Geist von Einsicht irrezuführen ..." (4Q510 Frg. 1,4–6)

Unter anderen Gebeten für besondere Gelegenheiten befindet sich 4Q512 für die individuelle Reinigung, bei der ein Segen den physischen Verrichtungen des Säuberns von Körper und Kleidung vorausgeht und ein ähnlicher Segen das Ritual beschließt. Auch 4Q414 enthält Segnungen, zu sprechen vor und nach einer Immersionstaufe, und ein Fragment (24,4) des so genannten „Hochzeitsrituals" (4Q502, siehe S. 124) lautet: „... und sie wird stehen im Rat der ältesten Männer und Frauen."

Eine ungewöhnliche und provokante Handschrift, die mit einem Lob Gottes für die Rettung seiner Armen vor ihren Unterdrückern und die Erwählung Jerusalems beginnt (4Q448), spricht daraufhin von einem König Jonatan und Gottes Volk Israel „in den vier Wind(richtung)en des Himmels". Vermutlich fungiert dieser König als Stellvertreter Gottes und als sein Instrument für Krieg auf der Erde. Die meisten deuten den Gepriesenen als Alexander Jannäus (der sich den Pharisäern entgegenstellte), ein anderer Anwärter ist Jonatan Makkabäus (den manche für den Empfänger des Halachischen Briefes, 4QMMT, halten).

Diese Stele zeigt König Nabonid, der Thema einer der in Höhle 4 gefundenen Gebetsrollen ist (4Q242, siehe S. 129).

Die Sabbatopfer-Gesänge

„Die [Keru]bim fallen nieder vor Ihm und loben ihn; wenn sie sich erheben, [wird] die ruhige Stimme Gottes [gehört], gefolgt von einem Getöse von freudigem Lobpreis. Wenn sie ihre Flügel ausbreiten, wird Gottes r[uhige] Stimme wiederum gehört. Die Kerubim loben das Bild des Thronwagens, das über dem Firmament erscheint, [dann] (...) erscheint etwas wie ein allerheiligstes geistiges Feuer." (4Q405, Frg. 20, Kol. 2,7–9)

Acht bruchstückhafte Handschriften dieses Werkes wurden in Höhle 4 entdeckt, eine weitere in Höhle 11 und noch eine andere tauchte in Masada auf. Diese letzte Entdeckung schien eine Verbindung zwischen den beiden Stätten zu belegen und einige Forscher behaupteten, ein zum Essener gewendeter Zelot sei 69 u. Z. mit seiner heiligen Literatur aus Qumran geflohen, während andere glauben, das Auftauchen dieses Werkes an vermutlich nicht miteinander in Beziehung stehenden Plätzen deute darauf hin, dass es gar nicht ausschließlich „qumranisch" sei. Die Paläographie behauptet, das Werk sei vom frühen 1. Jahrhundert v. u. Z. bis zum Fall Masadas 73 u. Z. mindestens zehnmal kopiert worden.

John Strugnell, der erste Herausgeber der Lieder, taufte sie „Engelliturgie". Seine Schülerin Carol Newsom, die (zusammen mit Yigael Yadin) alle noch vorhandenen Fragmente aus Qumran und Masada bearbeitete, gab ihnen den neuen Namen „Songs of the Sabbath Sacrifice". Beide Titel sind treffend. Die Fragmente befehlen und beschreiben das göttliche Lob für den „König der Herrlichkeit". Mit Hilfe von Hartmut Stegemann von der Universität Göttingen konnte Newsom eine fortlaufende Reihe von 13 Preisgesängen rekonstruieren, die eindeutig den ersten 13 Sabbaten (dem Viertel) eines liturgischen Jahres zugeordnet sind. Der erste Sabbat beginnt am vierten Tag des ersten Monats, ein Hinweis darauf, dass der Verfasser vom 364-Tage-Sonnenjahr ausgeht, bei dem das

Zwei Kolumnen der fragmentarischen Handschrift-Kopien (4Q403) der Sabbatopfer-Gesänge.

Dossier der Fakten

Handschriften: 4QShir-Shabb (4Q400–07), 11QShirShabb (11Q17), MasadaShirShabb
Herausgeber: C. A. Newsom (*DJD* 11)
Kommentar: J. Davila
Schrift: Späthasmonäisch bis Spätherodianisch

Wie viele Juden des Altertums glaubten die Verfasser der Sabbatopfer-Gesänge, dass Gott im Himmel von seinen Engeln verehrt werde, wie auf diesem Gemälde von Guariento aus der Mitte des 14. Jahrhunderts zu sehen ist.

Jahr am vierten Tag beginnt, als die Sonne erschaffen wurde. Jedes Lied beginnt mit einer formelhaften Wendung, die im siebten Lied am besten erhalten ist:

„Für den Maskîl: Lied des Brandopfers des siebten Sabbat am sechzehnten des Monats: Lobt den Gott (der) Erhabenheiten, ihr Hohen über alle Göttlichen von Erkenntnis, beugt euch Ihm, Heilige Gottes, dem König der Herrlichkeit ...“ (4Q403, 1,30–31)

Obwohl nicht alle Einleitungsfloskeln vollständig erhalten blieben, sind sie eindeutig stereotyp. Aber der Inhalt oder die nachfolgende Beschreibung des Lobs ist völlig unvorhersehbar. Alle diese Lieder befehlen der Engelpriesterschaft im himmlischen Tempel jedoch, den Urheber der Heiligkeit zu preisen. 4Q400 (Frg. 1, Kol. 1,14–16) lautet:

„(...) und nich[t]s Unreines ist in ihren Heiligtümern. [Vorschriften Heil]iger hast Du eingraviert für sie, durch sie heiligen sich alle immerwährend Heiligen und Er reinigt Lautere von [Licht (?) ....]. alle Wegverkehrten, und sie versöhnen Sein Wohlgefallen für alle von Frevel Umkehrenden.“

Experten haben oft betont, dass der Zweck dieser Lieder die Vermittlung einer Vorstellung von idealer himmlischer Priesterschaft gewesen sei, die der irdischen Priesterschaft zum Vorbild dienen sollte. Der Kultus „in allen Gottes(engel)-Lagern“ ist so wunderbar, dass die Priester des Gottes Israels nur fragen können:

„Und [·] was gelten wir [unter] ihnen? Und unser Priestertum, was gilt es an ihren Stätten? Und [unsere] H[eiligtümer, –] ihren Heili[gtü]mern? [Was] gilt das Hebopfer unserer Staub-Zunge in der Erkenntnis Gö[ttlicher?“ (4Q400, 2,6–10)

Das menschliche, priesterliche Lob Gottes entspricht in diesem Text in etwa dem der Engel, die Gott im himmlischen Tempel umgeben und vollendet preisen. Doch der Verfasser beklagt nicht die Vergeblichkeit all dessen, sondern betont vielmehr, wie schön es sei, das Lob der Engel zu verstehen und den Versuch zu unternehmen, es zu reproduzieren.

Die Sabbatlieder umfassen sowohl priesterliches und fürstliches himmlisches Lob des göttlichen Königs als auch das Lob, das den Vorhallen und Mauern seines Tem-

147

Die Struktur der himmlischen Sabbatlieder

Laut Herausgeberin Carol Newsom handelt es sich bei den Sabbatopfer-Gesängen um kunstvoll gestaltete literarische Werke, die ihren Zweck innerhalb eines kultischen Kontextes über eine Periode von 13 Sabbaten hinweg hatten, die das erste Quartal jedes Jahres ausfüllten. Darüber hinaus wiesen sie insofern eine chiastische (spiegelbildliche Überkreuz-)Struktur auf, als die ersten sechs das Gegengewicht zu den letzten sechs in umgekehrter Folge bildeten. Bei solchen Strukturen liefert das zentrale Element (hier das siebte Sabbatlied) normalerweise den Schlüssel zum Sinn des Ganzen.

7. Sabbat: Aufruf zur Lobpreisung an die Engel

6. Sabbat: 7 Hauptfürsten und ihre Benediktionen

8. Sabbat: 7 Priesterschaften der Engel

5. Sabbat: Truppenaufgebot für den himmlischen Krieg

9. Sabbat: Vorhalle des Tempels und ihre Abbilder

4. Sabbat: Aufruf zur Lobpreisung

10. Sabbat: Tempelvorhang und Thronwagen

3. Sabbat: ?

11. Sabbat: Lob von Mauerbildern und der Bewegungen des Thronwagens

2. Sabbat: Beschreibung des Himmels und seines Heiligtums

12. Sabbat: ein göttlicher Thronwagen, Engelsprozession, Lobpreis der Tore

1. Sabbat: Einrichtung der

13. Sabbat: Opfer, himmlische Priesterschaft der Engel, Hohepriester im Ornat, Gottes Barmherzigkeit, Inhalt und Struktur des himmlischen Tempels

Zu den biblischen Quellen, welche die Existenz eines himmlischen Tempels/Palastes erwähnen und diesen Text vielleicht beeinflussten, gehören:

Exodus 24,10–11:	Moses, Aaron, Nadab und Abihu erblicken in einer Vision den Gott Israels und den Belag aus Saphir unter seinen Füßen
Jesaja 6,1–3:	Jesaja hat eine Vision von sich im Tempel mit Engeln, die Gott dienstbar sind
Hesekiel 1, 3 und 10:	Ausführliche Beschreibung des himmlischen Throns mit Engeln drum herum
Daniel 7,9–14:	Daniel hat eine Vision vom Himmel mit zwei Thronen

pels entströmt. In einem Fragment deuten mehrere noch vorhandene Briefe darauf hin, dass Melchisedek der oberste himmlische Priester gewesen sein könnte. Im zwölften Lied verehren die Kerubim, die von den Rädern des göttlichen Thronwagens kaum zu unterscheiden sind (siehe Hesekiel 1), Gott im Stillen. Man kann dieses Lob nicht hören, aber in den fanfarengleichen Lichtblitzen, die von seinem Thron ausgehen, ist es offensichtlich.

Welche Funktion hatte dieser Liederzyklus? Newsom glaubt, die Lieder könnten ursprünglich bei einem gemeinschaftlichen Sabbatritual in Qumran zur Legitimation seiner zadokidischen Priesterschaft verwendet worden sein. Schiffman versteht diese Lieder als ihrem Wesen nach deskriptiv und nicht unbedingt an den gemeinschaftlichen Kultus gebunden. Am eigentümlichsten ist, dass dieses Werk sich nur über das erste Viertel des religiösen Jahres erstreckt. Wurde es wiederholt? Kopierte die Priesterschaft einer vom Tempel getrennten Sekte statt dessen den Kultus des himmlischen Heiligtums? Oder muss man das Ganze eher als mystischen Text sehen, der eine herrliche Vision beschreibt?

Die offenkundigsten biblischen Vorläufer der Sabbatlieder sind Hesekiel 1 und 10 sowie Jesaja 6,1–5. Die Offenbarung des Johannes 8–11 steht ebenfalls in dieser allgemeinen Tradition von Visionen der himmlischen Hallen. Eine weitere mögliche literarische Analogie findet sich im 1. Henoch 14, wo Henoch träumt, er werde in den Himmel emporgetragen und erblicke ein aus kristallenen Mauern und Feuerzungen errichtetes Bauwerk. In diesem Haus saß Gott „auf dem Thron seiner Herrlichkeit" (1. Henoch 62). Aber dieser Liturgie fehlt ein erzählerischer Rahmen. Nichtsdestoweniger bewegt sich dieser Qumran-Text, ob sektiererisch oder nicht, innerhalb einer Tradition, die sich von der Bibel bis zu den so genannten *Heikalot*-Texten (Texten der himmlischen Heiligtümer) der frühen rabbinischen Periode erstreckt.

Fragmente der Damaskusschrift

„Und wer hi]neinredet in die W[orte seines Nächsten, wird es] geahndet [und er wird bestraft zehn] Tage. [Und wenn er sich niederle]gt [und] schläft in der [Sit]zun[g der Vollmitglieder]. [wird er abgesondert] (für) dreißig Tage [und] bestraft zehn Tage." (4Q270, Frg. 11,4–6)

Während die Fragmente aus den Höhlen 5 und 6 einen Teil der bekannten Damaskusschrift enthalten (4,19–21; 5,13–14; 5,18–6,2; 6,20–7,1), bringen die Handschriften aus Höhle 4 zusätzliches Material und manchmal in anderer Anordnung. Die zweiteilige Struktur, bestehend aus Mahnreden und Gesetzen, scheint gewahrt, aber verglichen mit der Kairo-Handschrift (siehe S. 18) gibt es zusätzliches Material am Anfang und einen großen Abschnitt mit ergänzenden Gesetzen.

J. T. Milik, der erste Herausgeber dieser Fragmente, meinte daher, das Schriftstück habe ursprünglich aus den Mahnreden, einer ausführlichen (in den Fragmenten aus Höhle 4 außerordentlich erweiterten) Liste von Gesetzen

4QTherapeia

4QTherapeia war der provisorische Name, den John Allegro einem kleinen, fast dreieckigen (77 x 35 x 58 mm) Textfragment gab. Die Schrift nannte Allegro „Spätqumranisch", was heute wahrscheinlich 50 u. Z. oder später bedeuten würde. Die Sprache beschrieb er als „eine außergewöhnliche Mischung aus transliteriertem Griechisch, Aramäisch und einem grammatisch unregelmäßigen Hebräisch, was den unausweichlichen Eindruck absichtlichen Obskurantismus vermittelt, der im medizinischen Schrifttum nicht ganz unbekannt ist". Nach Allegros Ansicht handelte es sich bei dem Text um den ärztlichen Bericht eines reisenden Medizinmannes namens Kaiphas. Seine Übersetzung erwähnt die Behandlung des Geschwürs von Hyrcanus Jannai; jemand namens Petrus Josai wird ebenfalls erwähnt und bei einem Zacharai Jannai lautet die Diagnose „leidet unter Koliken"; ein Zeuge mit Namen Eli war zugegen und Omriel diktierte den Text.

In jüngerer Zeit plädierte James Charlesworth für eine ähnliche Lesart des Textes. Doch Joseph Naveh entschied, es sei nicht mehr als die Schreibübung eines Schreibers, vielleicht jemand, der zur Vorbereitung herumkritzelte, bevor er anfing, richtig zu schreiben. Er bemerkte, dass der Schreiber zuweilen bestimmte Buchstaben des Alphabets, teils in alphabetischer Reihenfolge, als Liste von Eigennamen zu üben schien.

Seit Navehs Ansichten veröffentlicht wurden, neigen Forscher (auch Charlesworth) dazu, ihm beizupflichten, dass 4QTherapeia eine Schreibübung darstelle. Und obwohl Naveh hervorhob, dass sie von einem gewandten Schreiber niedergeschrieben wurde, hat niemand seine Schrift jemals mit einer der zur Aufzeichnung der Schriftrollen vom Toten Meer verwendeten gleichgesetzt.

Dossier der Fakten

Handschriften: 4QD^a–h (4Q266–173), 5Q512, 6Q15
Herausgeber: J. T. Milik und J. Baumgarten (*DJD* 18)
Kommentar: J. Baumgarten
Schrift: Hasmonäisch bis Spätherodianisch

In der heutigen jüdischen Gemeinschaft wird der Sabbat streng eingehalten; hier wird zur Vorbereitung gerade an einem Freitagnachmittag ein Geschäft in Jerusalem geschlossen.

Fragmente der Damaskus-schrift aus Höhle 4.

und einer abschließenden Liturgie für das Fest der Bundeserneuerung bestanden. Philip R. Davies untersuchte die Damaskusschrift später als Text, dem die Form der Bundeserneuerung als Vorlage diente, aber damals standen ihm oder anderen Forschern die Fragmente aus Höhle 4 noch nicht zur Verfügung. Im Großen und Ganzen ist der Text der Kairoer Handschriften fast derselbe wie der aus Höhle 4, doch es bleibt unsicher, ob es eine definitive Fassung dieses Schriftstücks gab (im Falle der Gemeinschaftsordnung gab es sie mit Sicherheit nicht). Es ist nicht einmal sicher, dass alle Handschriften aus Höhle 4 eine identische Ausgabe enthielten, und weder Milik noch Baumgarten, der die Herstellung der offiziellen Edition übernahm, haben eine endgültige Rekonstruktion der Original-Damaskusschrift vorgelegt. Die bedeutsamsten Abweichungen von den Kairo-Texten in einigen der Handschriften aus Höhle 4 sind ein einleitender Diskurs, der an den Zwei-Geister-Dualismus von 1QS erinnert, und ein Strafkodex (der ebenfalls den Disziplinarvorschriften in 1QS ähnelt). Diese Ergänzungen bestätigen vielleicht, wie Davies aus den Kairoer Handschriften bereits vermutete, dass die Damaskusschrift innerhalb der *Jahad*, die kleine, aber wichtige Ergänzungen vornahm, bearbeitet worden war. Dies wiederum lässt darauf schließen, dass die *Jahad* sich in gewisser Weise aus der „Damaskus"-Gemeinschaft entwickelte. Die Theorie bleibt umstritten, aber die Unterschiede zwischen den „Damaskus"- und Gemeinschaftsordnungs-Handschriften bleiben ausreichend deutlich, um irgendeine Art von Erklärung zu verlangen.

Lobpreis Jerusalems und König Jonatans

Die erste Kolumne eines Fragments aus Höhle 4 (4Q448) enthält einen Psalm, den man zuerst nicht erkannte, der aber heute als hebräische Fassung des 154. Psalms im syrischen Alten Testament identifiziert ist, die sich auch in 11QPs[a] findet.

Aber diese Entdeckung ist quasi nichts im Vergleich mit den nächsten beiden Kolumnen, die ein neues, von einem anderen Schreiber aufgezeichnetes Loblied enthalten. Obwohl bruchstückhaft, wurde es von Ada Yardeni entziffert und der Hauptteil lautet wie folgt:

„Stadt des Heiligtums, (/Wache, Heiliger) über Jonat{h}an, den König, und die ganze Versammlung Deines Volkes Israel, die in (den) vier Wind(richtung)en des Himmels, sei Friede, ihre Gesamtheit, und über Deine Königsherrschaft (?). Es werde benedeit Dein Name (?)." (Kol. B)

Dokumentarische Texte

Als der neue Chefherausgeber der Schriftrollen, Emanuel Tov, 1992 eine Liste noch unveröffentlichter Schriftrollen aus Höhle 4 vorlegte, schloss er eine Gruppe von Texten in Aramäisch, Hebräisch und Nabatäisch ein, die Briefe, Schuldurkunden, Eigentumsübertragungen und Getreideabrechnungen umfasste. Das Fehlen solcher Alltagsdokumente hatte Forscher lange Zeit vor ein Rätsel gestellt und man hoffte, diese Texte würden das Alltagsleben in Qumran erhellen.

Aber stammen diese Texte tatsächlich aus Qumran? In ihrer Ausgabe von Texten aus dem ansonsten als Nahal Hever bekannten Wadi Seiyal nimmt Ada Yardeni die so genannten dokumentarischen Texte aus Höhle 4 nur als Anhang auf und äußert Zweifel an ihrer Herkunft. Sie behauptet in der Tat nicht etwa zu wissen, woher sie kämen, schlägt aber für einige das 20 km südlich von Khirbet Qumran gelegene Nahal Hever selbst vor, und zwar weil eines der so genannten Höhle-4-Fragmente zu einer in Nahal Hever gefundenen Handschrift gehöre. Sie bemerkt außerdem, dass diese Art von Text der überwiegenden Mehrzahl des Materials in Höhle 4 unähnlich sei. Auch die Kursivschrift ist vollkommen anders und schließlich bestimmen neueste C-14-Datierungen für die Handschriften 4Q432 und 4Q344 eine Zeit, „lange nachdem die Siedlung in Khirbet Qumran aufgegeben worden war" (S. 74).

Zwölf dieser Handschriften wurden auf Leder und sieben auf Papyrus geschrieben. 4Q432 ist ein Brief, der aufgrund seiner Schrift auf das 1. Jahrhundert u. Z. datierbar ist (C-14: 14–115 u. Z.). Er erwähnt die Namen Jehuda, Eleasar und Elischua. 4Q343, datierbar auf ca. 50 v. u. Z., verweist auf Schimon, S'dlhy und Beit 'Aphek. 4Q344, durch C-14 auf 72–127 u. Z. datiert, ist ein Schuldschein, der einen gewissen Eleasar bar Joseph erwähnt.

Doch Paläographie und C-14 stimmen nicht immer überein. 4Q435 wird aufgrund der Schrift auf Mitte bis Ende des 1. Jahrhunderts v. u. Z. datiert, aber C-14 gibt als Zeitraum 373–171 v. u. Z. an. Dieses Fragment erwähnt den Monat Elul, 30 Silberdenare sowie die Namen Jeschua', Hoscha'jah und Jischma'el ben Schimon. 4Q346 und 4Q348 sind gleichfalls Urkunden und enthalten Personennamen; bei 4Q351–58 handelt es sich um Abrechnungen, die mit Getreide zu tun haben; 4Q359 ist eine Papyrus-Urkunde und Yardeni meint, 4Q360a müsse ein literarischer Text gewesen sein, der sich auf Opfer bezog.

Aber stammt nichts davon aus Qumran? Cross und Eshel behaupten, eine auf zwei Ostraka geschriebene Schenkungsurkunde entziffert zu haben, die 1996 in Khirbet Qumran entdeckt wurde und die Namen von Einzelpersonen aus Jericho und vielleicht Engedi enthalte. Sie behaupten sogar, sie beinhalte das Wort *Jahad*, obwohl dem inzwischen widersprochen wurde. Trotzdem ist es nicht unmöglich, dass ein paar dieser Texte aus Qumran kamen. Da der Platz in griechisch-römischer Zeit mit Sicherheit mindestens 150 Jahre lang bewohnt war, wäre es überraschend, fände man überhaupt keine derartigen Texte.

Dossier der Fakten

Handschriften: 4Q342–60
Herausgeber: H. Cotton und A. Yardeni (*DJD* 27)
Schrift: Frühherodianisch bis Nachherodianisch

4Q448 enthält einen Psalm und ein Loblied, das König Jonatan preist. Dieser König kann nicht mit Sicherheit identifiziert werden.

„und in Deiner Liebe werde ich ... [—] am Tag und bis zum Abend (?) vom (/mehr als) Wein [—] nahezukommen, um zu sein .. [—] hat Er sie heimgesucht zum Segen zu .. [—] wegen Deines Namens, der genannt ist [—] Königsherrschaft, gesegnet zu werden [—] .. ... Krieg der [—] für Jonat{h}an, den König –]." (Kol. C)

Die Frage, auf die alle Gelehrten sich stürzen, lautet: Wer ist König Jonatan? Die Herausgeber, Hanan und Esther Eshel, denen die meisten Forscher sich anschließen, identifizieren ihn als den Hasmonäerkönig Alexander Jannäus (hebräisch Jannai, eine Abkürzung von Jehonatan), der von 103 bis 76 v. u. Z. regierte und auf den wahrscheinlich im Nahum-Kommentar angespielt wird (siehe S. 98). Die Schwierigkeit, die dies aufwarf, war, dass die Schreiber der Schriftrollen nach der allgemeinen Theorie Gegner der Hasmonäer waren. Folglich meinen die Eshels, dieses Loblied sei nicht „sektiererisch" (obwohl sie nicht erklären, wie oder warum es in Qumran verwendet wurde). Geza Vermes hat einen früheren Jonatan vorgeschlagen, den Bruder des Judas Makkabäus und 160–142 v. u. Z. (lange vor der Siedlung in Qumran) Herrscher von Juda. Vermes glaubt, dieser Jonatan sei bei den Gruppen, die schließlich nach Qumran gingen, zunächst gut angeschrieben (daher dieser Text), später jedoch ihr Erzfeind, der „Frevelpriester" des Habakuk-Kommentars, gewesen (was kaum erklärt, warum der Text in Qumran aufbewahrt wurde!).

Während man einst dachte, die Schriftrollen seien durchweg antihasmonäisch, ist eine solche Abneigung nirgends offenkundig und Robert Eisenman ist einer der Qumran-Forscher, die stets behaupteten, dass die Verfasser der Schriftrollen strikt *pro*hasmonäisch waren.

Höhlen 5 bis 10

Höhle 5 wurde 1952 unmittelbar westlich der Ruinen und in der Nähe des Wadi Qumran entdeckt. Sie liegt am Rand der Hochebene und Höhle 6 (die einzige aus dieser Gruppe, die von Beduinen gefunden wurde) ist weniger als 1 km von den Ruinen entfernt. Die im Süden der Ruinen gelegenen Höhlen 7 bis 10 folgten 1955. Zwei dieser Höhlen, 5 und 10, scheinen Unterkünfte gewesen zu sein. Keine Spuren von Tonkrügen fanden sich in den Höhlen 5 und 9.

Höhle 5 bewahrte die Überreste verrotteter Fragmente von etwa 25–50 Schriftrollen. Sie umfassten Teile von Deuteronomium, Könige, Jesaja, Amos, Psalter, der Klagelieder Jeremias, der Damaskusschrift, der Gemeinschaftsordnung, des Neuen Jerusalem und einen Text mit Flüchen.

Die Fragmente in Höhle 6 gehören zu Genesis und Exodus in Althebräisch, Deuteronomium, Könige, Psalter, das Hohelied Salomos, Daniel, das Buch der Giganten, die Damaskusschrift, Segensworte, unbekannte Apokryphen und Kalendermaterial.

Höhle 7 ist besonders interessant, denn sie beherbergte vier Tonkrüge und die Überreste von zwölf Schriftrollen, alle in Griechisch geschrieben, sowie sieben kleine Papyrusfetzen. Zwei der Schriftrollen enthielten den griechischen Text von Exodus und den Brief des Jeremia (ein apokryphes Werk). Von einigen der anderen Texte wurde in reißerischem Stil behauptet, sie enthielten Teile des Neuen Testaments, was jedoch unbegründet war, und eine wahrscheinlichere Identifikation ist eine griechische Übersetzung des 1. Henoch. Doch das Vorhan-

densein ausschließlich griechischer Texte in einer einzelnen Höhle (es gibt auch einige wenige in Höhle 4) hat natürlich Fragen hinsichtlich der Person aufgeworfen, die sie wahrscheinlich dort hinterlegte.

In Höhle 8 sind Fragmente von Genesis, Psalter, ein Phylakterion und eine Mezuzah erhalten, während man in Höhle 9 nur auf ein einziges, nicht identifizierbares Papyrus-Fragment stieß. Höhle 10 beherbergte lediglich ein Ostrakon, das mit zehn, allerdings nicht entzifferbaren Buchstaben des hebräischen Alphabets beschrieben war.

Obwohl diese Höhlen zusammen mit den Höhlen 2 und 3 gewöhnlich als „kleinere Höhlen" bezeichnet werden, sind sie keineswegs unbedeutend. Die meisten von ihnen bewahren Teile einiger biblischer Werke. Das Vorhandensein von Werken wie der Damaskusschrift, der Gemeinschaftsordnung und des Neuen Jerusalem zeigt außerdem, dass die Höhlen in der Mergelterrasse und den Felsen in der Nähe der Stätte irgendwie miteinander verbunden waren.

Eine wichtige Entdeckung in Höhle 8 ist eine Sammlung lederner Schlaufen von der Art, wie sie am Ende einer Schriftrolle befestigt wurden, um sie zu öffnen. Eine solche Sammlung könnte der Vorstellung weitere Glaubwürdigkeit verleihen, dass Qumran ein Zentrum der Schriftrollenproduktion war. Ihr Vorhandensein in den Höhlen untermauert die Theorie, dass die Bewohner der Stätte im Allgemeinen lieber einige der Höhlen bewohnten als die Gebäude, waren doch in den Sommermonaten in die Mergelterrasse gehauene künstliche Höhlen bedeutend kühler.

Blick aus der Luft auf das südliche Ende der Qumran-Terrasse mit den Höhlen 4, 5 und 6, die auf dem Vorgebirge im Vordergrund zu sehen sind (zu den genauen Standorten siehe Karte S. 11). Die Ruinen von Qumran befinden sich oben links.

Höhle 11

Die letzte Entdeckung einer Handschriften-Höhle wurde, passenderweise, von Angehörigen des Beduinenstamms der Ta'amire gemacht, die auch die erste Höhle gefunden hatten. Auf diese Weise rundeten sie einen erfolgreichen Wettkampf mit den Archäologen ab, denn obwohl sie fünf und die Archäologen sechs entdeckten, umfassten die Beduinentreffer die Höhlen 1, 4 und 11 – die drei an Schriftrollen ergiebigsten.

Höhle 11 wurde 1956 gefunden, ein Jahr nach den Höhlen 7–10. Sie liegt direkt südlich von Höhle 3 (der am weitesten von Qumran entfernten) und etwa 2 km nördlich der Siedlung. Diese Höhle enthielt 21 Texte, manche davon relativ vollständig, und ihre Herausgabe wurde verschiedenen Gruppen übertragen. Die erste Edition, die erschien, war die Psalmenrolle (1956), herausgegeben von James Sanders, heute in Claremont, Kalifornien. Eine in Althebräisch geschriebene Levitikus-Rolle wurde von D. N. Freedman und K. A. Mathews herausgegeben. Die meisten der übrigen Texte teilte man den Niederlanden zu; Fragmente von vier weiteren Psalmen-Handschriften und ein apokrypher Psalm wurden J. van der Ploeg anvertraut (und erschienen zwischen 1967 und 1987 als Zeitschriftenaufsätze). Van der Ploeg gab auch, zusammen mit A. S. van der Woude, das Targum zu Ijob heraus und getrennt publizierten beide noch sechs andere Texte, während ihr Kollege B. Jongeling die Handschrift mit dem „Neuen Jerusalem" herausgab. Die vollständige Edition der Forschern in den Niederlanden übertragenen Texte wurde in *DJD* 23 veröffentlicht.

Die berühmteste Schriftrolle aus Höhle 11 kam viel später ans Licht als die anfängliche Entdeckung. Unmittelbar nach der Besetzung der West Bank durch die Israelis 1967 erwarb Yigael Yadin im Laden eines Händlers in Bethlehem die längste nichtbiblische Schriftrolle, die unter den Qumran-Texten erhalten geblieben war – die Tempelrolle. In einem beispielhaften Kraftakt veröffentlichte Yadin 1977 eine dreibändige Ausgabe in Hebräisch und eine englische Übersetzung erschien 1983.

Eingang zu Qumran-Höhle 11.

Dossier der Fakten

Handschriften: 11QT
(11Q19–20)
Herausgeber: Y. Yadin
Kommentar: J. Maier,
M. O. Wise
Länge: ca. 9 m
Schrift: Herodianisch

Die Tempelrolle

„... und ich wohne] mit ihnen auf immer und ewig. Und ich werde mein [Heili]gtum mit meiner Herrlichkeit heiligen, da ich einwohnen lasse über ihm meine Herrlichkeit bis (?) zum Tag der Schöpfung, an dem ich mein [Hei]ligtum (neu) schaffen werde, um es mir für all[ez]eit entsprechend dem Bund zu bereiten, den ich mit Jakob in Bethel geschlossen habe." 11QT 29,7–10)

Die ganzen 1960er Jahre hindurch zirkulierten in Jerusalem Gerüchte über große und bislang noch verborgene Schriftrollen. Sie steigerten sich, als ein amerikanischer Staatsbürger bei einem Handel um den Verkauf einer solchen Schriftrolle an den Archäologen und General Yigael Yadin herantrat, der als Unterhändler zwischen demselben Bethlehemer Händler, der früher schon mit den Handschriften aus Höhle 1 zu tun gehabt hatte („Kando"), und dem Staat Israel fungierte. Yadin wartete sieben Jahre lang auf seinen Preis, aber die Verhandlungen verliefen im Sande. Doch als die israelischen Truppen 1967 in die West Bank fluteten, wurde der Traum Wirklichkeit. Binnen Tagen befand sich, was als Tempelrolle bezeichnet werden sollte, statt in dem Schuhkarton, wo es zuvor gelegen hatte, in den Händen Yadins und binnen zehn Jahren hatte Yadin einen äußerst umfassenden Kommentar verfasst. Kando war als Ergebnis dieser Transaktion außerdem beträchtlich reicher.

Inhalt dieser schön geschriebenen Schriftrolle ist, mit einigen Ergänzungen, eine Neuordnung biblischer Gesetze, die einem Schema zu folgen scheint: Die Darstellung beginnt im inneren Tempelhof der Priester und schreitet strahlenförmig nach außen durch Tempel und Stadt zum Land selbst fort, das die Ernteerträge, Tiere und Materialien für die Opfer während des Festzyklus liefert. Der Name „Tempelrolle" spiegelt die Tatsache wider, dass der größte Teil des Erhaltenen sich mit dem Jerusalemer Heiligtum befasst. Trotzdem ist der Titel vielleicht nicht ganz zutreffend, da der Inhalt der Schriftrolle sehr viel umfassender ist.

Gott spricht in diesem Text beinahe durchweg in der ersten Person, selbst wenn die biblischen Quellen die Worte Mose zuschreiben. Er befiehlt Israel, den Gesetzen, die er diktiert, zu gehorchen, sobald sie sich in dem Gelobten Land niederlassen. Zweifellos dient das biblische Gesetz als Hauptquelle und -anregung, aber es gibt eine Menge zusätzlicher Informationen über die Architektur des Tempels, die im Pentateuch nicht erwähnt werden. In der Tat steht hinter diesem Werk eine weitere biblische Überlieferung, denn sowohl 1. Könige 6–7 als auch Hesekiel 40–43 enthalten detaillierte Schilderungen des Baus und der Einrichtung des Tempels. Die Tempelrolle beschreibt im Weiteren ausführlich die liturgischen Praktiken, die hier durchzuführen seien (wiederum gibt es biblische Vorläufer in Hesekiel 44–46 und 1. Chronik 23–26, ganz zu schweigen vom Buch Levitikus). Dargelegt werden der religiöse Kalender, die Opfer und Reinheitsregeln, aber auch die Gesetze für das militärische und politische Verhalten des jüdischen Königs einschließlich des Umgangs mit Fällen von Verrat – keines dieser letzteren Gesetze ist biblischen Ursprungs und war vor der Entdeckung der Schriftrollen auch aus keiner antiken jüdischen Quelle bekannt.

(Oben) Diese Silbermünze könnte die Fassade des Jerusalemer Tempels zeigen. Sie wurde während des Zweiten Jüdischen Aufstands geprägt.

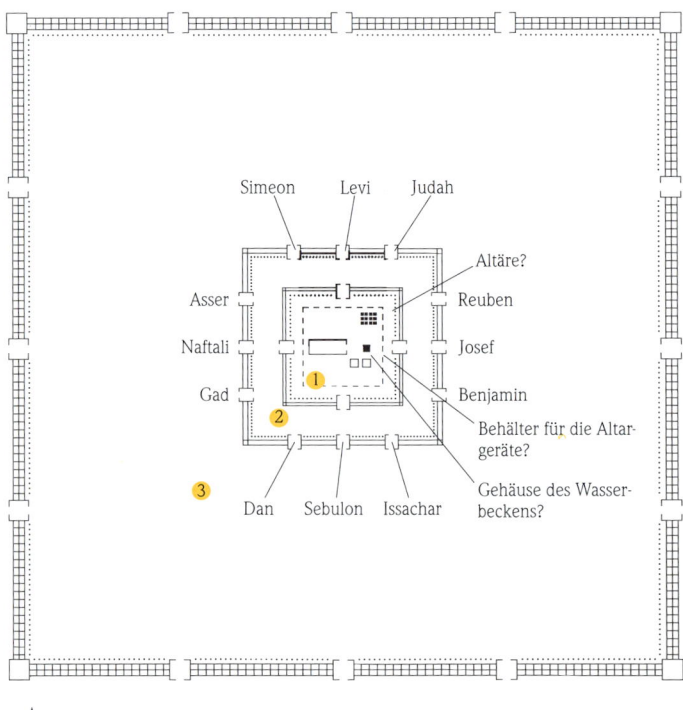

(Links) Schaubild des quadratischen Tempelbezirks, wie er in der Tempelrolle dargestellt wird, mit zwölf Toren, eines für jeden Stamm, und drei Höfen.

Simeon Levi Judah
Altäre?
Asser
Reuben
Naftali
Josef
Gad
Benjamin
Behälter für die Altargeräte?
Dan Sebulon Issachar
Gehäuse des Wasserbeckens?

① Innerer Hof (Priester)
② Mittlerer Hof (kultfähige Männer)
③ Äußerer Hof (Israeliten)

0   200 Ellen   1 Elle = 50 cm

17 der 65 Kolumnen der Schriftrolle (13–29) sind der Beschreibung von Fleisch-, Getreide- und Flüssigkeitsopfern, die dem Tempel an den entsprechenden Festen darzubringen seien, gewidmet. Die rituelle Funktion des Hohepriesters, seiner Mitpriester und der Leviten wird ebenfalls ausführlich erläutert. Auch einige in den heiligen Schriften nicht berücksichtigte Feste, wie ein Holzopfer und Erstlingsgaben von (Oliven-)Öl und Wein, werden erwähnt:

„[Und] ihr [zählt] für euch vom Tag an, da ihr das neue Speisopfer für JHW[H] dargebracht habt [als] Brot der Erstlingsgaben, sieben Siebenereinheiten; sieben ganze Wochen [sollen es sein. Bi]s zum Tag nach dem siebten Sabbat sollt ihr fünfzig Tage zählen [und ihr sollt herbeibring]en neuen Wein für Gußopfer, vier Hin, aus allen Stämmen Israels, (ein) D[rittel] Hin (ein hin waren vielleicht etwa sechs Liter) pro Stamm." (Kol. 19)

Das Schema der 50-Tage-(Sieben-Wochen-)Intervalle deutet für manche Forscher auf einen alten liturgischen Kalender hin, der vielleicht auf sieben Festen pro Jahr beruhte. Wenn ja, lässt sich dies jedenfalls heute als Ganzes nicht mehr verlässlich rekonstruieren. Was man sieht, ist, dass diese Vorschriften, obwohl sie – streng genommen – Ergänzungen zum biblischen Gesetz sind, eine Ausweitung des biblischen Prinzips darstellen, Erstlinge aller Ernten als Opfer darzubringen. Außerdem fügen sie, wie von einem derartigen Qumran-Text nicht anders zu erwarten, einem liturgischen Jahr, das auf einem Sonnenkalender basiert, Einzelheiten hinzu.

Der Tempel selbst besteht aus drei Höfen. Der innere ist für die Priester (die Söhne Aarons) und die Leviten, die von den Geschlechtern Gerschons, Kehats und Meraris abstammen (Numeri 3,14–19), reserviert. Der mittlere Hof bietet Platz für die Teilnahme der rituell Reinen (Männer), Nichtpriester und Nichtleviten am Tempeldienst. In jeder der vier Mauern dieses Hofes befinden sich drei Tore, die jeweils den Namen eines der zwölf Stämme Israels tragen. Die Mauern des äußeren Hofes bilden einen quadratischen Raum für Frauen und Ausländer, jene, die rituell nicht qualifiziert sind, den mittleren Hof zu betreten.

Die architektonische und theologische Konzeption dieses Baus folgt weder derjenigen der Stiftshütte in der Wüste noch dem Tempel Salomos (1. Könige 7) oder Hesekiels (Hesekiel 40–44). Sie bezieht ihre Inspiration vom Wüstenlager der Israeliten, wie es in Exodus und Numeri dargestellt wird, und steht für konzentrische Bereiche zunehmender Heiligkeit, von der Stadt Jerusalem selbst (vertreten durch das „Lager") über die drei Höfe bis zum Allerheiligsten. Außerhalb der Stadt („Lager") liegt der Bereich für unreine Personen, wie Aussätzige und jene, die durch unreine Ausscheidungen verunreinigt sind.

„Und die Stadt, [d]ie ich (dazu) weihe, daß mein Name und [mein (?)] Heil[igtum ....] gegenwärtig sei, soll heilig und rein sein von jeder Sache, die mit einer Unreinheit verbunden ist, mit der man sich verunreinigen kann." (Kol. 47)

In den übrigen Kolumnen von 11QT folgt der Autor genau den Gesetzen von Deuteronomium, wenngleich in systematischerer Anordnung. Das „Königsgesetz" in Deuteronomium 17,12–19 wird beträchtlich modifiziert, um strengeren Heiligkeitsanforderungen zu genügen. Der König darf nicht mehr als eine Ehefrau nehmen (die Jüdin sein muss) noch darf er zu viel Reichtum erlangen und er

... הדבר אשר ע...

... עשיתה על פי התורה אשר יגידו לכה ועל ... הדבר

אשר יואמרו לכה ... מספר התורה ויגידו לכה באמת

... המקום אשר יב... לשכן שמו עליו ושמרתה לעשות

... יורוכה ועל ... המשפט אשר יואמרו לכה

תעשה לוא תסור מן התורה אשר ... יגידו לכה ימין

ושמאל והאיש אשר לוא ישמע ויעש בזדון לבלתי

שמוע אל הכוהן העומד ... לשרת לפני או אל

השופט ומת האיש ההוא ובערתה הרע מישראל וכול

העם ישמעו ויראו ולוא ... עוד בישראל

כי תבוא אל הארץ אשר אנוכי נותן לכה וירשתה וישבתה

בה ואמרתה אשימה עלי מלך ככול הגואים אשר סביבותי

שום תשים עליכה מלך מקרב אחיכה תשים עליכה מלך

לוא תתן עליכה איש נוכרי אשר לוא אחיכה הוא רק לוא

ירבה לו סוס ולוא ישיב את העם מצרים למלחמה למען

הרבות לו סוס וכסף וזהב ... ואנוכי אמרתי לכה לוא

תוסיף לשוב בדרך הזואת עוד ולוא ירבה לו נשים ולוא

יסורו לבבו מאחרי וכסף וזהב לוא ירבה לו מואדה

והיה בשבתו על כסא ממלכתו וכתבו

לו את התורה הזואת על ספר מלפני ...

muss den Anweisungen der Priester Folge leisten. Von ihm ausgewählte Militäroffiziere müssen höchsten Ansprüchen genügen, und seine Leibwache soll aus 12 000 gottesfürchtigen Kriegern bestehen. Seine 36-köpfige Ratsversammlung soll ihm bei allen Beschlüssen helfen:

„Und er wählt sich aus ihnen je tausend aus dem Stamm, damit zwölftausend Kriegsleute mit ihm sind, die ihn nie sich selbst überlassen, so daß er durch die Hand der Völker gefaßt werden könnte. Und alle Ausgewählten, die er sich wählt, sollen wahrhaftige Männer sein, gottesfürchtig, die schnöden Gewinn ablehnen, wehrhafte Recken für den Krieg. Und sie sollen beständig bei ihm bleiben Tag und Nacht, um ihn zu bewachen vor jedem Vergehen und vor jedem fremden Volksangehörigen, damit er nicht durch ihre Hand gefaßt werde. Zwölf Vorsteher seines Volkes sollen bei ihm sein und von den Priestern zwölf und von den Leviten zwölf ..." (Kol. 57)

Aber welchen Stellenwert haben das Gesetz und der Tempel, wie sie in der Tempelrolle vorgestellt werden? Ein Satz in der Schriftrolle lautet: „... bis (?) zum Tag der Schöpfung, an dem ich {Gott} mein [Hei]ligtum (neu) schaffen werde, um es mir für all[ez]eit {...} zu bereiten ..." Ist die Schriftrolle also ein Entwurf für einen künftigen Tempel und für ein wiederherzustellendes Israel? Oder ist es eine Vision, wie die Dinge hätten sein sollen? Vielleicht sind diese beiden von Forschern stark diskutierten Alternativen nicht gänzlich widersprüchlich. Der Verfasser der Tempelrolle präsentiert in der Tat eine idealisierte Priesterschaft, Bevölkerung und heilige Stätte, wie sie in der Geschichte niemals existierten, von denen man aber glaubte, dass sie bald geschaffen würden. Trotzdem sind die Dimensionen des Tempels selber vollkommen fantastisch, im Gegensatz zu jedem bekannten jüdischen Tempel. Seine 1600 Ellen im Quadrat hätten sich über die gesamte herodianische Stadt Jerusalem erstreckt.

Eine weitere irritierende Frage ist: In welchem Verhältnis steht diese Schriftrolle zu anderen Qumran-Rollen? Yadin war überzeugt davon, dass sie ein Werk der „Qumran-Sekte" (d. h. der *Jahad*) sei. Es wurde sogar behauptet (von B. Z. Wacholder), ihr Inhalt sei die Thora für die Gemeinschaft gewesen, verfasst von ihrem Gründer, dem Anweiser der Gerechtigkeit. Einige andere Forscher waren sich anfangs einer Verbindung nicht sicher, weil der Inhalt dieser Schriftrolle sich damals so sehr vom Charakter der anderen sektiererischen Werke zu unterscheiden schien. Doch ihr Kalender, der auf einem 364-Tage-Jahr basiert, bestehend aus zwölf 30-Tage-Monaten plus vier „Vierteltagen", wird auch von anderen Schriftrollen verzeichnet. Außerdem liefern andere, später veröffentlichte Texte, wie der Halachische Brief (4QMMT), eindeutige Verbindungen mit ihren Reinheitsgesetzen. Nach dem Bild, das sich heute abzeichnet, scheint die Tempelrolle, wenngleich es wenig gibt, was sie ausdrücklich mit der *Jahad* verbindet, eindeutige Überschneidungen mit dem Buch der Jubiläen und der Damaskusschrift aufzuweisen. Es scheint wenig Zweifel zu bestehen, dass man sie als „sektiererisches" Werk aus denselben Kreisen wie mehrere andere Qumran-Rollen betrachten kann.

Die Psalmenrolle

„Nun war David, der Sohn Jesses, weise und strahlte wie das Licht der Sonne, ein Schreiber und ein Mann mit Urteilskraft, makellos in all seinen Wegen vor Gott und den Menschen. Der Herr gab ihm einen brillanten und scharfsichtigen Geist, und so schrieb er Psalmen: dreitausendsechshundert; Lieder, die vor dem Altar zu singen sind und begleiten das tägliche ewige Brandopfer für alle Tage des Jahres: dreihundertvierundsechzig; für die Sabbatopfer: zweiundfünfzig Lieder; und für die Neumondopfer, alle Festtage und den Versöhnungstag: dreißig Lieder. Die Gesamtzahl aller Lieder, die er schrieb, war vierhundertsechsundvierzig, nicht eingeschlossen vier Lieder, die den von Dämonen Besessenen mit Musik bezaubern." (11QPs 27)

In der Qumran-Forschung ist es üblich, die Schriftrollen in „biblische" und „nichtbiblische" zu unterteilen. Obwohl das Wort „biblisch" ziemlich anachronistisch ist, passt es. Aber diese bedeutende Psalmenrolle, eine von mehreren in Höhle 11 gefundenen, ist ein Streitfall.

Mit der Herausgeberschaft wurde 1962 schließlich James A. Sanders betraut, der damals eine einjährige Professur am amerikanischen Orientalistik-Institut (ASOR) in Jerusalem wahrnahm. Innerhalb von etwa 13 Monaten und mit Hilfe vieler Diskussionspartner beendete Sanders seine Arbeit Ende 1963 und das Werk erschien 1965 – ein weiterer Fall herausgeberischer Effizienz, wie Yadins Ausgabe der Tempelrolle. Die Schriftrolle selbst enthält mit 27 Kolumnen und fünf Fragmenten etwa 51 Kompositionen, die jedoch nicht in der traditionellen biblischen Reihenfolge angeordnet sind, während einige Psalmen aufgenommen wurden, deren Existenz in Hebräisch bis dato unbekannt gewesen war. Der Inhalt umfasst – in

der Reihenfolge der Schriftrolle, soweit sachdienlich jedoch mit biblischer Nummerierung – die Psalmen 101–03, 109, 105, 146, 148, 121–32, 119, 135–36, 118, 145 mit einer Überschrift, 154, eine „Bitte um Erlösung", 139, 137–38, Jesus Sirach (heute in den Apokryphen) 51,13–20 und 30, eine „Apostrophe an Zion", 93, 141, 133, 144, 155, 142–43, 149–50, eine „Hymne auf den Schöpfer", 2. Samuel 23,7, ein Prosastück über die Dichtungen Davids, 140, 134 und 151.

Einige der zusätzlichen Psalmen sind bekannt: 151 findet sich im griechischen und 154–55 im syrischen Alten Testament. Die Auszüge aus 2. Samuel und Jesus Sirach sind ebenfalls bekannt, aber nicht aus einem Psalmenbuch. Der Rest sind vormals unbekannte Psalmen und ein interessanter Text (der zu Beginn diese Abschnitts zitiert wird) berichtet in Prosaform über die dichterischen Aktivitäten Davids und deutet darauf hin, dass der gesamte Inhalt ihm zugeschrieben wurde. Sollte es sich bei dieser Schriftrolle um einen Psalter handeln, dann repräsentiert er eine andere inhaltliche Reihenfolge – zumindest was die letzten beiden Abschnitte des biblischen Psalmenbuches betrifft (90–150). Durch Informationen über Texte aus Höhle 4, die in jüngerer Zeit bekannt wurden, weiß man heute, dass es von den Psalmen mehr Handschriften gibt als von irgendeinem anderen Buch der Bibel (insgesamt 36). Allgemein scheinen sie unter zwei verschiedene Bearbeitungen zu fallen, eine, die gänzlich der biblischen Anordnung folgt, und eine weitere, die sich nach einer anderen Ordnung richtet (wie hier). Eine ältere Theorie, wonach diese Psalmenrolle keine „biblische" Sammlung, sondern eine private, individuelle Ausgabe darstelle, erscheint heute als unwahrscheinlich. Wahrscheinlicher ist, dass wir es einfach mit zwei unterschiedlichen Ausgaben einer kanonisierten Sammlung zu tun haben.

telgeschichte 2,30, sind die Psalmen prophetisch). Das andere Merkmal der Sammlung ist die vermehrte Zahl von Überschriften für diese Psalmen, die sie mit Ereignissen im Leben Davids verbinden. Dass es mit der Zeit mehr wurden, sieht man durch einen Vergleich dieser Schriftrolle mit dem hebräischen und dem griechischen Psalter (der griechische hat auch mehr Überschriften als der hebräische). Dass Psalmen David zugeschrieben wurden, kann man folglich eher als Tradition sehen, die sich in griechisch-römischer Zeit entwickelte, denn als ursprüngliche Annahme, geschweige denn als historische Tatsache.

Der stark Davidische Charakter dieses Psalters spiegelt sich in Psalm 151 wider, der in Wirklichkeit aus zwei Dichtungen besteht und erzählt, wie Gott David, den Hirten, erwählte, Samuel ihn salbte und wie David nach seiner Salbung gegen Goliath zum ersten Mal göttliche Stärke zeigt. Der Davidische Höhepunkt der Psalmensammlung ist wahrscheinlich beabsichtigt und kontrastiert mit der Struktur des biblischen Psalters.

Obwohl dem Katalog der Dichtungen Davids ein Sonnenkalender zugrunde liegt (364 Lieder für das tägliche Opfer), ist nicht klar, ob alle eigentlichen Psalmen sektiererisch sind. Trotzdem könnten sie Themen und Interessen offenbaren, die von den Verfassern der Schriftrollen geteilt wurden: Die Psalmen sind prophetisch eingege-

Dossier der Fakten

Handschrift: 11QPs^a (11Q5)
Herausgeber: J. A. Sanders (*DJD* 4)
Länge: 27 Kolumnen und 5 Fragmente (4,2 m)
Schrift: Mittel- bis Spätherodianisch

(Links) Diese Terracotta-Tafel zeigt wahrscheinlich den jungen David beim Harfenspiel.

(Unten) Ein Blatt der Psalmenrolle aus Höhle 11. Der göttliche Name ist in Althebräisch geschrieben.

Zwei andere allgemeine Merkmale dieser Handschriften verdienen eine Erwähnung. Das eine ist, dass der Katalog Davidischer Werke zeigt, dass ihm sowohl ein kompletter Zyklus von Opferdichtungen als auch Lieder gegen böse Geister (vermutlich angeregt durch den Fall Sauls) zugeschrieben wurden. Auch heißt es hier von David, er sei in seiner Lebensweise vollkommen gewesen und habe unter prophetischer Eingebung gedichtet (sowohl für die *pescharim* als auch das Neue Testament, z. B. Apos-

ben, die Betonung liegt auf offenbarter Weisheit (Psalm 154, Hymne an den Schöpfer, der Davidische Prosa-Abschnitt), und es gibt auch einen Verweis auf vier Davidische Werke zugunsten der von bösen Geistern Geschlagenen – im Einklang mit anderen exorzistischen Hymnen in Qumran, wie den Bittgesängen der Weisen um Schutz vor bösen Geistern (siehe S. 145). Man muss deshalb die Möglichkeit in Betracht ziehen, dass diese Psalmen in einer sektiererischen Liturgie benutzt wurden.

Dossier der Fakten

Handschrift: 11QMelch
(11Q13)
Herausgeber: A. S. van
der Woude (*DJD* 23)
Kommentar: P. Kobelski
Länge: 3 Kolumnen
(ca. 42 cm)
Schrift: Späthasmonäisch

Melchisedek

„Und er macht] diese Sache in der ersten Jahrwoche des Jubiläums nach neu[n Jubiläen, und der Tag der Versöhnungen, der ist das Ende des Ju]biläums, des zehnten, um an ihm zu entsühnen alle die Söhne[Gottes und die]Männ[er des] Loses des Mal[kizedek." (11QMelch, 2,7–8)

Melchisedek taucht dreimal in der Bibel auf. In Genesis 14,18 ist er ein geheimnisvoller „König von Salem" und Priester „Gottes des Höchsten", dem Abraham einen Zehnt entrichtet. In Psalm 110,4 wird der König als „ein Priester ewiglich nach der Weise Melchisedeks" angesprochen, während im Brief an die Hebräer 5–7 Melchisedek und sein Stand die Basis für die Präsentation Jesu als Hohepriester durch den Verfasser bilden. Als König-Priester war diese Gestalt ein wichtiger Prototyp für die hasmonäischen Priesterkönige und für jene, die nach einem Messias Ausschau hielten, um die beiden gesalbten Ämter zu verbinden.

Leider ist der Text des Dokuments nur teilweise und in zehn Fragmenten erhalten. Nur in der zweiten der drei Kolumnen, die auszumachen sind, ist lesbarer Text erhalten (Kol. 3 beinhaltet sonderbare Wörter in etwa acht Zeilen) – insgesamt ungefähr zwei Dutzend unvollständige Zeilen. Viele der Fragmente enthalten biblische Texte, was die Rekonstruktion des Textflusses leichter macht. Wie das „Florilegium" (siehe S. 129) handelt es sich um einen „thematischen" Kommentar, der auf der Basis einer sachlichen Verbindung Texte aus verschiedenen Teilen der heiligen Schriften interpretiert und nicht Texte aus einem einzigen Buch und der Reihe nach, wie in den Kommentaren zu Habakuk oder Nahum. Hier unterscheidet er sich von den *pescharim*, obwohl er ein paar Passagen enthält, die mit dem Wort *pescher* beginnen und mit *pescher*-artigen Gleichsetzungen von biblischen Wörtern oder Ausdrücken mit Menschen oder Gegenständen aufwarten. Das übergreifende Thema des Werkes (oder zumindest seiner erhaltenen Teile) ist die endgültige Erlösung Israels von seinen Sünden durch ein Opfer am „Tag der Versöhnungen" durch den himmlischen Hohepriester Melchisedek, die von der Vernichtung der Frevler begleitet sein wird.

Die Argumentation gründet auf der Verbindung von Texten aus verschiedenen biblischen Büchern, beginnend mit Levitikus 25,23 und Deuteronomium 15,2, die Regeln für die Sabbat- und Jubeljahre (7. und 49./50.) aufstellen. Deuteronomium nennt das siebte ein „Erlaßjahr" und der nächste zitierte Text ist Jesaja 61,1, weil dort von der Verkündigung der Freiheit für die Gefangenen im

„Jahr des Wohlgefallens" die Rede ist (folglich wird das „Erlaßjahr" als „Jahr des Wohlgefallens" bestimmt). Eine kurze *pescher*-Exegese erklärt, dass die Gefangenen sich den „[Söhnen des Himmels]" und den „Männ[er[n] des] Loses des Malkiz]edek" anschließen werden und dies in der ersten Woche nach dem Ende des neunten Jubiläums geschehe. Am Ende des zehnten Jubiläums dann werde für die „Söhne des Lichts" und die Partei Melchisedeks gesühnt werden. In der Tat wird Melchisedek an Stellen identifiziert, wo die biblischen Texte von „Gott" sprechen, und gerechtfertigt wird dies durch ein Zitat aus dem 82. Psalm, wo „Gott" in der göttlichen Versammlung richtet. Dieses Urteil durch „Gott" wird gedeutet (wieder ein *pescher*) als Urteil gegen „Belial und die Geister seines Loses", die sich gegen Gottes Grundsätze auflehnten. Also kann man „Gott" (wie bei „Gottessöhne", z. B. Genesis 6,2) als Verweis auf jedes göttliche Wesen verstehen.

*Blick nach Osten aus dem Inneren
von Höhle 11.*

Die Argumentation geht weiter: „Das ist der Tag {...}, worüber [Gott einstens] ges[agt hat in den Worten des Jesajah, des Propheten, da er sprach (Is 52,7): *Wie lieblich sind auf Bergen Füße eines Frieden verkünden[den] Bot[en] {...}"* Jesajas Berge werden gedeutet (ein weiterer *pescher*-Abschnitt) als die Propheten, während der „Bote" der „Gesalbte des Geistes" ist, ein in Daniel 9,25 vorausgesagter Fürst. Der „Bote von Gutem" in Jesaja 52,7 wird darauf als derjenige „zu trösten Trauernde" aus Jesaja 61,2–3 identifiziert, womit die Deutung zum Ausgangspunkt zurückgeführt wird, dem „Jahr des Wohlgefallens".

Die Aufgabe dieses Gesalbten „zu trösten Trauernde" ist es, Trost zu spenden, indem er den „{Leidenden}" hilft, den Lauf der Geschichte zu begreifen. Denn schließlich werde Gott in „Zion" herrschen, was als Verweis auf jene gedeutet wird, „die da abweichen von dem Wandeln auf dem Weg des Volkes". Die Kolumne endet mit einer

Rückkehr zu Levitikus 25,9, wo vom Blasen eines Horns im Jahr des Jubiläums die Rede ist, und assoziiert dies wahrscheinlich mit dem Blasen des Horns zur Verkündung von Krieg, denn in den Textfetzen in Kol. 3 heißt es: „vertilgen [sie Be]lial durch Feue[r", und sie erwähnen die „Mauer von Jerusalem (?)".

Dieser Text argumentiert nicht nur geschickt aus der Bibel, sondern bietet darüber hinaus eine Reihe sehr interessanter Gesichtspunkte. Erstens begegnen wir einem *himmlischen* Erlöser (keinem irdischen Messias) in Gestalt eines Hohepriesters. Eine solche Rolle Melchisedek, dem Priester und König ohne Stammbaum, der Abraham segnete, zu übertragen, liegt nahe. Ebenfalls bedeutsam ist die rechnerische Veranschlagung der Weltgeschichte auf zehn Jubiläen (490 oder 500 Jahre), wie man sie auch im 1. Henoch und in Daniel 9 (wo die Gesamtsumme durch 70 x 7 errechnet wird) findet. All diesen Texten scheint eine gemeinsame Überlieferung hinsichtlich des nahe bevorstehenden Endes der Weltordnung zugrunde zu liegen. Schließlich deutet die Betonung einer Errettung der „Söhne des Lichts" durch einen Akt im himmlischen Tempel, bei dem Melchisedek (als Hohepriester) wahrscheinlich gleichfalls eine Rolle spielt, auf eine Verbindung mit den Sabbatopfer-Gesängen hin. (4Q400–07, 11Q17 – siehe S. 146).

Der Brief an die Hebräer bedient sich Melchisedeks auf etwas andere Weise, nämlich als Archetypus einer anderen Ordnung der Priesterschaft (z. B. nichtlevitisch); dass es irgendeine *direkte* Verbindung zwischen den beiden Texten gibt, ist möglich, wenngleich zweifelhaft. Starke Verbindungen gibt es indes zwischen dem Qumran-Text und dem Lukas-Evangelium 4,18–19, wo Jesus nach der Lesung des Gesetzes aufsteht, das Buch Jesaja fast bis zum Ende entrollt, 61,1–2 zitiert und die augenblickliche Erfüllung des dortigen Wortes verkündet. Dieselbe Behauptung, dass Israels „Gefangenschaft" vorüber sei, wird hier sehr viel entschiedener vorgebracht als in unserem Text. Dass der Akt der Errettung entweder von Jesus oder von Lukas (von wem auch immer diese Feststellung stammte) in der gleichen Weise verstanden wurde, ist unwahrscheinlich. Aber der göttlichen Befreiung würde die Buße für jene Sünden vorausgehen müssen, die zur Gefangenschaft geführt hatten, und die Qumran-Rollen scheinen diesen Standpunkt vertreten zu haben.

Dieses Gemälde von Rubens (ca. 1616–17) zeigt das Treffen zwischen Melchisedek, dem Priester und König, und Abraham.

Biblische Handschriften aus den Qumran-Höhlen

Den Ausdruck „biblisch" ohne irgendeine Einschränkung zu verwenden ist zweifellos anachronistisch. Die Gruppen und Individuen, denen die Schriftrollen gehörten und die sie benutzten, folgten nicht durchweg einer genauen Liste „biblischer" Werke. Ein solcher ausschließlicher Kanon heiliger Schriften wird niemals dargelegt.

zu anderen, unterschiedlichen zeitgenössischen Fassungen biblischer Bücher, wie jenen, aus welchen der „empfangene" hebräische Text der Bibel entstand (bekannt als „Masoretische Rezension"), der Text, der der alten griechischen Fassung zugrunde liegt, und der Text (des Pentateuch), den die Samariter bewahrten, ermöglicht uns in gewissem Umfang, eine komplizierte Entwicklungsgeschichte des biblischen Textes zu rekonstruieren. Obwohl die Qumran-Autoren keinen Standardtext der heiligen Schriften besaßen, begann der Prozess der Vereinheitlichung des hebräischen Textes vielleicht schon um diese Zeit, fingen doch neue griechische Übersetzungen an, beispielsweise der bei Murabba'at in der Wüste Juda gefundene (und in *DJD* 8 veröffentlichte) Text der Kleinen Propheten, sich diesem neuen Standard anzupassen. Die berühmteste biblische Schriftrolle aus Qumran ist die „Gro-

Jesaja-Rolle aus Qumran-Höhle 1.

Obwohl alle Bücher der hebräischen/alttestamentarischen Bibel (mit Ausnahme von Ester und Nehemia, was ein Zufall sein mag) in den Qumran-Höhlen vertreten sind, hat es den Anschein, als seien andere Texte als gleichrangig betrachtet worden. Die Jubiläen und ein (uns unbekanntes) Werk Levis werden ebenfalls als maßgeblich zitiert. Die Testimonia scheinen das Josua-Apokryphon (siehe S. 122) als Beleg anzuführen. Andere einflussreiche Werke wie die Henochbücher wurden mit ziemlicher Wahrscheinlichkeit ähnlich betrachtet und einige, die heute zu den Apokryphen gehören, wie Tobias/Tobit (Höhle 4) und Jesus Sirach (Höhle 2) könnten gleichfalls in das aufgenommen worden sein, was die Schreiber als ihre heiligen Schriften verstanden.

Von den meisten Qumran-Handschriften existieren die verschiedensten Textformen und -ausgaben. Ihr Verhältnis

ße Jesajarolle" aus Höhle 1. Es ist die längste der biblischen Schriftrollen und sie enthält das gesamte Buch Jesaja. Sie ähnelt stark der allgemein gebräuchlichen hebräischen „Masoretischen Rezension", doch gibt es gelegentliche Abweichungen in Formulierung und Schreibweise. Mehrere ihrer Interpretationen wurden sogar in moderne Bibelübersetzungen übernommen, beispielsweise in die Übersetzung nach Martin Luther. Ein Beispiel: In Jesaja 49,24, wo der überlieferte hebräische Text von einem „Gerechten" spricht, erscheint „Gerechter" so falsch, dass die Lutherbibel daraus einen „Gewaltigen" macht: „Kann man auch einem Starken den Raub wegnehmen? Oder kann man einem Gewaltigen seine Gefangenen entreißen?" In der Jesajarolle heißt es „Tyrann" statt „Gerechter", eine Übersetzung, die von der Lutherbibel übernommen wurde.

Handschriften und Höhlen

	1	2	3	4	5	6	7	8	11
Genesis	*	*		*		*		*	*!
Exodus	*	*		*			*		
Levitikus	*	*		*		*			
Numeri				*					
Deuteronomium	*	*		*	*	*			
Josua				*					
Richter	*			*					
Samuel	*								
Könige				*	*	*			
Jesaja	*			*					
Jeremia		*		*					
Hesekiel	*		*	*					
Hosea				*					
Amos				*	*				
Obadia				*					
Jona				*					
Micha				*					
Nahum				*					
Habakuk				*					
Zefania				*					
Haggai				*					
Sacharja				*					
Maleachi				*					
Psalter		*	*	*!	*	*		*!	
Hiob (Ijob)		*		*					
Sprüche Salomos (Sprichwörter)				*?					
Rut		*							
Hohelied Salomos						*			
Prediger Salomo (Kohelet)									
Klagelieder Jeremias				*		*			
Ester									
Daniel	*					*			
Esra				*					
Chronik									

Obige Tabelle zeigt, welche der traditionellen biblischen Bücher in welchen Qumran-Höhlen vorhanden waren. Ein Sternchen (*) verweist auf das Vorhandensein eines Teils des Buches. Ein Ausrufezeichen (!) zeigt an, dass das Buch vorhanden war, jedoch eindeutig von der traditionellen Anordnung abweicht. Ein Fragezeichen (?) verweist auf Zweifel bezüglich der Identität der Handschrift.

Aber ist die Jesajarolle aus Qumran die verlässlichste Fassung des Buches Jesaja, die wir besitzen, bloß weil sie die älteste ist (von etwa 100 v. u. Z.)? Nicht unbedingt: Es gibt Stellen, wo Abweichungen von unserem überlieferten Text einem Irrtum geschuldet oder sogar absichtlich vorgenommen worden sein könnten, und oft kann man unmöglich sicher sein.

Genossen irgendwelche „sektiererischen" Werke oder andere in Qumran gefundene Texte innerhalb bestimmter Gemeinschaften einen ähnlich maßgeblichen Rang wie bekannte biblische Texte? Waren sie für manche Juden Teil der „heiligen Schriften"? Die Damaskusschrift beruft sich, scheinbar als maßgebliche Quelle, auch auf das Buch der Jubiläen. Außerdem stellt sie die „Worte des Anweisers" auf eine ähnliche Stufe wie die „Torah des Mose", sodass es im Prinzip wahrscheinlich so aussah, dass einigen der eigenen Schriften der *Jahad* oder einigen

ihrer bevorzugten Schriften ein biblischer oder quasi-biblischer Rang eingeräumt wurde (beispielsweise den Paulusbriefen, die man sich aneignete, bevor ein formeller neutestamentarischer Kanon anerkannt wurde). Einige Forscher glauben, dass die Tempelrolle (ob sie nun aus der *Jahad* stammt oder nicht) in eine solche Kategorie gehört.

Die Tabelle rechts zeigt, wie viele Handschriften jedes biblischen Buches in den Höhlen entdeckt wurden. Die Zahlen spiegeln natürlich nicht unbedingt die ursprünglichen Mengen wider, die zur Qumran-Bibliothek gehört haben könnten, vermitteln aber möglicherweise eine ungefähre Vorstellung von der relativen Beliebtheit der Bücher bei den Schreibern und ursprünglichen Lesern der Schriftrollen. Selbst ein kurzer Blick zeigt, dass der Pentateuch (vor allem Deuteronomium), Jesaja und der Psalter klare Favoriten waren.

Die unten stehende Tabelle zeigt die Anzahl der in den Höhlen entdeckten hebräischen Handschriften biblischer Bücher.

Genesis	19
Exodus	17
Levitikus	13
Numeri	7
Deuteronomium	30
Josua	2
Richter	3
1.–2. Samuel	4
1.–2. Könige	3
Jesaja	21
Jeremia	6
Hesekiel	6
Kleine Propheten	8
Psalter	36
Sprüche Salomos (Sprichwörter)	2
Hiob (Ijob)	4
Hohelied Salomos	4
Rut	4
Klagelieder Jeremias	4
Prediger Salomos	2
Ester	0
Daniel	8
Esra	1
Nehemia	0
1.–2. Chronik	1

Obwohl die Ruinen in Qumran zu der Zeit, als Höhle 1 entdeckt wurde, schon lange bekannt waren, wurden die beiden Stätten anfangs von De Vaux und seinen Kollegen nicht miteinander in Verbindung gebracht. Doch sobald die Verbindung einmal hergestellt war und man die Ruinen ausgegraben hatte, wurde klar, dass einst, zu der gleichen Zeit, als die Schriftrollen geschrieben wurden, in der Nähe der Handschriften-Höhlen eine antike Siedlung gestanden hatte. Es bürgerte sich ein, diese Siedlung als die Heimat der Autoren der Schriftrollen zu betrachten, als den Wohnort der „Qumran-Sekte".

Die Handschriften-Verbindung beeinflusste vielleicht sogar die Ausgrabungen selbst und beherrschte ganz gewiss die nächsten 40 Jahre Forschung. Trotzdem sorgten während dieser Zeit ein paar kleine Probleme immer wieder für Kopfzerbrechen. Im Grunde deutet die Siedlung selber nicht unbedingt auf eine religiöse, sektiererische Gemeinschaft hin, solange der Inhalt der Schriftrollen nicht in die Interpretation hineingelesen wird. Genauer gesagt, der Platz der Kupferrolle in diesem Schema bleibt problematisch. Und warum wurden die Schriftrollen in so vielen verschiedenen Handschriften (und oft in unterschiedlichen Versionen) verfasst, wenn sie das Werk einer kleinen Gruppe waren? Wie ist die unterschiedliche Art der Hinterlegung (von der sorgfältigen Lagerung in Höhle 1 bis zum scheinbar achtlosen Wegwerfen in Höhle 4) zu erklären? Und was tun die weiblichen Skelette auf dem an eine angeblich zölibatäre männliche Gemeinschaft angrenzenden Gräberfeld?

Diese Fragen zusammen mit der Bekanntmachung weiterer Überlegungen, Deutungen und sogar Ausgrabungen des Qumran-Geländes selber haben in den letzten Jahren einige Zweifel hinsichtlich der Art der Verbindungen zwischen der Siedlung und den Schriftrollen aufgeworfen. Während die meisten Forscher nach wie vor eine enge Beziehung gelten lassen, wird von vielen bezweifelt, dass alle Schriftrollen (oder vielleicht überhaupt irgendeine) hier geschrieben wurden. Doch dass sie den Bewohnern gehörten, bleibt meist unwidersprochen.

Auf den folgenden Seiten werden wir die Ruinen selber erkunden und dann ihre wahrscheinliche Geschichte nachzeichnen, wie sie von De Vaux rekonstruiert wurde. Wir schließen mit einem Überblick über die jüngere Arbeit und die verschiedenen Optionen, die gegenwärtig in Betracht gezogen werden.

Der Blick aus der Luft auf Qumran zeigt deutlich das Aquädukt-System und die Zisternen.

IV. DIE QUMRAN-SIEDLUNG

Die Qumran-Siedlung

Die Umgebung

Die als Khirbet Qumran bekannten Ruinen („Khirbet" bedeutet auf Arabisch Ruine) liegen ungefähr 20 km östlich von Jerusalem, etwa 15 km südlich von Jericho, 32 km nördlich von Engedi und nur einen Kilometer landeinwärts vom Toten Meer. Heute verläuft eine moderne Straße entlang der Westküste des Toten Meeres, mit einer Nebenstrecke zu der Hochebene am Fuß der Felsen, direkt neben dem Wadi Qumran, auf der die Ruinen stehen, auf drei Seiten geschützt von Schluchten und über einen Aquädukt mit Wasser aus dem Wadi versorgt. In der Antike wäre man zu Fuß am Ufer entlang nach Jericho gelaufen, der Hauptstadt der Provinz, in der Qumran lag, aber nach Jerusalem führte der Weg den Wadi Qumran hinauf, über die Buqei'a (eine flache Ebene oberhalb der Felsen) und durch die Wüste Juda. Ein anderer möglicher Zugangsweg führte per Schiff über das Tote Meer.

Viele Autoren beharren auf der großartigen Abgeschiedenheit Qumrans, aber es ist zu bezweifeln, dass seine Siedler vollständig von der jüdischen Zivilisation abgeschnitten waren, und in den letzten Jahren kamen in der Region immer mehr antike Siedlungen zum Vorschein. Jerusalem hätte zu festlichen Anlässen leicht besucht werden können, während Jericho vielleicht einen bedeutenden Markt für die in Qumran hergestellten Produkte, wie Töpferwaren oder vielleicht Dattelhonig, Balsam, Leder oder auch Schriftrollen, abgab. Die hasmonäisch-herodianische Festung Hyrkaneion war vom oberen Ende des Wadi Qumran aus sichtbar. Eine Reihe eisenzeitlicher Stätten, die während der Qumran-Ausgrabungen in der Buqei'a gefunden wurden (Qumran selber eingeschlossen), deutet darauf hin, dass das Gebiet zuvor landwirtschaftlich nutzbar gemacht worden war (es sei denn, es handelte sich, wie einige Forscher glauben, um Festungen). Zwei kürzlich veröffentlichte Ostraka (beschriftete Scherben – siehe S. 186), die auf der Fläche neben der Ostmauer der Hauptsiedlung in Khirbet Qumran gefunden wurden, beziehen sich auf Einzelpersonen aus Jericho und möglicherweise Engedi. Wenn diese Deutungen zutreffen, beweisen sie zumindest, dass die Bewohner von Khirbet Qumran Kontakt mit diesen beiden Städten hatten.

Das Gebiet war nicht so unwirtlich, wie manchmal behauptet wird. Der durchschnittliche jährliche Niederschlag in der Region übersteigt selten 75 mm, im Vergleich zu 550 mm in Jerusalem. Aber Regenfälle aus der Wüste Juda laufen durch Wadis (jahreszeitliche Wasserläufe), von denen einer an die Stätte angrenzt, zum Toten Meer ab. Auch ein paar Kilometer weiter südlich, in En Feschcha, war Frischwasser ständig verfügbar. Beduinen und andere tränken (und füttern) seit Jahrhunderten ihre Herden in dieser Umgebung. Zu Beginn des 20. Jahrhunderts fiel Expeditionen, die im Auftrag des Palestine Exploration Fund von E. W. G. Masterman durchgeführt wurden, der reiche Wildbestand in En Feschcha auf. Er umfasste Wildschweine, Kaninchen, Rebhühner, Wachteln, Tauben und Wildenten, ganz zu schweigen von Schlangen, Gazellen und Feldhasen. In den Höhlen um

Blick über die Ruinen von Qumran nach Westen. Ein Aquädukt (dessen sichtbare Überreste die Stätte mit den Gebirgsausläufern verbinden) führte die wenigen Male im Jahr, wenn es regnete, Wasser aus den Bergen heran.

Khirbet Qumran fand man Schilfmatten und gewebte Stoffe, Lederstücke, Nägel und Holzpflöcke, während es oberhalb der Felsen, auf der Buqei'a, möglich war, Getreide anzubauen. Die Bewohner von Qumran waren also weder isoliert noch unfähig, sich selbst zu unterhalten.

Während einige Forscher (und die populäre Fantasie) sich ein trostloses Leben in Khirbet Qumran vorstellen, sehen andere eine Verbindung zwischen dieser Siedlung, dem unmittelbaren physischen Kontext und der größeren Welt. Die ursprünglichen Ausgräber wurden, veranlasst durch die Schriftrollen, von der Ideologie der Texte aus Höhle 1 beeinflusst. Sie fragten nicht, wie es Archäologen heute tun, nach der Ökologie oder dem ökonomischen oder sozialen Kontext dieser Siedlung, sondern konzentrierten sich auf sie als *abgesonderte* Niederlassung. Denn dies sei ein Ort, an den Menschen, so dachte man, von anderswo geflohen seien. Plinius' Bericht aus dem 1. Jahrhundert v. u. Z. über eine klösterliche Gemeinschaft oberhalb von Engedi veranlasste die Ausgräber, ihr Augenmerk auf die Stätte selbst zu richten, deren Funktion und Bewohner sie schon zu kennen meinten:

„Auf der Westseite [des Toten Meeres] wohnen, so weit das Ufer nicht ungesund ist, die Essener; ein einsiedlerischer und vor allen anderen Menschen sonderbarer Menschenschlag. Sie leben ohne alle Frauen, haben der Liebe völlig abgesagt, sind ohne Geld und stets in der Nähe von Palmen. Sie ergänzen sich fortwährend gleichmäßig durch zahlreiche Zuzügler, da es eine Masse solcher gibt, welche, des Lebens überdrüssig, durch die Wogen des Schicksals der Lebensweise jener Menschen zugeführt werden. So erhält sich, es klingt unglaublich, durch Jahrtausende fort und fort eine Gemeinde, in der kein Mensch geboren wird. So fruchtbar ist der Lebensüberdruß Anderer für ihre Erhaltung! Südlich von ihnen lag sonst die Stadt Engadda, an Fruchtbarkeit und Palmenpflanzungen die zweite nach Hierosolyma [Jerusalem], jetzt ebenfalls ein Schutthaufen." (*Naturgeschichte* 5,73)

Selbst wenn Plinius „Jericho" und nicht „Jerusalem" meint, war es sein Bericht, der unmittelbar zur Identifizierung Qumrans als essenische Siedlung führte. In jüngster Zeit jedoch hat eine neuerliche Überprüfung der Archäologie der Stätte Zweifel an ihrer Verwendung aufgeworfen und man hat an der Küste weiter im Süden, näher an (und sogar oberhalb von) Engedi, andere Kandidaten für Plinius' Stätte gefunden. War Qumran also eine derart isolierte Siedlung? Gehörte es vielleicht zu anderen ähnlichen Siedlungen in der Nähe des Toten Meeres? Welche Verbindungen gab es zwischen Qumran und En Feschcha (von dem weithin angenommen wird, es habe zum Qumran-Komplex gehört) und anderen Siedlungen wie En el-Ghuweir ein bisschen weiter südlich? In welchem Ausmaß war Qumran wirtschaftlich mit der Außenwelt verbunden? Und welche Art von Wirtschaft betrieben die Bewohner von Qumran?

Plinius' Aussagen unterstellen – recht romantisch – einen Ort, der von der Welt abgeschnitten war und gerade deshalb aufgesucht wurde. Man muss jedoch sagen, dass sein Bericht mit bestimmten Daten nicht vereinbar ist. Zum einen umfasst der große Friedhofskomplex in Khirbet Qumran auch Skelette von Frauen und Kindern. Zum anderen werfen das Vorhandensein gemeißelter Säulenbasen und die Bedeutung mehrerer Münzschätze, die hier anscheinend vergraben wurden, Fragen hinsichtlich seiner Schilderung der Armut der Bewohner auf.

Wenn seit den Ausgrabungen von De Vaux auch die „Kloster-Hypothese" dominiert, so lautet die älteste Theorie über den Charakter von Khirbet Qumran, dass es ein Fort war. Als der Forschungsreisende F. de Saulcy sich 1861 nach Khirbet Qumran wagte, glaubte er das biblische Gomorrha gefunden zu haben. Der Name Qumran klingt erstaunlicherweise ganz ähnlich. Später dachte der Bibelwissenschaftler F.-M. Abel, er sei auf die Begräbnisstätte einer Art muslimischer Sekte vor Mohammed gestoßen. Zur Zeit des Ersten Weltkrieges charakterisierte der deutsche Orientalist Gustav Dalman die Ruinen wieder als Überreste eines römischen Forts. Der Chefarchäologe der Stätte, Roland de Vaux, sprach anfangs sogar von einer Art Festung oder militärischem Außenposten. Mit einem Turm, Umfassungsmauern und der Lage oben auf einer Hochebene, die nur von einer Seite zugänglich ist, weist Khirbet Qumran zweifellos Merkmale einer Verteidigungsarchitektur auf. Und während des Jüdischen Aufstands 66–73/74 u. Z. benutzten die Römer den Ort, kurz nachdem sie ihn erobert hatten, als Außenposten. Aber in diesem Teil der Welt könnte jede Siedlung solche Vorkehrungen erfordert haben.

Wie viele Menschen beherbergte diese Siedlung? Man hat geschätzt, dass auf den drei oder vier Friedhöfen, die ungefähr 50 m östlich der Siedlung liegen, mehr als 1100 Menschen begraben wurden. Tatsächlich schwanken Schätzungen der Einwohnerschaft zwischen etwa 100 und mehreren Hundert. Wenn, was wahrscheinlich sein dürfte, die Hauptgebäude selber nur zum Arbeiten und nicht zum Wohnen genutzt wurden (wozu einige der nahe gelegenen Höhlen und möglicherweise auch Zelte dienten), dann lässt sich nur schwerlich Gewissheit über die Einwohnerzahl erlangen. Die Einwohnerschaft aus der Wasserversorgung zu errechnen, ist gleichfalls schwierig, weil Verdunstungsraten und die für rituelle Waschungen vorgesehene Wassermenge nicht genau abgeschätzt werden können. Und vor allem: Wer waren diese Bewohner? Über ihre Ansichten verrät die Stätte uns sehr wenig. Deshalb ist der Charakter der Verbindung zwischen der Stätte und den Schriftrollen eine entscheidende Frage.

(Ganz oben) Runde Zisterne zur Wasserhaltung. Sie ist eines der ältesten Bauwerke in Qumran.

(Oben) Ein Kanal, der durch das Gelände von Qumran verläuft, transportiert Wasser zu mehreren großen Zisternen und rituellen Bädern.

(Oben) Blick von den Bergen oberhalb des Wadi Qumran über Qumran nach Nordosten mit dem Toten Meer in der Ferne.

(Unten) Zeichnung der obigen Fotografie mit Bestimmung der topografischen Schlüsselorte.

(Gegenüberliegende Seite) Blick aus der Luft über das Gelände von Qumran Richtung Totes Meer, das ein paar hundert Meter weiter östlich liegt.

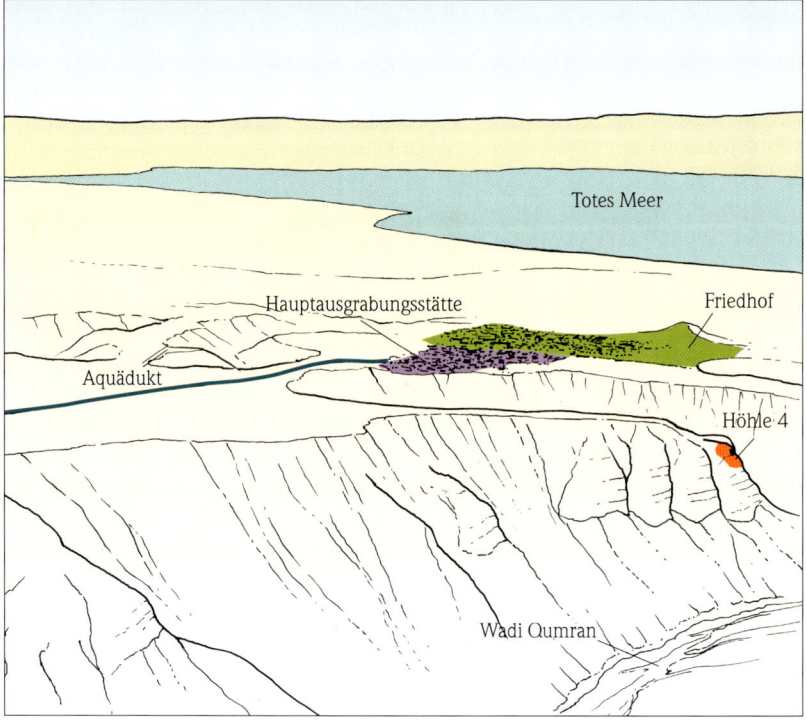

Die Ausgrabung Qumrans

Die gut einen Kilometer nordnordwestlich von Khirbet Qumran in Höhle 1 entdeckten Schriftrollen und Schriftrollenfragmente lenkten die Aufmerksamkeit auf die vormals uninteressante Stätte. Nach dem israelisch-jordanischen Krieg 1948–49 wurde Höhle 1 durch De Vaux von der französischen École Biblique in Jerusalem und Lankester Harding von der jordanischen Behörde für Altertümer neu entdeckt und dann untersucht. Nachdem er sie anfangs nicht beachtet hatte, brachte De Vaux die Stätte darauf rasch mit den Schriftrollen in Verbindung und begann die Siedlung in Khirbet Qumran im Licht der Inhalte der Schriftrollen zu interpretieren, die veröffentlicht wurden, gerade als die Ausgrabungen begannen.

Nach einer ersten Erkundung der Stätte 1951 wurden von 1953–56 unter der Schirmherrschaft der jordanischen Behörde für Altertümer und der École Biblique in Jerusalem Ausgrabungen durchgeführt. Obwohl er Berichte in der eigenen Zeitschrift der École (der *Revue Biblique*) und unter dem Titel *Archaeology and the Dead Sea Scrolls* einen populären Überblick über die Ausgrabungen herausgab, werden De Vaux' detaillierte Aufzeichnungen erst heute, viele Jahre nach seinem Tod 1971, veröffentlicht. Seine Ausgrabungstagebücher belegen, dass er von Punkt 1 an (den er im Dezember 1951 ausgrub) bereits eine Reihe von Belegungsschichten erkannt hatte. Die früheste datierte aus der Zeit der judäischen Monarchie (Eisenzeit II), als es ein kleiner Außenposten mit ummauertem Hof, Zisterne und ein paar Räumen war. Zentrales Zeugnis für diese Siedlungsperiode war ein Stempel auf dem Griff eines Kruges, der lautete: *lmlk* („königliches Eigentum"). Ein möglicher biblischer Hinweis könnte in Josua 15,61 liegen, wo die Städte „Bet-Araba, Middin, Sechacha, Nibschan und die Salzstadt" erwähnt werden. In 2. Chronik 26,10 gibt es außerdem eine Information über Usija, den König von Juda: „Er baute auch Türme in der Wüste und grub viele Brunnen." Obwohl diese so genannte israelitische Belegung überhaupt keine Verbindung mit den Schriftrollen hatte, ist sie insoweit aufschlussreich, als sie die Nutzungsmöglichkeiten einer Stätte in dieser Lage aufzeigt, seien sie militärischer oder ökonomischer Art, während die Tatsache, dass hier früher schon Menschen gewohnt hatten, die späteren Siedler wahrscheinlich veranlasste, sich diese Stelle auszusuchen.

(oben und links)
Ausgrabungsarbeit in Qumran

En Feschcha

Die Siedlung in Khirbet Qumran muss in ihrem größeren Kontext gesehen werden, der die benachbarte Stätte von En Feschcha, die 3 km weiter südlich liegt und in der letzten Saison seiner Qumran-Unternehmung (1956) von De Vaux ausgegraben wurde, einschließt. Überreste einer früher bemerkten Mauer, die südlich von Qumran und nördlich von En Feschcha verläuft, deuteten auf eine Verbindung zwischen den beiden Stätten hin und man stellte fest, dass die Belegungsperioden einander entsprachen. En Feschcha ist berühmt für seine Frischwasserquellen. Die Überreste des größten ausgegrabenen Gebäudes messen 25 x 20 m und umfassen einen zentralen Hof mit Eckbauten, einer vielleicht ein Lagerbereich und der andere ein Abwassersystem. Archäologen entdeckten Regale und gepflasterte Böden eines zweifelsohne zweistöckigen Bauwerks.

De Vaux betrachtete Khirbet Qumran und En Feschcha schließlich als Teile eines einzigen landwirtschaftlichen und ökonomischen Komplexes. Die Mauer könnte den Besitz der Bewohner beider Örtlichkeiten eingefriedet haben. Die Töpferwaren in En Feschcha entsprechen den Qumran-Perioden Ib und II, und die Stätte wurde anscheinend am Ende von Periode II durch Feuer zerstört, obwohl aus späteren Schichten geborgene Münzen darauf hindeuten, dass sie während des 1. und 2. Jahrhunderts v. u. Z. erneut von Juden bewohnt wurde.

Ein System von Wasserkanälen nordöstlich des Hauptgebäudes deutete De Vaux recht vorsichtig als Gerberei, die das Leder für die Schriftrollen produzierte, aber diese Theorie hat man verworfen. Doch En Feschcha diente den Bewohnern Qumrans vielleicht auf andere Weise. Hirten und Schäfer konnten Herden mit getrocknetem Schilf füttern und die

Früchte der Dattelpalmen standen zweifellos auf dem Speisezettel der Menschen.

Mehrere Jahre nach De Vaux' Ausgrabungen wurde 1977 die Möglichkeit zusammenhängender Stätten an den Ufern des Toten Meeres durch die Entdeckung eines weiteren riesigen Gebäudes (ca. 20 x 45 m) etwa 12 km südlich von Qumran, bei En el-Ghuweir, erhärtet. Auch diese Stätte besaß einen Friedhof mit Gräbern derselben typischen Art wie in Qumran. Es ist also möglich, dass die Westküste des Toten Meeres von zusammenhängenden religiösen Gruppen bewohnt wurde, vielleicht sogar von anderen Essener-Gemeinschaften.

Die Überreste von En Feschcha kurz nach Beendigung der dortigen Ausgrabungen.

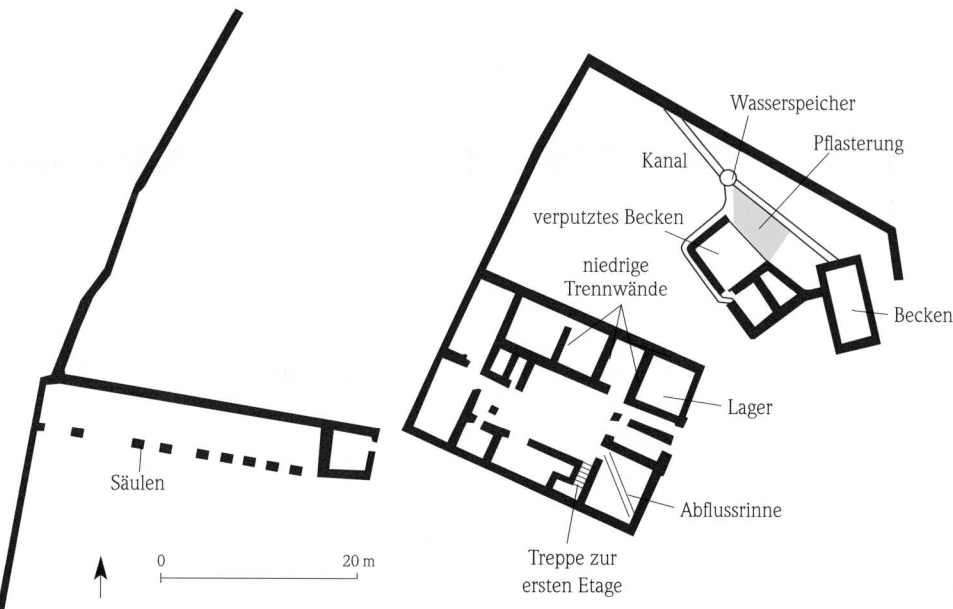

Säulen

0   20 m

Wasserspeicher

Pflasterung

Kanal

verputztes Becken

niedrige Trennwände

Becken

Lager

Abflussrinne

Treppe zur ersten Etage

Plan der Ausgrabungsstätte in En Feschcha. Man beachte die Wasserinstallation.

Grundriss der Stätte

Die Pläne der Stätte zeigen ihre Belegung in drei Phasen, wie De Vaux ihre Siedlungsgeschichte deutete. Nach der alten Belegung zur Zeit des monarchischen Juda (vielleicht im 8. Jahrhundert v. u. Z.) erlebte die Stätte eine sehr begrenzte Neubesiedlung (Periode Ia) in Gestalt einer runden Zisterne, eines Hofes, von ein paar Räumen und möglicherweise eines Turms. Bald darauf wurde sie erweitert und nahm die Form an, die sie behalten sollte (in den Perioden Ib und II), mit einem zentralen Gang, der in Nord-Süd-Richtung verlief und zwei Blocks teilte. Vom westlichen Block glaubte man, er sei gewerblicher und wirtschaftlicher Tätigkeit gewidmet gewesen, mit Werkstätten und Lagerräumen, während der östliche Block Versammlungsräume und Küchen enthielt. Ein so-

lider Turm bewachte den Eingang zu der Örtlichkeit. Im Süden lag ein großer Raum, möglicherweise für Versammlungen oder Mahlzeiten (oder beides), und weiter östlich befand sich eine Töpferwerkstatt mit einer Scheibe und Brennöfen. Eine Mauer bildete dann die östliche Grenze, hinter welcher der Friedhof lag. Ein Aquädukt führte von der Nordwestecke in den ummauerten Bereich und leitete Wasser aus dem Wadi Qumran in ein großes Becken und von da aus durch die Siedlung, wo zahlreiche Zisternen gefüllt wurden.

Nach den ersten Eindrücken begünstigte die strategische Lage des Ortes auf einer Hochebene, die das Tote Meer überblickt, mit Mauern und einem Turm eine militärische Nutzung und am Ende seiner Belegung beherbergte der Ort im Gefolge des Ersten Jüdischen Aufstands (66–73/74 u. Z.) eine römische Garnison.

(Unten und gegenüberliegende Seite) Grundrisse von Qumran in unterschiedlichen siedlungsgeschichtlichen Phasen.

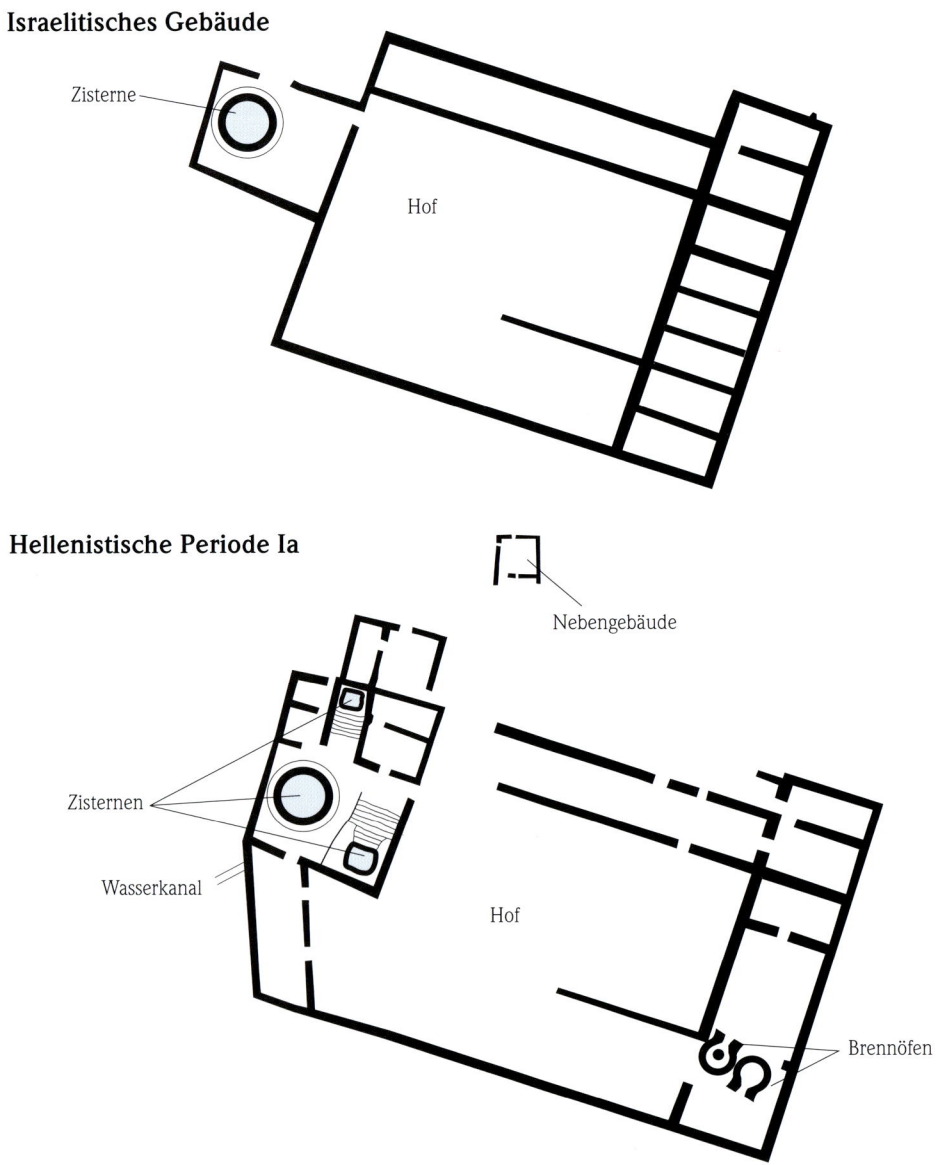

Israelitisches Gebäude

Zisterne

Hof

Hellenistische Periode Ia

Nebengebäude

Zisternen

Wasserkanal

Hof

Brennöfen

Hellenistische Periode Ib und herodianische Periode

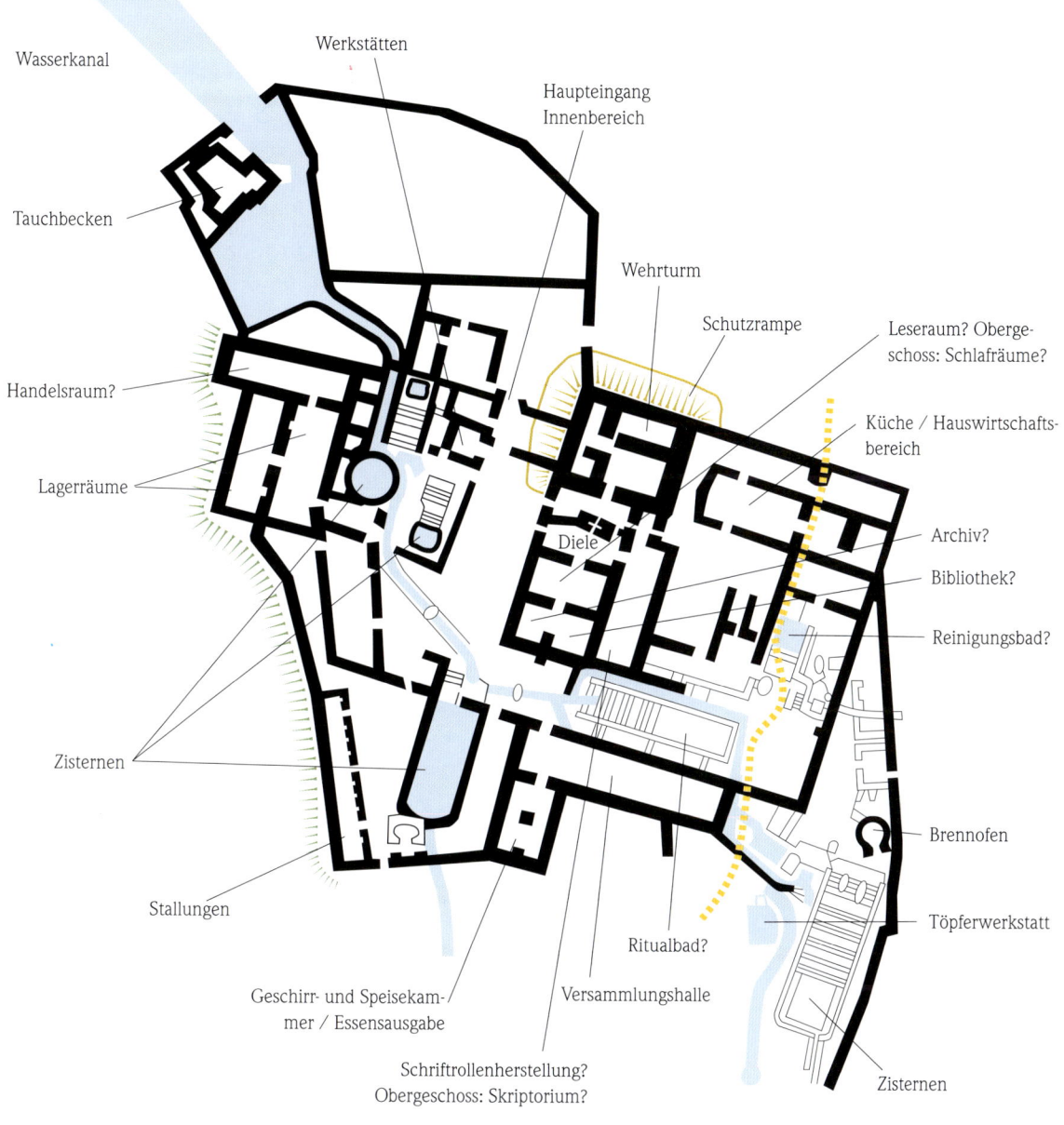

Wasserkanal

Werkstätten

Haupteingang
Innenbereich

Tauchbecken

Wehrturm

Schutzrampe

Leseraum? Oberge-
schoss: Schlafräume?

Handelsraum?

Küche / Hauswirtschafts-
bereich

Lagerräume

Archiv?

Diele

Bibliothek?

Reinigungsbad?

Zisternen

Brennofen

Stallungen

Töpferwerkstatt

Ritualbad?

Zisternen

Geschirr- und Speisekam-
mer / Essensausgabe

Versammlungshalle

Schriftrollenherstellung?
Obergeschoss: Skriptorium?

0   20 m

▬▬▬▬ Umriss der Siedlung

          Wassersystem

•••••••• Möglicherweise durch Erdbeben im Jahr 31 v. u. Z. verursachter Riss

Hauptphasen der Belegung

Von der ersten Besiedlungsphase in griechisch-römischer Zeit, die De Vaux als Periode Ia bezeichnete (und für die er keine direkten Zeugnisse besaß), vermutete man, dass sie ein paar Jahre während des letzten Drittels des 2. Jahrhunderts v. u. Z. währte. Diese Siedlung wurde auf den früheren Überresten aus der Zeit der alten judäischen Monarchie errichtet und die ursprüngliche (runde) Zisterne wurde mit einem Wasserkanal versehen, während zwei weitere, rechteckige Zisternen hinzukamen. Zusätzliche Räume und zwei Brennöfen für die Töpferei wurden ebenfalls gebaut.

Der Versuch einer Datierung ist nur für Periode Ib möglich, die so genannte definitive Phase in der Siedlungsgeschichte Khirbet Qumrans, und hierfür liefern Töpferwaren und Münzen die Belege. Nun wurde die

Wurde diese Zisterne durch ein Erdbeben oder durch eine Verwerfung im Mergelplateau beschädigt? Wurde sie für Trinkwasser oder rituelle Bäder benutzt?

Siedlung im Westen und Süden vergrößert, ihr Wassersystem außerordentlich erweitert, um einen Aquädukt aus dem Wadi und im Norden einen zweistöckigen Wehrturm aufzunehmen. Das Gelände wurde in zwei Teile aufgeteilt, mit einer zentralen Passage dazwischen; der kleinere, westliche Block bildete das Gewerbegebiet, der östliche war Koch-, Versammlungs- und (vielleicht) Schlafstätte. Außerdem wurden an den Wasserkanal mehrere weitere große Zisternen angeschlossen, die vielfach mit Stufen versehen waren.

Abgesehen von den Lagerräumen (deren Wände gekalkt waren) können nur wenige Gebäude tatsächlich hinsichtlich ihrer Verwendung bestimmt werden, obwohl man im Einklang mit dem mutmaßlichen Alltagsleben der Bewohner ein paar Vermutungen anstellte. Beispielsweise war in einem Raum am südlichen Ende in Periode Ib die Decke eingestürzt und hatte über 1000 Tongerätschaften, darunter 210 Teller und 708 Schalen unter sich begraben, alle aufgestapelt zu rechteckigen Stößen. Vor diesen Schüsseln brachte De Vaux ungefähr 75 Becher zum Vorschein. Der größte Raum in dem Komplex, der nebenan lag, wurde als Speise-/Versammlungssaal („Refektorium") gedeutet und dieser Raum mit den Töpferwaren als Geschirrlager. Da ganz in der Nähe jedoch die Töpferwerkstatt lag, könnte der Raum auch als Lager für fertige Produkte gedient haben. Und war der Raum nebenan tatsächlich ein „Refektorium"? Ein auffälligeres Beispiel der von den Schriftrollen angeregten De-Vaux'schen Interpretation war ein zweistöckiger Raum, der aufgrund einiger Gipsbrocken, die man später erstklassig als 5 m langen Schreibtisch „rekonstruierte", als Schreibsaal („Skriptorium") identifiziert wurde. Ein paar Tintenfässer fand man auch – all dies war irgendwann zu Boden gefallen. Aber wahrscheinlich ist Locus 30 kein Skriptorium: Man schrieb in dieser Epoche nicht auf Tischen.

Welches sind die Daten der Siedlungsperiode Ib? An einigen Stellen entdeckte De Vaux eine Zerstörungsschicht und darüber angesammeltes Sedimentgestein. Für ihn deutete dies auf ein Feuer und irgendeine Überflutung des Wassersystems hin. Aber die Tonscherben sowohl unterhalb als auch oberhalb dieser Schichten sind nicht ausreichend charakteristisch, um ein Datum für das Ende von Ib zu liefern. Bei den Münzen, besonders den bronzenen, die eine Lebensdauer von höchstens einigen Jahrzehnten haben, sieht die Sache anders aus. Die Münzen oben auf diesem Sedimentgestein stammten aus der Zeit von Herodes Agrippa I. (37–44 u. Z.). Zu den Münzen darunter gehörten seleukidische Silberstücke (d. h. aus dem griechisch/syrischen hellenistischen Königreich, das im frühen 2. Jahrhundert v. u. Z. Juda beherrschte). Silbermünzen haben eine längere Lebensdauer und diese datierten von 145–125 v. u. Z. Man fand aber auch seleukidische Bronzemünzen von 223–129 v. u. Z. Etwa 143 Münzen stammen aus der Zeit des Königs Alexander Jannäus (ca. 103–76 v. u. Z.) und einzelne Münzen repräsentieren die Regierungszeit seiner Witwe und Nachfolgerin Salome Alexandra (ca. 76–67 v. u. Z.) sowie ihres Sohnes Hyrkan II. (ca. 63–40 v. u. Z.). Vier gehören in die Zeit Antigonos' II. Mattathias (ca. 40–37 v. u. Z.). De Vaux entdeckte außerdem undatierte Münzen aus der Regie-

rungszeit des nächsten Herrschers, Herodes' des Großen, kam aber zu dem Schluss, dass sie während der späteren Periode II dazugekommen waren. Diese Schlüsse veranlassten ihn, für Periode Ib einen Zeitpunkt um den Beginn des 1. Jahrhunderts v. u. Z. vorzuschlagen.

Aber wann endete diese Belegungsperiode? Um einen Anhaltspunkt zu erhalten, wandte sich De Vaux einem großen Riss entlang des südlichen Endes der Siedlung zu, den er dem großen Erdbeben zuschrieb, von dem Josephus Flavius für das Jahr 31 v. u. Z. berichtet (*Krieg* 1,270–72; *Altertümer* 15,121–22). Das Erbeben, mutmaßte er, habe ein Feuer verursacht und das Feuer habe zur Aufgabe des Platzes geführt, der daraufhin verschlammt sei. Die Dicke der Schwemmsandschicht führte De Vaux zu der Vermutung, dass der Platz für lange Zeit verlassen wurde, wobei Aquädukt und Kanal mehrmals überschwemmt worden seien.

Die folgende Periode II ordnete De Vaux denselben Menschen zu, die in Periode Ib dort gelebt hatten, mit der Begründung, dass der Platz für dieselben Zwecke benutzt worden sei wie zuvor. Der Schutt wurde jedoch nicht vollständig entfernt und es gab keinen Versuch, den Platz wieder so aufzubauen, wie er gewesen war. Die längliche Zisterne im Süden des Hauptgebäudes wurde zweigeteilt und zwei Zisternen im östlichen Block blieben ungenutzt. Mehrere Räume wurden in ihrem verfallenen Zustand belassen, andere teilte man. Locus 101 im Süden der runden Zisterne wurde gepflastert und man installierte einen Ziegel-Schmelzofen und einen kleineren Ofen. Es gab auch gemeißelte Tröge und Basalt-Mahlsteine aus dieser Periode. Ob sich ermitteln lässt, dass die Stätte von derselben Gruppe erneut in Besitz genommen wurde, ist zweifelhaft.

Zur Datierung von Periode II benutzte De Vaux wiederum Münzen. Beim Ausheben eines Grabens an einem Abhang nördlich der Ruinen fand er Münzen, die aus der Zeit zwischen 6 v. u. Z. und 4 u. Z. stammten. Nach Ansicht von De Vaux enthielt der Graben Schutt, der von den in Periode II zurückkehrenden Siedlern aus den Ruinen fortgeschafft worden war, und diese Münzen gehörten ihnen: Also musste Periode II etwa um die Zeitenwende begonnen haben. Die anderswo zwischen der Zerstörungsschicht von Periode Ib und dem Ende von Periode II gefundenen Münzen stammen aus der Zeit von Herodes Archelaus (4 v. u. Z.–6 u. Z) bis zum dritten Jahr des Ersten Jüdischen Aufstands gegen die Römer (68 u. Z.). 99 Münzen stammen aus der Zeit der Prokuratoren (6–66 u. Z.), eine davon aus der Zeit Herodes' Agrippa I. (37–44 u. Z.).

(Ganz oben) Locus 30, der Raum unterhalb des so genannten „Skriptoriums". Hier fand man Tintenfässer und „Gipstische" aus dem oberen Stockwerk.

(Oben) Teil des Schatzes mit Münzen aus Tyrus, der in Qumran ausgegraben wurde; die Münzen erlauben eine recht genaue Datierung einiger Belegungsphasen.

Bei 94 Bronzemünzen handelt es sich um jüdische Münzen aus dem Ersten Aufstand, 83 stammen aus dem zweiten und nur fünf aus dem dritten Jahr. Diese Münzen umfassen somit den Umfang von Periode II.

Das Fehlen von Münzen aus dem vierten Jahr des Aufstands, 69 u. Z., war für De Vaux ein Hinweis darauf, dass die jüdische Siedlung in Qumran im Juni 68 u. Z. von römischen Truppen, die aus Jericho anrückten, zerstört wurde. In dieser Schicht fand man ein paar Pfeilspitzen, und Frank M. Cross, einer der Ausgräber, behauptete, die Fundamente der Siedlung seien außerdem von Stollen durchzogen gewesen. Die Gleichung war schlau, und die Hinterlegung der Schriftrollen in den Höhlen, hervorgerufen durch den Wunsch, sie vor den heranrückenden Römern zu schützen, konnte aufgrund dieser Zeugnisse ebenfalls um diese Zeit untergebracht werden. Somit bot die Qumran-Archäologie auch ein letztes Datum für die Abfassung der Schriftrollen.

Die Bewohner der kurzen Periode III waren, vermutete De Vaux, die siegreichen Römer, die Qumran als vorübergehenden Außenposten benutzten. Zeugnisse dafür sind mehrere Münzen, die überwiegend später datieren als das Jahr 68 u. Z., darunter Münzen von Nero und seiner Familie aus Caesarea und Antiochia, von Vespasian oder Titus noch aus dem Jahr 73 u. Z., von denen vier die Niederlage Judäas feiern, und eine von Herodes Agrippa II. (87 u. Z.). Die Römer verstärkten den Turm und die Mauern, legten einige Räume wahllos zusammen und gaben andere auf. Das Wassersystem wurde vereinfacht und nur eine große Zisterne im Südosten benutzt. Nach dem Abzug der Römer hinterließen andere Besucher oder Kurzzeitbewohner Münzen aus der Regierungszeit Vespasians (69–79 u. Z.), Trajans (98–117 u. Z.) und des Zweiten Jüdischen Aufstands (2. Jahr, 133 u. Z.).

Kritik an De Vaux' Interpretation

Im Nachhinein erscheint De Vaux' Verbindung der Ruinen mit den Höhlen ein wenig übertrieben begeistert gewesen zu sein und führte vielleicht zu einer Überinterpretation oder gar Fehldeutung der Stätte. Abgesehen von der früheren jüdischen Belegung würden die meisten Forscher zustimmen, dass der Platz um spätestens 100 v. u. Z. besiedelt wurde. Unter Rückgriff auf Anspielungen im Habakuk-Kommentar aus Höhle 1 neigte De Vaux dazu, das Datum der Inbesitznahme auf die 130er Jahre v. u. Z. zurückzuverlegen, wofür es jedoch keine archäologischen Beweise gibt. Bestritten wurde auch seine Ansicht, dass der Platz zwischen den Perioden Ib und II für etwa 30 Jahre aufgegeben worden sei. Der mutmaßliche „Erdbebenschaden" könne ebenso gut durch einen Erdrutsch verursacht worden sein (die Hochebene ist als recht instabil bekannt) und die nahe gelegene Stätte bei En Feschcha, von der De Vaux annahm, sie sei von denselben Leuten wie Qumran bewohnt gewesen, weise während dieser Periode eine kontinuierliche Belegung auf. Seine Interpretation des Münzschatzes, die komplizierte Berechnungen einschloss, wird ebenfalls angezweifelt. (Leider wurden viele von der Stätte geborgene Münzen später verlegt.)

De Vaux' Deutungen wurden in der Tat grundlegend angefochten, zuerst von E.-M. Laperrousaz, später von Philip R. Davies und in jüngerer Zeit

(Oben und rechts) Neben Töpferwaren wurden in Qumran auch Steingefäße gefunden. Nach jüdischen Reinheitsgesetzen können Tonwaren im Gegensatz zu Stein Unreinheit leiten.

noch von der Archäologin und Keramikexpertin Jodi Magness, die eine Revision vorgelegt hat, die besser mit dem Beweismaterial übereinzustimmen scheint. Ihrer Ansicht nach wurde der an Locus 120 gefundene Münzschatz wahrscheinlich während einer Krise gegen Ende von Periode II vergraben und der Besitzer kehrte nie mehr zurück, um ihn wiederzuerlangen. Da die jüngste Münze in dem Schatz von 9/8 v. u. Z. stammt, sei er nach diesem Zeitpunkt vergraben worden. Das Erdbeben des Jahres 31 v. u. Z. und die längere Aufgabe der Siedlung schieden daher als Schlüsselindikatoren für die Datierung aus. Magness glaubt, dass die Neubesiedlung wohl binnen fünf Jahren erfolgte, und aufgrund des angesammelten Sedimentgesteins schlägt sie vor, es könnte sogar nach einer einzigen, anderswo verbrachten winterlichen Unterbrechung dazu gekommen sein. Folglich datiert sie die Wiederbelebung der Stätte (Periode II) auf das Jahr 4 v. u. Z.

Außerdem glaubt Magness, dass man bei Schalen und Lampen zwischen Periode Ib und Periode II unterscheiden könne. Wenn die neuen Siedler tatsächlich frühere Bewohner waren, dann hätten sie sicherlich ihre alte Lebensweise fortführen wollen. Das archäologische Material deutet jedoch darauf hin, dass sie in der Siedlung alles andere als gründlich aufräumten. Es gab keinen Versuch, das Wassersystem, wie es in Periode Ib bestanden hatte, wieder in Betrieb zu nehmen. Es ist deshalb absolut möglich, dass in Periode II eine vollkommen andere Gruppe Qumran bewohnte.

Akzeptiert haben die meisten Wissenschaftler letztendlich De Vaux' Ansicht, die er auf das Fehlen jüdischer Münzen seit dem Jahr 69 u. Z. und die Nähe einer römischen Legion gründete, dass die Römer Khirbet Qumran im Juni 68 u. Z. zerstörten und wieder belegten. Aber man würde nicht unbedingt erwarten, dass die letzten vertretenen Münzen so rasch nach der Prägung bereits in Umlauf waren. Ebenso plausibel wäre es, die Zerstörung Qumrans auf das Jahr 74 u. Z. festzusetzen, als Masada erobert wurde, und die römische Besetzung den darauf folgenden Jahren zuzuschreiben.

Hinweise auf die Bewohner

Abgesehen von einigen schon erwähnten, wenig stichhaltigen und spekulativen Identifizierungen, veranlasst von einer früheren Gleichsetzung Qumrans mit der Heimat der Rollenschreiber, gibt es ein paar spezielle Bereiche, in denen Übereinstimmungen unterstellt wurden. Einer betrifft die Ähnlichkeit der Töpferwaren in Qumran und in den Höhlen, auf die De Vaux großes Gewicht legte. Ein anderer Bereich betrifft das Beweismaterial von Lederschlaufen in einer Höhle (Höhle 8) und Spuren, die angeblich von Qumran zu irgendwelchen Höhlen in der Nähe (aber nicht zu den Handschriftenhöhlen) führen. Abgesehen davon gibt es zwei spezifische Bereiche, in denen die Beziehung zwischen den Schriftrollen und den Ruinen erforscht wurde: den Friedhof und die rituellen Bäder. Ein Blick auf die jüngst entdeckten Ostraka wird die Diskussion gleichfalls dahingehend ausweiten.

Blick über den Friedhof in Qumran. Die Gräber wurden mit Steinhaufen bedeckt.

Der Friedhof

Nur wenige archäologische Anhaltspunkte verweisen auf die Sorte Menschen, die einst in Qumran lebten. Wir können uns hier auf zwei Bereiche konzentrieren, die gewöhnlich als hilfreich erachtet werden. Der wichtigste Indikator an einem Ort für die Identität seiner Bewohner ist häufig der Friedhof, da der Bestattungsbrauch (und oft die Art der dem Toten mitgegebenen Grabbeigaben) Rückschlüsse auf die ethnische Zugehörigkeit und religiösen Überzeugungen der Gruppe erlaubt. Es gibt einen großen Friedhof (De Vaux dachte eher an mehrere Friedhöfe) 50 m östlich der Qumran-Siedlung. Ein paar der 1100 bis 1200 Einzelgräber waren 1873 geöffnet worden und man hatte ein ungewöhnliches Bestattungsverfahren bemerkt. Die Leichname lagen in einer Nische auf dem Rücken und die Gräber waren mit kleinen Hügeln bedeckt. De Vaux ließ weitere 26 Gräber öffnen und Solomon H. Steckoll untersuchte später inoffiziell ein weiteres Dutzend. Diese bis dahin geöffneten Gräber belaufen sich auf 43, von denen 30 als Männergräber, sieben als Frauen- und vier als Kindergräber identifiziert wurden. Nach der Deutung von De Vaux umfasste die Begräbnisstätte einen „Hauptfriedhof", auf dem die Gräber ordentlich in Reihen angeordnet waren und ausschließlich männliche Skelette enthielten, und „Nebenfriedhöfe", auf denen weniger Ordnung herrschte; hier folgte man weder dem ungewöhnlichen Bestattungsbrauch noch wurden Frauen und Kinder ausgeschlossen. Die Nekropole hat in jüngster Zeit beträchtliches Interesse erregt und heute wird in Frage gestellt, ob eine solche Unter-

Plan von Qumran mit den Standorten der Friedhöfe sowie der Höhlen 4–5 und 7–10.

teilung gerechtfertigt ist. Ebenso wird bezweifelt, ob sich das Geschlecht der Skelette zuverlässig erkennen lässt.

Doch die vielleicht wichtigsten neuen Daten lieferte die Entdeckung ähnlicher Bestattungen an anderer Stelle. In den 1960er Jahren stieß P. Bar-Adon im Süden bei En el-Ghuweir (knapp 12 km südlich von Khirbet Qumran) auf ein ähnliches Gräberfeld. 20 Gräber wurden geöffnet und enthüllten die Skelette von zwölf Männern, sieben Frauen und einem Kind. Seitdem wurden weitere ähnliche Gräber freigelegt: 20 Gräber südlich von En el-Ghuweir, andere in Jericho, Jerusalem und Transjordanien. Wenn alle diese Berichte stimmen, dann ist der Qumran-Bestattungstypus, nämlich mit dem Körper auf dem Rücken und den Füßen nach Norden nicht mehr so charakteristisch. Vielleicht verweist er noch auf eine bestimmte Art „sektiererischer" jüdischer Praxis; vielleicht nicht.

Norman Golb von der Chicago University glaubt, dass zwischen der Örtlichkeit und den Schriftrollen keinerlei Beziehung besteht, und behauptet, dass Qumran ein jüdisches Fort gewesen sei und sämtliche Gräber einst nach einer Schlacht ausgehoben worden seien. Das ist jedoch unwahrscheinlich: Es handelt sich durchweg um Einzelgräber, was bei einem solchen Ereignis höchst ungewöhnlich ist, auch wenn die Sieger sich überhaupt die Mühe machten, die Toten zu begraben. Doch was auch immer uns der Friedhof in Qumran vielleicht noch verraten kann, das Verbot der Ausgrabung von Begräbnisstätten in Israel schließt weitere Forschung hier aus.

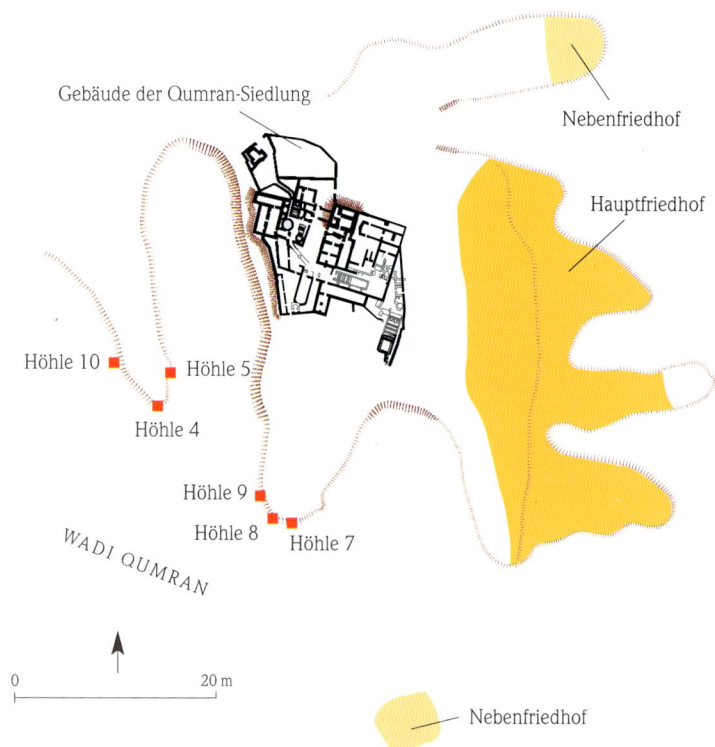

Gebäude der Qumran-Siedlung

Nebenfriedhof

Hauptfriedhof

Höhle 10

Höhle 5

Höhle 4

Höhle 9

Höhle 8

Höhle 7

WADI QUMRAN

0   20 m

Nebenfriedhof

Viele der Bestattungen in Qumran folgen dem Schema im unten stehenden Querschnitt.

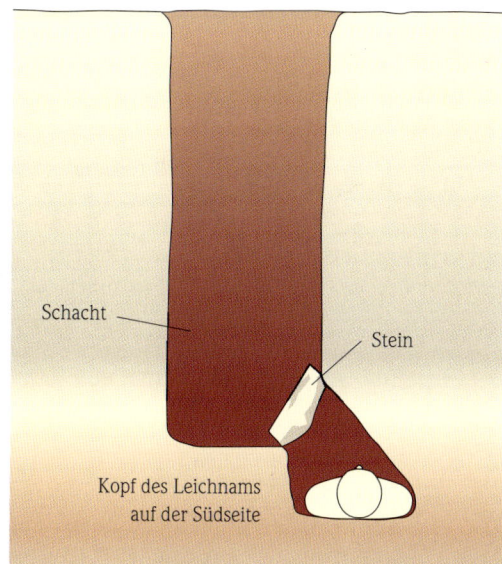

Schacht

Stein

Kopf des Leichnams auf der Südseite

Köpfe im Norden, während die Hälfte der Gräber in der Grube eine Nische für den Leichnam hatte und die Hälfte nicht); auch gab es ein paar Doppelbestattungen, während bei einer Reihe von Knochen eine „Geschlechtsumwandlung" von männlich zu weiblich vorgenommen wurde. Leider ist an diesen Knochen, deren Kollagen (das bei diesen Tests erfasst wird) durch Chemikalien im Erdreich abgebaut wurde, keine C-14-Analyse möglich.

Die übrigen bei den Ausgrabungen zusammengetragenen Knochen lagern in Paris, wo sie von Susan Sheridan von der Universität Notre Dame analysiert werden. Bis wir mehr erfahren können, wird die Nekropole Zweifel an De Vaux' Theorie einer zölibatären Gemeinschaft in Qumran aufwerfen.

Im Zuge einer noch interessanteren Entwicklung wurde behauptet, dass es sich bei den Skeletten auf dem Friedhof, die nicht dem regulären Typus der Nord-Süd-Ausrichtung entsprächen, in Wirklichkeit um die Leichname von Beduinen handele und sie folglich nichts mit der Siedlung zu tun hätten. Das Ergebnis dieser Behauptung bleibt abzuwarten.

Reinheit, Bad und Ritualbäder

Das eindrucksvollste Merkmal praktisch aller Fotografien von Khirbet Qumran ist das System von Kanälen, Zisternen und vielleicht Bädern. Qumran war kein Ort, wo es frisches Wasser gab, wie etwa im benachbarten En Feschcha. Aus praktischen Gründen, wie auch immer sie aussahen, brauchte die Siedlung gewaltige Mengen Wasser. Der Aquädukt, der Regenwasser brachte, begann an dem Hang nordwestlich der Stätte und führte in sie hinein, wobei er sie diagonal von Nordwesten nach Südosten durchquerte. Innerhalb der Siedlung gibt es sechs gewaltige Reservoire und eine rechteckige Zisterne in der Nähe des Nordwestzugangs. Nach Berechnungen von Israel Eph'al könnten die Zisternen von Qumran ein Fassungsvermögen von 1200 Kubikmeter Wasser gehabt haben, das während der acht trockenen Monate nach der Regenzeit im Frühjahr 750 Menschen mit Trinkwasser hätte versorgen können.

Im Zuge einer wichtigen neueren Entwicklung stellte sich heraus, dass eine Anzahl Knochen vom Qumran-Friedhof sich heute in Bayern befindet. Gottfried Kurth, den De Vaux eingeladen hatte, sie in Qumran zu analysieren, hatte sie Ende der 1950er Jahre nach Deutschland geschickt, wo sie, da man sie nicht bearbeiten konnte, seinem Nachfolger Olav Röhrer-Ertl übergeben wurden. Dieser untersuchte die Knochen und im Jahr 2000 wurde in Eichstätt eine Tagung und Ausstellung organisiert. Nach Röhrer-Ertls Analyse und den von Kurth hinterlassenen Notizen war der Bestattungsbrauch auf der gesamten Nekropole weit weniger regelmäßig, als De Vaux behauptete (bei einigen Nord-Süd-Bestattungen lagen die

Eine gestufte Zisterne in der Nähe des Eingangs der Siedlung; sie könnte als rituelles Tauchbecken gedient haben.

181

Wie wurden die Qumran-Höhlen genutzt?

Obwohl die Höhlen in der Nähe von Qumran zur Lagerung von Schriftrollen benutzt wurden, war dies nicht ihre einzige Funktion. Natürliche Höhlen in der judäischen Wüste wurden seit langem als Zuflucht genutzt (nach 1. Samuel 22 versteckte David sich in einer); vor allem im Sommer boten sie neben Schutz auch Kühle. Bei einer Erkundung der Wüste Juda 1952 wurden fast 300 Höhlen ausfindig gemacht, die vielfach Spuren einer (zumindest vorübergehenden) Nutzung als Unterkünfte zeigten. Ihre Bewohner waren wahrscheinlich Ziegenhirten, Schäfer, Reisende oder gar Flüchtlinge gewesen.

Allgemein einig ist man sich mit De Vaux darin, dass die Bewohner von Qumran in den Siedlungsgebäuden nicht wohnten, sondern dort nur arbeiteten. Vermutlich lebten sie in den Höhlen (und manche vielleicht in Zelten). Also müssen die Höhlen als Teil der Siedlung betrachtet werden. In der Tat wurde jüngst behauptet, dass noch immer Reste uralter Pfade von den Gebäuden zu einigen der Höhlen zu sehen seien. Aber während die Höhlen in den Felsen natürlich sind, handelt es sich bei jenen in der Hochebene (z. B. 4, 5, 7–10) um künstliche. Warum wurden sie angelegt, wenn es in der Nähe so viele natürliche Höhlen gab? Höhle 10 wurde wegen ihrer Größe als mögliche Behausung identifiziert. Höhle 4 könnte irgendwann ebenfalls ein paar einzelne Personen beherbergt haben, während die Höhlen 7, 8 und 9 als Werkstätten irgendwelcher Art gedient haben könnten. Höhle 8 zeigt Spuren, dass sie zur Herstellung der Schlaufen genutzt wurde, die man zum Zusammenbinden von Schriftrollen verwendete. Stücke von Tefillin-(Phylakterien-)Kapseln, die in den Höhlen 4, 7 und 8 gefunden wurden, deuten vielleicht auf die Nutzung als Wohn- oder Arbeitsstätte hin.

Ein kleineres Rätsel Qumrans betrifft die Lagerung der Schriftrollen. Während die Höhlen 1 und 11 mindestens 2 km von den Qumran-Gebäuden entfernt liegen, enthalten mehrere näher gelegene Höhlen keinerlei Hinweise auf eine frühere Inbesitznahme. Während einige Schriftrollen sorgfältig in speziellen Tonkrügen aufbewahrt wurden, wie in Höhle 1, machte man sich wiederum mit jenen in Höhle 4 auf der Qumran-Hochebene nicht solche Mühe. Man fand sie in Fragmenten überall auf dem Boden verstreut. Keine einzige Erklärung deckt alle diese Fakten ab und die Beziehung zwischen (verschiedenen Arten von) Höhlen, Schriftrollen und der Siedlung bleibt kompliziert.

Aber De Vaux und die meisten Interpreten nach ihm brachten das Wassersystem mit den rituellen Bädern der reinheitsliebenden Bruderschaft in Verbindung, die in einigen Qumran-Rollen beschrieben wird. Vor allem von jenen Wasserbecken, die auf ihrer ganzen Breite mit Stufen versehen sind, wird auch allgemein angenommen, dass sie rituellen Bädern dienten.

In der Tat spricht aus vielen Schriftrollen eine große Sorge um Reinheit, was auf eine strikte Beachtung der Erfordernisse des Badens hindeuten würde. Doch ungeachtet häufiger Behauptungen verweisen die Schriftrollen auf keinerlei rituelle Initiation durch Waschungen oder auf regelmäßige Riten über die Vorschriften des Gesetzes hinaus. Viele Juden der Zeit hielten die rituellen Waschungen ein und in Häusern, Palästen und an öffentlichen Orten wurden mehrere solcher Bäder gefunden. Deuten die Badevorkehrungen in Qumran auf mehr hin als darauf, dass die Bewohner Juden waren?

Die Verfügung der Rabbiner (die durchaus die frühere Praxis widerspiegeln könnte) besagt, dass eine *miqveh* (Becken für ein Ritualbad) mindestens 40 Sea Wasser enthalten müsse, was ungefähr 360 Litern entspricht, und das Wasser müsse fließend sein (was bedeutet, dass gesammeltes Regenwasser erlaubt war, da es ursprünglich „geflossen" war). War ein Zustand ritueller Unsauberkeit erreicht, war Waschen ein normales Erfordernis, man sollte dies jedoch keinesfalls mit der christlichen Taufe verwechseln, obwohl von nichtjüdischen Proselyten als Teil ihrer Bekehrung verlangt wurde, sich zu waschen (ob dies die Bedeutung der Taufe Johannes' des Täufers war, ist heftig umstritten).

Wenn die Menschen in Qumran sich die Wünsche der Jerusalemer Priesterschaft zum Vorbild nahmen, was einen Zustand permanenter Reinheit während des Priesterdienstes verlangte und worauf viele Qumran-Texte hindeuten, hätten sie der rituellen Reinigung nach nächtlichen Ergüssen, Geschlechtsverkehr und Kontakt mit einem Leichnam oder anderen rituell definierten Objekten bedurft. Ein Fragment aus Höhle 4 mit dem Titel Aramaic Levi[d] wurde unter Zuhilfenahme der griechischen Worte Levis rekonstruiert und enthält, wie das Reinigungsritual abgelaufen sein könnte (4Q213a, Frg. 1, 11,6–14). Levi sagt, dass er seine Kleider mit reinem Wasser gewaschen und sich selbst in lebendigem Wasser gebadet und dabei seine Pfade korrigiert habe. Dann hebt er seine Augen und Finger gen Himmel und betet, Gott möge ihn und seine Kinder vor dem sündigen Geist, bösen Gedanken, Unzucht und Stolz schützen und ihm einen heiligen Geist, Weisheit und Wissen schenken.

Aus der jüdischen Bibel und Schriftrollen wie der Tempelrolle bekannte rituelle Reinheitsgesetze schreiben das Waschen von Kleidungsstücken und Körper in bestimmten Zeitabständen vor, um Schichten der Verunreinigung zu entfernen und wieder einen Zustand ritueller Reinheit zu erlangen:

„Und hat e[iner] einen nächtlichen Samenerguß {...}, dann komme er nicht zum ganzen Heiligtum, bis er drei Tage [vollen]det hat. Und er wäscht seine Kleider und badet sich am ersten Tag und am dritten Tag wasche er seine Kleider, und hat er gebadet und nachdem die Sonne untergegangen, komme er zum Heiligtum ..." (Tempelrolle 45,7–10)

Die Vorbereitung rituell reiner Gefäße wie Schalen, Becher, Kelche oder gar von Tierhäuten erforderte einen ständig verfügbaren Wasservorrat:

„Keine Haut eines reinen Tieres, das sie schlachten in ihren Städten, dürfen sie in sie (die Tempelstadt) bringen, in ihren

Städten sollen sie damit durchführen ihre Arbeiten entsprechend all ihren Bedürfnissen ..." (Tempelrolle 47,7–9)

Aus diesem Grund war das für rituelle Gefäße bevorzugte Material Stein, das keine Unreinheit übertrug; in Qumran wurden mehrere steinerne Gefäße gefunden (siehe S. 178).

Bei jeder Erörterung der rituellen Bäder in Qumran spielt eine Rolle, ob wir die Bewohner mit den Essenern identifizieren oder nicht. Der antike Geschichtsschreiber Josephus Flavius schreibt, die Essener seiner Zeit hätten zur fünften Stunde (11 Uhr vormittags) gebadet, sich zum gemeinsamen Mahl im Refektorium versammelt, gebetet und gegessen (*Krieg* 2,158). Sicherlich badeten sie auch zu anderen Zeiten. Josephus verweist auch darauf, dass Mitglieder, die höhere Grade des Gehorsams erlangt hatten, an entsprechenden Reinigungsbädern teilnahmen. Essener, die heirateten, hätten zu bestimmten Zeiten der Reinigung bedurft, ebenso wie ihre Ehefrauen. Was das Tempelopfer betrifft, behauptet Josephus, dass die Essener sich nach ihren eigenen Opfer- und Reinigungsvorschriften richteten (*Altertümer* 18,18–20). Doch die Gemeinschaftsordnung stellt fest, dass reinigende Wasser nicht automatisch wirksam seien:

„Nicht wird er schuldlos durch Sühneriten, nicht gereinigt durch Reinigungswasser, nicht geheiligt durch Seen und Ströme, nicht gereinigt durch alles Wasser der Waschung: Unrein, unrein bleibt er alle Tage {...}
{...} durch die Demut seiner Seele gegenüber allen Vorschriften Gottes wird gereinigt sein Fleisch, um (es) zu besprengen mit Reinigungswasser und sich zu heiligen durch Wasser seiner Reinheit." (1QS 3,4–5 und 8–9)

So war es in der *Jahad*, obwohl sicher regelmäßige Waschungen vorgenommen wurden, der *Gehorsam gegen das Gesetz*, der jemanden rein machte. Der Gegensatz zur christlichen Taufe,

(Oben rechts) Um die vielen unbeantworteten Fragen bezüglich des Kontextes der Stätte auszuräumen, gehen die Ausgrabungen in Höhlen in der Nähe von Qumran auch heute noch weiter.

(Rechts) Stammen diese kürzlich zwischen den Ruinen und den Höhlen entdeckten Nägel aus römischer Zeit von Sandalen, die von den antiken Bewohnern Qumrans getragen wurden?

die den Menschen vom *Joch* des Gesetzes reinwusch, ist deutlich. Zielte das ausgeklügelte Wassersystem in Qumran ebenso auf Reinigung wie auf Ernährung ab? Sicher ist es nicht, aber ziemlich gut möglich.

Ausgrabungen in jüngster Zeit

Die israelischen Archäologen Magen Broshi und Hanan Eshel sowie Joseph Patrich überprüfen seit geraumer Zeit andere nahe gelegene Höhlen (nicht die Schriftrollen-Höhlen) auf Spuren antiker Nutzung. Bislang kommen sie zu diametral entgegengesetzten Schlussfolgerungen: Broshi und Eshel glauben, es gebe solche Hinweise, darunter Spuren antiker Pfade zwischen Höhlen und Siedlung. Patrich ist anderer Ansicht. Vor einigen Jahren wurde in einer Höhle in der Nähe ein Balsamkrug gefunden, der eine Verbindung mit Qumran gehabt haben könnte.

An der Stätte selber ist Yitzhak Magen auf ausgedehntere Überreste aus der eisenzeitlichen Siedlungspe-

riode gestoßen, die auf eine bedeutendere Stätte hinweisen als bisher angenommen; und unter anderem wurde der Verlauf des Aquädukts näher an der Stätte freigelegt. In dem Versuch, sich Klarheit darüber zu verschaffen, ob sie wirklich für Ritualbäder oder als Trinkwasserspeicher benutzt wurden, begann im Sommer 2001 eine erneute Untersuchung der Wasserzisternen. Eine besonders interessante Entdeckung, die man während derselben Ausgrabungssaison machte, ist ein mit Zink verkleideter Sarg (eine einzigartige Konstruktion), der innerhalb des Friedhofsareals in Qumran gefunden wurde.

Eine Anzahl Knochen, die bei den ursprünglichen Ausgrabungen vom Qumran-Friedhof mitgenommen wurden, sind inzwischen in Deutschland untersucht worden und helfen vielleicht, Fragen der Datierung und der Geschlechterverteilung auf der Nekropole zu klären. Trotz der jüngsten Kontroverse über die Interpretation der Funde des Friedhofsareals ist nach israelischem Recht keine weitere Ausgrabung menschlicher Knochen gestattet.

Jüngste Ausgrabungen in künstlichen Höhlen in der Nähe von Qumran. Manche Bewohner der Stätte könnten hier geschlafen haben.

Das Wassersystem von Qumran

Eines der auffälligsten Merkmale der Qumran-Siedlung ist das ausgedehnte Wassersystem. Es speiste sich aus dem nahe gelegenen Wadi Qumran, einem jahreszeitlichen Wasserlauf. Ein Damm oben in dem steil über die Felsen herabstürzenden Wadi zwang das Wasser in ein Becken und von dort, durch einen Tunnel in der Felswand, in einen Aquädukt hinunter zur Nordwestecke der Siedlung, über einen Kanal, der noch zu sehen ist. Nachdem das Wasser sich in einem großen Becken gesetzt hatte, floss es durch die Siedlung und füllte unterwegs zahlreiche große Zisternen, bevor es am südlichen Ende der Siedlung ankam.

Bryant G. Wood glaubt, dass jeder Bewohner Qumrans im Winter wohl etwa drei Liter Wasser pro Tag verbrauchte und in den anderen Jahreszeiten vielleicht fünf Liter *(Bulletin of the American Schools of Oriental Research)*. Die stufenlosen Zisternen seien aller Wahrscheinlichkeit nach ausschließlich für die Wasserbevorratung benutzt worden, denn Stufen würden die gesammelte Wassermenge verringern. Folglich hätten die gestuften Zisternen, wie die meisten Forscher glauben, als Ritualbäder, *miqva'ot*, gedient. Einige dieser Bäder hatten treppab sogar Wülste, vielleicht, um diejenigen, die das Bad betraten, von jenen zu trennen, die herauskamen. Nach Wood waren die kleinen Bäder besonderen Zeremonien Einzelner vorbehalten, „wie Initiationsriten oder der Reinigung eines in Ungnade gefallenen Mitglieds" (S. 58).

Der israelische Archäologe Yitzhar Hirschfeld schätzt, dass diese Zisternen und Bäder ungefähr

Überreste des Aquädukts, der Wasser aus dem Wadi Qumran zur Siedlung leitete.

1200 Kubikmeter Wasser gefasst haben dürften, und Jodi Magness meint, dass im Winter eine einzige flutartige Überschwemmung alle Becken in Qumran gefüllt hätte. Wood vermutet, dass zur Blütezeit Qumrans (Periode Ib) etwa 200 Menschen dieses Wasser benutzten.

Einer der bekanntesten Anblicke in Qumran ist die riesige geborstene Zisterne (Locus 49). Lange glaubte man, das Erdbeben des Jahres 31 v. u. Z., von dem Josephus Flavius berichtet und das für das Ende von Qumran-Periode Ib verantwortlich gemacht wird, habe diese und andere Schäden an der Siedlung verursacht. Jüngst wurde jedoch angedeutet, dass der spröde Kalkstein der Qumran-Hochebene durch das große Gewicht des Wassers in den Zisternen rissig geworden sein könnte.

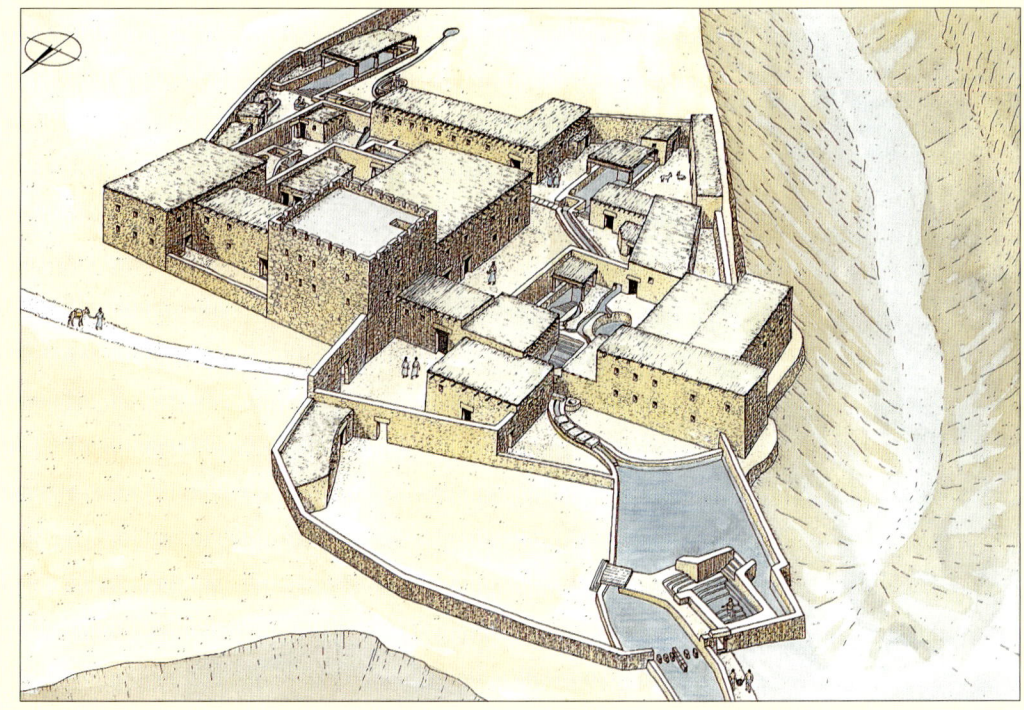

Die künstlerische Rekonstruktion des Qumran-Geländes zeigt das ausgeklügelte Wassersystem.

Kürzlich entdeckte Ostraka aus Khirbet Qumran

Dossier der Fakten

Name: Ostrakon 1, 2
Herausgeber: F. M. Cross,
E. Eshel (*DJD* 36)
Kommentar: A. Yardeni
Schrift: Spätherodianisch
bis Nachherodianisch

„Im Jahr zwei von ... in Jericho, Honi Sohn von ... gab 'Eleasar, Sohn von Nahamani ... Hisday aus Holon ... von diesem Tag bis in Ewigke[it] und die Grenzen des Hauses und ... die Feigenbäume, die Ol[ivenbäume, und] wenn er vollendet ...?"

Es dauerte mehr als 40 Jahre, bis zwischen den Ruinen von Khirbet Qumran selber ein geschriebener Text zum Vorschein kam. Im Winter 1996 leitete James Strange von der University of South Florida eine kleine Expedition, die die Kalksteinterrasse untersuchte, auf der die Siedlung von Khirbet Qumran gestanden hatte. Zwei Freiwillige, die die östliche Umfassungsmauer säuberten, stießen „am Fuß der östlichen Mauerseite" in einem nicht stratifizierten Kontext auf zwei beschriebene Scherben (Ostraka). Strange übertrug die Veröffentlichung dieser Ostraka Frank M. Cross und Esther Eshel, die glauben, sie aufgrund ihrer vermutlich spätherodianischen Schrift (50–68 u. Z.) datieren zu können. Es ist Ostrakon 1, das Aufmerksamkeit erregte. Die Herausgeber interpretieren seinen Inhalt als Beurkundung des Beitritts eines Einzelnen zur Qumran-Gemeinschaft und der Übertragung seines Vermögens auf ihre Mitglieder: Ein neues Mitglied namens Honi überträgt bei Vollendung irgendeiner initiatorischen Etappe hin zur *Jahad* (Gemeinschaft) seinen Sklaven Hisday, sein Haus, seine Feigen- und Olivenbäume auf Eleasar, den Schatzmeister der Gemeinschaft. Die Herausgeber stellen dieses Szenario als Tatsache dar, aber ihre Deutung wurde von anderen Forschern angezweifelt. Obwohl die Herausgeber die Schrift mit der Kupferrolle vergleichen, ähneln sich beide Texte nur sehr allgemein. Während die Kupferrolle, wenngleich zuweilen schwer entzifferbar, einheitlicher ausgeführt ist, ist Ostrakon 1 ungeschickt und plump geschrieben (was in einer offenkundig gebildeten Gemeinschaft wohl sonderbar erscheint). Die fähige israelische Paläographin und Epigraphin Ada Yardeni veröffentlichte nachträglich eine andere Deutung und Übersetzung, in der keine Verbindung zur *Jahad* ersichtlich ist.

In der Tat fehlen dem Text typische Elemente eines Akts der Eigentumsübertragung: Es gibt keine Übertragungserklärung in der ersten Person, keine Beschreibung des Eigentums und keinen eindeutigen Verweis auf Zeugen. Man sollte auch erwarten, dass juristische Schriftstücke in Aramäisch statt in Hebräisch abgefasst sind (wie es bei allen anderen rechtlichen Transaktionen aus dieser Zeit der Fall ist). Die zentrale Kontroverse kreist um die Interpretation von Zeile 8 durch Cross und Eshel: „wenn er [seinen Eid] auf die Gemeinschaft erfüllt". Zweifellos bezieht sich der Anfang dieser Klausel auf die Beendigung irgendeiner Tätigkeit, aber das Wort „Eid" wurde von den Herausgebern eingefügt und ist im hebräischen Original nicht vorhanden, während das entscheidende Wort *lyhd* („auf die *Jahad*") wirklich eine höchst unwahrscheinliche Rekonstruktion einiger unleserlicher Buchstaben ist. Nach Zeile 8 lässt sich praktisch kein Kontext mehr sicher rekonstruieren. Honi und Eleasar hatten in der Tat irgendwann in der Vergangenheit in Jericho mit einer Besitzübertragung zu tun, aber das ist auch schon alles, was wir wissen.

Auf Ostrakon 2, das in einer anderen Handschrift verfasst wurde, sind die Namen „[Jehose]ph Sohn von Nathan" und irgendjemandes Söhne aus „En [?]" erhalten. Die Herausgeber schlagen „Engedi" vor. Ob das nun stimmt oder nicht, entscheidend ist, dass beide Ostraka Menschen betreffen, die von woanders herstammten. Die Herausgeber stellten eifrig einen qumranischen Kontext her und dennoch weist die Schrift keine Ähnlichkeit mit den schönen und normalerweise geschickten Handschriften auf, die man von den Manuskripten aus den Höhlen kennt.

Auf das Fehlen solcher Aufzeichnungen über das Gemeinschaftsleben in Qumran ist immer wieder hingewiesen worden, aber leider ist unwahrscheinlich, dass diese anfangs viel versprechende Entdeckung uns in diese Richtung weisen wird. Einmal mehr haben optimistische Verbindungen zwischen Theorien und Daten das Beweismaterial überinterpretiert. Wir bleiben ohne eine unwiderlegbare textliche Verbindung zwischen den Ruinen und den Schriftrollen.

Ostrakon 1 von der östlichen Mauer, die von Qumran aus nach Süden führt.

Unterschiedliche Interpretationen des Ostrakon

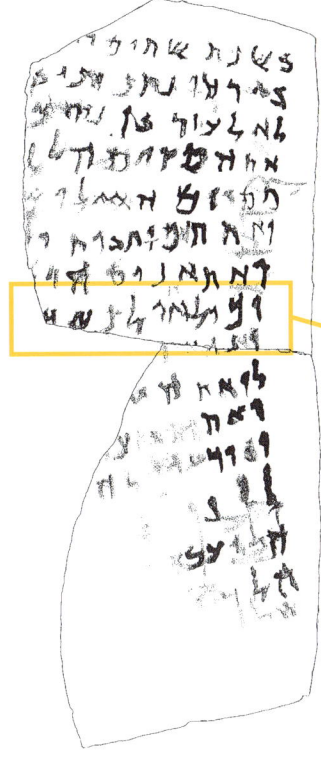

Yardenis Deutung und Rekonstruktion

	Hebräisch	Nr.	Übersetzung
	בשנת שתים לן	1	Im zweiten Jahr von [...]
	בירחו נתן חני בן	2	in Jericho, *Hny* S[ohn von ...] (?) gab
	לאלעזר בן נ....ן	3	'El'asar Sohn von *N*... [...]
	את הסקים הלוני	4	die ...[...] Säcke/Sackleinen [...]
	מ/ת/.מ/ת/.יֹם ה..לי/.ו.ן	5	... ...[...]
	ואת ח/.תמ/פותבי/ות ר/ין	6	und die Mauern (?)/Decken (?) des Hauses (?) von ...[...]
	וה/אתאנים הד/.י.ן	7	und die Feigen-(Bäum)e, die P[almen (?), ...(?)]
	וכולאילנ אחֹני	8	und jeder and[ere(?) Baum[...]
	ונג. .ן	9	... [...]
	לי/ואת ח.ן	10	mir/ihm die ...[...]
	ואת ....צֹן	11	und ...[...]
	וֹבֹיֹדעֹ. יהן	12	und in der Hand (?) von ...[...]
	ל.ן ?[נ.ן	13	... [...]
	הֹ..עבֹ..ן	14	der [...]
	הל..ן	15	der ...[...]
	לן.	16	... [...]

Cross' und Eshels Deutung und Rekonstruktion

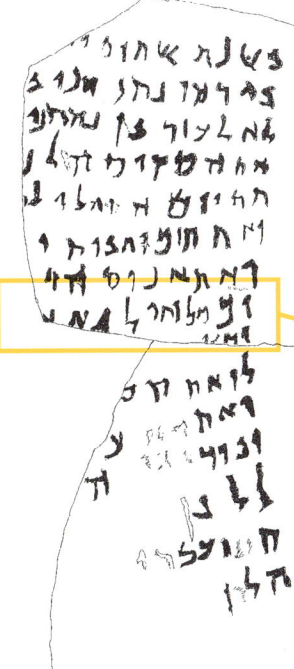

	Hebräisch	Nr.	Übersetzung	
[	בשנת שתים ל◦]	1	Im Jahr zwei der [	]
[	בירחו נתן חני בֹן	2	in Jericho, Honi Sohn von [] gab	]
[	לאלעזר בן נחֹמֹני]	3	'El'asar Sohn von Nahamani [	]
[	את חסדי מחולן]	4	Hisday aus Holo[n	]
[	מהיום הֹזֹה ל<ע>ולֹם	5	von diesem Tag bis in Ewigke[it	]
[	וא<ת> תחומֹי הבית הֹ	6	die Grenzen des Hauses und [	]
[	והאנים הזֹ[תֹים	7	und die Feigen, die Ol[iven (?), und	]
[	וכֹמֹלותו ליֹחֹד]	8	wenn er [seinen Eid] auf die Gemeinschaft]	
[	וחֹנֹי]	9	und Honi (?) [	]
[	לו את חֹםֹדֹי	10	ihm His[day (?)	]
[	ואת]ooo	11	und die [	]
[	וביד]ooooה	12	Und in die Hand von [	]
[	לֹֹ◦נֹין]	13	zu hüten (?) [	]
מן[	חסדי עבד חֹני	14	Hisday Diener von H[oni (?)	aus]
[	חלון]	15	Holon	

Schriftrollen, Höhlen und Ruinen: Hängen sie zusammen?

Jetzt, wo die Ruinen von Qumran und einige der Probleme, die sie aufwerfen, vorgestellt worden sind, können wir das Bild erweitern und uns der umfassenderen Frage zuwenden: Werfen die Ruinen ein Licht auf die Schriftrollen und umgekehrt? Am besten nähern wir uns dieser Frage, indem wir zeigen, wie die Qumran-Forschung im Allgemeinen im Laufe der Zeit ihre Antworten entwickelte, beginnend mit einer recht weit verbreiteten Bestätigung und endend, wie die Dinge heute stehen, bei einer großen Auswahl an Antworten und sehr viel weniger absoluter Gewissheit.

Rechts) Im Inneren von Höhle 1. Der Eingang wurde nach der ersten Entdeckung der Höhle außerordentlich vergrößert.

(Gegenüberliegende Seite) Zeitleiste zum Vergleich der Vorschläge von De Vaux und Magness für die wahrscheinlichen Belegungsperioden in Qumran.

Die traditionelle Erklärung

Die Auffassung, die von der Zeit der Qumran-Ausgrabungen bis Mitte der 1980er Jahre vorherrschte, wird in De Vaux' Ausgrabungsberichten unterbreitet und sowohl von den einstigen Standardlehrbüchern Miliks und Cross' (beide Teilnehmer an den Grabungen und Mitglieder des Herausgeberteams für Höhle 4) als auch von den meisten Wissenschaftlern wiederholt. Sie besagt, dass die Schriftrollen entweder von den Bewohnern Qumrans geschrieben wurden oder ihnen gehörten und dass sie, wahrscheinlich angesichts der Gefahr eines drohenden römischen Angriffs, in den Höhlen gelagert wurden. Die Höhlen seien jedoch nicht nur zur Lagerung der Schriftrollen genutzt worden, sondern auch als Wohnstätten für die Mitglieder der Qumran-Gemeinschaft.

Grundlegend für diese Hypothese sind die in Höhle 1 gefundenen Texte. Noch bevor die Stätte von Qumran ausgegraben wurde, verstand man die Gemeinschaftsordnung (1QS), die Kriegsrolle (1QM) und die Loblieder (1QH) zusammen mit der bereits bekannten Damaskusschrift als Beschreibung der Struktur und der Überzeugungen einer religiösen Gemeinschaft, die mit den Essenern identifiziert wurde. Die Erwähnung von Essenern in dieser Umgebung durch Plinius (siehe S. 169) und durch Josephus Flavius' Bericht über ihre Praktiken, die jenen in der Gemeinschaftsordnung stark ähneln, boten dieser Identifizierung eine solide Grundlage.

Angesichts der scheinbar gesicherten Verbindung zwischen Schriftrollen und Ruinen wurde die Geschichte der Stätte deshalb zurechtgerückt, damit sie die Anspielungen im Habakuk-Kommentar widerspiegelte (der, so wurde behauptet, die Ursprünge der „Qumran-Sekte" enthülle). Der „Frevelpriester" aus dieser Schriftrolle wurde als der hasmonäische Herrscher Jonatan (oder, von Cross, als dessen Bruder Simon) identifiziert, vor dem der Lehrer geflohen sei. Es liege somit auf der Hand, ungeachtet des Fehlens archäologischer Zeugnisse, dass die Siedlung während der 130er Jahre v. u. Z. bewohnt gewesen sein muss. Viele frühe Kommentatoren glaubten zudem, die Bewohner stammten von einer Gruppe namens *Hasidim* („die Frommen") ab, die an der Seite der Makkabäer gegen die Truppen des gottlosen Seleukidenkönigs Antiochos IV. kämpften, der versuchte, das Judentum auszulöschen, und der den Tempel entweiht hatte. Diese Hasidim hätten sich dann in zwei Fraktionen aufgespalten: Pharisäer und Essener. Man hielt deshalb

Verfolgung für den Grund der Ansiedlung, zusammen mit einer tiefer sitzenden Abneigung gegen hellenistische Einflüsse auf das Judentum (die einige, aber nicht viele Spuren in den sektiererischen Schriften hinterlassen haben). Die verschiedenen Belegungsphasen wurden mit anderen bekannten historischen Ereignissen verknüpft, beispielsweise mit der Verfolgung der Pharisäer durch Alexander Jannäus, die zu einem plötzlichen Bevölkerungsanstieg in Qumran geführt habe (Periode Ib). Stärker auf Vermutung beruht, dass eine vorübergehende Aufgabe der Stätte mit der Regierung Herodes' des Großen zusammenfiel, entweder weil er sie mochte (wie Josephus berichtet) oder *nicht* mochte oder wegen zunehmender Überfälle der Parther in dieser Zeit, deren Reich sich bis zum Ostufer des Jordan erstreckte.

Eine Belegung durch Essener wurde auch deshalb bemüht, um das ausgeklügelte Wasserleitungssystem, den gemeinschaftlichen Speiseraum und das Fehlen von Frauen zu erklären, da die zölibatären Essener, wie von Josephus beschrieben, dessen Darstellung von dem jüdischen Philosophen Philon von Alexandria (1. Jahrhundert u. Z.) ergänzt wurde, gemeinsam aßen, studierten, ihre Andacht verrichteten und arbeiteten, alle Dinge gemeinschaftlich besaßen, sich häufig wuschen und neue Mitglieder nur unter sehr strengen Bedingungen akzeptierten. Im Gefolge von De Vaux und seinen Kollegen ergänzten Qumran-Forscher dies um neue Daten: Sie hätten außerdem in ihrem Skriptorium Schriftrollen geschrieben und kopiert, überwiegend in den Höhlen gewohnt, in die sie gelegentlich zum privaten Studium Schriftrollen mitnahmen. Als im Sommer 68 u. Z. die Römer erschienen, hätten diese die Gebäude der Qumran-Gemeinschaft verwüstet. Doch zu diesem Zeitpunkt seien die Schriftrollen bereits in den nahe gelegenen Höhlen in Sicherheit gebracht worden. Die Bewohner seien entweder geflohen oder bei den Kämpfen getötet worden und die Essener seien aus der Geschichte verschwunden.

Alternative Theorien

Die gängige „Essener-Hypothese" ist alles andere als überholt und sie wird künftige Deutungen von Khirbet Qumran weiter beeinflussen, teils, weil ein Großteil der archäologischen Daten gegenwärtig nicht überprüft werden kann, teils wegen der Einfachheit der Erklärung und größtenteils, weil De Vaux die Geschichte bereitwillig mit vielen Einzelheiten erzählte und sofort von seinen Kollegen und vielen aus der wissenschaftlichen Gemeinschaft unterstützt wurde. Außerdem ist sie bis zu einem gewissen Punkt sehr plausibel. Es wurden jedoch immer schon alternative Standpunkte geäußert. G. R. Driver von der Oxford University plädierte für eine Verknüpfung der „Bündler" mit der Bewegung der Zeloten, die religiösen Konservatismus mit politischer Aktion kombinierten. Diese Identifizierung würde kaum das Alltagsleben der Bewohner erklären (von einer an der Küste des Toten Meeres beheimateten Gemeinde aus ist aktiver Widerstand gegen die herrschende Schicht nicht leicht), aber sie könnte der Grund sein, warum die Römer beschlossen, die Stätte zu zerstören. Sowohl Driver als auch ein anderer

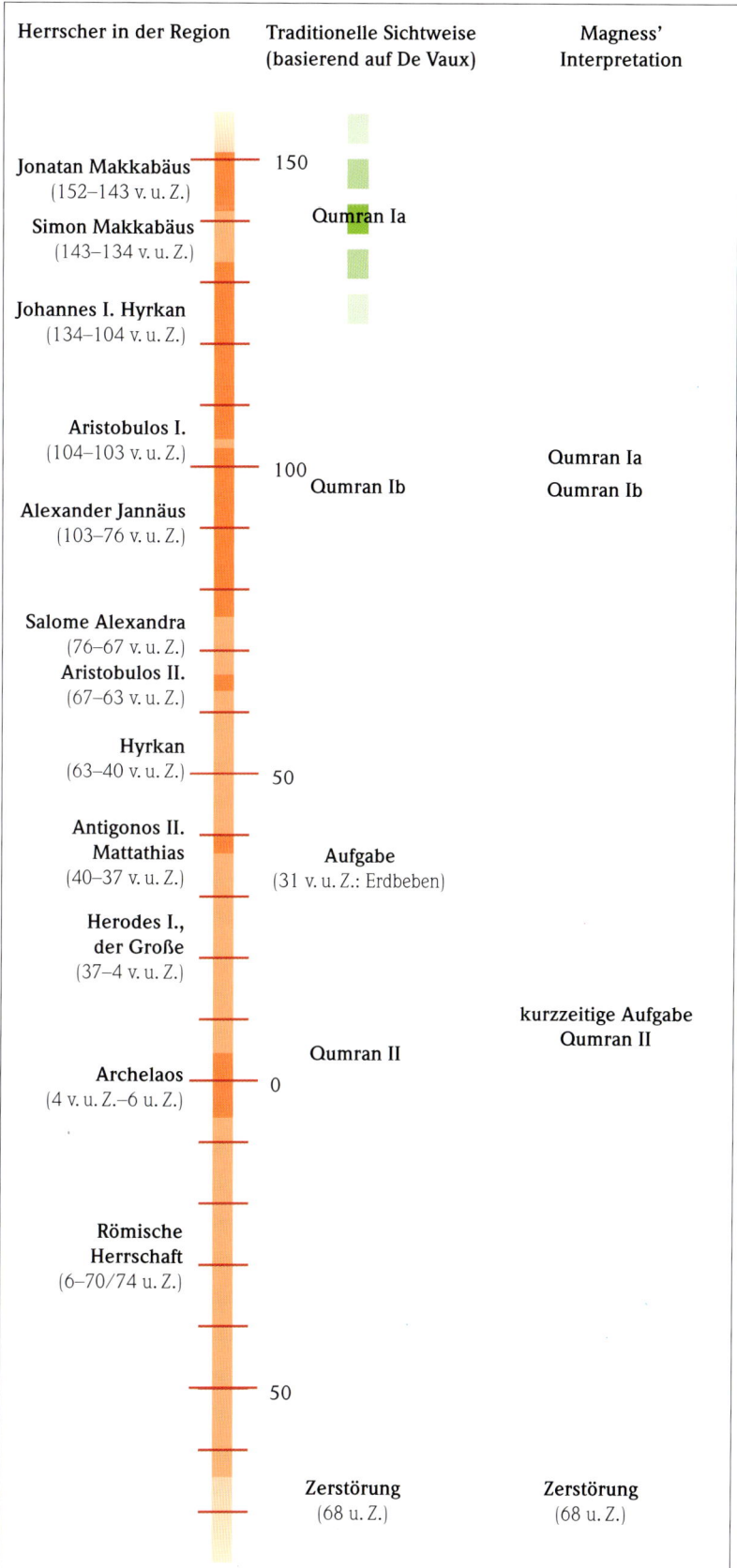

englischer Forscher mit ähnlichen Ansichten, Cecil Roth, stützten sich zur literarischen Untermauerung ihres Standpunkts auf die Kriegsrolle aus Höhle 1. Ein weiteres Indizienbeweisstück für eine in Qumran gelegene revolutionäre Enklave liefert die in Masada, der letzten Stellung der Zeloten, und in den Höhlen 4 und 11 entdeckte fragmentarische Handschrift der Sabbatopfer-Gesänge.

In jüngerer Zeit sind mehrere neue Hypothesen aufgetaucht. Jean-Baptiste Humbert von der École Biblique verbindet die Schriftrollen ebenfalls mit Qumran und den Essenern, glaubt aber, dass die Stätte ursprünglich von den Hasmonäern als eine Art patrizisches Gut gegründet wurde – wovon einige der feineren Materialen zeugten, denen De Vaux in seiner Darlegung keine Beachtung schenkte. Humbert meint, dass die Essener erst zur Zeit Herodes' des Großen, der sie angeblich begünstigte, nach Khirbet Qumran gezogen seien. Einmal dort ansässig, hätten sie ihren eigenen Opferkult praktiziert und damit das Jerusalemer Monopol gebrochen. Nach mehreren Jahrzehnten hätten die Überzeugungen der Essener eine spirituellere

Enthielt Höhle 7 Fragmente des Neuen Testaments?

Die einzigen Texte, die aus Höhle 7 kamen, waren knapp zwei Dutzend winzige Fragmente mit griechischer Schrift. Ein Forscher behauptete in reißerischem Stil, sie gehörten zu Büchern des Neuen Testaments, hauptsächlich dem Markus-Evangelium. Aus den winzigen Schnipseln, die jeweils nur ein paar Buchstaben aufweisen, kann man jedoch unmöglich eine solche Identifizierung ableiten. Beispielsweise sind auf 7Q3 nur 26 griechische Schriftzeichen erhalten, während 7Q10 nur zwei hat. Insgesamt enthalten 7Q3–19 etwa 130 Buchstaben. Von allen Fragmenten sind lediglich auf 7Q19 sogar zwei aufeinander folgende Zeilen mit etwas Zusammenhang erhalten: „d]er Schöpfun[g –] [—] in den Schrifte[n –]".

Nach anderen, in sich stimmigeren Vermutungen stammt 7Q1 aus einer griechischen Übersetzung von Exodus 28,4–6,7; 7Q2 ist der Brief des Jeremia 43–44; 7Q4 Numeri 14,23–24, Ijob (Hiob) 34,12–15, Henoch 103,3–4; 7Q5 (identifiziert mit Markus 6,52–53) ist vielleicht 2. Samuel 4,12–5,1, 5,13–14, Sacharja 7,3–5 oder Henoch 15,9–10; 7Q6 Frg. 1 könnte Psalm 9,32, 34; 28; 50 oder 17–18 oder Sprüche Salomos 7,12–13 sein; 7Q6 Frg. 2 Jesaja 18,2; 7Q8 Sacharja 8,8–9 oder Henoch 103,7–8, Numeri 1,3–4, 22,38, 2. Könige 7,28, Psalm 18,14–15, Daniel 2,43 oder Prediger Salomo 6,3 sein. Aber alle derartigen Identifizierungen bleiben Annahmen.

Eine sehr viel ergiebigere Frage lautet: Warum gibt es hier überhaupt irgendwelche Texte in Griechisch? Und warum griechische nur in dieser Höhle? Müssen wir annehmen, dass es unter den Besitzern der Schriftrollen überhaupt irgendjemanden gab, der kein Hebräisch oder Aramäisch lesen konnte? Das *wäre* seltsam. Hier liegt ein kleineres, aber interessantes Qumran-Rätsel.

Ebene erreicht und sie hätten keine Tiere mehr geopfert. Stattdessen hätten sie gemeinsam gebetet, gemeinsam die heiligen Schriften studiert und rituelle Mahlzeiten eingenommen, zu denen Getreide, Wein und Früchte gehörten. Eine eigenartige Besonderheit der Stätte, die auch De Vaux bemerkte, betont Humbert, jedoch mit einer gewissen Verblüffung: Unter dem Fußboden waren mit Tierknochen gefüllte Tonkrüge vergraben. Humbert beteuert, sie gehörten nur zur frühen Periode essenischer Belegung.

Auch der israelische Archäologe Yitzhak Magen bringt die Hasmonäer ins Spiel, aber im Gegensatz zu Humbert lässt er die Schriftrollen außen vor. Er meint, dass Qumran im Stil einer typischen Festung oder befestigten Villa der Zeit gebaut wurde und Anhänger der Dynastie beherbergt habe, seien es nun ehemalige Soldaten gewesen oder andere. Ähnliche Festungen habe es im Norden, Süden, Osten und Westen gegeben. Magen ist weiterhin dabei, all diese Siedlungen auszugraben, wobei es ihm in erster Linie darum geht, mehr über Qumran in der Eisenzeit (1200–ca. 600 v. u. Z.), nicht in griechisch-römischer Zeit, zu erfahren. Ein anderer israelischer Archäologe, Yitzhar Hirschfeld, hat kürzlich ebenfalls die Ansicht vertreten, Qumran sei ein befestigtes Gut gewesen, von der Anlage her einem Gut in Khirbet el-Musqah ähnlich.

Die Ansichten von Magen und Hirschfeld untermauern in gewissem Umfang die These von Norman Golb, der ebenfalls die Schriftrollen und die Höhlen auf der einen von der Siedlung auf der anderen Seite trennt. Golb zufolge stammen die Schriftrollen der Höhlen aus Bibliotheken in Jerusalem und ihre Besitzer brachten sie ins Gebiet von Qumran, um sie dort zu verstecken. Qumran sei eine jüdische Festung und vielleicht nicht einmal bewohnt gewesen, als die Schriftrollen dort deponiert wurden.

Gegenwärtig kursieren viele weitere Ansichten über den Zweck der Qumran-Gebäude. Pauline Donceel-Voûte meint, die Stätte sei eine recht komfortabel ausgestattete Villa gewesen; Alan Crown und Lena Cansdale aus Australien haben die strategische Lage der Stätte betont und schlagen vor, es könne ein Handelsposten gewesen sein, mit Quartieren für Reisende, vor allem solche, die das Tote Meer überquerten. Sie behaupten, in den flachen Becken seien Kräuter und aromatische Pflanzen eingeweicht worden. Wie Hirschfeld verlegen auch Crown und Cansdale die Essener-Kolonie näher nach Engedi. Sogar als eine Art Hospiz für Aussätzige wurde Qumran betrachtet. Personen mit chronischen Hautkrankheiten könnten dort bis zu ihrem Tod weitergelebt und gearbeitet haben. Die Gesetze über Hautkrankheiten und Reinheit im Halachischen Brief, in der Tempelrolle und in der Damaskusschrift ließen eine solche Sichtweise angeblich als glaubwürdig erscheinen.

Es gibt also viele Auffassungen zu Qumran, die den Ort getrennt von den Schriftrollen zu verstehen suchen. Doch die Mehrheit, wie Lawrence Schiffman, gründet ihre Interpretation der Ruinen weiterhin auf die Schriftrollen. Schiffman sieht in Rechtstexten wie dem Halachischen Brief, der Tempelrolle und der Damaskusschrift Hinweise auf einen sadduzäischen Reinheitskult, den die ersten Mitglieder der Qumran-Gemeinschaft einrichteten. Weil die Praxis sadduzäischer Reinheitsgesetze

Worum handelt es sich bei den verputzten Objekten im „Skriptorium"?

Der heutige Besucher Qumrans wird zwischen den Ruinen einen als „Skriptorium" bezeichneten Raum erblicken. Worüber die meisten Besucher sich nicht klar sind, ist, dass das Schild auf den ursprünglichen Raum in der ersten Etage verweisen müsste und nicht auf das Erdgeschoss, in das die Überreste des so genannten „Skriptoriums" gefallen waren (Locus 30).

Das Hauptausstellungsstück aus diesem Raum war ein im Rockefeller Museum (ursprünglich Archäologisches Museum Palästinas) in Jerusalem aus den Stücken Verputz, die man unten auf dem Boden gefunden hatte, rekonstruierter Tisch. Er maß 5 m x 40 cm und war bloß 50 cm hoch. Und obwohl es De Vaux selbst bekannt war, dass Schreiber in jener Zeit nicht an Tischen gesessen hatten, um Handschriften zu kopieren, blieben das „Skriptorium" und der „Tisch" weitgehend unwidersprochen. Auch zwei Tintenfässer, von denen eines noch Tinte enthielt, wurden unter dem Schutt gefunden.

Doch wurden die Schriftrollen auch in Qumran geschrieben? Begingen De Vaux und sein Team den Fehler, genau das zu finden, was sie finden wollten, um die Schriftrollen mit der Qumran-Siedlung zu verknüpfen? De Vaux' Deutung der gesamten Stätte als „Kloster" ist in den letzten Jahren verstärkt angegriffen worden und seine Rekonstruktion der vergipsten Tische von Locus 30 wurde von der belgischen Wissenschaftlerin Pauline Donceel-Voûte angezweifelt. Ihrer Ansicht nach bestand das verputzte Mobiliar aus in Reihen entlang der Wände angeordneten Liegen mit Podesten, wie man sie in Speiseräumen des östlichen Mittelmeerraums gefunden hat.

Interessanterweise stellt De Vaux' Bericht fest: „Dies [der Tisch] könnte auf das Mobiliar eines Spei-

seraums hindeuten, abgesehen von der Tatsache, dass wir diesen bereits in einem anderen Teil des Gebäudes identifiziert hatten, der keinen Tisch enthielt. In jedem Fall wäre es höchst überraschend gewesen, wenn das Refektorium in einem oberen Stockwerk gelegen hätte." (*Archaeology and the Dead Sea Scrolls*, S. 29). Die Interpretation von Donceel-Voûte hat wenig Anhänger gefunden, denn die Gipsstücke sind sehr schmal und instabil und hätten das Gewicht liegender oder sitzender Erwachsener kaum ausgehalten. Wissenschaftler haben heute keine vollkommen befriedigende Erklärung für die Funktion dieses „oberen Raumes" und den Zweck der Gipsstücke. Zweifellos wird das Schild „Skriptorium" vorläufig in Qumran bleiben.

Rekonstruierte Tische und ein verputztes Becken oder Podium aus dem „oberen Raum".

besonders im Blickpunkt gestanden habe, sei in Qumran der Bau so vieler Zisternen und Bäder erforderlich gewesen. Am Ende hätten diese Sadduzäer sich von anderen Sadduzäern unterschieden, die in Kontakt mit Jerusalem und dem Tempel blieben und dort zu Macht gelangten; diese sezessionistischen Sadduzäer hätten sich vielleicht den Namen „Essener" zugelegt. Eine eigene Auffassung zu Qumran, die bei den Schriftrollen ansetzt, vertritt Hartmut Stegemann, für den die Essener eine jüdische Bewegung der Mitte waren, die Qumran als Zentrum der Schriftrollenherstellung errichtete und als Ort, an den Essener zwecks spiritueller Stärkung zu reisen pflegten.

Wir könnten hier noch weitere Ansichten anführen, doch dürfte bereits klar sein, dass gegenwärtig kein Konsens über die Beziehung zwischen den Schriftrollen und

den Ruinen existiert. Trotzdem kann man durchaus unterstellen, dass die Schriftrollen, die Höhlen und die Stätte von Qumran miteinander verbunden sind, auch wenn das Beweismaterial nicht eindeutig ist. Aber spielt das eine Rolle? Qumran verrät uns nichts über die Schriftrollen, was wir nicht in ihnen lesen können; ebenso wenig verraten die Schriftrollen uns irgendetwas über Qumran. Am Ende könnte die Verbindung nicht unbedingt sehr viel besagen, denn die Bedeutung der Schriftrollen, so kann man anführen, geht weit über irgendeine einzelne Gruppe oder Gemeinschaft von Juden hinaus und vermittelt uns wirklich ein Bild aus erster Hand von einer jüdischen Glaubenskultur, die reichhaltiger und vielleicht breiter fundiert ist, als wir es uns je vorgestellt hatten.

Auch wenn der Platz der Schriftrollen in der Geschichte der Qumran-Siedlung und im Leben des antiken Judentums manchmal unklar und oft umstritten ist, so können wir doch etwas über ihre Bedeutung für unser Verständnis des antiken Juden- wie Christentums sagen. Kurz nach ihrer Entdeckung (siehe S. 6) wurde der Inhalt von Höhle 1 bereits zwischen jüdischen und christlichen Besitzern aufgeteilt und den Launen der Geschichte ist es zuzuschreiben, dass der Inhalt der anderen Höhlen den Augen jüdischer Wissenschaftler lange Zeit verborgen blieb. Seit 1967 wurden die Schriftrollen unter israelischer Zuständigkeit wieder zusammengeführt und die israelische wie die jüdische Forschung haben ihr eigenes Interesse an den Handschriften nachdrücklich geltend gemacht.

Doch darüber zu streiten, ob die Schriftrollen für das Judentum oder für das Christentum wichtiger sind, hieße nicht nur die Tatsache zu verkennen, dass sie für beide wichtig sind, sondern auch zu vergessen, dass sie älter als beide sind, wenn wir mit „Judentum" die Religion der letzten 2000 Jahre, das Judentum der Rabbiner, der Synagoge, der Thora und der Familie meinen. Der ungeheuer große religiöse Fundus, den die Schriftrollen enthüllen, ermöglicht uns, das Entstehen beider Religionen aus den Trümmern der Welt, aus welchen diese Schriftrollen auftauchten, besser zu verstehen.

Auf den folgenden Seiten können wir nun die wichtigste Frage von allen stellen: Inwieweit hat die Entdeckung der Schriftrollen unser Verständnis der Vergangenheit, unserer eigenen Kulturen oder sogar unseres individuellen, modernen Lebens verändert?

V. DIE BEDEUTUNG DER SCHRIFTROLLEN

Die Schriftrollen vom Toten Meer und das Judentum

Die Konturen des Judentums und sogar des Christentums wurden stets entlang ihrer großartigen literarischen Denkmäler gezogen. Den wesentlichen Kern des schriftlichen Materials für das Verständnis des Judentums und seiner Vorläufer bildet natürlich die Bibel. Aber im Falle des Judentums, wenn nicht auch des Christentums, prägten die heiligen Schriften das Judentum ebenso wie umgekehrt. Die Bücher Esra, Nehemia, Makkabäer und Jesus Sirach belegen, dass Gruppen und Individuen wiederholt versuchten, ein jüdisches Leben entsprechend den inspirierten Schriften der Vergangenheit zu schaffen. Doch man berief sich nicht nur auf eine neue Interpretation dieser Schriften, sondern auch auf eine fortgesetzte göttliche Offenbarung. Dass die heiligen Schriften weiterlebten, wird überall in den Schriftrollen bestätigt. Neue Perspektiven spiegeln sich in Originalwerken in biblischer Tradition wider, wie den Weisheitssprüchen und Psalmen. Die Inhalte der Bücher Mose werden manchmal, wie in der Tempelrolle, umgestellt, um sie besser aufeinander abzustimmen und logischer zu machen. Oder die Worte der Propheten werden als verschlüsselte Voraussagen der eigenen Gegenwart des Interpreten gedeutet, wie in den *pescharim* (Kommentaren). Oder es werden gar Passagen aus mehreren verschiedenen biblischen Büchern zusammengezogen, um eine neue Handlung zu gestalten, wie im Melchisedek-Midrasch oder im Florilegium. Hinter all diesen Techniken steht die Überzeugung, dass die Schrift bestimmte Praktiken verurteile, die von den Verfassern der Schriftrollen abgelehnt wurden, dass sie die unmittelbare Vernichtung der Gottlosen voraussage und den wenigen Rechtschaffenen den Willen Gottes und die Geheimnisse der Erlösung offenbare. Kurz, die heiligen Schriften werden zu einem Weltbild gegossen, das von den Überzeugungen und Praktiken einer besonderen Form – oder besonderer Formen – des Judentums konstituiert wird.

Eine Thora-Rolle, die Rolle des Gesetzes.

Gab es ein „normatives" Judentum?

Vor der Entdeckung der Schriftrollen vom Toten Meer speiste sich ein Großteil unserer Vorstellungen über das

*Ein jüdischer Schreiber über-
prüft eine biblische Schriftrolle.*

frühe Judentum (die letzten paar Jahrhunderte v. u. Z.)
aus den Erzählungen in den Büchern der Makkabäer, den
Schriften des Josephus Flavius, ein paar apokryphen Büchern, die in einigen christlichen Kanons erhalten blieben, und einigen pseudoepigraphischen jüdischen Schriften. Das Bild, das von diesem „frühen Judentum" entstand, war größtenteils das einer monolithischen, normativen Religion, die in vier Gruppen zerfiel – Pharisäer,
Sadduzäer, Essener und Zeloten –, wobei Pharisäer und
Sadduzäer von größerem Interesse waren, weil wir keine antiken Schriften besaßen, die eindeutig den beiden
anderen Gruppen zuzuordnen waren. Überdies nahm
man an, dass alle Juden sich, sowohl was den Umfang der
heiligen Schriften als auch die jüdische Lebensweise an-
ging, weitgehend einig waren, und trotz des Verlusts des
Tempels im Jahr 70 u. Z. setzte man ein hohes Maß an
Kontinuität im Judentum von der Zeit Esras bis zur rabbinischen Zeit voraus.

Die Schriftrollen vom Toten Meer haben unsere Wahr-
nehmung des frühen Judentums radikal verändert. Im
Gegensatz zu den meisten unserer anderen Quellen sind
sie (größtenteils) in Hebräisch, beteiligen sich an offenen
Kontroversen, stehen in Wechselwirkung mit der Schrift
und bieten Belege aus erster Hand für einige ziemlich ungewöhnliche Lehren. Sie enthüllen einen erbitterten Streit
über das Gesetz und den Tempel sowie über die Bedeutung der heiligen Schriften; und sie sind durchdrungen
vom Glauben an ein unmittelbares Ende der Weltordnung. Sie bestätigen die andauernde Produktion religiöser
Literatur zu einer Zeit, als die meisten Forscher behaupteten, die Prophetie sei beendet gewesen, eine Kanoni-
sierung habe stattgefunden und ein offizielles Judentum
habe sich etabliert.

Bis vor kurzem waren sich die meisten Wissenschaftler darin einig, dass es sich bei den Schriftrollen um die
Bibliothek einer in Khirbet Qumran lebenden Gruppe von
Essenern handele, einer organisierten, aber sektiererischen Gemeinschaft, die scharf vom „offiziellen" Judentum zu unterscheiden sei, gegen das sie sich stellten. Andere Forscher stimmten zu, dass einige der Schriftrollen
von einer einzigen sektiererischen Gemeinschaft stammten, erkannten jedoch, dass andere Texte von angeglie-
derten Gruppen herrühren mussten, die überall im Lande
ansässig waren und dem Namen nach vielleicht ebenfalls
essenisch waren. In jüngster Zeit wurden Äußerungen
laut, dass die Schriftrollen von keiner einzelnen Gruppe
und tatsächlich überhaupt nicht von Sektierern stammten, sondern aus Bibliotheken in Jerusalem, die Schriften
enthielten, die eine Vielzahl jüdischer Überzeugungen
und Praktiken widerspiegelten. Wissenschaftler beginnen
nun vermehrt, die Schriftrollen als die religiösen Ergüsse
eines breiteren Spektrums unterschiedlicher, aber zusammenhängender Judaismen in späthellenistischer und
römischer Zeit zu lesen, wodurch sie ein sehr viel man-
nigfaltigeres und dynamischeres Muster religiöser Überzeugungen und Praktiken enthüllen. Wenn diese Ein-
schätzung stimmt, dann verändern die Schriftrollen unser
Verständnis des Judentums noch radikaler.

Einer der Bereiche beispielsweise, in denen man sich
das Judentum als ebenso geeint wie mannigfaltig vorstellen kann, ist die Haltung gegenüber der Thora. Die
Schriftrollen beschreiben ein Judentum, das stark damit
beschäftigt war, aus den heiligen Schriften nicht nur ein
Gesetz für ganz Israel (auf das andere Juden sich nicht ge-
einigt hätten), sondern auch für ihre eigene Gruppe während der Zeit der Absonderung vom Rest des verdamm-

*(Folgende Seiten) Juden, die
Phylakterien tragen, beim
Gebet an der Klagemauer in
Jerusalem.*

195

ten Israel zu entwickeln. Und das beherrschende Prinzip hinter dieser normativen Sorge war die göttliche Forderung, Israel müsse heilig sein. Viele der in den Qumran-Höhlen, vor allem in Höhle 4, gefundenen Rechtstexte spiegeln eine intensive Beschäftigung mit dem Problem der Unreinheit und der Reinigung durch besondere Rituale wider. Wenn Israel heilig sein musste, dann musste das wahre, sektiererische Israel erst recht heilig sein.

Die Rollenschreiber waren nicht die einzige Gruppe ihrer Zeit, die die Sorge um Heiligkeit jenseits der Priesterschaft umtrieb. In den Evangelien des Neuen Testaments wird eine solche Sorge als typisch für die pharisäischen Widersacher Jesu dargestellt. Auch aus anderen Quellen wissen wir, dass es den Pharisäern bei der Ausarbeitung des biblischen Gesetzes darum ging, Einzelheiten des täglichen Lebens abzudecken, um nicht nur Priestern, sondern auch anderen Juden zu ermöglichen, in einem Zustand der Heiligkeit (d. h. Reinheit) zu leben. Der Unterschied zwischen den Rollenschreibern und den Pharisäern scheint darin zu liegen, dass die Pharisäer, obschon beide Gruppen unheilige Juden verachteten, nicht leugneten, dass jene Juden, die pharisäische Vorschriften nicht anerkannten oder befolgten (und die sie die „Menschen des Landes" nannten) trotzdem Mitglieder „Israels" waren. Und ebenso wenig brachen die Pharisäer den Kontakt zu anderen Juden ab. Ihre Nachfolger jedoch, die Rabbiner, sollten später ein weitreichendes und detailliertes System jüdischen Rechts (Halacha) schaffen, welches das Leben jedes wahren Mitglieds Israels bestimmen würde. Dabei waren ihnen jedoch die sektiererischen Gemeinschaften zuvorgekommen, die sich aufgrund ihrer Ideologie und ihres physischen Ausschlusses bereits des Konzepts der Heiligkeit und der rigorosen Anwendung des Gesetzes bedient hatten, um ihre eigenen sozialen und religiösen Grenzen abzustecken und ihren Anspruch zu behaupten, das einzig wahre Israel zu sein.

Auch in anderen Fragen präsentieren uns die Schriftrollen ein größeres und farbigeres Bild des frühen Judentums. Die Erwartung des Endes der Geschichte war eindeutig weiter verbreitet, als andere antike jüdische Quellen andeuten, was auch für den Glauben an die Ankunft eines Messias gilt. Aber die Schriftrollen unterstellen keinen einheitlichen Glauben an einen einzigen Typ von Messias, eine davidische Gestalt (wie die

(Rechts) Ansicht Jerusalems aus dem 15. Jahrhundert aus der Handschrift des Burchardus de Monte Sion.

(Unten) Teil des zentralen Mosaiks in der aus dem 4. Jahrhundert u. Z. stammenden Synagoge in Beit Alpha in Südgaliläa; es zeigt die Sonne in ihrem Wagen, umgeben von den Tierkreiszeichen.

Evangelien gern andeuten). Stattdessen begegnen uns engelhafte Erlöser, priesterliche Messiasse, lehrende Messiasse – und manchmal überhaupt kein Messias. Es herrschte weitgehend Einigkeit darüber, dass die Rechtschaffenen bald rehabilitiert und die Gottlosen bestraft werden sollten. Aber wer die Rechtschaffenen waren und wie und durch wen diese Rettung käme, darüber sind sich nicht einmal die Schriftrollen einig und vermutlich waren andere Juden es ebenso wenig.

Der aufregendste Beweis in den Schriftrollen für einen Bruch innerhalb der jüdischen Gesellschaft ist zweifellos der Kalender. Denn der Kalender betraf Gesetz, Reinheit und Eschatologie. Nicht nur Menschen und Orte waren heilig, sondern auch Zeiten. Das Begehen der Festtage an den falschen Terminen entwertete diese heiligen Zeiten und beraubten den Tempel seiner Wirkung, wenn sie ihn nicht sogar entweihten. Die Befolgung der falschen Termine verstieß gegen das göttliche Gesetz und erregte den Zorn Gottes. Und natürlich ließ sich nur durch richtige Berechnung der Zeit einschätzen, wann das Ende der Geschichte käme.

Anfangs sahen Wissenschaftler in dem auf der Sonne beruhenden 364-Tage-Kalender (im Gegensatz etwa zum 354-Tage-Mondkalender) der Schriftrollen eine sektiererische Erfindung. Heute ist weithin anerkannt, dass der

„Sonnenkalender" in Juda, ob neben dem anderen oder nicht, eine ununterbrochene Geschichte gehabt haben könnte. War es Juden jemals möglich, mehr als einen Kalender zu tolerieren, mit getrennten Festen? Noch glauben die meisten Forscher das nicht, aber vielleicht mangelt es uns nach wie vor am richtigen Verständnis des Judentums. Eine der Lektionen der Schriftrollen lautet, dass in den letzten Jahrzehnten vorchristlicher Zeit unterschiedliche Versionen des Judentums nebeneinander existierten. Wir müssen uns heute fragen: Gab es davor jemals ein einziges und einiges Judentum?

Ursprünge sektiererischen Judentums

Es scheint klarer als je zuvor zu sein, dass die „sektiererischen" Grundzüge der Schriftrollen – ihre dualistische Theologie, in der Gott das Gute und das Böse schuf und dessen Wege vorherbestimmte, ihre intensive Pflege einer mantischen (d. h. divinatorischen, prophetischen) Deutung himmlischer Zeichen und heiliger Bücher, ihr Festhalten an der Sonne als richtigem Zeitwegweiser und ihre enge Vertrautheit mit den heiligen Büchern, ihrer Nachahmung und Umschreibung –, dass all dies nicht die *Ergebnisse* eines sektiererischen Risses sind: Es gehört in erheblichem Maße zu dessen *Gründen*. Unabhängig von den historischen Prozessen, die zur Bildung sektiererischer Gemeinschaften, wie den Damaskus-Gruppen oder der *Jahad*, führten, gehören ihre Überlieferungen, oder viele davon, in den Rahmen eines umfassenderen Judentums, wie uns beispielsweise die Henoch-Bücher oder das Buch der Jubiläen beweisen. Die Schriftrollen zeigen uns heute ein Bild dieses mannigfaltigen Judentums, das wir vorher nicht sehen konnten. Und unser Verständnis der Geschichte und Natur des frühen Judentums wird nicht

mehr dasselbe sein. Aber beschreiben die Schriftrollen irgendeine Art dramatischer Revolution im jüdischen Denken oder in der jüdischen Praxis? Zweifellos erreichte die Ernüchterung über den Tempel und seine Autoritäten in einigen Fällen einen extremen Grad (obwohl wir uns wie stets davor hüten müssen, den Schriftrollen vollständige Einheitlichkeit überzustülpen). Ob eher als Ergebnis denn als eine Ursache des Sektierertums der *Jahad* stellen wir fest, dass die Rolle des Jerusalemer Tempels sich in dem Maße wandelt, wie die Gemeinschaft selbst zum „heiligen Haus" wird. Solidarität in dieser Gemeinschaft und Gehorsam gegenüber ihren Autoritäten (charakteristisch für alle sektiererischen Gemeinschaften) begründen den Weg des Heils, und innere Reinheit (einschließlich des wahren Glaubens) bekommt einen Platz neben dem äußeren Ritual.

Zusammen mit diesem Glauben könnte sich die Überzeugung einstellen, man stehe in enger Verbindung mit dem himmlischen Kult und den Engeln. Vielleicht spiegeln die Sabbatopfer-Gesänge eine aus der physischen Trennung vom Jerusalemer Kult geborene Tradition oder Praxis wider. Aber sie führen auch Elemente einer Tradition der engen Verbindung mit einem himmlischen Kult fort, wie man ihn in Hesekiel findet und wie er sich weit über die Zeit der Schriftrollen hinaus in die mystischen Traditionen des Judentums fortsetzt. Einmal mehr ist hier etwas, das vielleicht in sektiererischer Form ausgedrückt wird, der Hauptrichtung nicht unbedingt fremd.

Die letzte wichtige Beobachtung hinsichtlich der Schriftrollen und des Judentums stammt von einem der ersten Schriftrollenforscher, Millar Burrows:

„Der religiöse Wortschatz des Judentums dieser Zeiten klingt in den Texten in vollen Tönen. Eine der bezeichnendsten Seiten des vorchristlichen Judentums ist der Geist der Andacht, der darin ausgedrückt ist ... Alles, was für das Judentum der letzten zwei oder drei Jahrhunderte v. Chr. und des 1. Jahrhunderts n. Chr. bedeutsam ist, ist zugleich für das Christentum wichtig." (Millar Burrows, *Die Schriftrollen vom Toten Meer*, S. 269 f.)

Wer mit dem Neuen Testament aufgewachsen ist, könnte leicht dahin kommen, das Judentum jener Zeit als auf äußerliche Rituale fixiert und bar echter religiöser Empfindung zu betrachten. Was aus den Schriftrollen deutlich wird, ist, dass unterhalb des Streits über die korrekte Befolgung ritueller Handlungen, über die Einhaltung richtiger Zeiten und die Durchführung der Einzelheiten des Gesetzes eine Schicht aus Spiritualität liegt, die sowohl gemeinschaftlich als auch individuell und äußerst intensiv sein kann. Womit auch immer sonst die Schriftrollen uns konfrontieren, sie enthüllen eine tiefe religiöse Empfindsamkeit und Einfühlsamkeit, die uns nicht nur von ihren Verfassern, sondern auch vom Charakter des Judentums unmittelbar vor dem Zeitalter der Rabbiner berichtet.

Jüdischer Rabbiner, gemalt von Rembrandt (1606–69).

199

Die Schriftrollen vom Toten Meer und das frühe Christentum

(Unten links) Der „Gute Hirte", wie ihn ein aus dem 5. Jahrhundert u. Z. stammendes Mosaik über dem Eingang des Mausoleums der Galla Placidia in Ravenna darstellt. Dies ist eines der vielen christlichen (und jüdischen) Bildnisse des Messias.

(Unten rechts) Johannes der Täufer, in dem manche Forscher ein Bindeglied zwischen den Essenern von Qumran und Jesus sehen, hier auf einem Gemälde von Tizian aus den 1540er Jahren.

(Gegenüberliegende Seite) Die überlieferte Stelle des Grabes Christi in der Jerusalemer Grabeskirche. Es ist nach wie vor umstritten, ob in den Schriftrollen ein Auferstehungsglaube zum Ausdruck kommt.

Einer langjährigen Hypothese zufolge wurden die Schriftrollen vom Toten Meer etwa 40 Jahre nach der Kreuzigung Jesu in den Qumran-Höhlen versteckt. Viele der Schriften des Neuen Testaments waren bis 70 u. Z., als die Römer den Jerusalemer Tempel zerstörten, noch nicht geschrieben. Die frühe Jesusbewegung war um die Mitte des 1. Jahrhunderts u. Z. in vollem Gange. Archäologisch gesprochen, vollzog sich das Wirken von Johannes dem Täufer, Paulus und anderen in der letzten Phase der Belegung Qumrans.

Ist es wahrscheinlich, dass sich die Wege der eng mit Khirbet Qumran verbundenen Menschen und bestimmter Protagonisten der Jesusbewegung in Jerusalem, Khirbet Qumran oder anderswo kreuzten? Was geschah, während sich die Jesusbewegung rasch zum Christus-Kult ausweitete und Anhänger innerhalb wie außerhalb Judäas fand, mit jenen, die einst in Qumran gelebt, oder jenen, die die Schriftrollen geschrieben hatten? Wir wissen es nicht. Gelehrte haben lange über die essenische Herkunft Johannes' des Täufers (und sogar Jesu) spekuliert, aber das Neue Testament erwähnt die Essener nicht. Und ungeachtet einiger Behauptungen über winzige griechische Fragmente aus Höhle 7 fand man in den Qumran-Höhlen weder eine der Schriften des Neuen Testaments noch ihre Quellen.

Trotzdem gibt es wichtige Ähnlichkeiten zwischen den Qumran-Rollen und dem Neuen Testament. Doch statt auf eine direkte Beziehung hinzuweisen, deuten sie eine indirekte an, vermittelt durch eine gemeinsame jüdische Kultur. Die Bedeutung solcher Ähnlichkeiten wird dadurch nicht gemindert, zeigen sie doch, dass die Unterschiede zwischen Christentum und Judentum – zumindest in ihren Anfängen – weniger dramatisch und subtiler waren, als eine oberflächliche Gegenüberstellung anerkennt.

Die Erwartung des Messias

Zunächst einmal finden wir in den Schriftrollen die Beschreibung einer messianischen Sekte (wahrscheinlich eine, die sowohl von ein oder zwei Messiassen gegründet wurde als auch ihn oder sie erwartete), die unwillkürlich zu Vergleichen mit den unmittelbaren Jüngern Jesu einlädt. Beide Gemeinschaften waren nach den Vorstellungen ihrer Gruppen Vertretungen des idealen Israel. Die Damaskusschrift spricht von ihrer Gemeinschaft als dem „Neuen Bund", ein Ausdruck, der auch im Bericht über das Letzte Abendmahl benutzt wird. Die Gemeinschaftsordnung wiederum plädiert für eine gemeinschaftliche Lebensweise, wodurch einige Ressourcen gebündelt werden. Die Apostelgeschichte des Lukas 2,4–5 spricht ebenfalls von der Übertragung individuellen Eigentums auf die Gemeinschaft. Laut Damaskusschrift trägt der Führer der Gemeinschaft den hebräischen Titel *mebaqqer,* was exakt dem von der frühen Kirche verwendeten griechischen *episkopus* entspricht.

Auch die Interpretation bestimmter biblischer Passagen als auf eschatologische Ereignisse verweisend ist beiden Bewegungen gemeinsam. Texte wie jener, in dem Melchisedek vorkommt (siehe S. 162), verflechten antike Schriftworte aus den Qumran-Höhlen auf eine Weise, die an die Techniken ähnlicher thematischer Abschnitte in den Schriften des Neuen Testaments erinnert. Am besten erkennbar ist die Bemerkung „In der Wüste bereitet dem HERRN den Weg" aus Jesaja 40. In der Gemeinschaftsordnung dient sie als Hinweis auf die Gründung einer auserwählten Gemeinschaft, aber im Evangelium nach Markus (1,2–4) betrifft sie Johannes den Täufer. Der

Melchisedek-Text bezieht sich ferner auf Jesaja 61, um die endgültige künftige Erlösung von dem Übel zu verkünden. In Lukas 4,16–21 führt Jesus dieses Kapitel an, um bekannt zu geben, dass das Wort der Schrift bereits erfüllt worden sei. Wie in der Apostelgeschichte 2,15–17 enthüllen auch einige der Schriftrollen, dass der Prophetie in den letzten Tagen wieder Bedeutung zukomme. Diese Feststellung scheint auf einer Sichtweise wie jener zu beruhen, die sich im Buch Joel findet. Dem Anweiser der Gerechtigkeit, dem mutmaßlichen Gründer der *Jahad*, wird Autorität in Sachen der Lehre und des Gesetzes (in der Damaskusschrift) und in der richtigen Auslegung prophetischer Texte (im Habakuk-Kommentar) eingeräumt; diese Funktionen werden – neben anderen – in den Evangelien auch Jesus übertragen.

Die Vorstellung eines messianischen Festmahls in 1QS 6 und 1QSa 2 ähnelt den in Matthäus 26,26–29 (vergleichbar Markus 14,22–25 und Lukas 22,17–20) und 1. Korinther 11,27–30 erwähnten Mahlzeiten. Außerdem erlaubte die Damaskusschrift die Ehelosigkeit, förderte sie vielleicht sogar; und die *Jahad* verlangte sie möglicherweise, während die Ehelosigkeit auch im frühen Christentum eine wichtige Rolle spielte.

Diejenigen, die auf der Verbindung zwischen den Schriftrollen vom Toten Meer und der frühen Jesusbewegung bestehen, betonen besonders die gemeinsame Sprache. Bestimmte Texte beider Gruppen sprechen von den „Kindern des Lichts", der Rechtschaffenheit Gottes, von Werken des Gesetzes, Gesetzlosigkeit, Licht und Finsternis, Belial und dem menschlichen Tempel Gottes. Die Gemeinschaftsordnung verwendet zum Verweis auf eine ihrer versammelten Körperschaften den Ausdruck „die vielen". Matthäus 26,27–28 und Markus 14,23–24 bedienen sich einer ähnlichen Sprache. Der Dualismus von Licht und Finsternis findet sich in der Gemeinschaftsordnung (Kol. 3), der Kriegsrolle (Kol. 4) sowie in Galater 5 und 2. Korinther 6. Ebenfalls auffallend ist die identische Einstellung zur Scheidung, die sowohl die Damaskusschrift (CD 4,20–5,6) als auch Jesus (Markus 10,2–9) ablehnen (entgegen verbreiteter jüdischer Praxis).

Hauptunterschiede in den Auffassungen

Die soeben erwähnten Ähnlichkeiten zeigen zumindest, dass beide Gruppen, die hinter den Schriftrollen und die der frühen Jesusbewegung, aus einem radikalen Ausdruck gemeinschaftlicher und individueller jüdischer Frömmigkeit erwuchsen. Aber es gilt auch Unterschiede zu berücksichtigen. Einer der offenkundigsten und bedeutsamsten ist, dass die Qumran-Gemeinden hoch organisiert waren und sich mit dem Ausschluss oder kontrollierten Zutritt von Außenstehenden klar abgrenzten. Die Jesusbewegung vermischte sich anscheinend ungehindert mit Menschen von außerhalb. Mit seiner Hinwendung zu Nichtjuden bewegte sich das Christentum somit in eine vollkommen entgegengesetzte Richtung zur *Jahad*. Ein weiterer Unterschied ist, dass der Gehorsam gegen das mosaische Gesetz in der *Jahad* verstärkt wurde, während das Neue Testament ihn einschränkt. Ein spezieller Unterschied hier ist die Vorschrift über die Hilfe für Tiere am Sabbat, die von der Damaskusschrift verboten (CD 11,13–14) und von Jesus indirekt gestattet wird (Matthäus 12,11).

Schließlich wurde der Anweiser der Gerechtigkeit am Ende nicht als göttlich betrachtet. Diese Frage führt uns indes zu Text 4Q246 (4QAramaicApocalypse). Zu diesem kleinen Fragment gehört der Satz: „Er wird der Gottessohn genannt werden, sie werden ihn den Sohn des Höchsten nennen." Aufgrund des Kontextes können wir nicht entscheiden, ob die Worte sich auf eine messianische Gestalt oder auf einen Feind beziehen, beispielsweise einen ausländischen König. Aber die Sprache ähnelt auffallend jener in Lukas' Bericht über die Ankündigung der Geburt Jesu (Lukas 1,32–35):

„Der wird groß sein und Sohn des Höchsten genannt werden; und Gott der Herr wird ihm den Thron seines Vaters David geben ... darum wird auch das Heilige, das geboren wird, Gottes Sohn genannt werden."

Dieser Qumran-Text beschreibt nicht unbedingt eine göttliche Gestalt. Wie in Psalm 2 oder 110 durfte der König der davidischen Dynastie als (adoptierter) Sohn Gottes angeredet werden. Sollte diese Gestalt in irgendeiner Weise messianisch sein, impliziert die Verwendung eines solchen Titels nicht unbedingt Göttlichkeit in der Weise, wie sie Jesus von seinen Jüngern zugeschrieben wurde. Sollte der Text sich jedoch auf einen nichtjüdischen König beziehen, gehörte er vielleicht eher in den Kontext hellenistischer Monarchen, die – wie einige spätere römische Kaiser – für sich selbst Göttlichkeit beanspruchten und – in diesem Text – für solche Arroganz kritisiert würden.

Es ist fraglich, ob die Schilderung eines gemeinsamen Mahls in der Gemeindeordnung mit der christlichen Eucharistie, hier in einer Darstellung aus der römischen Priscilla-Katakombe, verglichen werden kann.

Weitere Parallelen?

Von Anfang an ist auf spannende Parallelen zwischen den Schriftrollen und dem Neuen Testament hingewiesen worden. Aber was zählt, ist das Gesamtbild. Es wäre schließlich ziemlich überraschend, gäbe es zwischen der Literatur zweier jüdischer Bewegungen wie diesen überhaupt keine Übereinstimmung. Ebenso kann man auch mit den Gegensätzen zwischen den beiden literarischen Korpora zu schnell bei der Hand sein. Beispielsweise behaupten viele Forscher, Reinheit als kultisches Problem habe die Jesusbewegung nicht interessiert. Doch angesichts der Bedeutung einer solchen Frage in den Schriftrollen müssen wir überdenken, ob dies wirklich so ist. Es kann durchaus sein, dass Jesus sich an der Debatte über Reinheitsgesetze beteiligte, die wir sowohl in den Qumran-Dokumenten als auch unter den Pharisäern selbst (zum Beispiel zwischen den Anhängern Hillels und Schammais) erleben. Ebenso unklar ist, inwieweit Schriftrollen und frühe Christen in ihrer Haltung gegenüber der römischen Besatzung übereinstimmten. Höchstwahrscheinlich war die Einstellung auf keiner Seite monolithisch, während beide eindeutig ein unmittelbares Ende der Geschichte erwarteten und geneigt waren, die Römer als Werkzeuge Satans zu sehen.

Gab es eine unterschiedliche Haltung gegenüber dem Tempel? Sowohl Schriftrollen als auch Neues Testament scheinen dem Tempel kritisch gegenübergestanden zu haben und die Gemeinschaftsordnung wurde als Ausdruck der Lehre von einem „geistigen Tempel" gedeutet. In der Tat wird der Tempel von beiden Literaturen gleichzeitig verehrt und kritisiert. Zweifellos deuten die Feststellungen in 1QS 8,1–4, dass praktizierte Gerechtigkeit und erlittene Bedrängnis Buße bewirken können, und in 3,6–8, dass man durch den Heiligen Geist gereinigt und durch „Redlichkeit und Demut" seiner Sünden „entsühnt" werde, auf eine Ersetzung des Tempelkultes hin. Aber wie stark wurde die christliche Haltung durch die Eroberung des Tempels im Jahr 70 u. Z. beeinflusst? Und fasst 1QS einen dauerhaften Ersatz des Tempels oder einen vorübergehenden, auf die eigene Gemeinschaft beschränkten Notbehelf ins Auge? Oberflächliche Parallelen, wie spannend sie auch sein mögen, müssen systematische Ähnlichkeiten widerspiegeln, wenn sie als echte Parallelen zählen sollen. So zeichnet die Offenbarung des Johannes (Kapitel 21), wenn sie davon spricht, dass die heilige Stadt Jerusalem von Gott aus dem Himmel herabkomme, ein Bild, das dem Text über das Neue Jerusalem aus den Höhlen 4 und 11 nicht unähnlich ist. Dort wird auch die himmlische Anbetung beschrieben, die ein wenig der Verehrung der Engel in den Sabbatopfer-Gesängen entspricht. Hier gibt es eine Parallele; aber während der Jerusalemer Tempel in Qumran im Blickpunkt des Interesses bleibt, ist er im Neuen Testament bereits zerstört und überholt.

Zum Schluss zwei weitere Beispiele fragwürdiger Parallelen. Das eine ist die so genannte „Taufe". Wegen der vielen Zisternen und der Erwähnung der Reinigung durch Wasser in vielen Texten (vor allem 1QS 3,4) ist oft behauptet worden, die *Jahad* sei eine Gemeinschaft gewesen, in der die Taufe vollzogen wurde. Eine solche Parallele wurde auch zur Stützung der Vorstellung herangezogen, Johannes der Täufer sei Essener gewesen. Aber die Verwendung von Wasser in den Schriftrollen scheint im Großen und Ganzen – wenn auch strenger – jüdischer Praxis gefolgt zu sein: Sie war normal und sollte Unreinheit beseitigen. Die christliche Taufe war ein Initiationsritus. Beiden gemeinsam ist der Gebrauch von Wasser als Mittel der Säuberung. Aber dieses Phänomen ist so allgemein, dass es zum Vergleich nicht taugt.

Die zweite fragwürdige Parallele ist die „Eucharistie". In 1QSa, der Gemeindeordnung, gibt es die Schilderung einer Mahlzeit, der zwei Messiasse beiwohnen und bei der Brot und Wein verzehrt werden, nachdem man beides gesegnet hat. Dieser Abschnitt ist sehr schwer zu deuten, da er sowohl ein eschatologisches als auch ein normales Mahl widerzuspiegeln scheint. In Josephus' Beschreibung der Essener verzehren diese bei ihren Mahlzeiten Brot und „neuen Wein". Aber normale Mahlzeiten aus Brot und Wein sind nichts Ungewöhnliches und die Segnung von Speisen ist eine normale jüdische Sitte. Die christliche Eucharistie scheint sich aus einem Passahmahl entwickelt zu haben und hat eine spezielle kultische Bedeutung. Es ist keine regelmäßige, tägliche Mahlzeit. Ob der Verzehr von Brot und Wein im gemeinschaftlichen Rahmen wirklich als „Eucharistie" bezeichnet werden kann, ist sehr fraglich.

Christliche und jüdische Deutungen

Haben die Parallelen zwischen dem Neuen Testament und Qumran die Qumran-Forschung zu stark dominiert? Lawrence Schiffman behauptet in *Reclaiming the Dead Sea Scrolls*, dass moderne Interpreten der Schriftrollen ihnen christliche Deutungen aufgezwungen hätten. Besonders beunruhigten ihn Arbeiten, die den Anweiser der Gerechtigkeit als eine Jesus vergleichbare Figur darstellten, die den hebräischen Ausdruck *mebaqqer* mit dem christlichen *episkopus* (Bischof) gleichsetzten und in denen die *Jahad* als klösterliche Gemeinschaft behandelt wurde. Ebenso missfällt ihm eine christianisierte Sprache, in der von „Taufriten", „Refektorium", „Eucharistie", „Mönchen", „Asketen" und einem „Skriptorium", wo Mönche Handschriften kopierten, die Rede ist. Er empfiehlt stattdessen, man möge von gehorsamen Juden sprechen, die, angeleitet von ihrem Rabbiner, rituelle Reinheit praktizierten und nach dem Tauchbad in einer *miqveh* die Mahlzeiten in ihrem Speiseraum einnahmen. Vor ihrer Mahlzeit sprachen sie das Gebet *„ha-motzi"* und boten für ihren Wein ein *berakhah* dar. Ihre Schreiber kopierten die wichtigsten Texte der Gruppe.

Jüdische Leser haben bis vor kurzem vielleicht die Bedeutung der Schriftrollen für das Judentum nicht erkannt. Dabei standen sie in vielerlei Hinsicht dem rabbinischen Judentum näher als dem Christentum. Tatsache ist, dass die Schriftrollen das darstellen, was von einer Zeit entweder vor Entstehung des Christentums oder des rabbinischen Judentums zu erwarten war. In ihnen sind die verschiedensten jüdischen Sichtweisen aus einer Zeit erhalten, bevor bestimmte Ereignisse und Gruppen zur Beseitigung eines Großteils dieser Vielfalt führten.

Wer schrieb die Schriftrollen?

Die Essener

Beinahe vom Beginn ihrer Entdeckung an haben Forscher behauptet, die Besitzer und Verfasser der Schriftrollen seien Essener gewesen. Viele glauben, dass die Siedler in Qumran die Schriftrollen für den eigenen Gebrauch in Studium und Gottesdienst schrieben. An den Abenden, den Sabbaten und an anderen heiligen Tagen hätten die Qumran-Essener sich in die Schriften der Alten vergraben, um den Willen Gottes besser zu verstehen. Oft seien Texte für Gruppensitzungen, sodass mehrere Spezialisten Abschnitte von großem Interesse studieren und diskutieren könnten, oder sogar für ein Bibelstudium weit weg von den Räumlichkeiten Khirbet Qumrans kopiert worden. In dieser Sichtweise war die Siedlung selber ein Zufluchtsort für einen Zirkel von Frömmlern, die aufgrund des Verlusts ihrer politischen Vorherrschaft in Jerusalem gezwungen waren, die gottlose Stadt und deren Führer zu verlassen, und sich anboten, als menschliches Sühneopfer für Israels vergangene, gegenwärtige und künftige Sünden zu dienen.

Aber obwohl diese Theorie sich neben anderen antiken Autoren auf Josephus Flavius stützte, stellte Josephus die Essener weder jemals als radikale Reformpartei noch auch nur als kleine sektiererische Gruppe dar. Im Gegenteil, für ihn waren die Essener eine bedeutende Gruppierung, die in Kolonien überall in Palästina lebte. Wenn die Qumran-Siedler Essener waren, dann waren sie nicht die Einzigen. Dennoch wurde allgemein behauptet, Khirbet Qumran sei das essenische Hauptquartier gewesen, das entweder eine Elitegruppe beherbergt oder als Zentrum fungiert habe, das Essener besuchen konnten.

Zwar wird noch immer weithin an der Essener-Hypothese festgehalten, aber heute schließt sie eine Reihe von Optionen ein. Das Vorhandensein von Skeletten von Frauen und Kindern und sogar Verweise auf Witwen und Mütter in einigen Texten aus Höhle 4 haben mancherorts zu der Ansicht geführt, dass die Siedlung nicht von Ehelosen bewohnt wurde, wie Plinius' Schilderung – der vielleicht stärkste Beweis für die Identifizierung – behauptete. Am weitesten vorangetrieben hat die Essener-Hypothese Hartmut Stegemann von der Universität Göttingen, der glaubt, dass die Essener eine bedeutende jüdische Bewegung der Mitte waren, der Qumran als Publikationsort diente, allerdings nicht nur für essenische Literatur. Überlieferte Schriften, wie die kanonische Bibel, seien hier verehrt und kopiert worden. Neben diesen maßgeblichen Texten seien andere, die man gleichfalls des Studiums und Kommentars für wert erachtet habe, abgeschrieben worden. Vielfach seien es Rechtstexte gewesen, manchmal vermischt mit erzählenden Abschnitten, erbaulichen Berichten über biblische Gestalten und Testamenten berühmter Stammväter, mit Gebeten, prophetischen Offenbarungen und Kalenderwerken.

Stegemanns Sichtweise kommt der Tatsache entgegen, dass die Literatur aus den Höhlen außerordentlich vielfältig ist. Diese Vielfalt bedeutet zweifellos, dass es unmöglich ist, bei der Zusammenstellung einer Liste „esse-

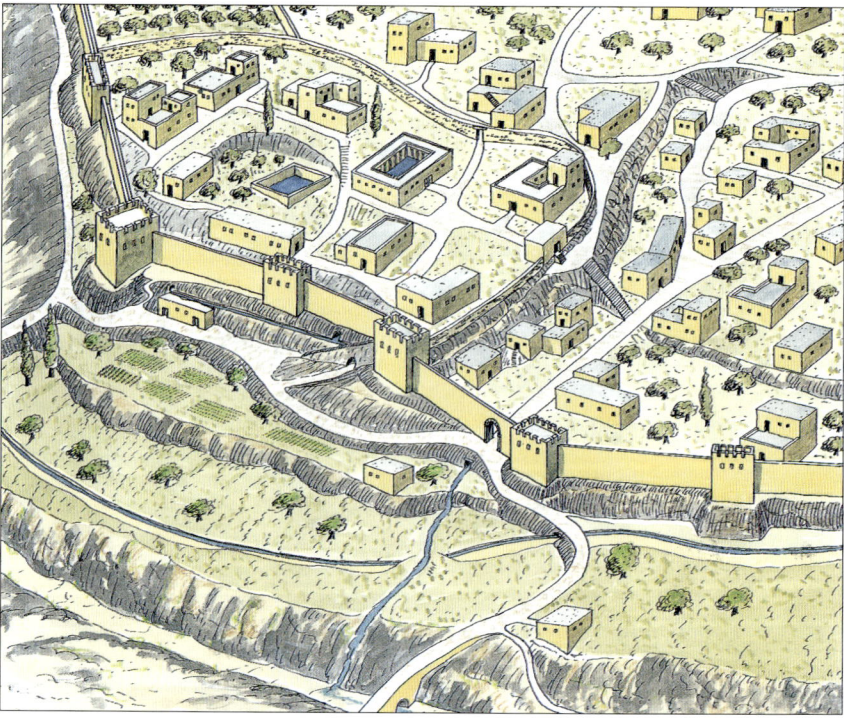

Rekonstruktion dessen, was möglicherweise vor der Eroberung der Stadt durch die Römer 70 u. Z. das Essenerviertel in Jerusalem war.

nischer Überzeugungen" wahllos alle nichtbiblischen Schriftrollen zu verwenden. In der Tat stellt sich das Problem herauszufinden, welche Schriftrollen essenisch oder gar „sektiererisch" sein könnten und welche nicht. Dieses Problem harrt noch einer Lösung, wenn es denn zu lösen ist. Aber Stegemanns Theorie erklärt nicht, warum Handschriften und Schreibweisen sowie die Gepflogenheiten der Vorbereitung und Beschriftung der Rollen so unterschiedlich sind. Und ebenso wenig gibt es irgendwelche überzeugenden Beweise für eine bedeutende Schriftrollenproduktion an diesem Ort oder im nahe gelegenen En Feschcha.

Andere, die die Essener-Hypothese unterstützen, weisen lieber darauf hin, dass die Stätte von anderen Essenern besucht worden sei, die ihre eigenen Schriftrollen mitgebracht hätten, die nicht durchweg unbedingt essenische Werke waren. Dies würde die Vielfalt der Inhalte und Schreibtechniken und vielleicht die weiblichen Skelette erklären. Außerdem erklärt es bis zu einem gewissen Punkt die Unterschiede zwischen den Gemeinschaften in der Damaskusschrift und der Gemeinschaftsordnung. Erstere wird von einem *mebaqqer* („Aufseher") geführt, lebt in mehreren „Lagern" und „Städten", umfasst Familien ebenso wie ehelose Männer (und Frauen?), hat etwas mit dem Tempel zu tun, lebt gemäß ihrer eigenen Interpretation des Gesetzes und freut sich anscheinend auf einen messianischen Lehrer. Letztere ist anscheinend zölibatär, wird von einem *Maskîl* („Lehrmeister") und von zadokidischen Priestern regiert und hat dem Tempel den Rücken gekehrt. Man könnte noch mehrere andere Unterschiede zwischen den beiden aufzählen. Die Frage bleibt: In welcher Beziehung standen die beiden Gruppen? Grob gesagt, existieren zwei Theorien: Die eine besagt, dass die *Jahad* die Splittergruppe einer in der Damaskusschrift beschriebenen größeren Bewegung war; die andere lautet, dass die *Jahad* die ursprüngliche Gruppe war, die sich im Laufe der Zeit über die Formierung anderer Gruppen ausweitete. Das Wort „Essener" gilt in jedem Fall für alle diese Gemeinschaften.

Andere Identifizierungen

Es wurden noch andere Vorschläge gemacht, was die Autoren der Schriftrollen betrifft. Pharisäer, Zeloten und Sadduzäer, sie alle wurden irgendwann einmal als Kandidaten gehandelt. Die von Louis Ginzberg vorgebrachte und von Chaim Rabin unterstützte Pharisäer-Hypothese findet keine Befürworter mehr, und man stimmt heute sogar allgemein darin überein, dass die Pharisäer in den Schriftrollen kritisiert werden. Die Sadduzäer-Hypothese, die anfangs auf die Damaskusschrift angewendet wurde, nach deren erster Entdeckung in Kairo, ist in jüngster Zeit durch eine Reihe von Wissenschaftlern, darunter auch Schiffman, wieder belebt worden, die rechtliche Positionen, wie sie im Halachischen Brief und in der Tempelrolle übernommen wurden, mit Ansichten gleichsetzen, die in der rabbinischen Literatur den *zadduqim* zugeschrieben werden. Doch das von Josephus und dem Neuen Testament angebotene Bild der Sadduzäer passt so schlecht, dass man theoretisch einen Riss in der Sadduzäerbewe-

gung konstruieren muss, um die Identifizierung aufrechtzuerhalten.

Die einst von Roth und Driver vertretene Identifizierung mit den Zeloten besteht in gewisser Weise in der These von Robert Eisenman fort, der behauptet, dass eine jüdische Bewegung, nationalistisch, messianisch, dem Gesetz ergeben und vor allem der Idee der „Gerechtigkeit" verhaftet (hebräisch *zedaqah*, daher die Namen „Zadok", „zadokidisch" und „Sadduzäer"), der Reihe nach mit Makkabäern, Zeloten, Sadduzäern und der von Jakobus, dem Bruder Jesu, geführten christlichen Urgemeinde identifiziert werden könne.

Norman Golb hat kürzlich die Vorstellung in Frage gestellt, die Schriftrollen seien entweder essenischer, sadduzäischer, pharisäischer oder eigentlich auch nur qumranischer Herkunft. Die große Vielfalt dieser Schriften – von weit verbreiteten traditionellen Werken über nur teilweise bekannte und benutzte überlieferte Schriften bis hin zu sektiererischen Texten für Eingeweihte – führte ihn zu der Überzeugung, dass die unter dem Namen Schriftrollen vom Toten Meer firmierende Sammlung aus einer Reihe von Bibliotheken der aus Jerusalem Flüchtenden stamme, als die Stadt von den Römern belagert wurde. Obwohl einige Wissenschaftler glauben, dass Golb das überwältigende Aufgebot essenischer Motive in der Sammlung nicht beachtet habe, ist er überzeugt, dass Themen und Besitzverhältnisse die Sammlung nicht vollständig vereinheitlichen. Was sie gemeinsam hätten, sei ihr jüdischer Charakter.

Trotz großer Probleme mit der Gesamtposition Golbs beginnen immer mehr Forscher ausdrücklich zu betonen, dass die Mehrzahl der Schriftrollen aus den Höhlen am Toten Meer von einem anderen Ort als Qumran stamme. Golbs Hypothese scheint die offensichtliche Feindseligkeit gegen die Jerusalemer Priesterschaft in den Schriften zu widersprechen. Aber zu der Zeit, als anscheinend die Mehrzahl der Schriftrollen versteckt wurde, nämlich während des Krieges mit Rom, war der Tempel bereits aufrührerischen Priestergruppen in die Hände gefallen, die sich ebenfalls den früheren Tempel-Autoritäten widersetzten und die mit den Ansichten der Einwohnerschaft in Qumran entsprechend hätten sympathisieren können.

Bei der Erwägung all dieser gelehrten Ansichten muss man im Hinterkopf behalten, dass wir es in Qumran mit 150 Jahren Besiedlung zu tun haben und in manchen Fällen mit Dokumenten, die vielleicht mehrmals überarbeitet wurden. Ebenso wenig dürfen wir vergessen, dass die Herkunft der Schriftrollen vielleicht weit hinter die Siedlung in Qumran und weit hinter alle sektiererischen Gruppen, die von den Schriften porträtiert werden, zurückreicht. Die Henoch-Bücher und das Buch der Jubiläen, die viele Grundzüge mit den Schriftrollen gemeinsam haben, deuten darauf hin, dass eine lange Geschichte hinter diesen Schriftrollen liegt. Die Versuchung, den Charakter des Judentums zur Zeit des späten Zweiten Tempels zu überdenken, ist groß. Die Frage nach dem Ursprung der Qumran-Rollen, die sich einst auf die Geschichte der Siedlung selbst beschränkte, begründet heute eine sehr viel umfassendere und radikalere Agenda, als man es sich einst vorgestellt hatte.

Norman Golb von der Universität Chicago 1997 auf der Schriftrollen-Konferenz in Jerusalem.

Epilog

In *Our Bible and the Ancient Manuscripts* (1939) schrieb Frederick Kenyon: „Es ist in der Tat gänzlich unwahrscheinlich, dass wir jemals Handschriften der hebräischen Texte finden werden, die auf eine Periode vor der Entstehung des Textes zurückgehen, den wir als ‚Masoretische Rezension' kennen" (S. 48). Weniger als ein Jahrzehnt später wurde Kenyons Behauptung widerlegt.

Dem 50. Jahrestag der Entdeckung der ersten Schriftrollen vom Toten Meer wurde 1997 an mehreren Tagungsorten gedacht. Was dort gesagt wurde, dürfte sich gewiss von dem unterscheiden, was der 100. Jahrestag erleben wird. Wäre zu Beginn der 1990er Jahre nicht das neue und verbesserte Herausgeberteam, bestehend aus etwa fünf Dutzend Forschern aus der ganzen Welt, berufen worden, wären diese Feiern auf eine Litanei der Anprangerung hinausgelaufen.

Ein unglückliches Erbe

Ja, die am besten erhaltenen Schriftrollen wurden alle vor etwa 20 Jahren veröffentlicht. Aber bis in jüngste Zeit erschwerten weiterhin Grabenkämpfe, persönliche Diffamierungen und öffentliche Rechtsstreitigkeiten die wissenschaftliche Diskussion über die Herausgabe und Veröffentlichung der restlichen Tausende winziger Schriftrollenfragmente. Bestimmte Forscher versuchten, träge Kollegen und Gegner aufzurütteln, ihre Schätze schneller zu enthüllen, indem sie die unausgesetzten erbitterten Briefwechsel und kindischen Beschimpfungen öffentlich machten. Der Chefherausgeber der Schriftrollen, ein Harvard-Professor, wurde seines Postens enthoben. Ein Schwarm von Schriftrollen-„Insidern", die in den Vereinigten Staaten an ihrer Erforschung arbeiteten, ersuchte um Verdammung und Verurteilung zweier Außenseiter, die ein Buch mit Übersetzungen von Schriftrollen veröffentlicht hatten, an denen sie keine Rechte besaßen. Einer der „schuldigen" Wissenschaftler bekannte *mea culpa* und man verzieh ihm rasch. Ein israelischer Forscher zog es vor, sein „Eigentum" an der Rekonstruktion bestimmter bruchstückhafter hebräischer Handschriften öffentlich in einem Prozess über das wissenschaftliche und öffentliche „Recht auf Wissen" geltend zu machen.

Langweilig ist das Schriftrollen-Melodram gewiss nicht. Kurz vor dem Rummel um den 50. Jahrestag wurden in Khirbet Qumran zwei beschriftete Tonscherben (Ostraka) gefunden (siehe S. 186). Auf einer stehen mehrere jüdische Namen und ein möglicher Hinweis auf Engedi. Die andere, die in zwei Teile zerbrochen war, scheint sich auf eine von einem Mann namens Honi und einem namens Eleasar im Raum Jericho vorgenommene

Besitzübertragung zu beziehen. Den für Qumran und die Schriftrollenforschung typischen Streit fortsetzend, behaupteten die Herausgeber der Inschriften, Esther Eshel und Frank Cross, Honi schließe sich in der Zeit kurz vor dem Ersten Jüdischen Aufstand gegen die Römer der Gemeinschaft der Qumran-Essener an und füge sein Vermögen den Anteilen der Gemeinschaft hinzu. Sogar das Wort *Jahad* lasen sie auf dem Haupt-Ostrakon. Ihre Deutung wurde anschließend bezweifelt und heute scheint die Schriftrollenforschung größtenteils davon abgerückt zu sein. Der Vorwurf der Verschwörung gegen Einzelne, Institutionen und den Vatikan gerät inzwischen in einer neuen, angenehmen Atmosphäre stillschweigend in Vergessenheit.

Der Wert der Schriftrollen

Was also hat die Schriftrollenforschung zum menschlichen Wissen beigetragen? Erstens hat sie, in einem umfassenden Sinne, das Studium der hebräischen Bibel und des Neuen Testaments auf neue Weise wieder zusammengeführt und die jüdische und christliche Forschung in einen fruchtbaren Dialog gebracht. Wie das voraufgegangene Kapitel gezeigt hat, wurden eine Menge neuer Fragen über die Natur des Judentums und das Aufkommen des Christentums gestellt.

Die Schriftrollenforschung hat solchermaßen auf mehreren Feldern der jüdischen Geschichte eine Revolution ausgelöst. Unter den Schriftrollen wurden die ältesten bekannten Handschriften der jüdischen Bibel in Hebräisch und Aramäisch gefunden. Darüber hinaus warfen die Schriftrollen wahrlich eine Menge Dinge über den Hau-

fen. Ausdrücke wie „Bibel", „Pseudoepigraphen" und „sektiererisches Judentum" müssen im Licht des von den Schriftrollen begründeten, revolutionären neuen Paradigmas ernsthaft überdacht werden. Man stelle sich vor, die Schriftrollen spiegelten wider, was in der Zeit von Johannes dem Täufer, Jesus und Paulus typisch war. Eine Reihe von Gemeinplätzen findet sich auf dem Prüfstand wieder. War der biblische Kanon geschlossen? War die Prophetie zu Ende? Wodurch genau war „Judentum" definiert?

Auch unser Verständnis des Hintergrunds des Christentums wurde beeinflusst. Kein neues „Leben Jesu" kann ohne diese Handschriften glaubhaft geschrieben werden. Jesus wurde, trotz der Behauptungen mindestens eines Gelehrten, in den Schriftrollen vom Toten Meer nicht gefunden. Ebenso wenig Johannes der Täufer oder Paulus. Aber die Schriftrollen stammen aus der Zeit dieser Pioniergestalten des frühen Christentums und sie zerstören ein für allemal jede vereinfachte Gegenüberstellung von „Jesus" und „Judentum". Doch beweisen sie, dass das Christentum älter ist als Jesus? Streng genommen, nein; aber sie offenbaren sehr starke Kontinuitäten.

Die Schriftrollen boten darüber hinaus die Gelegenheit, mehrere neue wissenschaftliche Techniken einzusetzen und zu entwickeln. Sie haben konkret gezeigt, wie antike jüdische Pergament- und Papyrusrollen hergestellt, markiert, geflickt und aufbewahrt wurden, und erlaubten uns, die Entwicklung jüdischer Schriften über mehr als zwei Jahrhunderte hinweg zu beurteilen. Um ihr hohes Alter zu beweisen, wurden einige der Schriftrollen außerdem mittels der C-14-Methode analysiert und in jüngster Zeit hat man mit der DNS-Analyse unbeschriebener Teile von beschriebenen Pergament-Handschriften begonnen, um die Herkunft der Herden zu bestimmen, von denen die Häute stammten.

Aber trotz des Eindrucks, den viele Bücher zum Thema vermitteln, sind nicht alle Rätsel der Schriftrollen gelöst. Es gibt noch viel zu tun und vieles zu verstehen. Mit den bereits vollständig in Übersetzung vorliegenden Texten und der offiziellen Reihe *DJD* ist die Saga der Qumran-Veröffentlichung effektiv vorüber. Aber diese Texte zu verstehen bleibt eine dringende Aufgabe. Trotz eines früheren Vertrauens in unsere Antworten müssen wir heute zugeben, dass wir nicht sicher wissen, wer diese Schriftrollen schrieb, so wenig wie wir die Herkunft oder Geschichte der Gemeinschaften kennen, die sie beschreiben. Wir wissen nicht, welches das Bindeglied zwischen Qumran und den Handschriften-Höhlen war, wenn es denn eines gibt; wir kennen weder die Bewohner der Siedlung noch wissen wir, warum die Schriftrollen dort gelassen wurden, wo sie waren, und so, wie sie waren.

Wir wissen jedoch, dass die Schriftrollen die unablässige religiöse Vorstellungskraft und den Wunsch der Juden, in den letzten Tagen des Zweiten Tempels in Einklang mit den Worten und dem Willen Gottes gebracht zu werden, unterstreichen. Sie stellen den religiösen Nährboden sowohl für das rabbinische Judentum als auch für das Christentum dar und deshalb gehören sie zur Geistesgeschichte der gesamten Menschheit.

Reproduktionen und Qumran-Memorabilia, hergestellt für den Verkauf bei Ausstellungen in aller Welt und in der Dauerausstellung im Schrein des Buches im Israelischen Museum in Jerusalem.

Wo man die Schriftrollen sehen kann

Im Zentrum Jerusalems, im Israelischen Museum, befindet sich der eigens für die Unterbringung der Schriftrollen erbaute „Schrein des Buches". Hier werden die sieben wichtigsten Schriftrollen aus Höhle 1 aufbewahrt, und einige von ihnen können angesehen werden.

Das Rockefeller Museum diente als Magazin für Fragmente aus allen elf Höhlen; die meisten davon werden nicht öffentlich ausgestellt. Ebenfalls in Jerusalem, im Museum der Geißelung, kann man ein Fragment (Nr. 1) von 4Q379, einer Abschrift des Josua-Apokryphon, finden.

Das Archäologische Museum in Amman beherbergt neben der Kupferrolle ein paar Fragmente aus den Höhlen 1 und 4.

Einige Schriftrollen findet man in den Vereinigten Staaten: Das Oriental Museum an der Universität von Chicago besitzt ein Fragment von 4Q484 (identifiziert als Vorschrift für eine menstruierende Frau); ein paar Fragmente aus dem Besitz von Mar Samuel gehören in New Jersey auch der syrischen Gemeinde.

Anderswo besitzt die Bibliothèque National in Paris ein paar Fragmente aus Höhle 1. Fast 100 unbeschriebene Fragmente lagern in der Bibliothek der John-Rylands-Universität im englischen Manchester. Professor Georges Roux, der angesehene Althistoriker, besitzt ein Fragment (L) von 11QpalaeoLeviticus. Ein weiterer privater Besitzer ist der Wissenschaftler M. Testuz, dem ein Fragment von 4Q537 (Teil eines aramäischen „Jakob-Apokryphon") gehört. K. G. Kuhn, einer der Pioniere der Qumran-Forschung, erwarb ebenfalls ein paar Phylakterien (Fragmente von 4Q128, 129, 135 und 137), die in Heidelberg bleiben. Der norwegische Antikensammler Martin Schøyen besitzt eine Reihe von größtenteils unbeschriebenen Qumran-Fragmenten, aber eines gehört zu 1QSb. (Er besitzt auch noch einen Schriftrollenkrug und ein Tintenfass aus Qumran.)

Zweifellos existieren in anderen Privatsammlungen weitere Fragmente von Schriftrollen. Ein genaues Verzeichnis findet sich in Stephen A. Reeds *The Dead Sea Scrolls Catalogue: Documents, Photographs and Museum Inventory Numbers* (2. Auflage, überarbeitet und herausgegeben von Marilyn J. Lundberg unter Mitarbeit von Michael B. Phelps, Atlanta 1994).

Der politische Konflikt bedeutet, dass die Zukunft der Schriftrollen vom Toten Meer und von Qumran in bestimmtem Umfang ungewiss bleibt. Die Schriftrollen wurden auf ehemals jordanischem Gebiet und Qumran-Überreste außerhalb der international festgelegten völkerrechtlichen Grenzen des Staates Israel gefunden. Kann der Staat Israel, ungeachtet der Tatsache, dass die Schriftrollen offensichtlich jüdisch sind, ein gesetzliches Besitzrecht an ihnen beanspruchen? Könnte die neue palästinensische Autonomiebehörde die Zuständigkeit für Qumran übernehmen und die Herausgabe der im Rockefeller Museum in Ostjerusalem untergebrachten Schriftrollen verlangen? Es ist ungewiss, ob die palästinensischen Behörden gegenwärtig ernsthaft einen solchen Schritt erwägen, aber eines Tages kommt es vielleicht in beiden Fragen zu Verhandlungen.

Weiterführende Literatur

Englische und deutsche Übersetzungen der Schriftrollen vom Toten Meer

García Martínez, F., *The Dead Sea Scrolls Translated* (2. Aufl., Leiden, 1996).

García Martínez, F. und E. J. C. Tigchelaar, *The Dead Sea Scrolls Study Edition* (Leiden und Grand Rapids, 2000) (Hebräisch und Englisch).

Lohse, E. (Hg.), *Die Texte aus Qumran* (Darmstadt, 1974) (Textauswahl, Hebräisch und Deutsch).

Maier, J., *Die Qumran-Essener: Die Texte vom Toten Meer* (München, 1995).

Vermes, G., *The Complete Dead Sea Scrolls in English* (5. Aufl., New York und London, 1997).

Wise, M. O., M. Abegg Jr. und E. Cook, *Die Schriftrollen vom Toten Meer. Übersetzung und Kommentar. Mit bisher unveröffentlichten Texten* (Augsburg, 1997).

Die einzelnen Bände der *Discoveries in the Judaean Desert* sind in dieser Literaturauswahl nicht aufgeführt. Eine Übersicht findet sich auf S. 29.

Zeitschriften zu den Schriftrollen vom Toten Meer

Dead Sea Discoveries, Leiden.
The Qumran Chronicle, Cracow.
Revue de Qumrân, Paris.

Einführung

Allegro, J. M., *The Dead Sea Scrolls. A Reappraisal* (2. Aufl., London, 1966).

Flint, P. W. und J. C. VanderKam (Hg.), *The Dead Sea Scrolls after Fifty Years*, 2 Bde. (Leiden, 1998, 1999).

Golb, N., *Who Wrote the Dead Sea Scrolls?* (New York und London, 1995).

Schiffman, L. H., *Reclaiming the Dead Sea Scrolls* (Philadelphia und Jerusalem, 1994).

Schiffman, L. H. und J. C. VanderKam (Hg.), *The Encyclopedia of the Dead Sea Scrolls* (New York, 2000).

VanderKam, J. C., *Einführung in die Qumranforschung. Geschichte und Bedeutung der Schriften vom Toten Meer*, Dt. Übersetzung von M. Müller (Göttingen, 1998).

I DIE ENTHÜLLTEN SCHRIFTROLLEN

Frühe Entdeckungen am Toten Meer

Allegro, J. M., *The Shapira Affair* (London und Garden City, New York, 1964).

Driver, G. R., *The Judaean Scrolls* (Oxford, 1964).

Steck, O. H., *Die erste Jesajarolle von Qumran (1Q1sa)* (Stuttgart, 1998).

Die Damaskusschrift

Baumgarten, J., E. G. Chazon und A. Pinnick (Hg.), *The Damascus Document: A Centennial of Discovery* (Leiden, 2000).

Baumgarten, J. und M. T. Davis, ‚Cave IV, V, VI Fragments'. In: J. H. Charlesworth (Hg.), *The Dead Sea Scrolls*, Bd. 2 (Tübingen und Louisville, 1995) S. 59–79.

Baumgarten, J. und D. R. Schwarz, ‚Damascus Document (CD)'. In: J. H. Charlesworth (Hg.), *The Dead Sea Scrolls*, Bd. 2 (Tübingen und Louisville, 1995), S. 4–57.

Davies, P. R., *The Damascus Covenant: An Interpretation of the ‚Damascus Document'* (Sheffield, 1983).

Ginzberg, L., *An Unknown Jewish Sect* (Reprint, New York, 1976).

Hempel, C., *The Damascus Texts* (Sheffield, 2000).

Rabin, C., *The Zadokite Documents* (Oxford, 1958).

Schechter, S., *Documents of Jewish Sectaries: Fragments of a Zadokite Work* (Reprint, New York, 1970).

Die Herausgabe der Schriftrollen: Die ersten 50 Jahre

Trever, J., *The Dead Sea Scrolls. A Personal Account* (Grand Rapids, 1977).

II DIE ANTIKE WELT DER SCHRIFTROLLEN

Der historische Rahmen

Grabbe, L. L., *Judaism from Cyrus to Hadrian*, 2 Bde. (Minneapolis, 1992).

Sacchi, P., *The History of the Second Temple Period* (Sheffield, 2000).

Jüdische Parteien und Sekten

Boccaccini, G., *Beyond the Essene Hypothesis* (Grand Rapids, 1998).

Coggins, R. J., *Samaritans and Jews* (Atlanta, 1975).

Eisenman, R., *The Dead Sea Scrolls and the First Christians* (Shaftesbury, 1996).

Farmer, W. R., *Maccabees, Zealots and Josephus* (New York, 1956).

Neusner, J., *Formative Judaism (3rd series): Torah, Pharisees, and Rabbis* (Chico, 1983).

Rivkin, E., *The Hidden Revolution: The Pharisees' Search for the Kingdom Within* (Nashville, 1978).

Saldarini, A. J., *Pharisees, Scribes and Sadducees in Palestinian Society* (Wilmington, 1988).

Stemberger, G., *Jewish Contemporaries of Jesus: Pharisees, Sadducees, Essenes* (Minneapolis, 1995).

Vermes, G. and M. Goodman, *The Essenes according to the Classical Sources* (Sheffield, 1989).

III INNENANSICHT DER SCHRIFT-ROLLEN

Schriften und Schreibstile

Cross, F. M., Jr., ‚The Development of the Jewish Scripts'. In: G. E. Wright (Hg.), *The Bible and the Ancient Near East. Essays in Honor of William Foxwell Albright* (Garden City, New York, 1965), S. 170–264.

Die Rekonstruktion einer Schriftrolle

Stegemann, H., ‚Methods for Reconstruction of Scrolls from Scattered Fragments'. In: L. H. Schiffman (Hg.), *Archaeology and History in the Dead Sea Scrolls* (Sheffield, 1990), S. 189–220.

Auflistung der Schriftrollen nach Höhlen:

Fitzmyer, J. A., The *Dead Sea Scrolls. Major Publications and Tools for Study* (durchges. Aufl., Atlanta, 1990).

Höhle 1

Die Rolle der Ordnungen

Burrows, M. (Hg.), *The Dead Sea Scrolls of St. Mark's Monastery*, vol. 2, fasc. 2: *The Manual of Discipline* (New Haven, 1951).

Charlesworth, J. H., *Rule of the Community and Related Documents* (Tübingen und Louisville, 1994).

Leaney, A. R. C., *The Rule of Qumran and its Meaning* (London und Philadelphia, 1966).

Metso, S., *The Textual Development of the Qumran Community Rule* (Leiden, 1997).

Pouilly, J., *La Règle de la Communauté: son évolution littéraire* (Paris, 1976).

Schiffman, L. H., *The Eschatological Community of the Dead Sea Scrolls: A Study of the Rule of the Congregation* (Atlanta, 1989).

Wernberg-Møller, P., *The Manual of Discipline* (Leiden, 1956).

Die Kriegsrolle

Davies, P. R., *1QM, The War Scroll from Qumran* (Rom, 1977).

Duhaime, J., ‚War Scroll'. In: J. H. Charlesworth (Hg.), *The Dead Sea Scrolls*, Bd. 2 (Tübingen und Louisville, 1995), S. 80–203.

Yadin, Y., *The War of the Sons of Light Against the Sons of Darkness*, Engl. Übers. B. und C. Rabin (Oxford, 1962).

Die Loblieder

Holm-Nielsen, S., *Hodayot. Psalms from Qumran* (Aarhus, 1961).

Kittel, B., *The Hymns of Qumran* (Chico, California, 1981).

Licht, J., *The Thanksgiving Hymns* (Jerusalem, 1957) (Hebräisch).

Puech, E., ‚Quelques aspects de la restauration du Rouleau des Hymnes', *Journal of Jewish Studies* 39 (1988), S. 38–55.

Sukenik, E. L., *The Dead Sea Scrolls of the Hebrew University* (Jerusalem, 1954–55) (Hebräisch).

Die biblischen Kommentare

Brownlee, W. H., *The Midrash Pesher of Habakkuk* (Missoula, 1979).

Doudna, G., *4Q Pesher Nahum* (Sheffield, 2001).

Horgan, M. P., *The Pesharim* (Washington, 1979).

Lim, T. H., *Pesharim* (Sheffield, 2002).

Das Genesis-Apokryphon

Avigad, N. and Y. Yadin, *A Genesis Apocryphon* (Jerusalem, 1956).

Fitzmyer, J., *The Genesis Apocryphon from Cave 1: A Commentary* (2. Aufl., Washington, 1971).

Morgenstern, M., E. Qimron und D. Sivan, ‚The Hitherto Unpublished Columns of the Genesis Apocryphon', *Abr-Nahrain 23* (1995), S. 30–54.

Das Buch der Jubiläen

Charles, R. H., *The Book of Jubilees or the Little Genesis* (London, 1902).

Hempel, C., ‚The Place of the Book of Jubilees at Qumran and Beyond'. In: T. H. Lim et al. (Hg.), *The Dead Sea Scrolls in Their Historical Context* (Edinburgh, 2000).

Wintermute, O. S., ‚The Book of Jubilees'. In: J. H. Charlesworth (Hg.), *The Old Testament Pseudepigrapha*, Bd. 2 (Garden City, New York und Cambridge 1985), S. 35–142.

Höhle 2

Neues Jerusalem

Chyutin, M., *The New Jerusalem Scroll from Qumran, A Comprehensive Reconstruction* (Sheffield, 1997).

Jongeling, B., ‚Publication provisoire d'un fragment provenant du grotte 11 de Qumrân', *Journal for the Study of Judaism* 1 (1970), S. 58–64.

Licht, J., ‚The Ideal Town Plan from Qumran: The Description of the New Jerusalem', *Israel Exploration Journal* 29 (1979), S. 47–59.

Höhle 3

Die Kupferrolle

Allegro, J. M., *The Treasure of the Copper Scroll* (London, 1960).

Goranson, S., ‚Sectarianism, Geography, and the Copper Scroll', *Journal of Jewish Studies* 43 (1992), S. 282–87.

Lefkovits, J., *The Copper Scroll (3Q15): A Re-evaluation* (Leiden and Boston, 1999).

McCarter, P. K., ‚The Mysterious Copper Scroll: Clues to Hidden Temple Treasure?' *Bible Review* 8 (1992), S. 34–41, 63–64.

Pixner, B., ‚Unravelling the Copper Scroll Code', *Revue de Qumrân* 11 (1983), S. 23–65.

Wolters, A., *The Copper Scroll: Overview, Text and Translation* (Sheffield, 1996).

Höhle 4

Die Genesis-Kommentare

Allegro, J. M., ‚Further Messianic References in Qumran Literature', *Journal of Biblical Literature* 75 (1956), S. 174–76.

Bernstein, M., ‚From Re-Written Bible to Biblical Commentary', *Journal of Jewish Studies* 45 (1994), S. 1–27.

Targume zu Levitikus und Ijob (Hiob)

van der Ploeg, J. P. M. und S. van der Woude, *Le Targum de Job de la grotte XI de Qumrân* (Leiden, 1971).

Der „Überarbeitete Pentateuch"

Segal, M., ‚4QReworked Pentateuch or 4QPentateuch?' In: L. H. Schiffman, E. Tov und J. C. VanderKam (Hg.), *The Dead Sea Scrolls: Fifty Years after Their Discovery 1947–1997* (Jerusalem, 2000), S. 391–99.

Tov, E., ‚Biblical Texts as Reworked'. In: E. Ulrich und J. C. VanderKam, *The Community of the Renewed Covenant* (Notre Dame, 1994), S. 123–39.

Die Henoch-Bücher

Black, M., *The Book of Enoch or I Enoch* (Leiden, 1985).

Milik, J. T., *The Books of Enoch* (Oxford, 1976).

Stuckenbruck, L., *The Book of Giants from Qumran* (Tübingen, 1997).

VanderKam, J. C., *Enoch and the Growth of an Apocalyptic Tradition* (Washington, 1984).

Das Florilegium

Brooke, G. J., *Exegesis at Qumran. 4QFlorilegium in its Jewish Context* (Sheffield, 1985).

Steudel, A., *Der Midrasch zur Eschatologie aus der Qumrangemeinde (4QMidrEschata,b)* (Leiden, 1994).

Die Testimonia

Brooke, G. J., ‚Testimonia'. In: *Anchor Bible Dictionary* (New York, 1992), S. 391–92.

Verordnungen

Schiffman, L. H., ‚Ordinances'. In: J. H. Charlesworth, *Rule of the Community and Related Documents* (Tübingen und Louisville, 1994), S. 145–57.

Kalendertexte

Callaway, P. R., ‚The 364-Day Calendar Traditions at Qumran', *Mogilany* 1989, I (Cracow, 1993), S. 19–29.

Greenfield J. C. und M. Sokoloff, ‚An Astrological Text from Qumran (4Q318) and Reflections on Some Zodiacal Names', *Revue de Qumrân* (1995), S. 507–25.

VanderKam, J. C., *Calendars in the Dead Sea Scrolls* (London und New York, 1998).

Wise, M. O., *Thunder in Gemini* (Sheffield, 1994), S. 186–221.

Der Halachische Brief

Kampen, J. und M. J. Bernstein (Hg.), *Reading 4QMMT: New Perspectives on Qumran Law and History* (Atlanta, 1996).

Lim, T. H., H. L. McQueen und C. Carmichael (Hg.), *On Scrolls, Artefacts and Intellectual Property* (Sheffield, 2001).

Die Weisheitstexte

Harrington, D., *The Wisdom Texts from Qumran* (London und New York, 1996).

Dichtung, Psalmen und Gebete

Charlesworth, J. H. (Hg.), *The Dead Sea Scrolls*, Bd. 4A: Pseudepigraphic and Non-Masoretic Psalms and Prayers (Tübingen und Louisville, 1997).

Nitzan, B., *Qumran Prayer and Religious Poetry* (Leiden, 1994).

Die Sabbatopfer-Gesänge

Newsom, C. A., *The Songs of the Sabbath Sacrifice* (Atlanta, 1985).

Newsom, C. A., ‚Angelic Liturgy: Songs of the Sabbath Sacrifice'. In: J.H. Charlesworth (Hg.), *The Dead Sea Scrolls*, Bd. 4B (Tübingen und Louisville, 1999).

Höhle 11

Die Tempelrolle

Maier, J., *Die Tempelrolle vom Toten Meer und das „neue Jerusalem" : 11Q19 und 11Q20, 1Q32, 2Q24, 4Q554-555, 5Q15 und 11Q18* (3. völlig neu bearb. und erw. Aufl., München und Basel, 1997).

Swanson, D. D., *The Temple Scroll and the Bible. The Methodology of 11QT* (Leiden, 1995).

Wacholder, B. Z., *The Dawn of Qumran: The Sectarian Torah and the Teacher of Righteousness* (Cincinnati, 1983).

White Crawford, S., *The Temple Scroll and Related Texts* (Sheffield, 2000).

Wise, M. O., *A Critical Study of the Temple Scroll from Qumran Cave 11* (Chicago, 1990).

Yadin, Y., *Die Tempelrolle. Die verborgene Thora vom Toten Meer* (München und Hamburg, 1985).

Die Psalmenrolle

Flint, P. W., *The Dead Sea Psalms Scrolls and the Book of Psalms* (Leiden, 1997).

Melchisedek

de Jonge, M. und A. S. van der Woude, ‚11QMelchizedek and the New Testament', *New Testament Studies* 12 (1966), S. 301–26.

Kobelski, P., *Melchizedek and Melchireꞌsac* (Washington, 1981).

van der Woude, A. S., ‚Melchisedek als himmlische Erlösergestalt in den neugefundenen eschatologischen Midraschim aus Qumran Höhle XI', *Oudtestamentische Studiën* 14 (1965), S. 354–73.

Biblische Handschriften aus den Qumran-Höhlen

Cross, F. M., Jr. und S. Talmon (Hg.), *Qumran and the History of the Biblical Text* (Cambridge, Mass., 1975).

Flint, P. W. (Hg.), *The Bible at Qumran* (Cambridge und Grand Rapids, 2001).

Tov, E., *Textual Criticism of the Hebrew Bible* (2. Aufl., Minneapolis und Assen, 2001).

Ulrich, E., *The Dead Sea Scrolls and the Origins of the Bible* (Leiden, 1999).

IV DIE QUMRAN-SIEDLUNG

Die Qumran-Siedlung

Davies, P. R., *Qumran* (Guildford and Grand Rapids, 1982).

Davies, P.R., ‚How Not to Do Archaeology: the Story of Qumran', *Biblical Archaeologist* (1988), S. 203–07.

de Vaux, R., *Archaeology and the Dead Sea Scrolls* (Oxford, 1973).

Humbert, J.-B. und A. Chambon, *Fouilles de Khirbet Qumrân et de Aïn Feshkha*, Bd. I (Fribourg und Göttingen, 1994).

Magness, J., ‚Qumran Archaeology: Past Perspectives and Future Prospects'. In: P. Flint und J. VanderKam (Hg.), *The Dead Sea Scrolls After Fifty Years*, Bd. I (Leiden, 1998), S. 47–77.

Mayer, B. (Hg.), *Jericho und Qumran. Neues zum Umfeld der Bibel* (Regensburg, 2000).

Rohrhirsch, F., *Wissenschaftstheorie und Qumran* (Freiburg/Schweiz und Göttingen, 1996).

Kürzlich entdeckte Ostraka aus Qumran

Cross, F. M., Jr. und Esther Eshel, ‚Ostraca from Khirbet Qumran', Israel *Exploration Journal* 47 (1997), S. 17–28.

Cryer, F. M., ‚The Qumran Conveyance', *Scandinavian Journal of the Old Testament* Vol. 11 No. 2 (1997), S. 232–40.

Yardeni, A., ‚A Draft of a Deed on an Ostracon from Khirbet Qumran', *Israel Exploration Journal* 47 (1997), S. 233–37.

Yardeni, A., ‚Breaking the Missing Link', *Biblical Archaeology Review* 24 (1998), S. 44–47.

Schriftrollen, Höhlen und Ruinen

de Vaux, R., *Die Ausgrabungen von Qumran und En Feschcha*. Bd. 1A: ‚Die Grabungstagebücher'. Dt. Übersetzung und Informationsaufbereitung durch F. Rohrhirsch und B. Hofmeir, (Freiburg/Schweiz und Göttingen, 1996).

Driver, G. R., *The Judaean Scrolls. The Problem and a Solution* (Oxford, 1965), S. 1–15.

Stegemann, H., *Die Essener, Qumran, Johannes der Täufer und Jesus. Ein Sachbuch* (9. Aufl., Freiburg, Basel, Wien, 1999).

V DIE BEDEUTUNG DER SCHRIFT-ROLLEN

Epilog

Baigent, M. und R. Leigh, *The Dead Sea Scrolls Deception* (London, 1991).

Kenyon, F., *Our Bible and the Ancient Manuscripts* (London, 1939).

Silberman, N. A., *The Hidden Scrolls* (New York, 1994).

Bibliographien

Burchard, C., *Bibliographie zu den Handschriften vom Toten Meer* (Berlin, 1959).

Burchard, C., *Bibliographie zu den Handschriften vom Toten Meer II* (Berlin, 1965).

García Martínez, F. und D. W. Parry, *A Bibliography of the Finds in the Desert of Judah 1970–95* (Leiden, 1996).

Jongeling, B., *A Classified Bibliography of the Finds in the Desert of Judah 1958–69* (Leiden, 1971).

Bildnachweis

Register

Kursive Seitenzahlen verweisen auf Abbildungen

214